国家社科基金青年项目（12CTY021）科研成果
陕西高校青年创新团队（The Youth Innovation Team of Shaanxi Universities）科研成果

# 我国民族民间体育赛事对旅游目的地的影响研究

杨　涛　著



北京体育大学出版社

**策划编辑** 王英峰
**责任编辑** 潘海英
**责任校对** 朱燕春
**版式设计** 博文宏图

**图书在版编目（CIP）数据**

我国民族民间体育赛事对旅游目的地的影响研究/杨涛著. --北京：北京体育大学出版社，2019.9
ISBN 978-7-5644-3230-0

Ⅰ.①我… Ⅱ.①杨… Ⅲ.①少数民族-民族形式体育-运动竞赛-影响-旅游地-研究-中国 ②传统体育项目-运动竞赛-影响-旅游地-研究-中国 Ⅳ.①F592.3②G85

中国版本图书馆 CIP 数据核字（2019）第 203586 号

**我国民族民间体育赛事对旅游目的地的影响研究**

杨 涛 著

出版发行：北京体育大学出版社
地　　址：北京市海淀区农大南路 1 号院 2 号楼 4 层办公 B-421
邮　　编：100084
网　　址：http：//cbs. bsu. edu. cn
编 辑 部：010-62989415
发 行 部：010-62989320
邮 购 部：北京体育大学出版社读者服务部 010-62989432
印　　刷：北京建宏印刷有限公司
开　　本：710mm×1000mm　1/16
成品尺寸：228mm×170mm
印　　张：23.75
字　　数：397 千字
版　　次：2019 年 10 月第 1 版
印　　次：2019 年 10 月第 1 次印刷
定　　价：108.00 元

# 前　言

中国共产党的十八大确立了“五位一体”的国家建设目标；“十二五”期间，文化旅游业成为支柱产业；国务院46号文件明确将体育产业上升为国家战略，成为国民经济中的绿色、朝阳产业，以及在国家文化大繁荣大发展的时代背景下，系统研究我国民族民间体育赛事对旅游目的地的影响，可促进多民族之间的交流与合作，增强人们对民族地区的了解，有利于民族文化、地域文化、赛事文化等的传承与发展；有助于实现民族民间体育赛事与文化、社会、经济、环境、政治等资源的融合和良性互动，打造品牌赛事和品牌旅游目的地，从而推动区域社会的全面发展，为我国民族民间体育赛事资源的挖掘、整理、保护、推广等提供借鉴作用，以及为地方政府解决民族问题和发展民族地区经济等提供更具针对性和实效性决策依据。

民族民间体育赛事是指在普通民众日常生活中开展的提供本民族所创造、使用的运动竞赛产品和相关服务产品的体育事件。现代我国民族民间体育赛事的发展历程大致经历了三个时期：解放初期对传统的继承与创新期；“文化大革命”时期与传统的断裂期；改革开放后的恢复与全面发展期。其既具有综合性、集体性、传承性与传播性、民族性与地域性、变异性、象征性特征，又具有历史学、社会学、艺术学、旅游学、民俗学、教育学价值等。民族民间体育赛事旅游目的地是以民族民间体育赛事活动作为区域或地方旅游中的重要目标吸引物，吸引旅游者在此作短暂停留、参观游览的地方，因此，还具有复杂性、稀缺性、鲜明的民族和区域、文化多元化、功能多样化、互惠共生及生命周期的特征。

我国民族民间体育赛事与旅游目的地诸多领域处在一个矛盾统一体中，与

“五位一体”的国家建设目标高度一致。民族民间体育赛事与旅游目的地的共生度和关联度极高，它们之间是一种互惠共生关系，其共生界面主要是政府和市场。我国民族民间体育赛事的可持续发展是一项系统工程，是“五位一体”的重要体现，它们之间是相互影响、相互制约、相互促进、相互融合、互为补充、互为共享的关系统一体，需要政府及社会各界共同努力才能更好地发展。

本书是集体智慧的结晶，在编写过程中得到了体育社会学、体育经济学、体育管理学、体育史学、体育统计学、体育教育训练学及民族传统体育等领域许多专家、赛事举办地政府及相关职能部门管理人员的合作与大力支持，在此向他们表示诚挚的谢意！特别感谢张宝强（咸阳师范学院）、羿翠霞（陕西师范大学）、方程（西安体育学院）、张基振（山东体育学院）、李法伟（兰州财经大学）、金玉柱（西安电子科技大学）、李伟平（西安体育学院）、谢玉（湖南省汨罗市）等课题组成员在文献收集、梳理和实地调研中的合作与大力支持。此外，本书在撰写的过程中也参阅了大量有关供应链、民族民间体育、体育旅游等领域的资料，在此对相关作者一并表示感谢！

由于本人才疏学浅，时间和能力有限，书中难免存在不足与疏漏之处，恳请广大读者批评指正！

杨　涛

2019 年 8 月

# 目录 Contents

# 第一章 导论

## 第一节 我国民族民间体育赛事对旅游目的地影响的选题依据

### 一、我国民族民间体育赛事对旅游目的地影响的研究背景

#### （一）国家相关方针政策

2010年3月24日，国务院办公厅发布《关于加快发展体育产业的指导意见》（国办发〔2010〕22号）①：因地制宜地开发和培育具有地方特色的体育健身项目，加强对民族民间传统体育项目的市场开发、推广；借鉴吸收国内外体育赛事组织

① 国务院办公厅．关于加快发展体育产业的指导意见：国办发〔2010〕22号［EB/OL］．http：//www. gov. cn/zwgk/2010－03/24/content_ 1563447. htm［2010－03－24］．

运作的有益经验，支持地方根据当地自然人文资源特色举办体育竞赛活动，鼓励企业举办商业性体育比赛，积极引进国际知名的体育赛事，努力打造有影响、有特色的赛事品牌。

2011年4月1日，国家体育总局发布《体育事业发展“十二五”规划》[①]：积极推进体育产业与相关产业的互动发展，促进体育旅游、体育传媒、体育会展等相关业态发展，全面提高体育产业发展水平；结合国家区域发展规划，加快区域主导体育产业的培育和发展，鼓励各地区突出特色、错位发展，打造品牌、延伸链条，促进资源优势向产业优势、产业优势向经济优势、经济优势向品牌优势转变。

2012年3月23日，《国家体育总局中长期体育科学与技术研究指导纲要(2011—2020)》[②]：我国体育事业发展中亟待科技提供支撑和保障的3个重点研究领域，即增强国民体质研究领域、提高竞技水平研究领域、促进体育产业发展研究领域。

2012年3月5日，十一届全国人大五次会议温家宝总理的政府工作报告[③]：要促进文化大发展大繁荣，推动文化产业成为国民经济支柱性产业；加强文化遗产保护，繁荣发展少数民族文化事业；广泛开展全民健身活动，增强人民体质，促进体育事业和体育产业协调发展。

2013年11月9—12日，中共十八届三中全会会议[④]：全面贯彻党的十八大和十八届一中、二中全会精神，提出全面推进社会主义经济建设、政治建设、文化建设、社会建设、生态文明建设；建设社会主义文化强国，增强国家文化软实力，构建现代公共文化服务体系，提高文化开放水平；建立系统完整的生态文明制度体系，用制度保护生态环境，实行资源有偿使用制度和生态补偿制度，改革生态环境保护管理体制。

---

① 国家体育总局．体育事业发展“十二五”规划［EB/OL］．(2011-04-017)［2015-05-06］http：//www.sport.gov.cn/n16/n1077/n1467/n1843577/1843747.html［2011-04-01］．

② 国家体育总局中长期体育科学与技术研究指导纲要（2011—2020）［EB/OL］．http：//www.sport.gov.cn/n16/n33193/n33208/n33508/n34222/2742180.html［2012-03-17］．

③ 2012年国务院政府工作报告［EB/OL］．http：//opinion.people.com.cn/GB/155936/155938/240138/240178/［2012-03-05］．

④ 中共十八届三中全会［EB/OL］．http：//baike.haosou.com/doc/6957231.html［2013-11-12］．

2014年10月20日，国务院发布《关于加快发展体育产业促进体育消费的若干意见》（国发〔2014〕46号）[①]：将全民健身、体育产业上升为与竞技体育同等重要的领域；2025年体育产业总规模超过5万亿元，成为推动经济社会持续发展的重要力量；鼓励地方根据当地自然、人文资源发展特色体育产业，大力推广武术、龙舟、舞龙舞狮等传统体育项目，扶持少数民族传统体育项目发展，鼓励开发适合老年人特点的休闲运动项目；大力发展多层次、多样化的各类体育赛事，打造一批有吸引力的国际性、区域性品牌赛事；促进产业融合发展，积极拓展业态，促进康体结合，鼓励交互融通。

2015年11月22日，国务院办公厅发布《关于加快发展生活性服务业促进消费结构升级的指导意见》（国办发〔2015〕85号）[②]：提出大力推动体育服务发展，促进体育消费服务；重点培育健身休闲、竞赛表演、场馆服务、中介培训等体育服务业，促进康体结合，推动体育旅游、体育传媒、体育会展等相关业态融合发展。

我国民族民间体育赛事对旅游目的地的系统研究，与党的十八大提出的“五位一体”的建设目标相一致，与国家长远发展的方针政策相吻合，强调赛事文化研究，注重旅游目的地内涵的丰富、旅游目的地环境的改善、周围生态环境的保护及当地民众满意度等现实民生问题，更具有针对性和实效性。

## （二）国家产业结构调整

自20世纪90年代以来，在很多场合下，民俗文化不再被贬损为“落后”“迷信”“原始”“蒙昧”，而是被视为弘扬民族文化、向外来旅游者展示本土形象的旅游资源。据国内一项抽样调查表明，在来华美国游客中，欣赏名胜古迹的人占26%，而对中国人的生活方式、风土人情感兴趣的人高达56.7%[③]。目前，民俗旅游的内容主要包括生活文化、婚姻家庭和人生礼仪文化、口头传承文化、民间歌

---

① 国务院关于加快发展体育产业促进体育消费的若干意见［EB/OL］. http：//www. gov. cn/zhengce/content/2014－10/20/content_ 9152. htm［2014－10－20］.

② 国务院办公厅关于加快发展生活性服务业促进消费结构升级的指导意见［EB/OL］. http：//www. mof. gov. cn/zhengwuxinxi/zhengcefabu/201511/t20151123_ 1576938. htm［2015－11－23］.

③ 华锐·东智. 拉卜楞民俗风情［M］. 兰州：甘肃民族出版社，2010：1－2.

舞娱乐文化、节日文化、信仰文化等。

文化是旅游的灵魂，旅游是文化发展的重要途径。“十二五”时期，文化产业作为“国民经济支柱性产业”，与同样作为“战略支柱性产业”的旅游业将有越来越多的融合发展，其中，文化旅游产业将是挖掘地方文化、完善旅游产业、促进经济结构调整、撬动地方经济使之腾飞的重要发展方向。中共中央在“十二五”规划中提到旅游业发展要关注民生，要发挥资源和区位优势，要形成独具特色和吸引力的旅游板块，坚持可持续发展的道路，发展“生态旅游”和“低碳旅游”。

通过对我国民族民间体育赛事对旅游目的地的系统研究，可以使民俗文化、民族文化、地域文化、传统乡土文化等中华民族的优秀文化得以彰显，民族民间体育赛事也更能体现出绿色、生态、环保、低碳和民族区域特色。更为重要的是民族民间体育赛事可以丰富旅游业内涵，成为旅游目的地重要的目标吸引物，实现民族民间体育赛事与旅游业的融合发展。

### （三）我国民族民间体育赛事研究的窘境

纵观我国体育竞赛表演市场，多元化需求视角下职业和商业体育赛事研究已形成较为统一的“跟随西方”“照搬西方”的市场化运营模式。但对民族民间体育赛事的研究处境较为尴尬，在体育社会科学研究中缺少应有的话语权。民族民间体育作为一种体育文化，承载着一个民族的价值取向，影响着一个民族的生活方式，体现一个民族的自我认同和凝聚力①。“民族的才是世界的”，龙舟节、中华龙舟大赛、那达慕大会、赛马节、风筝会、武林大会、武术节、脚斗士等民族民间体育赛事活动不仅具备体育赛事的一般特征，而且还以浓厚的民族特色，厚重的历史文化积淀及其带有的生活气息、乡土韵味和浪漫色彩的原初意义，成为民族文化遗产的重要组成部分，也是人类体育赛事文明的重要元素②。研究民族民间体育赛事，不仅能够促进民族民间地区社会形成安定、团结、和谐的良好局面，而且其本身作为文化资本、经济资本和社会资本的重要组成部分，具有独特的文化感召力、社会吸引力、经济竞争力、政治号召力和环境保护力，在社会经济发展

---

① 白晋湘．民族民间体育［M］．北京：高等教育出版社，2010：1－13.

② 张林，李延超．中国民族民间体育赛事研究［M］．北京：人民体育出版社，2012：1－2.

过程中的价值和功能是不可或缺的。

在当前文化大发展大繁荣的时代背景下，为适应新时期人们不断增长的赛事消费的多元需求，增加赛事产品多元供应，打造民族民间体育赛事品牌，传承和发扬民族民间体育文化，有必要对民族民间体育赛事进行深入的、科学的本土化探究。

## 二、我国民族民间体育赛事对旅游目的地影响研究的目的和意义及研究思路

### （一）我国民族民间体育赛事对旅游目的地影响研究的目的和意义

在当前国家文化大发展大繁荣的时代背景下，系统研究我国民族民间体育赛事对旅游目的地的影响，可促进多民族之间的交流与合作，增强人们对民族地区的了解，有利于民族民间体育文化的传承与发展，有助于实现民族民间体育赛事与社会、经济、政治、文化、环境等资源的融合和良性互动，打造品牌赛事和品牌旅游目的地，从而推动区域经济社会的全面发展，为我国民族民间体育项目、民族民间体育赛事及节事活动的保护、挖掘、推广等提供借鉴作用，以及为地方政府解决民族问题和发展民族地区经济等提供更具针对性和实效性的决策依据。此外，本研究引入了多学科理论，可以开拓和丰富我国民族民间体育赛事的研究视角，探寻并完善我国民族民间体育赛事研究的方法体系。

### （二）我国民族民间体育赛事对旅游目的地影响的研究思路

本研究主要是针对我国民族民间体育赛事对旅游目的地的影响而展开。第一，归纳、总结本项目的研究背景及研究的目的意义；第二，对民族民间体育赛事及旅游目的地的相关研究及理论进行梳理；第三，在对相关研究整理、分析及实地调查的基础上，对我国民族民间体育赛事及旅游目的地的定义、分类、特征及发展现状进行系统研究；第四，引入供应链、利益相关者等理论，构建基于旅游目的地视角的我国民族民间体育赛事供应链，并对利益相关者进行系统解析；第五，引入共生理论，全面剖析我国民族民间体育赛事对旅游目的地的影响机理；第六，

全面综合上述研究，从理论上构建我国民族民间体育赛事对旅游目的地影响的指标体系；第七，针对我国民族民间体育赛事的发展现状，提出可行性的建议和发展路径；第八，选取典型案例，作为子课题研究项目，注重个案研究。

# 第二节　我国民族民间体育赛事对旅游目的地影响的研究对象及方法

## 一、我国民族民间体育赛事对旅游目的地影响的研究对象

本研究以我国民族民间体育赛事对旅游目的地的影响为研究对象；以民族民间体育赛事、旅游目的地（赛事举办地）及利益相关群体为调查研究对象。

## 二、我国民族民间体育赛事对旅游目的地影响的研究方法

本项目属于规范与实证、定性与定量相结合的系统研究，在研究过程中采用管理学、旅游学、遗产学、民俗学、体育学等多学科理论，主要研究方法如下。

### （一）文献资料法

广泛收集、整理、归纳和总结国内外相关文献资料，包括民族体育与民间体育的相关研究、民族民间体育的相关研究、体育赛事与民族民间体育赛事的相关研究、旅游目的地的相关研究、供应链及利益相关者的相关研究、节事及事件研究等。从总体上了解和掌握我国民族民间体育赛事的现状及研究进展，为本研究的顺利开展提供理论支撑。收集、整理、归纳体育赛事或节事活动对区域经济、

社会、文化、政治、环境等领域影响的相关指标，为我国民族民间体育赛事对旅游目的地的影响指标体系的构建提供依据。

### （二）案例分析法

根据研究需要，选取典型案例。依据我国地理区域划分、民族特点及我国民族民间体育赛事的发展现状和影响力等因素，注重赛事的文化内涵，拟选取潍坊国际风筝会、中国汨罗江国际龙舟节、河南登封国际少林武术节、中国玛曲格萨尔赛马大会、内蒙古锡林郭勒盟那达慕大会五个具有代表性的案例，并将相关的信息资料以论据的形式在研究中呈现，论证民族民间体育赛事对旅游目的地的影响，针对其中存在的问题提出合理化对策及建议。

### （三）实地考察法

针对拟选取的典型案例，在赛事举办期间进行实地考察，一是了解当地的民风、民俗及周围环境，深刻剖析民族民间体育赛事的文化内涵；二是全面搜集相关数据资料，为我国民族民间体育赛事对旅游目的地的影响提供素材。本书收集的相关案例有：2012 年 6 月 20—23 日第 8 届中国汨罗江国际龙舟节；2013 年 6 月 10—13 日第 9 届中国汨罗江国际龙舟节暨海峡两岸中华龙舟邀请赛；2014 年 5 月 27 日—6 月 2 日第 10 届中国汨罗江国际龙舟节暨“我们的节日 · 端午 · 屈原杯”湖南省首届群众性龙舟赛（汨罗站）；2012 年 8 月 10—18 日和 2013 年 8 月 12—15 日中国玛曲格萨尔赛马大会；2012 年 4 月 19—25 日第 29 届潍坊国际风筝会；2013 年 4 月 17—24 日第 30 届潍坊国际风筝会；2014 年 4 月 19—24 日第 31 届潍坊国际风筝会；2013 年 8 月 5—10 日内蒙古锡林郭勒盟那达慕大会；2014 年 10 月 19—23 日河南登封国际少林武术节（2 年 1 届）等。在实地考察过程中，通过观察、深入访谈等形式获取相关信息资料，修订完善指标体系。

### （四）专家访谈法

利用相关学术会议（体育产业年会、民族民间体育赛事研讨会、体育史学会议、体育社会学年会、博士及博士后论坛、泰山学者论坛、体育科学大会等）、邮件、实地造访、微信及腾讯 QQ 即时通信软件、培训学习等形式，同研究相关领域的专家及学者互动交流，探寻我国民族民间体育赛事对旅游目的地影响研究的思路、框架、指标体系的构建及未来设想等。如在博士后研究工作期间访谈了虞重干教授、张林教授、李建国教授、刘兵教授、刘东锋教授、陈锡尧教授、唐炎教授、李延超副教授、王岩副教授等；在第2届、第3届民族民间体育赛事研讨会期间，访谈了白晋湘教授、刘少英教授、饶远教授、龙佩林教授、王健教授、刘志敏教授、张基振教授、唐云松教授、张军平副教授、张宝强副教授、李兴平副教授等；2012年10月在泰山学者学术论坛期间，访谈了孙庆祝教授、池建教授、韩东教授、张瑞林教授、孙晋海教授等；在实地调研期间，访谈了刘振堂教授、潍坊体育局曹丽华副局长、罗湘林教授、胡科副教授、汨罗市体育局体工办郑建皇主任和汨罗市政府办公室主任及汨罗市一中体育组组长、甘南藏族自治州彭德玉副秘书长、玛曲县旅游局谈贵成局长、西北民族大学王林教授等；通过邮件交流、实地造访了李鸿江教授、靳英华教授、骆秉全教授、李相如教授、陈彦教授、郑文海教授、卢耿华教授、权德庆教授、雷福民教授、姜健教授、杨建设教授、朱利民教授、刘平江副教授等；在2012年第6届、2013年第7届体育产业年会期间，访谈了程林林教授、陈元欣教授、李海教授、黄海燕副教授、朱洪军副教授、姜同仁副教授等诸位教授。

### （五）特尔菲法

利用电话、邮件、手机短信、微信及腾讯QQ即时通信软件等形式，联系并确定专家，设计我国民族民间体育赛事对旅游目的地影响研究的指标体系，通过邮件深入征求专家意见，通过三轮反复进行打分形式做好指标筛选和确定工作，保证本研究的科学性和可行性。指标遴选专家涉及体育经济学、体育管理学、历史学、体育史学、体育教育训练学、体育社会学、体育统计学、文化学、民俗学等领域。

### （六）层次分析法

通过文献梳理、实地考察和专家访谈，结合我国民族民间体育赛事对旅游目的地影响机理及其内在关系等进行深入分析的基础上，从理论上初步构建了我国民族民间体育赛事对旅游目的地影响的指标体系，经过专家三轮修改和完善，并建立多级递阶结构模型，运用层次分析法确定各因素的权重及影响的重要程度等步骤，最终建构我国民族民间体育赛事对旅游目的地影响的指标体系。

# 第三节 我国民族民间体育赛事对旅游目的地影响研究的创新点与不足、研究展望及技术路线

## 一、我国民族民间体育赛事对旅游目的地影响研究的创新点及不足

### （一）我国民族民间体育赛事对旅游目的地影响研究的创新点

（1）民族民间体育赛事、民族民间体育赛事旅游目的地等相关概念的界定。

（2）多学科、多理论对我国民族民间体育赛事进行系统研究。

（3）我国民族民间体育赛事供应链的构建及利益相关者系统解析。

（4）我国民族民间体育赛事对旅游目的地影响的指标体系的理论构建。

### （二）我国民族民间体育赛事对旅游目的地影响研究的不足

由于笔者及课题组成员理论和学识的不足，对本研究的掌控尚有一定差距。我国民族民间体育赛事与旅游目的地之间的影响是双向的，因时间和精力有限，本项目目前主要研究正向影响，即民族民间体育赛事对旅游目的地（主要指赛事举办地）的影响；而旅游目的地（主要指赛事举办地）对民族民间体育赛事的影响也将随后展开。本研究的相关数据通过实地考察获取，部分数据不足可能对本研究造成一定影响。

## 二、我国民族民间体育赛事对旅游目的地影响的研究展望

民族民间体育赛事是一个全新的研究领域，也是一个正在被关注和重视的领域。笔者通过近三年对该领域的跟踪研究，逐渐对该领域有了一个较为全面的认识，但笔者对该领域的研究刚刚起步。对民族民间体育及赛事相关研究需要继续引入多学科理论，坚持定性与定量、规范与实证相结合的方法，未来笔者将继续关注我国民族民间体育、民族民间体育赛事、民族民间体育赛事资源的针对性研究，包括该领域信息图片资料数据库的建立、民族民间体育赛事的品牌化研究、全国民族民间体育及节事活动相关研究、国外民族民间体育赛事系列研究及启示、我国民族民间体育赛事的历史变迁、我国民族民间体育赛事对旅游目的地影响的综合评价研究、我国民族民间体育（赛事）旅游目的地相关研究及我国民族民间体育赛事典型个案跟踪研究等研究资料，要进一步完善笔者的研究体系。

## 三、我国民族民间体育赛事对旅游目的地影响研究的技术路线

我国民族民间体育赛事对旅游目的地影响研究的技术路线如图 1－1 所示。

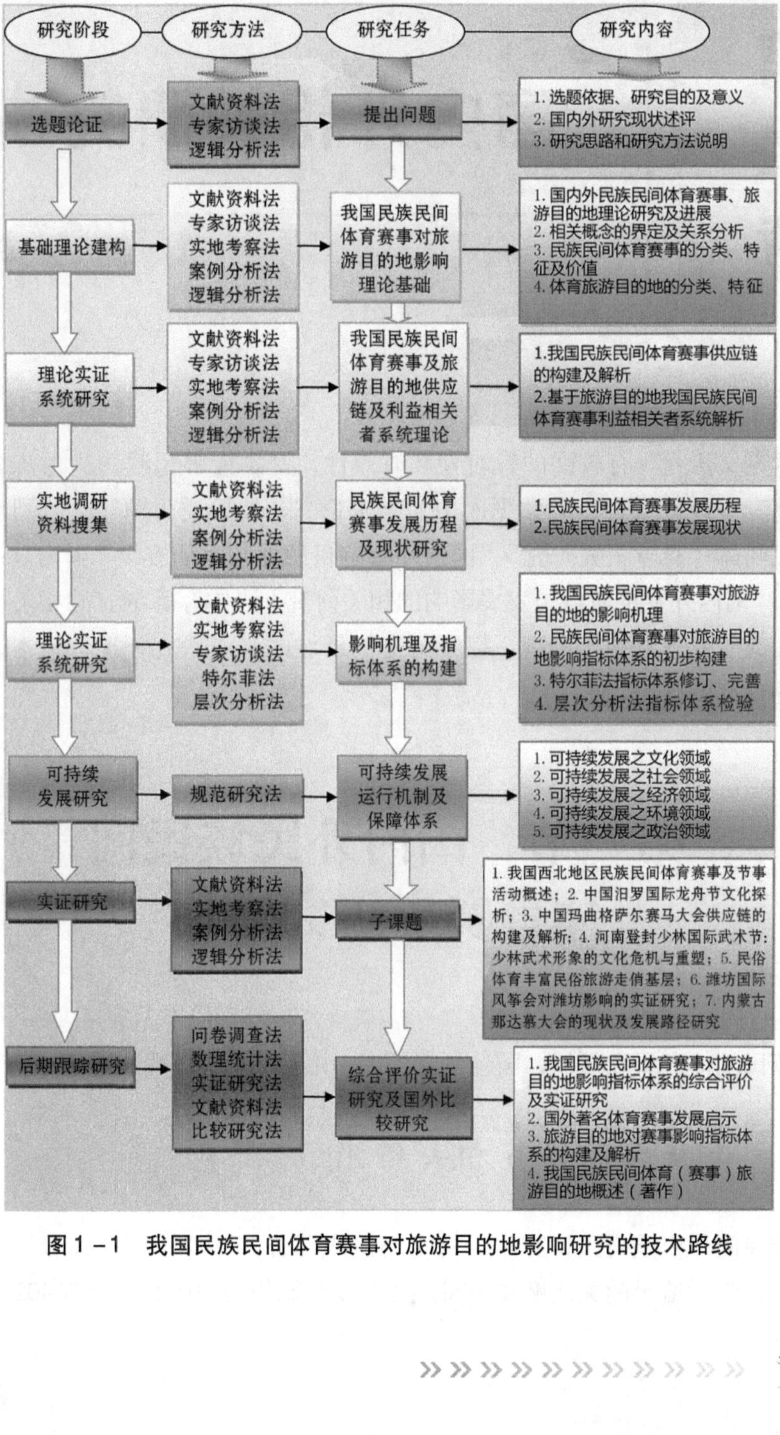


图 1－1 我国民族民间体育赛事对旅游目的地影响研究的技术路线

# 第二章 国内外相关研究述评

学术论文研究具有较强的针对性和时效性，基本能够反映国内对该课题研究情况。笔者通过检索近年来数据库中的学术论文，按照逻辑顺序，分别对“国内外民族民间体育赛事相关研究”“国内外旅游目的地相关研究”“国内外供应链相关研究”“国内外赛事对城市发展影响的相关研究”“体育赛事旅游相关研究”等五个方面的研究进展做了梳理，以了解这一领域的基本研究情况，为本研究奠定了坚实的理论基础。

## 第一节 国内外民族民间体育赛事研究述评

民族民间体育研究领域，国外研究较少，主要集中在国内。

### 一、民族民间体育相关研究

民族民间体育是我国体育事业的重要组成部分，相对于西方体育、现代竞技体育而言，学者给予的关注度并不高。至今该领域相关的研究文献有402条，其中自2006年开始，有关这一领域研究的关注度大大提升。这些论文研究的问题主要包括：民族民间体育的界定、民族民间体育理论体系的构建、民族民间体育文化和价值及发展政策、民族民间体育的研究进展等方面。例如：白晋湘主编的《民族民间体育》①；刘景刚主编的《民族民间体育》② 以及段全伟发表的论文《我国民族民间体育理论体系建设研究》③；白晋湘发表的论文《非物质文化遗产与我国传统体育文化保护》④；丁怀民发表的论文《文化生态视野下的民族民间体育文化保护》⑤；白晋湘、张小林、丁怀民等发表的论文《我国民族民间体育产业化政策体系构建的前瞻思考》⑥；白晋湘、田祖国、宋彩珍等发表的论文《武陵山地区民族民间体育文化认同与价值取向研究》⑦；张宝强发表的论文《我国西北地区民族民间体育研究综述》⑧；花家涛发表的论文《民族民间体育发展向度研究》⑨ 等。

## 二、民族民间体育赛事相关研究

### （一）体育赛事研究“热”

体育赛事相关研究是当前体育研究的热点领域之一，关于该领域的研究文献特别多。自1985年至今，文献资料多达11304条。尤其是2008年北京奥运会后，每年文献刊出大都在1000余条以上（2011年1169条；2012年1149条；2013年

---

① 白晋湘．民族民间体育［M］．北京：高等教育出版社，2010.

② 刘景刚．民族民间体育［M］．大连：大连理工大学出版社，2010.

③ 段全伟．我国民族民间体育理论体系建设研究［J］．北京体育大学学报，2013，36（6）：83－87.

④ 白晋湘．非物质文化遗产与我国传统体育文化保护［J］．体育科学，2008，28（1）：3－7.

⑤ 丁怀民．文化生态视野下的民族民间体育文化保护［J］．吉首大学学报，2010，31（3）：109－111.

⑥ 白晋湘，张小林，丁怀民，等．我国民族民间体育产业化政策体系构建的前瞻思考［J］．成都体育学院学报，2010，36（8）：1－5.

⑦ 白晋湘，田祖国，宋彩珍，等．武陵山地区民族民间体育文化认同与价值取向研究［J］．吉首大学学报，2011，32（2）：147－150.

⑧ 张宝强．我国西北地区民族民间体育研究综述［J］．咸阳师范学院学报，2011，26（2）：105－108.

⑨ 花家涛．民族民间体育发展向度研究［J］．南京体育学院学报，2013，27（2）：24－27.

1143 条；2014 年 1354 条；2015 年 1119 条）。研究成果多倾向于现代体育赛事、竞技体育比赛、城市体育比赛、大型运动会等。居于前五位的研究议题是：①体育赛事的媒介、传播、直播、转播、报道等；②体育赛事的运营、营销、市场开发、商业运作等；③体育赛事对举办城市或举办地的经济、社会及综合影响；④体育赛事的风险管理、安全评估、风险博弈等；⑤体育赛事的品牌构建、推广等。例如：黄海燕、张林发表的论文《体育赛事综合影响框架体系研究》[①]；谭艺等发表的论文《西方国家对大型体育赛事与城市（国家）研究述评》[②]；刘彦发表的论文《大型体育赛事对城市经济和社会发展的推动作用》[③]；黄海燕等发表的论文《体育赛事的价值评估研究》[④]；李南筑、姚芹发表的论文《体育赛事评估：评定价值、创造价值》[⑤]；张颖慧、徐凤萍发表的论文《体育赛事与城市的相容性研究》[⑥]；邢尊明发表的论文《体育赛事基本概念归属及其导向价值》[⑦]；黄海燕发表的论文《体育赛事经济影响评价的实证研究》[⑧]；黄海燕、张林发表的论文《体育赛事的基本理论研究：论体育赛事的历史沿革、定义、分类及特征》[⑨] 等。

## （二）民族民间体育赛事研究"冷"

在热闹纷繁的体育赛事研究中，学者针对民族民间体育赛事的专门研究显得有些冷落。通过检索发现，截至 2015 年，以"民族民间体育赛事"为篇名的期刊

---

① 黄海燕，张林．体育赛事综合影响框架体系研究［J］．体育科学，2011，31（1）：75－84.

② 谭艺，王广进，胡晓庆，等．西方国家对大型体育赛事与城市（国家）研究述评［J］．体育与科学，2013，33（1）：70－77，82.

③ 刘彦．大型体育赛事对城市经济和社会发展的推动作用［J］．南京体育学院学报，2008，22（3）：49－52.

④ 黄海燕，陆前安，方春妮，等．体育赛事的价值评估研究［J］．上海体育学院学报，2008，32（1）：20－24.

⑤ 李南筑，姚芹．体育赛事评估：评定价值、创造价值［J］．上海体育学院学报，2009，33（4）：1－4.

⑥ 张颖慧，徐凤萍．体育赛事与城市的相容性研究［J］．上海体育学院学报，2011，35（1）：19－22.

⑦ 邢尊明．体育赛事基本概念归属及其导向价值［J］．吉林体育学院学报，2007，23（5）：3－5.

⑧ 黄海燕．体育赛事经济影响评价的实证研究［J］．上海体育学院学报，2011，35（3）：1－6，13.

⑨ 黄海燕，张林．体育赛事的基本理论研究：论体育赛事的历史沿革、定义、分类及特征［J］．武汉体育学院学报，2011（2）：22－27.

论文仅有 44 篇。这些论文分别论述了民族民间体育赛事的定位、使命、价值、风险管理、发展路径及文化传播等问题。其中，上海体育学院的李延超、湖北工业大学的张军平在这方面进行了较多的研究。李延超等人的 2 篇论文《民族民间体育赛事研究的定位、内容及实施》[①]《民族民间体育赛事研究的社会使命与学术追求》[②] 重点分析了民族民间体育赛事研究的定位、内容、实施路径及该领域研究的社会使命与学术追求，指出由于时代发展和民族团结的需要及研究的相对不足，使民族民间体育赛事成为一个急需开拓的研究领域。张军平的 3 篇论文《地域文化视阈下民族民间体育赛事的发展方略与路径选择》[③]《民族民间体育赛事在乡村社会秩序建设中的价值与路径选择》[④]《民族民间体育赛事跨区域文化传播研究》[⑤] 主要研究了地域文化视阈下民族民间体育赛事的发展方略及路径选择、民族民间体育赛事在乡村社会秩序建设中的价值及民族民间体育赛事的跨区域文化传播等问题。此外，邢莉发表的论文《蒙古族那达慕的变迁》[⑥]、徐明发表的论文《玉树赛马节的社会学思考》[⑦]、羿翠霞等发表的论文《中国汨罗江国际龙舟节文化探析》[⑧]、冯天瑾等发表的论文《"利益相关者"理论在民间体育传承与弘扬中的应用——桂北侗乡林溪第 62 届花炮节成功举办的启示》[⑨] 进行了个案研究，尹小波等发表的论文《大型民族体育赛事对区域经济和发展的影响：以举办中国传统龙

---

① 李延超，虞重干．民族民间体育赛事研究的定位、内容及实施［J］．体育科学，2011，31（3）：22－29.

② 李延超．民族民间体育赛事研究的社会使命与学术追求［J］．上海体育学院学报，2012，36（5）：11－13.

③ 张军平．地域文化视阈下民族民间体育赛事的发展方略与路径选择［J］．搏击（武术科学），2012，9（12）：92－95.

④ 张军平．民族民间体育赛事在乡村社会秩序建设中的价值与路径选择［J］．搏击（武术科学），2013，10（2）：60－62.

⑤ 张军平．民族民间体育赛事跨区域文化传播研究［J］．搏击（武术科学），2012，9（1）：84－85，115.

⑥ 邢莉．蒙古族那达慕的变迁［J］．中央民族大学学报（哲学社会科学版），2007（5）：92－95.

⑦ 徐明．玉树赛马节的社会学思考［J］，青海民族研究，2007，（3）：84－85.

⑧ 羿翠霞，杨涛，陈彦．中国汨罗江国际龙舟节文化探析［J］．体育文化导刊，2013，（12）：105－108.

⑨ 冯天瑾，王进，李志清，等．"利益相关者"理论在民间体育传承与弘扬中的应用：桂北侗乡林溪第 62 届花炮节成功举办的启示［J］，体育学刊，2008，15（7）：102－105.

舟赛对沅陵县区域经济和社会发展为例》[①]、王平发表的论文《论大型民族民间体育赛事对举办城市发展的影响》[②] 等主要运用实证案例对民族民间体育赛事的相关领域进行了针对性研究。

# 第二节　国内外旅游目的地相关研究

相比民族民间体育赛事研究，对旅游目的地相关研究是国内外研究的重要领域，成果极其丰硕。

## 一、国外旅游目的地相关研究

### （一）旅游目的地研究“热”

通过 Elsevier ScienceDirect 数据库查询，国外学者对旅游目的地的相关研究文献在 1995 年以前为 7433 条；自 1996 年开始至今，每年相关研究文献不低于 600 条，尤其 2003 年至今每年不低于 1000 条（2010 年 1892 条；2011 年 2311 条；2012 年 2688 条；2013 年 3235 条；2014 年 1318 条）。主要研究领域包括旅游目的地竞争力研究、旅游目的地消费者行为模式研究、旅游目的地形象及应用研究、旅游目的地品牌管理研究、旅游目的地营销研究、旅游对目的地的影响研究等，采用定性与定量相结合方法，同时凸显个案研究。例如：Michael J. Enright，James

① 尹小波．大型民族体育赛事对区域经济和发展的影响：以举办中国传统龙舟赛对沅陵县区域经济和社会发展为例［J］．体育科学研究，2009，13（1）：29－32.

② 王平．论大型民族民间体育赛事对举办城市发展的影响［J］．吉林体育学院学报，2013，29（5）：119－121.

Newton. *Tourism destination competitiveness: a quantitative approach*①; Craig Webster, Stanislav Ivanov. *Transforming competitiveness into economic benefits: Does tourism stimulate economic growth in more competitive destinations?*②; Ph. D. Tatjana Dimoska, Assistant Professor and Boris Trimcev. *Competitiveness strategies for supporting economic development of the touristic destination*③; Doris Chenguang Wu, Gang Li, Haiyan Song. *Economic analysis of tourism consumption dynamics: A Time – varying Parameter Demand System Approach*④; Xiang ping Li, Xiang (Robert) Li, Simon Hudson. *The application of generational theory to tourism consumer behavior: An American perspective*⑤; Raffaella Nicoletta, Rocco Servidio. *Tourists' opinions and their selection of tourism destination images: An affective and motivational evaluation*⑥; Petra Glover. *Celebrity Endorsement in Tourism Advertising: Effects on Destination Image*⑦; Anne Hoppen, Lorraine Brown, Alan Fyall. *Literary tourism: Opportunities and challenges for the marketing and branding of destinations?*⑧; Samantha Murdy, Steven Pike. *Perceptions of visitor relationship marketing opportunities by destination marketers: An importance – performance analysis*⑨.

---

① ENRIGHT M J, NEWTON J. Tourism destination competitiveness: a quantitative approach [J]. Tourism Management, 2004 (25): 777 – 788.

② WEBSTER C, UVANOV S. Transforming competitiveness into economic benefits: Does tourism stimulate economic growth in more competitive destinations? [J]. Tourism Management, 2014 (40): 137 – 140.

③ DIMOSKA T, TRIMCEV B. Competitiveness strategies for supporting economic development of the touristic destination [J]. Tourism Management, 2012 (44): 279 – 288.

④ CHENGUANG WU, GANG LI, HAIYAN SONG. Economic analysis of tourism consumption dynamics: A Time-varying Parameter Demand System Approach [J]. Annals of Tourism Research, 2012, 39 (2): 667 – 685.

⑤ XIANGPING LI, XIANG LI, HUDSON S. The application of generational theory to tourism consumer behavior: An American perspective [J]. Tourism Management, 2013, 37 (Complete): 147 – 164.

⑥ NICOLETTA R, SERVIDIO R. Tourists' opinions and their selection of tourism destination images: An affective and motivational evaluation [J]. Tourism Management Perspectives, 2012, 4: 19 – 27.

⑦ GLOVER P. Celebrity Endorsement in Tourism Advertising: Effects on Destination Image [J]. Journal of Hospitality and Tourism Management, 2009, 16 (1): 16 – 23.

⑧ Hoppen A, BROWN L, FYALL A. Literary tourism: Opportunities and challenges for the marketing and branding of destinations? [J]. Journal of Destination Marketing & Management, 2014, 3 (1): 37 – 47.

⑨ MUROY S, PIKE S. Perceptions of visitor relationship marketing opportunities by destination marketers: An importance – performance analysis [J]. Tourism Management, 2012, 33 (5): 1281 – 1285.

### (二) 体育旅游目的地研究“不温不火”

相比国外对旅游目的地的相关研究，有关体育旅游目的地研究可谓是“不温不火”。1994 年以前相关研究文献共有 537 条；1994—2000 年，每年相关研究文献不足 100 条；2003—2014 年每年不低于 100 条（2010 年 196 条；2011 年 236 条；2012 年 272 条；2013 年 314 条；2014 年 137 条）。例如：Mike Weed. *Progress in sports tourism research? A meta – review and exploration of futures*[①]；Millicent Kennelly, Kristine Toohey. *Strategic alliances in sport tourism: National sport organisations and sport tour operators*[②]；Nan Chen，Shaojun Ji，Daniel C. Funk. *An extended study on destination image decay of sport tourists over time*[③].

## 二、国内旅游目的地相关研究

### (一) 旅游目的地研究“热”

随着旅游业的兴起，旅游目的地的研究成为时下世界各国或地区一个热门的选题。目前，学界关于旅游目的地的学术论文比较多，文献检索共计 24075 条。尤其近几年中国旅游领域的学术论文和著作数量呈几何级数增长，研究者从多学科、多角度对城市旅游和国内外知名旅游景点进行了研究（2009 年 3221 条；2010 年 3541 条；2011 年 2853 条；2012 年 2550 条；2013 年 2412 条），研究的主要议题位于前五位的是：①旅游目的地的形象感知、设计、塑造与提升；②旅游目的地的市场营销与运营；③旅游目的地品牌的传播、保护及忠诚度研究；④旅游目的地选择的影响因素研究；⑤旅游目的地的竞争力提升与评价等。具有代表性的著作

---

① MIKE W. Progress in sports tourism research? A meta – review and exploration of futures [J]. Tourism Management，2009，30 (5)：615 – 628.

② MILLICENT K，KRISTINE T. Strategic alliances in sport tourism：National sport organisations and sport tour operators [J]. Sport Management Review，2014，17 (4)：407 – 418.

③ NAN CHEN，SHAO JUN JI，DANICL C. FUNK. An extended study on destination image decay of sport tourists over time [J]. Journal of Destination Marketing & Management，2014，2 (4)：241 – 252.

如戴光全的《重大事件对城市发展及城市旅游的影响研究：以’99昆明世界园艺博览会为例》①；戴光全、张晓鸣的《节事旅游概论》②；张聪玲的《中国节事旅游研究——理论分析与案例解读》③；李宏的《旅游目的地形象测量方法与应用研究》④；邹统钎的《中外旅游目的地比较研究》⑤；盖尔·詹宁斯的《旅游研究方法》⑥；Bob McKercher、Hilary du Cros 的《文化旅游与文化遗产管理》⑦；戴伦·J. 蒂莫西、斯蒂芬·W. 博伊德的《遗产旅游》⑧ 等。上述作品为本研究提供了一定的理论支撑。

此外，笔者有幸拜读了国内部分专家、学者对当前旅游目的地的相关研究进行的文献整理和分析资料，对当前国内外旅游目的地的研究进展从整体上有了一定的了解，并为本研究提供了一定的理论支撑。鲍富元、董卫江发表的论文《国内旅游目的地信息化研究综述》⑨ 指出，国内旅游目的地信息化研究尚存在基础理论研究薄弱、研究方法单一、研究层面偏窄、理论研究滞后于实际发展、系统架构尚未建立等问题。后续研究应尝试完善学科方向体系、深度挖掘研究内容、紧密联系实际发展动态、应用多学科研究方法，以期更好地指导我国旅游目的地信息化发展；施秀梅指出，相关研究起步晚、成果少，多集中在最近几年，多运用统计软件进行定量的研究，包括因子分析法、多元回归分析法、结构方程、模糊评价法等，包括不同类型景区游客满意度影响因素研究或研究某个因子对游客满意度的影响及其他零星成果⑩；沈雪瑞、李天元从旅游目的地忠诚的概念和测量指

---

① 戴光全．重大事件对城市发展及城市旅游的影响研究：以’99昆明世界园艺博览会为例［M］．北京：中国旅游出版社，2005.

② 戴光全，张晓鸣．节事旅游概论［M］．北京：中国人民大学出版社，2011.

③ 张聪玲．中国节事旅游研究：理论分析与案例解读［M］．北京：中国旅游出版社，2008.

④ 李宏．旅游目的地形象测量方法与应用研究［M］．天津：南开大学出版社，2012.

⑤ 邹统钎．中外旅游目的地比较研究［M］．北京：旅游教育出版社，2008.

⑥ 詹宁斯．旅游研究方法［M］．北京：旅游教育出版社，2007.

⑦ 鲍勃·麦克彻，希拉里·迪克罗．文化旅游与文化遗产管理［M］．天津：南开大学出版社，2006，5.

⑧ 戴伦·J. 蒂莫西，斯蒂芬·W. 博伊德．遗产旅游［M］．北京：旅游教育出版社，2007.

⑨ 鲍富元，董卫江．国内旅游目的地信息化研究综述［J］．内江师范学院学报，2012，26（5）：114－117.

⑩ 施秀梅．国内旅游目的地游客满意度影响因素研究综述［J］．东方企业文化，2011（18）：171－172.

标、影响因素、不同时间范围内重游意向的特点及实证研究所关注的样本人群和旅游目的地类型几个方面，对国内外相关文献及其主要结论进行回顾①；张岚等查阅国外近20年关于旅游目的地重游者决策行为的相关文献，从研究重游决策行为的意义与内容，以及重游者对目的地惯性、风险规避性、补偿性、实用性及依恋性等态度与感知诸方面进行评述②；王京传、李天元通过对国外公开发表的以“tourism governance”“destination governance”“tourism partnership”为主题的英文文献进行综述，分析了国外目的地治理研究的时空特征、研究内容和研究不足③；董志文、王德红对近年来与旅游目的地品牌相关的国外文献进行了归纳和梳理，试图从旅游目的地品牌塑造、品牌营销和品牌价值评估三个方面进行分析和总结，以期对国内旅游目的地的品牌化研究提供一定的借鉴与指导④；董皓、张喜喜分别从文化遗产旅游者研究、文化遗产旅游目的地研究、文化遗产旅游开发与管理研究、文化遗产旅游解说与原真性研究四个方面进行了分类与述评，发现国外近10年主要集中于原真性与旅游者研究，普遍采用案例分析与模型构建，注重定性研究与定量研究相结合，多学科渗透与融合趋势明显，认为未来的工作应在坚持文化遗产旅游可持续发展的同时融合绿色理念与低碳发展观，注重实践基础之上的理论创新，并加强对濒危文化遗产的研究⑤；詹丽、梅雪、黄蓉对近30年国内外旅游风险研究的内容进行了概述和梳理，指出了当前目的地旅游风险研究的趋势与不足，提出应该加强对旅游风险基础理论和风险评价方法的研究，关注特定主体，如欠发达地区、生态脆弱地区、文化敏感地区的研究，以提高旅游风险研究成果的针对性和应用价值⑥；李雪对近10年关于旅游目的地营销方面的文献进行分析研究，归纳旅游目的地营销的概念、旅游目的地整合传播营销的理论、旅游

---

① 沈雪瑞，李天元．国内外旅游目的地忠诚的文献回顾及研究展望［J］．北京第二外国语学院学报，2013（1）：18－28.

② 张岚，李晏墅，侯国林，等．国外关于旅游目的地重游决策行为研究综述［J］．南京师大学报（自然科学版），2011，34（4）：135－141.

③ 王京传，李天元．国外旅游目的地治理研究综述［J］．旅游学刊，2013，28（6）：15－25.

④ 董志文，王德红．近二十年国外旅游目的地品牌化研究述评［J］．科学决策，2013（8）：79－94.

⑤ 董皓，张喜喜．近十年国外文化遗产旅游研究动态及趋势：基于 *Annals of Tourism Research* 与 *Tourism Management* 相关文章的述评［J］．人文地理，2012（5）：157－160，97.

⑥ 詹丽，梅雪，黄蓉．旅游目的地风险管理研究综述［J］．旅游学刊，2013，5（1）：7－14.

目的地营销中的政府营销行为、营销策略与模式及品牌营销等研究成果，提出了旅游目的地未来发展趋势，并进行了展望①。

## （二）体育旅游目的地相关研究“冷”

与“旅游目的地研究”的热烈程度相比，“体育旅游目的地相关研究”显得相当冷清。文献检索显示：2002 年，部分专家和学者开始关注并进行体育旅游目的地的相关研究，共计 14 篇。例如：杨加玲对国内体育旅游客源市场的特点进行了分析，论述了开发连云港目的地体育旅游产品的原则与策略，提出以资源依托型为主的连云港市体育旅游产品的开发途径与产品类型②；杨爱华认为，三峡库区体育旅游目的地面临着各种重大问题，只有高起点、高水平的开发，才能使三峡库区体育旅游业真正成为区域经济的增长点并具有持续的发展潜力，要有一个整合的理念，才能吸引更多的境内外体育旅游者，从而增强库区体育旅游目的地的竞争力③；高圆媛、辛宏对体育旅游目的地形象等相关内容进行分析与总结，提出了体育旅游目的地形象的设计内容及传播策略④；张铁明⑤、张云峰⑥、于锦华⑦、王辉⑧等人集中研究了体育旅游目的地竞争力的影响因素、评价指标和提升路径；王晓林指出，三亚热带体育旅游目的地具有丰富的热带体育旅游资源，但与世界知名的、按照国际惯例进行评价的体育旅游目的地相比还存在一定的差距，提出了推进三亚作为热带体育旅游目的地国际化进程的策略与建议⑨。

---

① 李雪．我国旅游目的地营销研究进展及启示［J］．浙江海洋学院学报（人文科学版），2011，28（2）：61－65.

② 杨加玲．连云港市目的地体育旅游产品开发的研究［J］．科教文汇，2009（18）：216－217.

③ 杨爱华．论三峡库区体育旅游目的地开发的整合理念［J］．社会科学家，2003（3）：91－94.

④ 高圆媛，辛宏．体育旅游目的地形象设计与传播策略初探［J］．商业文化，2010（5）：29.

⑤ 张铁明，吴畏，谭延敏，等．游客感知视角下休闲体育旅游目的地竞争力的实证研究［J］．西安体育学院学报，2013，30（1）：26－30.

⑥ 张云峰，丛聪．体育旅游目的地竞争力模型与评价指标体系研究［J］．体育世界（学术版），2010（8）：115－116.

⑦ 于锦华．体育旅游目的地竞争力提升路径研究［J］．北京体育大学学报，2010，33（1）：39－41.

⑧ 王辉．海南体育旅游目的地的竞争力研究［D］．海口：海南师范大学，2013.

⑨ 王晓林．三亚热带体育旅游目的地国际化进程研究［D］．海口：海南师范大学，2012.

# 第三节 国内外供应链相关研究

## 一、国外供应链相关研究

国外供应链研究是从物流管理开始的，主要从多级库存及生产—分销的角度来研究供应链的优化问题。从物流管理上升到供应链管理，把它提高到企业管理中的战略位置来研究是最近几年的事情，国外在这方面起步比国内要早。

1999 年，Erengue 提出了供应链发展的四个方向①：第一，供应链中供应、生产、销售三个环节具有相当丰富的研究内容，如重新评估传统多级库存问题，对比全局最优解和局部最优解，研制更为有效的供应链；第二，供应链中所有环节的库存管理决策集成化方法；第三，供应链中信息共享及其作为生产运作标准的问题；第四，供应链中供应、生产、销售三个环节的集成化模型问题，这是供应链中最重要的研究领域。供应链的核心内容是链上系统的优化，供应链的模型与优化分析成为供应链研究和应用发展的重要方向。国外学者对供应链建模的研究集中在以下几个方面②。

### （一）库存系统问题

库存是生产运作的重要组成部分，也是供应链系统模型和分析工作的基础。库存系统模型与分析是一个优化问题。实际上，库存问题是广泛的，它可以分为确定性和随机性问题，也可以分为静态和动态库存问题。动态库存与控制问题出

① ERENGUE. Production rate control for failure prone production systems with no backlog permitted [J]. IFFF Transactions on Automation Control, 1999, 40 (2): 111 - 123.

② 王玖河. 港口企业供应链的结构分析与优化 [D]. 秦皇岛：燕山大学，2007：6 - 11.

现于 20 世纪 80—90 年代，在库存问题确定性和随机性控制方面，Aliyu M D S 等做了大量工作①。Aliyu M D S、Boukas EK 等人在具有消耗品库存、暂缺订货、订货的库存方面做了大量工作②。Gerard P C、Marshall F 将库存问题与运输问题和采购策略结合起来研究，并提出了很多有效的算法③。Dejun Chen、Zude Zhou、Rui Hu 在库存调度模型的基础上设计了程序设计模型，并对库存调度模型可达性进行了分析和验证④。

## （二）生产销售计划问题

生产销售计划是生产运作和供应链管理的重要组成部分。生产销售计划问题包括供应、生产和销售三个阶段，生产销售计划就是考虑多个相关阶段和决策以及整体优化。Malori M、Benton W C 总结了供应链中生产系统计划、供应链中合作问题的模型⑤。

## （三）质量控制问题

质量控制是生产运作不可或缺的组成部分。质量是一组固有特性及其满足顾客要求的程度。质量的唯一标准就是以顾客为中心，令顾客满意。为了保证整个供应链经济、高效地运行，保证顾客对产品和服务满意，就必须对产品和服务的质量进行管理和控制。例如，供应链管理的质量控制问题已经引起 Starbird S 等人的关注，考虑了供应链中的质量控制问题，建立了供应链中供应商和购买商的质

① ALIYU M D S. Analysis and control of a single item production inventory system with shortances and backorders［J］. International Journal of System s Science，1998，29（8）：889－897.

② ALIYU M D S，Boukas E K. Discrete tine inventory models with deteriorating items［J］. International Journal of Systems Science，1998，29（9）：1007－1014.

③ ALIYU P C，MARSHALL F. Supply Chain Inventory Management and the Value of Shared Information［J］. Management science，2000（8）：1032－1048.

④ DEJUN CHEN，ZUDE ZHOU，RUI HU. Research on the inventory scheduling model based on agent－oriented Petri net in supply chain［J］. Kybernetes，2008，37（9）：1234－1241.

⑤ MALORI M，BENTON W C. Supply chain partnerships：opportune ties for operation research［J］. European Journal of Operation Research，1997，101（3）：419－429.

量成本模型，提出了质量控制中的惩罚、奖励和监督等优化问题①。应该说，质量控制是供应链管理中的一个重要理论和应用问题。

### （四）供应链中的财务问题

供应链中的财务问题，应该说是以物流为载体的资金流问题。财务供应链与物流供应链是同时发生的，不过前者表现为资金流，后者表现为物料流。财务应该涉及在公司控制下的有关资本投资、借款、利润等方面的决策。Niraj R、Gupta M、Narasinhan C 探讨了供应链中客户获利能力模型问题②。Kouwenberg R 探讨了资产负债的优化模型③。Blankley A 通过审查供应链管理技术（SCMT）和财务业绩有关文献，提出了评估财务模型在供应链管理技术的投资、性能方面的好处④。供应链中的金融财务优化模型的研究也是目前研究的热点问题。

### （五）集成化问题

模型集成化是供应链分析工作中的一个主要研究方向。供应链集成化问题的实质是供应、制造、销售一体化系统的最优化。Sabri E H、Beamon B M 研究了供应链中几个独立阶段，即供应商、工厂、分销中心、顾客的模型。在运作层考虑了不确定性，如研究需求、生产提前期、供应提前期等条件，在战略层考虑了供应链节点资源配置和物流的优化，运作层和战略层的连接则是以多目标方式来解决的⑤。Haehling Christoph、von Lanzenauer、Karsten Pilz－Glombik 从供应链协调关系出发，运用混合整数规划对供应链的策略层进行研究，给出了优化模型，并对

---

① STARBIRD S A. Penalties, rewards and inspection: provisions for quality in supply chain contracts ［J］. Journal of Operational Research Society, 2001, 52 (1): 109－115.

② NIRAJ R, GUPTA M, NARASINHAN C. Customer profitability in a supply chain ［J］. Journal of Marketing, 2001, 66 (1): 1－16.

③ KOUWENBERG R. Scenario generation and stochastic programming models for asset liability management ［J］. European Journal of Operational Research, 2001, 134 (2): 279－292.

④ BLANKLEY A. A conceptual model for evaluating the financial impact of supply chain management technology investments ［J］. The International Journal of Logistics Management, 2008, 19 (2): 155－182.

⑤ SABRI E H, BEAMON B M. A multi－objective approach to simultaneous strategic and operational planning in supply chain design ［J］. Omega, 2000, 28 (5): 581－598.

其在企业管理决策中所起到的作用进行了详细的阐述[①]。

### （六）供应链结构研究

Lambert 等人提出了供应链网络结构模型，为供应链结构理论的研究奠定了基础[②]。2002 年，Thomas Y. Choi、Yun sook Hong 在前人研究的基础上，提出了在供应网络结构研究中可以从组织方式、集约化程度、复杂性三方面展开定性研究，并以 3 个典型的供应网络为例开展研究[③]。该思路对整个供应链网络结构研究具有很好的借鉴作用，但缺乏定量研究。

人类社会进入 21 世纪以后，国外对供应链管理的研究倾向于信息自动化、安全和风险管理领域。此外，国外一些专家的论著和译著对本研究的撰写提供了一定的理论支持。

## 二、国内供应链相关研究

全球物流进入供应链时代，供应链成为跨企业整合所有商业活动的管理集成。我国对供应链的研究刚刚起步，对我国脱胎于计划经济模式的国有企业和大量中小规模的加工生产企业来说，供应链和供应链管理仍然是比较陌生的概念。在竞争日益激烈的环境中，中国的企业必须适时引入并建立供应链战略，使之成为其他企业不可模仿的核心竞争力。

### （一）供应链管理的人力资源管理研究

人力资源是供应链链条上最活跃的要素。段维龙指出，企校合作订单培养是供应链“零库存”理论在企业人力资源开发中的典型实践应用，可增强企业的核

---

① HAEHLING VON LANZENAUER, KARSTEN PILZ - GLOMBIK. Coordinating Supply Chain Decisions: an Optimization Model [J]. OR Spectrum, 2002, 24 (1): 59 - 78.

② LAMBERT DOUGLAS M., KNEMEYER A MICHAEL, GARDNER JOHN T. Supply Chain Partnerships: Model Validation and Implementation [J]. Journal of Business Logistics, 2004, 25 (2): 21 - 42.

③ THOMAS Y. CHOI, YUN SOOK HONG. Unveiling the structure of supply networks: case studies in Honda, Acura, and DaimlerChrysler [J]. Journal of Operations Management, 2002, 20 (5): 469 - 493.

心竞争力，实现学校人才培养与企业人力资源开发的无缝对接①。王琳从供应链管理理念出发，透视当今国内人力资源外包在法律、信息对称性、适应性、信息安全、文化差异、员工及管理等方面存在的隐患，并运用供应链管理所强调的快速反应市场需求、战略管理、高柔性、低风险、成本—效益目标等理念，为这些隐患做出了理论解析②。洪雁针对石油企业人力资源管理中长期以来存在的供需不均衡问题，结合供应链思想，通过与一般供应链形态进行比较分析，提出了人力资源供应链管理的观点，进而构建了石油企业人力资源供应链管理模式③。

## （二）供应链管理的关系管理研究

企业竞争是全球经济的竞争，在当今经济全球化的背景下，科特勒表示："随着企业的全球化竞争，企业家们认识到不管他们的企业有多大，他们总是缺少一些取得成功所必需的资源。在了解供应链产生的价值后，他们意识到有必要跟其他组织形成合作伙伴关系。"④ 以下文献主要涉及合作关系、客户关系、组织关系和产权关系研究。邢刚分析了供应链合作关系管理的业务流程，讨论了合作伙伴关系评价体系的层次结构、数学模型和支持系统⑤。张高利讨论了供应链合作伙伴关系的发展及重要意义，证明了合作是企业在短期利益和长远利益之间权衡、多次重复博弈的最优战略，并建立了供应链合作伙伴关系的解释模型⑥。汤世强构建了供应链合作伙伴关系最优控制权配置模型，并分析了影响最优控制权配置模型的因素⑦。王丽杰对供应链节点企业间的合作关系进行了研究，构建了合作伙伴评价与选择的指标体系，提出了供应链信息共享激励策略，建立了供应链风险预警

---

① 段维龙．供应链"零库存"管理理论在企业人力资源开发中的应用研究：以冠捷电子股份公司企校订单培养合作办学为例［J］．中国高新技术企业，2007（9）：33－34.

② 王琳．供应链管理视角下的人力资源外包隐患分析［J］．现代商业，2007（8）：23－24.

③ 洪雁．供应链思想在石油企业人力资源管理中的应用初探［J］．科技与管理，2008，10（2）：118－120.

④ 门茨尔．供应链管理概论［M］．王海军，王高英，董凤娜，等，译．北京：电子工业出版社，2006：2.

⑤ 邢刚．基于 Jini 的供应链合作伙伴关系管理的研究和实现［D］．南京：南京航空航天大学，2002.

⑥ 张高利．基于供应链管理的制造商与营销商合作关系研究［D］．天津：河北工业大学，2006.

⑦ 汤世强．供应链合作伙伴关系最优控制权配置［J］．上海企业，2008（8）：39－41.

管理体系、基于 sharpey 值的供应链利益分配机制和供应链整体绩效评价指标体系[①]。胡异杰指出，客户关系在供应链管理中占据着至关重要的地位，较高的客户满意度是供应链管理成功的重要标志[②]。谷力讨论了如何借鉴 SCM 和 CRM 原理及现有 CIMS 系统，利用网络数据库及 PHP 编程技术设计和开发供应链管理及客户关系管理系统[③]。李明琨、方芳从组织关系和行为角度，提出并分析研究了核心企业型、寡头垄断型、均衡链式型三种供应链模型，给出实例，为我国企业应对全球供应链竞争挑战提供了有益思路[④]。沈惠敏对供应链企业间现存的实在的产权关系和虚拟的产权关系进行了分析比较，并指出实在的产权关系和虚拟的产权关系应该有机结合[⑤]。蒋阳升围绕供应链企业间的合作竞争关系的协调，运用以博弈论和多代理系统理论与方法为代表的“综合集成研讨体系”的集成研究方法，从供应链关系协调机制和协调渠道、信息集成与共享两个方面对供应链关系协调管理进行了战略性研究[⑥]。

## （三）供应链管理的需求管理研究

在整个供应链管理中，需求管理又是所有管理和决策的前提和基础，只有通过准确的需求计划才能做出及时的生产计划、相应的库存和运输计划，并使客户达到满意。供应链管理专家们曾经预言：21 世纪创造供应链价值最大化的管理模式将是基于需求的管理。肖咏分析了 IT 制造业供应链需求管理的现状及存在的问题后，结合行业特征和实际经验，从采用供应链拉动式运作模式、使用信息技术、建立需求预测机制等多个方面探讨了改进 IT 制造业需求管理的策略和途径[⑦]。陈冬冬、彭其渊在分析导致需求不确定性因素的基础及其导致的后果后，界定了供应链中需求管理的基本概念，并根据功能性产品和创新性产品论述了供应链中需

---

① 王丽杰．供应链成员企业间合作问题研究［D］．长春：吉林大学，2007.
② 胡异杰．供应链管理于客户关系管理的整合研究［D］．成都：西南交通大学，2004.
③ 谷力．供应链管理及客户关系管理系统的设计与实现［J］．计算机系统应用，2003（5）：11－13.
④ 李明琨，方芳．供应链管理的组织关系与行为模型［J］．物流技术，2002（8）：29－31.
⑤ 沈惠敏．供应链企业间的产权关系研究［D］．武汉：华中师范大学，2005.
⑥ 蒋阳升．供应链关系协调管理研究［D］．成都：西南交通大学，2004.
⑦ 肖咏．IT 制造业供应链需求管理研究［D］．北京：对外经济贸易大学，2007.

求管理模式的选择方法①。蒋琳兰、徐梦丹、李兴华等要求各药品经营主体必须从传统的产品驱动管理模式向新型的顾客需求驱动管理模式转变，实现药品供应链管理②。钱丽丽提出了基于供应链视角的需求管理及需求预测方法，并把需求管理提升到战略的高度，以此改变可能存在的供需失衡状况③。李佳通过分析散客旅游者出行前、旅游过程中、旅游结束后等各个环节的信息需求，提出通过新型的网络旅游供应链，利用网络的信息查询、网上交易、网上支付等功能，并结合移动方式实现散客旅游服务的网络旅游供应链解决方案④。陈丰照、刘广堂通过对企业供应链管理需求的分析，概述了供应链管理的功能，明确了供应链管理分系统与其他分系统之间存在的信息联系，实现最大透明和快速的信息传递，达到供应链管理与后台业务的高度共享，提高企业整体供应业绩⑤。彭炜儿从需求管理的角度，就如何提升供应链绩效进行了研究，通过运用需求管理协调供应链中各环节之间的利益和活动，对整个供应链网络进行分析、管理，以顾客需求为供应链运作的基础，取得整个供应链绩效的最佳化⑥。张军建立了基于客户满意度的供应链动态优化模型，并进行优化计算与求解，同时以仿真实例来检验：在一定的客户满意度下，以供应链整体利润最大化为供应链动态优化的目标，不仅可使供应链获取较高的利润值，而且客户满意度也能克服设定约束而达到更高值⑦。

### （四）供应链的优化研究

一个能够健康持续发展的企业必定是有“自己的供应链”的企业；必定是能够通过供应链管理培育、巩固和发展核心竞争力的企业，也是一个在遇到风险时，

---

① 陈冬冬，彭其渊．供应链实施中的需求管理研究［J］．商业现代化，2007（7）：109－111.

② 蒋琳兰，徐梦丹，李兴华，等．顾客需求驱动在药品供应链管理应用中的意义［J］．中国药房，2008，19（1）：5－7.

③ 钱丽丽．基于供应链视角的需求管理［J］．中国管理信息化，2006，9（6）：5－7.

④ 李佳．基于散客旅游信息需求的旅游供应链管理：以“携程旅行网”为例［D］．成都：四川大学，2007.

⑤ 陈丰照，刘广堂．企业信息化建设中供应链管理需求分析［J］．能源技术与管理，2007（4）：126－128.

⑥ 彭炜儿．运用需求管理提升供应链的绩效［D］．广州：暨南大学，2003.

⑦ 张军，张雷．融合客户满意度的供应链动态优化［J］．统计与决策，2008（16）：177－178.

能够借助供应链分担风险、化解压力的企业。企业健康持续发展的过程是一个对现有供应链进行持续优化的过程。盛捷以C食品公司为例，针对尼日利亚食品公司供应链的特点，提出了食品企业在非洲的供应链优化模式①。李万立对旅行社层面的供应链状况进行分析，针对这些变化对转型时期我国旅游供应链的现状、特点、规律、存在的问题、解决途径及优化机制做了初步探讨②。田中禾、陈琛在介绍绿色供应链管理模式及其建构的基础上，结合我国现阶段的国情，提出了关于对我国企业绿色供应链重整与优化的对策建议③。

## （五）管理控制的相关研究

管理控制是用来确保组织成员朝向组织目标努力的机制。管理控制是内部控制的一个重要组成部分，并且逐渐在内部控制整体框架中处于主导与支配地位。陈志军、胡晓东、王宁等人认为，管理控制理论的发展演变过程可以划分为四个阶段：封闭—理性阶段、封闭—自然阶段、开放—理性阶段、开放—自然阶段，管理控制要素存在着四种主流观点：两要素控制系统、三要素控制系统、四要素控制系统和五要素控制系统④。张正堂、吴志刚从内部控制、管理控制形态、跨国企业和合资企业等不同角度总结了管理控制理论的发展⑤。颜军根据多元化公司的管理特点，以权变理论为基础，从管理的计划、组织、领导、人事和控制五大职能出发，在预算技术、集权与分权、报酬激励系统、业绩评价系统、内部协调与整合和信息系统等方面构建了一个多元化公司管理控制系统研究框架⑥。张秀烨在对管理控制思想的源起与发展脉络、不同学派管理控制概念的比较与差异，以及管理控制系统框架的比较与差异进行探讨的基础上，得出了未来管理控制理论研

① 盛捷. C食品公司供应链优化的研究［D］. 北京：北京交通大学，2007. 11.

② 李万立. 转型时期我国旅游供应链优化机制研究［D］. 济南：山东师范大学，2006. 4.

③ 田中禾，陈琛. 现代企业绿色供应链管理模式的建构与优化［J］. 科技管理研究，2007（10）：176－178.

④ 陈志军，胡晓东，王宁. 管理控制理论评述［J］. 山东社会科学，2005（12）：126－128.

⑤ 张正堂，吴志刚. 企业集团母子公司管理控制理论的发展［J］. 财经问题研究，2004（6）：87－91.

⑥ 颜军. 多元化公司管理控制系统研究：一个权变理论研究框架［J］. 特区经济，2007（7）：267－269.

究的发展趋势[①]。白万纲认为，在未来“管理加控制”的模式将成为母子公司管理的主流模式[②]。王吉鹏通过一个模型、四个步骤，对集团管控中的难题和面临的困境，如集团总部对子公司的集权和放权问题、集团总部与子公司的利益分配问题、集团管理的内部资源整合问题、信息沟通问题、激励问题等，提出了切实有效的解决之道[③]。

## （六）体育领域供应链研究概述

文献资料显示，目前涉及体育领域供应链的研究甚少。肖淑红以价值链为主线，从管理理念、组织形式、管理方式对中国体育产业价值链管理模式进行了较为系统、全面的研究[④]。梁碧珊主要论述国际运动品牌供应链厂商在社会责任环境下如何通过人力资源管理的有效建设得以发展，并针对这些厂商在社会责任实施方面和社会责任下人力资源管理方面存在的问题提出了解决方案[⑤]。吴开尧从供应链管理与企业目标一致性的角度透视供应链管理的历史发展、运行原理及服装鞋类产业的供应链环境，以李宁公司为案例具体解释服装鞋类企业实施供应链管理时与企业目标一致的5个要点——以顾客为中心、建立核心竞争力、信息技术推动流程优化、供应链协同及综合绩效考核[⑥]。乔利主要研究如何将供应链理论应用于北京奥运会的物流管理中，并着重研究了北京奥运的供应链系统的构建和绩效评价[⑦]。梁丹青、贾红毅通过对我国体育服装出口的现状研究，提出了体育服装出口中存在的问题，从供应链的角度对问题进行了分析研究，提出建立以大中型服装企业为中心的体育服装供应链、建立体育服装企业的敏捷供应链、建立以出口企业为核心的虚拟组织、加强企业的信息化建设[⑧]。此外，杨涛运用供应链管理理论对我国职业篮球联赛进行了一定的系统研究，涉及供应链的构建、供应链关系管

① 张秀烨．西方管理控制理论比较与启示［J］．审计与经济研究，2006，21（5）：91－95.
② 白万纲．集团管控之供应链管控［M］．北京：中国发展出版社，2008.
③ 王吉鹏．集团管控［M］．北京：中信出版社，2008.
④ 肖淑红．中国体育产业价值链管理模式研究［M］．北京：中国教育文化出版社，2005.4.
⑤ 梁碧珊．运动品牌供应链的人力资源管理研究［D］．广州：暨南大学，2006.
⑥ 吴开尧．国内服装鞋类企业供应链管理分析：以李宁公司为例［D］．上海：上海交通大学，2007.
⑦ 乔利．北京奥运物流供应链系统分析［D］．天津：天津大学，2006.
⑧ 梁丹青，贾红毅．基于供应链的体育服装出口的问题研究［J］．中国市场，2008（36）：112－113.

理、顾客需求管理及联赛无形资产产权归属等方面①②。

经过对文献资料的整理和分析，梳理当前国内供应链管理理论的研究和实践，为本研究提供了大量的理论支撑，前人的研究主要体现在以下几个方面：①国外研究领先和引导着国内研究，最近十几年来，对供应链管理的研究颇多，涉及供应链的定义、模型、设计与重构、信息技术、库存管理等各个方面；②前期对供应链问题的研究基本上集中在供应链的运作层次上，解决供应链的运作效率问题，但是随着敏捷制造和动态联盟的出现及战略管理的兴起，供应链管理的研究扩展到所有加盟企业的长期战略合作关系；③由于研究者的视角和兴趣的不同，目前研究分散在不同的领域，供应链的理论和应用研究主要以制造型企业为主，服务型企业研究甚少，我国供应链管理的应用研究才刚刚起步；④供应链管理在体育领域的研究和应用极少，仅仅涉及人力资源、运动服装、体育产业、职业体育、奥运会物流某方面的研究等几个方面，目前尚未见到运用供应链管理理论对我国民族民间体育赛事与旅游目的地影响的全面性研究。

# 第四节　国内外赛事对城市发展影响的相关研究

## 一、国外赛事对旅游目的地影响的相关研究

Tassiopoulos D、Haydamb N 脱离以前产品驱动旅游的传统模式，采用系统随机抽样调查的方法，从需求的角度研究南非高尔夫赛事旅游群体，针对旅游细分市

① 杨涛．中国职业篮球联赛供应链的构建及分析［J］．首都体育学院学报，2012，24（2）：101－105，110.

② 杨涛．中国职业篮球联赛供应链利益相关群体关系研究［J］．天津体育学院学报，2011，26（5）：422－426.

场制定针对性的营销策略①。Matheson V 从事件的角度分析了大型赛事对当地、区域和国家经济的影响，介绍了为什么大型体育赛事经济影响的事前估计往往夸大净经济效益，而忽略在基础设施建设、安保、税收等方面的成本投入，如 1976 年蒙特利尔奥运会，其大量的事后研究影响深远②。Dansero E、Puttilli M 提出了重大事件旅游，以 2006 年都灵冬奥会为个案，提出了奥运有形和无形资产问题、奥运领地问题，探讨了举办奥运会对旅游业的长期影响③。Fourie J、María Santana - Gallego 使用标准重力模型的双边旅游模型进行研究，结果表明：促进旅游节事增益是依赖型的大型活动，与参加的国家、东道国的发展水平及事件举办时间在旺季还是淡季有很大关系④。Gibsona H J、Willmingb C、Holdnak A 指出，高校体育事件有可能增加城市收入和社区精神，同时增加人们对旅行的认识；其描述性统计表明，体育远足和体育旅游者把钱花在购物和美食上而非参加比赛，但他们的主要动机是看比赛；进一步分析结果显示，球迷更可能从事传统旅游行为而非参加比赛⑤。Tyrrell T J 研究发现，旅游规划师的工具箱产生的经济影响，包括测量和建模的成本、间接和诱发的影响，测试、验证和使用的影响的估计⑥。

## 二、国内赛事对城市发展影响的相关研究

体育赛事对城市发展的影响，近几年得到越来越多专家、学者及政府相关机构的重视，部分研究成果对本研究中指标体系的构建及影响机理的论述具有较高

---

① TASSIOPOULOS D, HAYDAMB N. Golf tourists in South Africa: A demand - side study of a niche market in sports tourism [J]. Tourism Management, 2008, 29 (5): 870 - 882.

② MATHESON V. Mega - Events: The effect of the world's biggest sporting events on local, regional, and national economies [J]. Working Paper, 2006 (6): 22.

③ DANSERO E, PUTTILLI M. Mega - events tourism legacies: the case of the Torino 2006 Winter Olympic Games - a territorialisation approach [J]. Leisure Studies, 2010, 29 (3): 321 - 341.

④ FOURIE J, MARíA SANTANA - GALLEGO. The impact of mega - sport events on tourist arrivals [J]. Tourism Management, 2011, 32 (6): 1364 - 1370.

⑤ GIBSONA H J, WILLMINGB C, HOLDNAK A. Small - scale event sport tourism: fans as tourists [J]. Tourism Management, 2003, 24 (2): 181 - 190.

⑥ TYRRELL T J. The Economic lmpacts of Tourism: A Special lssue [J]. Journal of Travel Research, 2006, 45 (1): 3 - 7.

的借鉴意义。黄小敏构建了大型体育赛事对城市旅游品牌建设影响的评价指标体系，并运用该指标体系对大型体育赛事对举办城市旅游品牌建设的影响进行测度与评价，其中评价体系分为品牌定位影响、品牌支撑要素影响、品牌营销绩效影响和品牌管理影响4大准则层，8个指标33个要素①。胡书芹通过大量文献资料的收集、整理提出体育赛事特征对城市品牌知名度的影响机制，并通过问卷调查分析杭州国际马拉松赛对杭州城市品牌的影响②。宋兆峰、罗建英依托相关社会学理论，从城市物质文化、精神文化、制度文化等层面，对大型体育赛事提升城市文化的作用机制进行了论证；研究认为，大型体育赛事以其周期性、综合性、规范性、竞争性、可观赏性等特征，影响体育场馆设施、城市基础设施、相关产业、市民价值观念、行为、相关制度等城市文化③。陈瑜论述了大型体育赛事对旅游目的地影响的积极方面和消极方面，其中的积极方面包括旅游设施、居民综合素质、旅游资源数量、城市环境等④。田静、徐成立采用特尔菲法确立了评价指标体系，并以第6届和第9届全运会为案例，对广州进行了评价⑤。王伟、李克建就海南省举办大型体育赛事对城市旅游产生的负面影响进行分析，研究其对策措施⑥。王振、文明华、胡国鹏在具体分析厦门三大品牌体育赛事的实践活动过程内聚厦门城市文化的生成意义基础上，提出了厦门三大品牌体育赛事活动对厦门城市文化、城市精神生成的塑造价值⑦。庞徐薇、高文倩、郑月平等对体育赛事与城市旅游业互动的内涵进行梳理，分析举办体育赛事对城市旅游业的积极影响，探讨上海体

① 黄小敏．大型体育赛事对城市旅游品牌影响研究：以广州亚运会为例［D］．泉州：华侨大学，2011.

② 胡书芹．大型体育赛事对城市品牌知名度的影响机制研究：以杭州国际马拉松为例［D］．杭州：杭州师范大学，2013.

③ 宋兆峰，罗建英．大型体育赛事对城市文化的影响机制［J］．杭州师范大学学报（自然科学版），2011，10（6）：567－572.

④ 陈瑜．大型体育赛事对旅游目的地形象影响研究：以广州为例［D］．广州：广州大学，2012.

⑤ 田静，徐成立．大型体育赛事影响城市发展评价指标体系的建立及实证分析［J］．上海体育学院学报，2011，35（3）：7－13.

⑥ 王伟，李克建．论海南省举办大型体育赛事对城市旅游的负效应影响及控制措施［J］．当代体育科技，2012，2（18）：74，76.

⑦ 王振，文明华，胡国鹏．论品牌体育赛事对城市文化与精神的塑造：以厦门市为例［J］．体育研究与教育，2012，27（6）：24，27.

育赛事与城市旅游互动发展模式，并提出加快促进大型体育赛事与城市旅游业互动发展的对策①。此外，李南筑、王守恒、黄海燕、刘彦、马浩、阮伟、张颖慧等相关专家、学者的系列研究，将在后文中赛事对旅游目的地影响机理研究方面有所借鉴，在此不再赘述。

## 三、体育赛事旅游相关研究

随着体育赛事研究的兴起，体育赛事旅游也引起了较多的学者关注。2008—2013 年，所有学术期刊中关于体育赛事旅游的研究文章有 47 篇，研究的议题主要包括体育赛事旅游对举办地各方面的影响、体育赛事旅游的基本理论研究及 SWOT 分析、体育赛事旅游市场和产品的开发与营销、体育赛事旅游的可持续发展，以及体育赛事旅游管理水平和服务质量五个方面。

体育赛事旅游也成为许多研究生的学位论文选题。通过文献检索，1990—2018 年，以“体育赛事旅游”为篇名检索到的学位论文多达 839 篇。这些学位论文的研究议题可概括为：体育赛事对举办地旅游业、城市建设、经济发展的影响研究；体育赛事旅游的开发研究；体育赛事旅游的营销研究和个案研究四个方面。

在体育赛事旅游研究中，主要集中在汨罗江国际龙舟节、环青海湖国际公路自行车赛、全运会、中国郑开国际马拉松赛、厦门国际马拉松赛、海峡两岸龙舟赛等赛事方面。只有少量的研究涉及农历节日民俗、中华武术团体表演、围棋赛事营销、新疆那达慕草原节、湘西自治州体育旅游等纯粹民族气质、民间风格的体育赛事旅游研究。

综合上述关于我国民族民间体育赛事与旅游目的地的相关研究，总体上表现出以下特点。

### （一）从研究内容上看

学者对一般赛事、赛事旅游、旅游目的地的研究“热情似火”，而对民族民间

---

① 庞徐薇，高文倩，郑月平，等．上海大型体育赛事与城市旅游业互动的发展模式［J］．体育科研，2011，32（6）：14－21.

体育赛事、民族民间体育赛事旅游、体育旅游目的地的研究“冷若冰霜”。民族民间体育作为我国现代体育事业的有机组成部分，相对于西方体育、现代竞技体育而言，学者在整体上给予的关注度不高；在体育赛事研究中，学者多倾向于现代体育赛事、竞技体育比赛、城市体育比赛、大型运动会等，而对民族民间体育赛事的研究相对冷落；在体育赛事旅游研究中，主要集中在自行车赛、马拉松赛等现代赛事旅游方面，只有少量的研究关注节日民俗、武术、围棋、那达慕等具有民族气质、民间风格的赛事旅游问题；在大量的旅游目的地研究中，与体育、赛事相关的研究更显得单薄，甚至还有些空白点。

总之，体育赛事与旅游的相关研究，整体上表现出重官方轻民间、重竞技轻休闲、重现代轻原生态、重城市轻乡村等特点。民族民间体育赛事与旅游目的地的这一命题，目前还是一片处女地，一块粗毛胚，值得去开垦和发掘。

## （二）从研究理论上看

在体育赛事旅游的相关研究中，描述性、统计性的研究较多，基础理论研究不多，有理论支撑的研究较为缺乏。在旅游及旅游目的地研究中常用的理论，如利益相关者管理理论、社会交换理论、社会燃烧理论、生命周期理论、价值链理论、供应链管理理论、选择域理论、推拉理论等，在体育旅游和体育赛事旅游的研究中运用不多。将供应链相关理论应用于我国民族民间体育赛事进行系统研究，具有前瞻性和创新性，有助于开拓研究视角。

## （三）从研究方法上看

有关体育赛事、体育赛事旅游的论文，传统方法运用多，新方法运用少；个案研究多，国内外、区域间的对比研究少；文献资料分析、定性分析多，田野调查、实证研究少。在旅游及旅游目的地研究中常用的研究方法，如层次分析法（Analytic Hierarchy Process，简称 AHP）、IPA 分析法（Importance - Performance A-nalysis）、AISAS 模式、马尔可夫模型等，在体育旅游和体育赛事旅游中运用不多。近几年中国旅游研究论文和著作数量呈几何级数量增长，成果丰硕。研究者从地理学、人类学、旅游学、社会学、传播学等学科角度进行了研究。国外文献资料显示，这些研究主要侧重大型赛事对旅游的相关领域，但对我国偏远、经济和交通等相对滞后的民族民间地区旅游目的地的针对性研究较少。

## (四)从研究背景上看

现阶段,国家相关政策、方针开始关注和侧重文化旅游业、民族地区、产业结构调整等产业领域,民族民间体育赛事、体育旅游目的地研究将是当前及未来备受瞩目的研究领域。目前,民族民间体育赛事总体研究成果较少,这些研究虽积极借鉴其他学科的理论和方法,但研究视野基本上还停留在体育领域,缺乏对“原生态”体育的考察和研究,更缺乏对民族民间体育赛事文化内涵的深层剖析和实证研究;研究民族民间体育赛事,要走进民间、深入民间、体验生活。体育旅游目的地研究目前基础较为薄弱,缺乏整体和系统的研究,尤其对我国偏远、经济和交通等相对滞后的民族民间地区旅游目的地的针对性研究较为匮乏。

综观我国体育竞赛表演市场,多元化需求视角下职业和商业体育赛事研究已形成较为统一的“跟随西方”“照搬西方”的市场化运营模式,对民族民间体育赛事研究的处境较为尴尬,在体育社会科学研究中缺少应有的话语权,缺乏从整体层面、宏观层面的系统研究,个案研究缺乏长期深入的跟踪性研究。

民族的文化,是贴近生活的文化,是最能反映现实生活的文化。在当前国内文化大发展大繁荣的时代背景下,适应新时期人们不断增长的赛事消费的多元需求,增加赛事产品多元供应,打造我国的民族民间体育赛事品牌、传承和发扬民族民间体育文化,有必要对民族民间体育赛事进行深入的、科学的本土化探究。

# 第三章　我国民族民间体育赛事对旅游目的地影响的相关理论

我国民族民间体育赛事对旅游目的地的影响研究处在一个复杂系统之中，因其日益凸显的文化内涵，对区域经济发展具有较强的推动作用，可全面提升旅游目的地的区域或国际竞争力。它们之间是一种互惠共生的关系，具有一定的经济效应和社会效应，但是任何事物的发展都要遵循一定的自然规律和生命周期，因此，本研究很有必要系统阐述我国民族民间体育赛事对旅游目的地影响的相关理论，以期为本研究提供理论支撑。这些理论主要包括复杂系统协调理论、价值链理论、核心竞争力理论、约束理论、区域经济学理论、旅游地生命周期理论、共生理论、利益相关者理论和可持续发展理论等。

## 第一节　复杂系统协同理论、价值链理论与核心竞争力理论

### 一、复杂系统协同理论

复杂系统是一个包含多个子系统且具有层次结构多样性、耦合度较高的系统。

旅游目的地、民族民间体育赛事是一个属于社会范畴的复杂系统，因为有人的参与，其最本质的特征是其组成部分中具有某种程度的职能，即具有了解其所处的环境、预测其变化，并按预定目标采取行动的能力。如何有效地管理一个属于社会范畴的供应链复杂系统，使之达到供应链管理的目标——协同，是当今供应链管理的核心话题。

协同理论（synergetics theory）是20世纪70年代德国理论物理学家哈肯（Haken）创立的，它是研究复杂的开放系统内各子系统如何协同工作的理论。供应链系统是一个复杂的、开放的系统，它需要系统内各子系统（供应链的所有参与者）协同工作，才能达成整个供应链系统的协同，最终获得供应链的“双赢”（供应链上核心企业与所有参与者的共赢）。协同学把系统的有序或高级有序的方式称为“自组织”，过程称为“相变”，状态称为“涨落”；把影响系统有序的关键因素称为“序参量”，非关键因素称为“控制参量”。控制参量对序参量的协同竞争具有导向作用，序参量之间的协同竞争形成了一种综合支配力量。序参量支配着各子系统的行为，又为各子系统所支持。序参量之间协同竞争的综合支配力通过各子系统的相干作用表现出来，从而影响和决定系统自组织的程度和方向，进而决定系统的有序程度。这里，序参量引起系统的涨落，而自组织的作用是扶持和放大良性涨落，抑制和衰减不良涨落。[①] 复杂系统协同的基本原理如图3－1所示。

我国民族民间体育赛事作为旅游目的地重要的目标吸引物，其链条上最重要的序参量是各种人力资源和组织，即诸多利益相关者，包括地方政府、各种协会组织、投资商、赞助商、供应商、运动员、裁判员、旅游者、当地居民等，人力资源之间的合理配置、组织间的协调合作，可以保证民族民间体育赛事及旅游目的地的健康、稳定、可持续发展。

---

① 邹辉霞．供应链管理［M］．北京：清华大学出版社，2009：39－55.

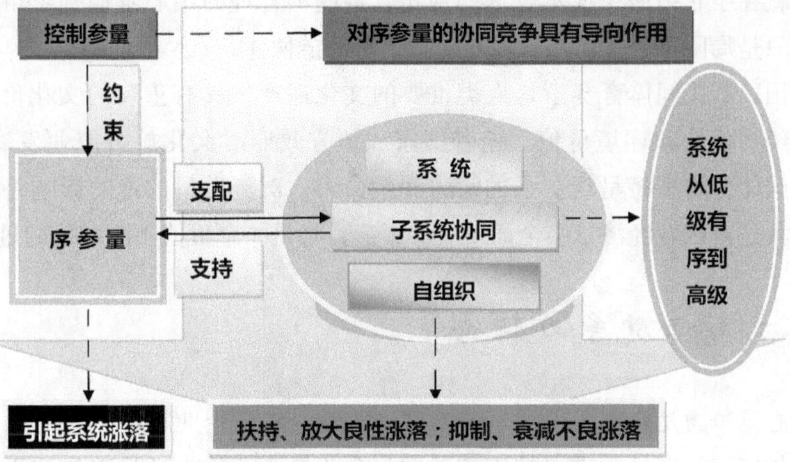


图 3－1　复杂系统协同的基本原理

## 二、价值链理论

美国学者米切尔·波特（Michael Porter 1985）第一个提出了企业价值链思想，他认为价值链描述了顾客价值是如何通过一系列可以创造出最终产品或服务的活动而形成的，并将价值链描述成："一个企业用来进行设计、生产、营销、交货及维护其产品的各种活动的集合。"① 在《竞争优势》一书中，波特倡导运用价值链进行战略规划和管理，以帮助企业获取并维持竞争优势。价值链分析思想认为，每一个企业所从事的在经济上和技术上有明确界限的各项活动都是价值活动，这些相互联系的价值活动共同作用为企业创造价值，从而形成企业的价值链。比如，每一个产品从最初的原材料投入至到达最终消费者手中，要经历无数个相互联系的作业环节——作业链。这种作业链既是一种产品的生产过程，也是价值创造和增值的过程，从而形成竞争战略上的价值链。② 价值链分析对于成本管理理论的最

① 施先亮，李伊松．供应链管理原理及应用［M］．北京：清华大学出版社，2006：28－34.
② 邹辉霞．供应链管理［M］．北京：清华大学出版社，2009：187－189.

大贡献就在于它拓展了成本管理的视角，将成本管理的中心延伸到了组织边界之外，不只是局限于企业内部，而是包括了价值链伙伴。

我国民族民间体育赛事是人类重要的文化遗产，具有重要的文化价值、社会价值、经济价值和环境价值。随着国家和地方政府对文化旅游产业发展的重视，民族民间体育赛事将呈现更强的活力和生命力，对旅游目的地的影响将进一步提升，尤其是对区域经济社会全面发展的影响，将是一个价值不断增值的过程。

## 三、核心竞争力理论

核心竞争力是企业赢得竞争的基础和关键，加强企业核心竞争力的培养是企业实施供应链管理最为重要的支撑条件。企业核心竞争力理论首先源于现代企业理论的局限性。在管理科学的发展历程中，18 世纪中后期到 19 世纪末期是经验管理，20 世纪初到 20 世纪 40 年代是信奉科学管理，20 世纪 40—60 年代是风行行为科学管理，20 世纪 70 年代崇尚战略管理。到 20 世纪 80 年代初，迈克尔·波特的竞争战略理论成为战略管理理论的主流。20 世纪 90 年代以来，关于企业竞争力的研究开始逐渐转移到企业核心竞争力领域。①

所谓核心竞争力，就是企业借以在市场竞争中取得并扩大优势的决定性力量。构成核心竞争力的要素，包括企业员工拥有的技能、企业的技术体系、管理体系和在企业中占主导地位的价值观念，企业核心竞争力是上述四种要素构成的一个有机整体，它反映了企业的基本素质和发展潜力。②

区域竞争力是推动区域发展的原动力，区域竞争不仅在于数量的比拼，更在于质量的提升。当前在我国文化大发展大繁荣的时代背景下，构建和谐社会，区域发展与竞争不仅仅体现在经济上，更体现在文化上，“十二五”期间文化旅游产业已成为撬动区域经济发展的主导产业。因此，对于旅游目的地来讲，提高区域竞争力，要合理利用资源，更要不断创新资源，民族民间体育赛事及其重要的文化内涵将成为旅游目的地重要的目标吸引物，尤其是多民族地区，民族民间体育

① 施先亮，李伊松．供应链管理原理及应用［M］．北京：清华大学出版社，2006：28 - 39.

② 邹辉霞．供应链管理［M］．北京：清华大学出版社，2009：55 - 61.

赛事作为重要的节事活动，对民族地区的安定团结意义重大。

## 第二节　约束理论、区域经济学理论与旅游地生命周期理论

### 一、约束理论

约束理论（theory of constraint，以下简称“TOC”）又称瓶颈管理，美国生产及库存协会将其称为约束管理（constraint management），是以色列物理学家高德拉特（Goldratt）博士于20世纪80年代在他提出的优化生产技术（optimized production technology，OPT）的基础上发展创立的，20世纪90年代在西方国家得到迅速发展。TOC认为，对于任何一个由多个相关环节构成的系统而言，产出率最低的环节决定着整个系统的产出水平。即一根链条的强度是由它最薄弱的环节来决定的。TOC的核心理念在于：把组织实现目标过程中存在或潜伏的制约因素称为“瓶颈”或“约束”（对应于供应链系统的不良序参量），通过逐个识别和消除这些瓶颈，使组织的改进方法和策略明确化，从而达到帮助组织更有效地实现目标的目的。TOC管理理念及其在供应链协同管理中解决瓶颈问题的路径可以抽象为图3－2。

我国民族民间体育赛事与旅游目的地之间，通常由于不良序参量的支配作用而影响整个系统的协同效果，需要用约束理论来进行解决，它可为供应链协同管理提供有力的支持。直观地讲，约束管理实质上就是对我国民族民间体育赛事供应链链条进行不断优化，解决瓶颈问题，即解决和协调诸多利益相关者之间的关系来增强链条的强度和韧性，也就是优化供应链的对策和建议，目的是保证我国民族民间体育赛事和旅游目的地的良性发展。

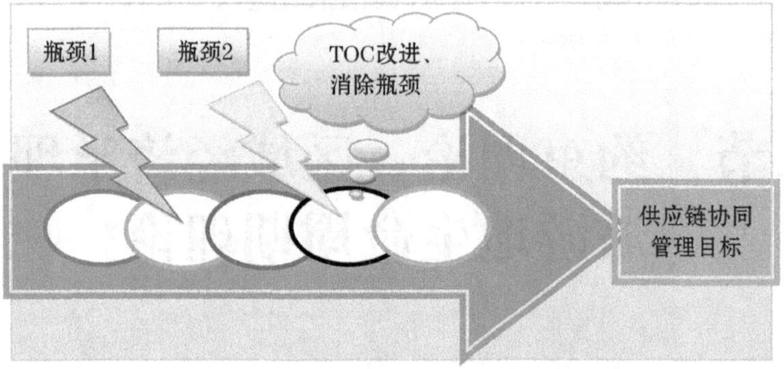


图 3－2 TOC 改进和消除瓶颈的管理理念

上述理论主要运用于物流业和制造业，但在本书中运用这些理论来研究我国民族民间体育赛事和旅游目的地，将给民族民间体育赛事的传承与发展以极大的启发，尤其是赛事本体产业的发展，是对区域经济发展理论的补充和完善。

## 二、区域经济学理论

区域经济学又可称为区位经济学，是探讨如何使一个区域的经济发展达到整体最优效果的一种理论，区域经济学的形成与区位论密切相关。德国经济学家杜能（Thüen）被认为是最早开始涉及区位研究的学者，同为德国人的阿尔弗雷德·韦伯（Alfred Weber，1868—1958）被认为是近代区位理论的奠基者，随后经过诸多学者的开拓性研究和发展，区位论演变为独立的区域经济学。美国学者胡佛（Hoover）是最著名的区域经济学家之一，他对早期区域经济学的各种理论进行整理与拓展，并在 1971 年出版了著作《区域经济学导论》。区域经济是一个国家经济的空间系统，是经济区域内部社会经济活动和社会经济关系或联系的总和，是经济区域的实质性内容。

区域经济发展理论包括平衡发展理论（哈罗德·多马新古典经济增长模型）、不平衡发展理论（以赫希曼为代表提出）、梯度转移理论（源于弗农提出的工业生产生命周期阶段理论）、增长极理论（佛朗索瓦·佩鲁提出）、累积因果理论（著名经济学家缪尔达尔提出）、中心—外围理论（由劳尔·普雷维什提出，弗里德曼将这一概念引入区域经济学）。[①] 区域经济学作为一门典型的边缘学科，不同的学者从不同的角度，对经济现象进行解释，阐述自己的见解，形成了一些相似、相反或相承的理论观点，奠定了区域经济学的理论基础。

区域经济学理论对区域的自然资源和自然条件进行经济评价，对区域的经济、社会因素进行分析，更主要的是为制定区域发展纲要提出了科学的依据，并为区域经济建立起计量经济模型。目前，我国正处于市场化、全球化、城市化和信息化的四维发展空间中，体育产业的发展在很大程度上依赖于其他产业的投入，与区域的经济发展水平有密切的相关性，因此，必然存在区域发展不均衡问题、梯度转移问题、累积因果问题、中心论问题等。运用区域经济学理论研究我国民族民间体育赛事对旅游目的地的影响问题，可以说对区域体育发展战略的制定及相关研究具有重要的指导意义。同时，对民族民间体育赛事的相关研究，贴近现实生活，关注社会民生问题，具有一定的现实意义。

## 三、旅游地生命周期理论

旅游地生命周期理论产生于国外，国内旅游学界对这一理论只是处于一种被动接受的状况。旅游地生命周期理论是描述旅游地演进过程的一种理论。国外这一理论的名称有：Resort life cycle、Tourist area cycle of evolution、Destination life cycle、Tourism area life cycle 等，译成中文可统一称为旅游地生命周期理论（以下简称为“周期理论”）。[②] 从名称可以明显看出该理论有生物学类比基础。

一般认为，周期理论始于 1963 年 Chris Taller 发表的论文《对欧洲旅游地的一些思考：外围地区—低开发的乡村—娱乐地》。在论文中，Chris Taller 阐述了他观察到的旅游地都经历一个相对一致的演进的过程：发现（discovery）—成长（growth）—衰落（decline）。不过也有人提出，周期理论产生的标志可以推前至 1939 年 E. Gilbert 发表的《英格兰岛屿与海滨疗养胜地的成长》一文。1980 年，

① 赵庆海，侯宪来．区域经济学理论综述［J］．理论学习，2015（10）：42，35.

② 余书炜．“旅游地生命周期理论”综论：兼与杨森林商榷［J］．旅游学刊，1997（1）：32 – 37.

R. Butler 对周期理论重新做了系统阐述，他将旅游地生命周期分为六个阶段：探索（exploration）—起步（involvement）—发展（development）—稳固（consolidation）—停滞（stagnation）—衰落（decline）或复兴（rejuvenation），这一理论的理想模型为一个“S”形曲线（图 3－3）①。此外，还有划分周期为五阶段的分法，不过，国外学者在引述和研究周期理论时一般使用 R. W. Butler 的六阶段周期模型。

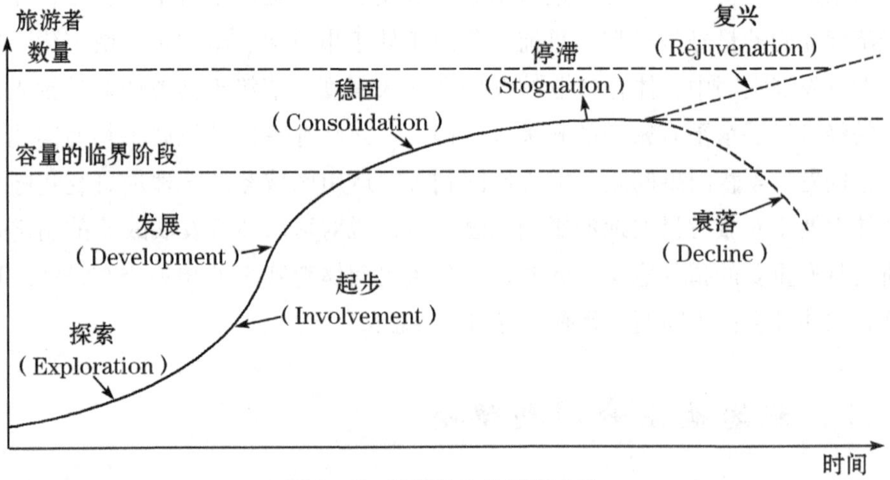


**图 3－3　旅游地生命周期曲线**

资料来源：Butler R. W. The concept of a tourist area cycle of evolution：implications for management of resources［J］. Canadian Geographer，1980，24：5－12.

旅游目的地生命周期理论为描述和总结目的地旅游发展历程提供了一套模式，可以用来分析目的地的增长状况，考察导致旅游目的地生命周期从一个阶段深化到另一个阶段的因素及其转折点的特征；可用来预测目的地未来发展趋势，为目的地管理决策者制定规划方案及进行市场促销等提供了长远的依据。因此，对于旅游目的地来讲，要保持其良性可持续发展，需要不断创新资源和整合资源，丰富其内涵。民族民间体育赛事作为旅游目的地重要的目标吸引物，可以极大地丰富旅游目的地资源内涵。

① 转引自王海燕，李晓东．旅游地生命周期理论与旅游产品开发初探：以新疆喀纳斯湖为例［J］．资源与产业，2006，8（4）：89－92.

# 第三节　共生理论、利益相关者理论与可持续发展理论

## 一、共生理论

共生（Symbiosis Intergrowth）最早是由德国生物学家德贝里（Debarry）提出，后经范明特（Famin－tsim）、保罗·布克纳（Prototaxis）发展完善，指不同种属按某种物质联系生活在一起，形成共同生存、协同进化或者抑制的关系。①② 在《辞海》中，“共生”亦称“互利共生”，泛指两种或两种以上生物生活在一起的相互关系。通常表现为一种生物生活于另一种生物的体内或体外相互有利的关系。早期研究主要在生物领域，目前，“共生是进化创新的重要源泉”的观点被越来越多的学者所接受③。从20世纪50年代之后，生态学的主导思想与研究范式逐渐渗透到哲学、社会学、经济学等学科领域。共生不仅是一种普遍的生物现象，而且也是一种普遍的社会现象。自然科学与社会科学的相互渗透是当代科学发展的一个引人注目的现象。共生理论在社会科学和经济领域的应用，为我们研究民族民间体育赛事对旅游目的地的影响提供了新的研究方法。

为此，本研究引入共生理论，从政治、社会、经济、文化和环境五个领域深刻剖析民族民间体育赛事这一单元个体与旅游目的地这一单元复合体之间的关系

---

① AHMDAJINA V，PARACER S. Symbiosis：an Introduction to Biological Associations［M］. Hanover：University Press of New England，1986.

② 王珍珍，鲍星华．产业共生理论发展现状及应用研究［J］．华东经济管理，2012，26（10）：131－135.

③ 王子龙，谭清美，许萧迪．企业集群共生演化模型及实证研究［J］．中国管理科学，2006，14（2）：141－148.

及相互影响，具有重要的理论和现实意义。

## 二、利益相关者理论

利益相关者理论（Stakeholder theory）源自西方学者对企业股东利益最大化经营目标的反思。这一概念自20世纪60年代由美国斯坦福研究院提出后，经由安索夫（Ansoff）、弗里曼（Freeman）、克拉克森（Clarkson）、米切尔（Mitchell）、斯塔里克（Starik）、罗利（Rowley）等人的发展，已成为管理学和经济学等领域中广为接受的观念①。现阶段，一种观点认为，股东是企业所有者，股东享有企业剩余索取权与剩余控制权，即股东中心理论（Stakeholder primacy Theory）；另一种观点认为，企业是利益相关者的企业，包括股东在内的所有利益相关者都应拥有企业所有权，即利益相关者理论②。20世纪60年代末，坚守股东中心理论的英、美等国经济迅速滑坡，而奉行利益相关者理论的德、日等国经济迅速崛起；20世纪70年代全球开始关注企业的社会责任；20世纪80年代在美国由于放松管制兴起了敌意收购（hostile takeover）浪潮，表明了利益相关者理论的科学性及其旺盛的生命力；20世纪90年代以后，西方学者对公司管理的研究开始更多着眼于利益相关者视角③。国内学者的相关研究以中国人民大学的杨瑞龙等为代表。利益相关者理论的起源比较早，其发展有20年左右的时间，相关研究已相当丰富。但利益相关者理论结合公司治理、企业社会责任、绩效评价、公司财务等领域的研究，存在着较大争议，观点尚待统一。利益相关者理论在当今社会得到了管理学、伦理学、法学和社会学等众多学科的关注，但企业一直是该理论的绝对研究主体，直到20世纪90年代以后，其研究主体才开始从企业扩展到政府、社区、城市、社会团体、媒体、一般公众等。

---

① 蔡炯，田翠香，冯文红．利益相关者理论在我国应用研究综述［J］．财会通讯，2009（12）：51－54.

② 吕臣，孟华，刘肖梅．对利益相关者理论的再认识［J］．安徽商贸职业技术学院学报，2008，7（2）：26－29.

③ 付俊文，赵红．利益相关者理论综述［J］．首都经济贸易大学学报（社会科学版），2006（2）：16－21.

我国民族民间体育赛事对旅游目的地的影响研究，主要引入利益相关者理论，构建我国民族民间体育赛事利益相关者系统，并系统分析旅游目的地（主要指赛事举办地）各利益相关者与民族民间体育赛事之间的相互关系，最终目标是实现旅游目的地经济、社会、环境整体效果的最优化。

## 三、可持续发展理论

目前，对可持续发展的概念可谓是众说纷纭，但得到国际社会普遍认可的可持续发展定义是在《我们共同的未来》报告中提出的，并在1992年里约热内卢联合国环境与发展大会上得到公认。可持续发展概念的界定是："既满足当代人的需要，又不损害后代人满足其需要能力的发展。"① 可持续发展包括社会进步（主要是人的全面发展）、经济发展（鼓励经济增长、消灭贫困）、环境保护和改善（保护、维护和改善生态环境）、资源可持续发展、协调发展（社会、经济、环境、资源和人口的协调发展）②。

我国民族民间体育赛事对旅游目的地的影响研究，有助于区域人综合素质的提升、经济的发展、生态环境的改善与保护、资源的可持续开发利用等，最终目的是民族民间体育赛事的可持续发展、旅游目的地的可持续发展。

我国民族民间体育赛事对旅游目的地影响涉及政治、经济、文化、社会、环境等诸多领域，受到诸多利益相关者的影响和制约，对其进行系统研究，需要一定的理论支撑，主要包括复杂系统协调理论、价值链理论、核心竞争力理论、约束理论、区域经济学理论、旅游地生命周期理论、共生理论、利益相关者理论和可持续发展理论等。

---

① World Commission on Environment and Development. Our Common Future [M]. Oxford: Oxford University Press, 1987: 11-15.

② 陈昕，吕宛青．我国遗产地旅游利益相关者系统研究：以丽江为例［M］．北京：中国旅游出版社，2012：86-90.

# 第四章 相关概念的界定

每一个概念都有特定的产生和使用条件，并没有非此即彼的绝对界限，因此，在对类似概念进行区分时，对比、对应分析是辨析、理解体育概念的一种好方法。下面在总结前人研究观点的基础上，运用对比、对应的方法，对民族体育、民间体育、民族民间体育、体育赛事、民族民间体育赛事、旅游、旅游目的地、体育旅游目的地、供应链及民族民间体育赛事供应链、体育赛事旅游、民族民间体育赛事旅游等概念进行简单、明了的系统分析，以期为后续研究提供理论支撑。

## 第一节 民族体育、民间体育、民族民间体育

长期以来，关于民间体育、民俗体育、民族体育、传统体育等概念的界定，一直是学术界的热点和难点。过去，民间体育与民俗体育相互替用的现象十分普遍，至今这两个概念仍没有厘清。民间体育、民族体育与传统体育之间的关系也一直没有区分清楚。最近几年，对这几个概念的界定又引起一些学者的争论，仍然没有得出令人满意的界定。以下笔者主要对专家学者的观点进行梳理，在此基础上提出较为贴切的说法。

# 一、民族体育

## （一）民 族

覃光广、冯利、陈朴的《文化学词典》一书和林耀华的《民族学通论》一书对民族的解释较全面：民族，人们在历史上经过长期发展形成的稳定的共同体。有广义、狭义之分。广义的民族包括原始民族、古代民族、近代民族和现代民族；同时还有其他广泛用法，如作为多民族国家各民族的总称（如中华民族）。狭义的民族专指资本主义时代形成的有关共同语言、共同地域、共同经济生活以及表现于共同文化上的共同心理素质的稳定的人的共同体。①②

## （二）民族体育

第一种观点：《体育科学词典》认为，民族体育就世界而言，是指世界各个民族保留各自的传统体育项目和活动方式，如中国的武术、气功养生等。就一个国家而言，指本国少数民族的体育活动和活动方式，在中国一般是指非汉族的各少数民族的体育，而且该研究特别强调在一个多民族国家内，民族体育就是指该国的少数民族体育③。

第二种观点：王俊奇认为，民族体育有广义、狭义之分。广义的民族体育界定为："在历史上反映并承载着一个民族共同心理素质、共同文化的为该民族享用的一种特殊的体育文化，中华民族体育、古希腊体育、古埃及体育、印度体育都是民族体育的具体表现形式。"广义民族体育不仅包括近现代民族体育，还包括过去曾经存在过，现在已消亡的民族体育（如马球、蹴鞠等），目前国家正在组织人力、物力整理、挖掘、重塑这些项目。这也从一个侧面反映出民族体育的传承与发展，保护是继承与发展的重要手段。狭义的民族体育的界定是："近现代一个民

---

① 覃光广，冯利，陈朴．文化学词典［M］．北京：中央民族学院出版社，1988：268.

② 林耀华．民族学通论［M］．北京：中央民族大学出版社，1997：98－107.

③ 中国体育科学学会．体育科学词典［M］．北京：高等教育出版社，2000：181.

族所独有的，反映并承载该民族共同心理素质、共同文化并为该民族所创造和享用的一种特殊体育文化。”① 狭义民族体育主要特点是指近现代特定国家和民族的体育。

第三种观点：涂传飞认为，民族体育即民族传统体育，它是反映并承载着一个民族共同心理素质的，为该民族所传承和享用的一种特殊的传统体育文化。它是为一个或几个民族的所有民众，或某一民族中部分的民众群体所共同拥有和享用并对其产生民族认同意识的一种特殊的传统体育文化②。

结合以上观点我们认为，民族是相对于“异族”“外来民族”而言的，“民族体育”也是相对于“外来体育”而言的，是指本民族所创造、使用和享用的一种体育文化，如武术之于中国或中华民族，柔道之于日本或大和民族，瑜伽之于印度或印度民族，篮球之于美国或美利坚民族等。

民族体育既包括已消亡的（如投壶）和现存的（如荡秋千）体育活动，也包括传统的（如放风筝）和新兴的（太极柔力球）体育活动。为此，笔者认为：本研究所指的民族体育，是指汉族和各少数民族（我国56个民族）所创造、使用和享用的具有民族和区域特色的体育文化。如汉族的投壶、土族的轮子秋、蒙古族的“男儿三艺”（骑马、射箭、摔跤）、回族的掼牛、哈萨克族的姑娘追、柯尔克孜族的追姑娘、塔吉克族的马球、维吾尔族的达瓦孜、藏族的赛牦牛、赫哲族的打爬犁、东乡族的羊皮筏子、苗族的独木龙舟、壮族的抢花炮等。

## 二、民间体育

### （一）民　间

《现代汉语词典》中对“民间”的解释指人民中间，主要指与官方相对

① 王俊奇．也论民间体育、民俗体育、民族体育、传统体育概念及其关系：兼与涂传飞、陈红新等商榷［J］．体育学刊，2008，15（9）：101－104.

② 涂传飞．民间体育、传统体育、民俗体育、民族体育概念再探讨［J］．武汉体育学院学报，2009，43（11）：27－33.

而言[①]。

民俗学家钟敬文先生认为：民间，顾名思义，是指民众中间，它对应官方而言。它的主要组成部分是直接创造物质财富和精神财富的广大中、下层群众。[②]

在文学领域中，陈思和认为民间文化形态是指在国家权力控制相对薄弱的领域产生，保存了相对自由活泼的形式，能够比较真实地表达出民间世界生活的面貌和下层人民的情绪，有着自己独立的历史和传统。[③]

由以上概念可知，民俗界与文学界将“民间”与官方联系在一起，将其作为与官方相对的概念。“民间”的概念基本清楚，即指非官方的外延的广阔空间，具体说是广大群众日常生活和活动的空间。

## （二）民间体育

第一种观点：《体育科学词典》认为，民间体育是指“在民间广泛流传的，具有鲜明的民族风俗和地方特色的传统体育形式”[④]。

第二种观点：陈红新认为，民间体育是一个内涵与外延宽广的概念，是广大民众在日常生活和活动空间中直接创造的，有着固有的方式和文化内涵的体育形式[⑤]。

第三种观点：王俊奇认为，从文化空间上说，民间体育的空间范围最广，它是指除官方和政府机构之外的一个外延广阔在民众中开展的形形色色的体育活动，既包括过去传承下来的传统体育，也包括民族体育、民俗体育，甚至包括现在民众中开展的外来体育[⑥]。

第四种观点：涂传飞经过反复研究后认为，民间体育是指存在于一定民众的

---

① 中国社会科学院语言研究所词典编辑部．现代汉语词典［M］．北京：商务印书馆，2005：908.

② 钟敬文．民俗学概论［M］．上海：上海文艺出版社，1998：1－21.

③ 陈思和．中国当代文学史教程［M］．上海：复旦大学出版社，1999：32－36.

④ 陈红新，刘小平．也谈民间体育、传统体育、民俗体育、民族体育的概念及其关系：兼与涂传飞等同志商榷［J］．体育学刊，2008，15（4）：8－11.

⑤ 王俊奇．也论民间体育、民俗体育、民族体育、传统体育概念及其关系：兼与涂传飞、陈红新等商榷［J］．体育学刊，2008，15（9）：101－104.

⑥ 中国体育科学学会．体育科学词典［M］．北京：高等教育出版社，2000：179.

日常生活当中，尚未高度组织化、制度化、专业化地开展的体育活动①。换言之，民间体育的组织化、制度化、专业化程度较低，而且是相对于国际奥委会、单项体育组织等开展的组织化、制度化、专业化程度较高的高水平竞技体育而言的。如国际龙舟协会所组织开展的竞技龙舟比赛就不属于民间体育的范畴，而在世界各地的普通民众日常生活中开展的龙舟竞渡则属于民间体育的范畴。民间体育的娱乐性高于竞技性。

结合上述观点我们认为，“民间体育”是相对于“官方体育”而言的一个概念，是由广大民众在日常生活和活动空间中直接创造的，有着固有的方式和文化内涵的体育文化，其主体是直接创造物质财富和精神财富的广大中、下层群众。民间体育的组织化、制度化、专业化、市场化程度较低，多属于具有一定历史传统、自发组织、原生态的体育文化，但也包括外来体育文化，如宁夏海原县成林文体大院农民自发组织的篮球联赛。

## （三）民族民间体育

民族民间体育在其产生和发展过程中，不同的研究者对其有不同的理解和认识。民族民间体育是一个复合术语，通过“民族”“民间”两个限定词对体育文化进行了限定。表述为：一个民族或国家的广大民众在日常生活和活动空间中直接创造的、有着固有的方式和文化内涵的体育文化。其作为一种体育文化，承载着一个民族的价值取向，影响着一个民族的生活方式，体现出一个民族的自我认同和凝聚力。② 它是民族文化的重要组成部分，并渗透于中华文化的各个层面。我国民族众多，民族民间体育有着深厚的土壤和广泛的参与群体，原生态和区域的认同，使其具有无比的坚韧力和永久的生命力。

结合以上关于民族体育、民间体育和民族民间体育概念的解析，我们认为，民族民间体育是有别于“外来体育”“官方体育”的，是指本民族（中华民族56个民族中的单个民族或多个民族）所创造、使用和享用的，在普通民众日常生活

---

① 涂传飞．民间体育、传统体育、民俗体育、民族体育概念再探讨［J］．武汉体育学院学报，2009，43（11）：27－33.

② 白晋湘．民族民间体育［M］．北京：高等教育出版社，2010：1－14.

中开展的体育文化活动。但随着社会各领域的发展，人们观念的不断转变，以及政府对民族文化的关注和重视，其组织形式、管理方式、投融资渠道等将不断演变更新，但并不会改变民族民间体育的性质，只是在组织形式、融资渠道、信息反馈等方面更快速和敏捷化。

因此，对民族民间体育的理解应该用发展的眼光，从“大文化观”“大市场观”“大体育观”的视角进行看待。民族体育、民间体育、民族民间体育三者之间呈现“你中有我、我中有你”的态势。民族民间体育包括民族体育，民间体育包括民族体育，民族体育是民族民间体育与民间体育的共同包括点（图4－1）。

图4－1　民族体育、民间体育、民族民间体育三者关系示意图

# 第二节　体育赛事、民族民间体育赛事

## 一、体育赛事

目前，国内关于体育赛事的概念，大致分为以下几种。

第一种观点：何伟、李良忠认为，体育赛事是指各种竞赛活动的总称。根据体育赛事的社会属性可分为公益性体育赛事和商业性体育赛事①。

第二种观点：叶庆晖认为，体育赛事是一种提供竞赛产品和相关服务产品的

① 何伟，李良忠．浅析商业性体育赛事概念和特征［J］．中国劳动关系学院学报，2008，22（1）：112－114.

特殊事件。体育赛事其规模和形式受竞赛规则、传统习俗等多种因素的制约，具有项目管理特征、组织文化背景和市场潜力，能够迎合不同参与体分享经历的需求，达到多种目的与目标，对社会和文化、自然和环境、政治和经济、旅游等多个领域发生冲击影响，能够产生显著的社会效益、经济效益和综合效益①。

第三种观点：李南筑、彭刚认为，“体育赛事是以人体运动为载体，用比较决定胜负，最终给出公开排名的事件”②。

第四种观点：王子朴、杨铁黎综合相关文献，结合现阶段我国体育和经济的过渡化特征，把体育赛事定义为：具有市场营销、项目管理、组织文化等背景特征，受运动项目、竞赛规则及社会经济等多种因素制约，能够提供体育竞赛产品和相关服务产品，以满足体育消费者多种需求的特殊活动③。

本研究借鉴王子朴、杨铁黎的观点，认为体育赛事是一种具有项目管理特征、组织文化背景和市场开发潜力，受运动项目、竞赛规则及社会经济等多种因素制约，能提供竞赛产品和相关服务产品的特殊事件。

## 二、民族民间体育赛事

民族民间体育赛事有两个维度，从民族体育属性来说，民族民间体育赛事是针对现代体育赛事或外来体育赛事而言，而从民间体育属性来看，民族民间体育赛事是针对官方或主流体育赛事来讲的。从整体来说，民族民间体育赛事就是区分于现代主流体育赛事的、土生土长的、体现自在自为生存理念的体育赛事，这两个维度建构了民族民间体育赛事的属性。④ 时下的民族民间体育赛事呈现政府主导、市场和民众参与的格局，如中国汨罗江国际龙舟节、甘肃玛曲格萨尔赛马大会、潍坊国际风筝会等，具体表现为规范化、制度化、大众化、国际化和市场化五大特征，这有利于民族民间体育赛事的传承与发展。

---

① 叶庆晖．体育赛事运作研究［D］．北京：北京体育大学，2003：15－16.

② 李南筑，袁刚．体育赛事经济学［M］．上海：复旦大学出版社，2006：21.

③ 王子朴，杨铁黎．体育赛事类型的分类及特征［J］．上海体育学院学报，2005，29（6）：24－28.

④ 李延超，虞重干．民族民间体育赛事研究的定位、内容及实施［J］．体育科学，2011，31（3）：22－29.

结合上述关于民族民间体育、体育赛事的相关概念，本研究认为，民族民间体育赛事是指在普通民众日常生活中开展，提供本民族（单一民族或者多民族）所创造、使用的运动竞赛产品和相关服务产品的体育事件，该赛事具有一定的组织化、制度化和专业化，包括民众自发组织、政府主导组织、市场运作等单方、双方或多方混搭的组织形式。民族民间体育赛事是一项重要的节事活动，是一特殊事件，也是人类重要的文化遗产。因此，我们认为民族民间体育赛事在不断传承和发展过程中，其组织形式和运作模式在不断演化更新；民族民间体育赛事文化的传承和保护，民族民间体育赛事资源的整理、挖掘与保护等，关键点在于如何提升受众群体的关注度和参与度，如何调动广大民众参与的积极性和主动性，如何协调诸多利益相关者之间的关系等。根据目前对民族民间体育赛事的界定，中华龙舟大赛、脚斗士皆属于此范畴。为了本研究的需要，调查研究对象主要针对具有深厚民族特色、浓厚乡土生活气息、厚重历史文化积淀，并且举办地点相对固定的民族民间体育赛事，如潍坊国际风筝会、内蒙古锡林郭勒盟那达慕大会、中国玛曲格萨尔赛马大会、中国汨罗江国际龙舟节、河南登封国际少林武术节、青海玉树赛马节等。

## 第三节 旅游、体育旅游、体育赛事旅游、民族民间体育赛事旅游

旅游，简单讲就是旅行游览活动，它是一种复杂的社会现象，涉及政治、经济、文化、历史、地理、法律等社会领域。国际上普遍认同的概念：为了休闲、娱乐、探亲访友或者商务目的进行的旅行活动统称为旅游。旅游是一个宽泛概念，体育旅游是旅游的组成部分；体育赛事旅游是体育旅游的重要组成部分和目标吸引物；民族民间体育赛事因其独特的民族特色、文化多样、宗教信仰等成为体育旅游的重要补充，越来越得到社会各界的赏识和认同。

## 一、旅　游

国内外众多学者给旅游的概念进行了定义，在旅游的众多定义中，由瑞士学者汉泽克尔和克拉普夫在1942年提出的、被旅游科学专家国际联合会所采用的定义影响最为广泛。该定义认为：旅游是非定居者的旅行和暂时居留而引起的现象和关系的总和。这些人不会长期定居，并且不牵涉任何赚钱的活动①。该定义的特点是不仅包括了旅游者的活动，而且涉及了这些活动在客观上所导致的众多现象和关系，从而反映了旅游内涵的综合性。从该定义可以看出，旅游活动的主要特点是异地性、暂时性、非就业性。如今，国内外学者已经对旅游的这三大特点达成共识。

## 二、体育旅游

关于体育旅游的定义，国内外有着许多不同的表述方式。

国外对体育旅游的定义主要有：Hinch 和 Higham 认为，体育旅游是以体育为基础，离开常住地环境外出旅游一段时间的活动②。这里的体育具有特定的规则、与身体机能相关的竞争性及玩乐性。Hall 认为，体育旅游是非商业原因离开常住地参加或观赏体育活动的旅游活动③。Ruskin 认为，体育旅游是人们在特定的休闲时间，例如假期，利用特别有吸引力的自然环境和人工体育设施、身体娱乐设施进行活动的方式④。Bull 和 Weed 认为，体育旅游是以参加者或观赏者涉及体育活动

---

① 刘凤香．户外运动与体育旅游的概念与关系辨析［J］．武汉体育学院学报，2008，42（2）：74－78.

② T. D. HINCH，J. E. S. HIGHAM. Sport Tourism：a Framework for Research［J］. International Journal of Tourism Research，2001（3）：45－48.

③ C. MICHAEL HALL. Tourism in Antarctica：Activities，Impacts，and Management［J］. Journal of Travel Research，1992，30（4）：2.

④ HILLEL RUSKIN. A Conceptual Approach to Education for Leisure［J］. European Journal of Education，1987，22（3/4）：281－290.

的度假活动[1]。

国内对体育旅游的研究中，对体育旅游的定义也颇多。柳伯力、陶宇平认为，体育旅游是人们以参与和观看体育运动为目的，或以体育为主要内容的一种旅游活动形式[2]。夏敏慧认为，体育旅游是以旅游和体育为双重目的，以欣赏、观看或参与体育活动为部分内容的旅行游览活动[3]。

综合上述国内外众多专家、学者的定义，大家一致认为体育旅游是一种旅游活动，具有异地性、暂时性、非就业性的特征，以体育为主要表现形式，具有体育和旅游双重目的。随着国家体育事业的发展和人们生活水平的提高，以体育健身、娱乐、观赏各类赛事和尝试寻求刺激与挑战为目的的体育旅游活动在全国各地蓬勃发展，成为旅游业的新亮点，其中包括体育赛事旅游和民族民间体育赛事旅游。

## 三、体育赛事旅游

体育赛事旅游是一项融体育、比赛、娱乐、探险、观光于一体的专业性旅游服务产业。随着我国经济的不断发展，人们物质文化、生活水平有了极大的提高，闲暇时间的增多与自由支配收入的大幅度增长，人们转向追求更高的生活质量，开始把越来越多的花费投入到体育健身活动和各项体育比赛中。为了适应这种变化，人们把一些传统的文化、娱乐、体育活动也进行了适当的整合，把体育比赛与旅游有机地结合起来，强化比赛的旅游功能，这样可以更好地满足人们的文化娱乐需求，放大和延伸体育比赛的各项社会、经济职能，并赋予一定的环境保护功能。[4][5] 体育赛事本身就是一种重要的旅游资源，其本身具有的集聚效应和动态性特征，使其成为旅游中的重要目标吸引物，在时间和空间上不受自然景观和人

---

① CHRIS BULL, MIKE WEED. Niche markets and small island tourism: the development of sports tourism in Malta［J］. Managing Leisure, 2001, 4 (3): 142.

② 柳柏力，陶宇平. 体育旅游导论［M］. 北京：人民体育出版社，2003：9.

③ 夏敏慧. 海南体育旅游开发研究［M］. 北京：北京体育大学出版社，2005：40.

④ 林少琴. 体育赛事旅游的开发及前景研究［J］. 河北体育学院学报，2005 (4)：14－15.

⑤ 林少琴. 从闽台两地体育赛事旅游发展看两岸交流与合作［J］. 广州体育学院学报，2011，31 (2)：38－43.

文景观等方面的制约，更能激起消费者或者旅游者的兴趣。

## 四、民族民间体育赛事旅游

民族民间体育赛事旅游是传统节事旅游的一种①。“民族的才是世界的”②，民族民间体育赛事作为节事活动、人类文化遗产的重要组成部分，民族民间体育赛事旅游具备了节事旅游、赛事旅游、遗产旅游等诸多特点，使其具有独特的社会吸引力、政治号召力、经济竞争力和文化感召力，更能体现文化认同、民族认同、区域认同和社会认同。

民族民间体育赛事旅游，简单来讲，就是将民族民间体育赛事活动作为旅游目的地重要目标吸引物而产生的旅行游览活动。换句话说，民族民间体育赛事旅游是依托某一项或某一系列民族民间体育赛事资源，通过开展内容丰富、形式多样、开放性强、参与度高的各类活动（包括赛事相关活动，如经贸洽谈活动、文化论坛、交易会、展览会等），以吸引大量受众群体参与为基本原则，以活动带动一系列旅游消费，进而带动区域或地方社会经济活动和社会关系的总和③。民族民间体育赛事旅游尤为重要的是具有传承与发展民俗文化、赛事文化、地域文化等功能，与党的十七大六中全会提出的“文化是民族的血脉”及“文化大发展大繁荣”的时代背景相吻合，更能推动体验经济、假日经济、娱乐经济、旅游经济、文化经济和民俗旅游业的发展。

---

① 熊元斌，胡宇．体育节事的旅游价值与营销策划［J］．武汉体育学院学报，2005，39（8）：24－27，51.

② 贾冉．民族的才是世界的：浅谈传统文化与现代设计［J］．艺术与设计（理论），2010（8）：37－38.

③ 张林，李延超．民族民间体育赛事研究［M］．北京：人民体育出版社，2012：55－56.

# 第四节 旅游目的地、体育旅游目的地、民族民间体育赛事旅游目的地

所谓旅游目的地，是吸引旅游者在此作短暂停留、参观游览的地方。旅游通道将客源地和目的地两个区域连接起来，是整个旅游系统的桥梁。旅游地在不同情况下，有时又被称为旅游目的地，或旅游胜地。1988 年，美国学者冈恩（Gunn）将目的地（Destination zone）的概念界定为由吸引物组团、服务社区、中转通道和区内通道等几部分构成。现代旅游业的发展改变了人们的旅游方式和旅游目的地的管理重点，所以旅游目的地的概念也在发生变化。人们对旅游目的地概念的认识与旅游需求的内容有关，旅游需求的变化导致对目的地内涵与外延认识的不断调整，人们对目的地的管理重点和营销重点也随之发生变化。

## 一、旅游目的地

国内外对于旅游目的地的研究虽然较多，但是对于旅游目的地概念的界定并没有形成统一的认识。Murphy 等认为旅游目的地是一个能够让旅游者满足旅游欲望，创造各种旅游体验的场所①；Pearce 认为旅游目的地是一个包含有能满足游客多种功能需求的景观和服务设施集中的地域综合体，它对游客的吸引力可以超越空间距离的限制②。通俗来讲，所谓旅游目的地，是吸引旅游者在此短暂停留、参观游览的地方③。

① LAURIE MURPHY，PIERRE BENCKENDORFF，Gianna Moscardo. Linking Travel Motivation，Tourist Self - Image and Destination Brand Personality ［J］. Journal of Travel & Tourism Marketing，2007，22（2）：45 - 59.

② PEARCE，DOUGLAS G. A needs - functions model of tourism distribution ［J］. Annals of Tourism Research，200，35（1）：148 - 168.

③ 王辉. 海南体育旅游目的地的竞争力研究［D］. 海口：海南师范大学，2013：16.

目前，国内学者对旅游目的地的概念与内涵的认识各不相同。

第一种观点：张立明、赵黎明认为，旅游目的地是对应于旅游客源地、旅游过境地而言的，不同于一般的旅游地或旅游景区，是具有独特的旅游地形象、具有完善的区域管理与协调机构，能够使潜在旅游者产生出游动机、做出出游决策、实现其旅游目的的区域①。一个旅游目的地应该同时满足以下四个条件：①具有独特的市场形象；②具备诱发旅游者产生旅游动机的能力，能激发旅游者做出出游决策；③能满足旅游者获取个性化旅游体验的需要；④完善的区域管理与协调机构。每一个条件均需要有相应的硬件支撑和软件配套体系。

第二种观点：张凌云认为，旅游目的地是吸引旅游者专程前来参加观光游览、休闲度假和会议展览等活动的空间区域。旅游目的地要比旅游景区的功能完善得多，空间尺度也要大得多。旅游目的地一般是一个较大的地理区域，如一个国家、一座城市或一座海岛等②。一般认为，旅游目的地往往是一个具有下列四大功能（4 个 A）的旅游地域综合体：①吸引性（Attractions）——有旅游景区或旅游吸引物；②舒适性（Amentities）——提供与旅游活动直接相关的住宿、餐饮其他配套设施；③可达性（Access）——提供方便、快捷的区际、区内交通；④附属服务（Ancillary services）——提供当地社区服务，如信息查询、银行、邮政、医疗、治安、法律援助。

第三种观点：张超认为，旅游目的地是一个综合性概念，它是在一定的地域范围内，由各个营利性企业及非营利性组织凭借一定的设备设施，通过一定的活动来满足游客食、住、行、游、购、娱等各个方面需要的地理性、经济性和社会性单位③。

第四种观点：苗维亚、田敏认为，旅游目的地是指游客的旅游目标区域，由一批景区、景点、接待设施、配套设施、其他相关条件共同构成，具有参观游览、

---

① 张立明，赵黎明．旅游目的地系统及空间演变模式研究：以长江三峡旅游目的地为例［J］．西南交通大学学报（社会科学版），2005，6（1）：78－83.

② 张凌云．北京建设中国首选旅游目的地对策研究［M］．北京：旅游教育出版社，2009：1－2.

③ 张超．旅游目的地产品差异化理论与实践［M］．北京：旅游教育出版社，2008：15－16.

休闲度假、康乐健身等功能的独立管理区域①。

综合上述观点，本研究认为，旅游目的地是相对于旅游客源地、过境地而言的，是指供旅游者开展参观游览、休闲度假、会议展览、康乐健身等旅游活动，能满足其食、住、行、游、购、娱等需求的目标区域。

## 二、体育旅游目的地与民族民间体育赛事旅游目的地

第一种观点：国家旅游局原司长魏小安认为，体育旅游目的地是能够使体育旅游者产生旅游动机，并追求体育旅游动机实现的各类要素空间的总和。

第二种观点：王辉认为，体育旅游目的地是相对于客源地而言的，是能够满足体育旅游者各种体育需求以及住、行、食、游、购、娱等活动的地方，是包含了各类要素的总和。根据空间和区域的范围，大到一个国家，小到一个景点都可以成为一个体育旅游目的地②。

综合上述对旅游目的地、体育旅游目的地的界定，本研究认为，体育旅游目的地就是使旅游者产生体育旅游动机，能够满足旅游者的各种体育需求以及住、行、食、游、购、娱等活动的地方。民族民间体育赛事旅游目的地是以民族民间体育赛事活动作为区域或地方旅游中的重要目标吸引物，吸引旅游者在此短暂停留、参观游览的地方，包括体育旅游者和一般游客。因此，我们讲不管何种形式的旅游目的地，面对的消费群体是复杂多样的，体育旅游者也在其中；不论何种体育形式的旅游目的地，也包括一般的旅游者。本研究中的旅游目的地主要是指民族民间体育赛事的举办地，如潍坊国际风筝会举办地之潍坊、中国汨罗江国际龙舟节举办地之汨罗、中国玛曲格萨尔赛马大会举办地之玛曲、河南登封国际少林武术节举办地之登封、内蒙古锡林郭勒盟那达慕大会举办地之锡林郭勒盟、青海玉树赛马节举办地之玉树等。

---

① 苗维亚，田敏．旅游目的地规划建设标准研究与示范［M］．成都：西南交通大学出版社，2008：4－5.

② 王辉．海南体育旅游目的地的竞争力研究［D］．海口：海南师范大学，2013：16.

# 第五节 供应链、民族民间体育赛事供应链

## 一、供应链及供应链管理

### （一）供应链界说

供应链作为一个理念，起源和丰富于制造业，早在20世纪90年代就已经被提出，但是国内外许多学者对供应链内涵却有着各自的认识。目前，对于供应链的定义多种多样，可谓是仁者见仁，智者见智，至今还没有形成一个统一的、公认的定义。

早期的观点认为，供应链是制造企业中的一个内部过程。它是指将采购的原材料和收到的零部件，通过生产的转换和销售等过程传递到制造企业用户的一个过程。传统的供应链理念局限于企业的内部操作，注重企业自身利益目标①。

后来，供应链的理念注意了与其他企业的联系，注意了供应链的外部环境，通过链中不同企业的制造、组装、分销、零售等将原材料转换成产品到最终用户的转换过程，扩展到更大范围、更为系统的概念。Evens K 等人认为：供应链管理是通过前馈的信息流和反馈的物料流及信息流，将供应商、制造商、分销商、零售商，直到最终用户连成一个整体的结构模式②。这些定义都注意了供应链的完整性，考虑了供应链中所有成员操作的一致性，即供应链中成员之间的关系。

① UPENDRA DAVE，L. K. Patel.（T，Si）Policy inventory model for deteriorating items with time proportional demand［J］. Journal of the Operational Research Society，1982，35（2）：123－145.

② EVENS K，LAB BAN J，LINN R. An order level for deteriorating items with partial backordering［J］. Computers in Industrial Engineering，1991，20（2）：187－197.

马士华等人认为，供应链是围绕核心企业，通过对信息流、物流、资金流的控制，从采购原材料开始，制成中间产品，最后由销售网络把产品送到消费者手中，并将供应商、制造商、分销商、零售商直到最后的用户连成一个整体的功能网络结构模式①。

2001 年中国发布实施的《物流术语》国家标准（GB/T18354－2001）对供应链的定义为："生产及流通过程中，涉及将产品更新换代或服务提供给最终客户的上游或下游企业，所形成的网络结构。"②

当前比较一致的观点是，供应链是围绕核心企业，通过对信息流、物流、资金流的控制，从采购原材料开始，制成中间产品以及最终产品，最后由销售网络把产品送到终端顾客手中的将供应商、制造商、分销商、零售商直到终端客户集成一个整体的功能网链结构③。

### （二）供应链管理界说

20 世纪 80 年代是供应链管理理念兴起的年代。从 80 年代开始持续至今，激烈的全球竞争成为美国制造企业提供低成本、高质量产品及高水平客户服务的动机。供应链管理作为管理学的一个新概念，已经成为管理哲学中的一个新元素，但目前并没有关于供应链管理的统一定义。

供应链管理是用于有效集成供应商、制造商、仓库与商店的一系列方法，通过这些方法，使生产出来的产品能以恰当的数量，在恰当的时间被送往恰当的地点，从而实现在满足服务水平要求的同时使系统的成本最小化④。

---

① 马士华，林勇，陈志祥．供应链管理［M］．北京：机械工业出版社，2000：41.

② 施先亮，李伊松．供应链管理原理及应用［M］．北京：清华大学出版社，2006：6.

③ 徐章一．企业供应链的优化［M］．北京：清华大学出版社，2006：15－18.

④ 大卫·辛奇－利维，菲利普·卡明基斯，伊迪斯·辛奇－利维．供应链设计与管理：概念、战略与案例研究［M］．季建华，邵晓峰，译．北京：中央财政经济出版社，2004：1－2.

供应链管理就是把供应链最优化，以最小的成本完成从采购到满足最终顾客的所有流程，要求上述工作流程、实物流程、资金流程和信息流程均有效率地运行①。国际竞争力强化中心对供应链管理的定义是指从原料等货源供应商到最终消费者的整个流通业务过程中，向客户提供有价值的产品、服务和信息等商务活动诸过程的管理活动。目前，国际学术界和产业界认可的供应链管理的概念如图4-2所示②。

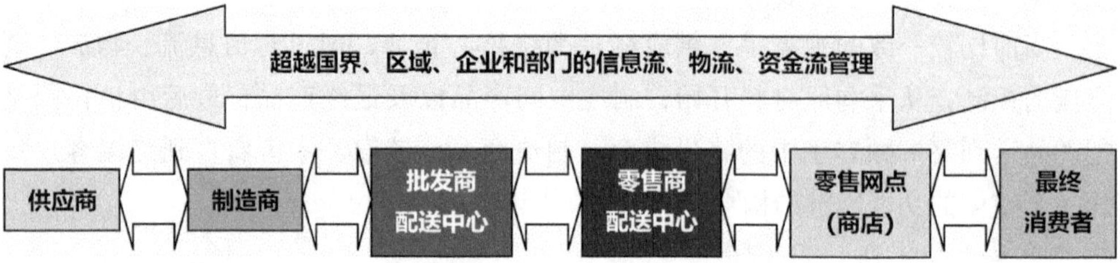


图4-2 供应链管理概念图

笔者比较倾向于邹辉霞的观点，供应链管理指基于信息技术和先进的管理理念，立足于跨组织的协同运作、共赢的层面，对供应链上集成的关键业务流程进行动态管理和优化，通过有效整合、管理主要合作者的资源和行为，使各环节协同运作，提高客户满意度，提升供应链整体效率和效能③。

## 二、民族民间体育赛事供应链

笔者结合当前国内外诸多专家、学者对供应链及其供应链管理的相关研究，对我国民族民间体育赛事供应链进行了一定的界定，以期对课题相关研究有所帮助。

中国民族民间体育赛事供应链的界定基于旅游目的地视角，简单地讲就是通

① 利丰研究中心．供应链管理：香港利丰集团的实践［M］．北京：中国人民大学出版社，2003：40-53.

② 陈鸿，范更华．供应链管理与运筹［M］．北京：清华大学出版社，2008：1-5.

③ 邹辉霞．供应链管理［M］．北京：清华大学出版社，2009：21-25.

过当地民众自发组织或政府组织或市场化运作等形式，通过对信息流、物流、资金流的控制，生产和流通中国民族民间体育赛事这一特殊产品或相关活动过程中所涉及的地方政府、相关协会组织、参赛团队、投资商、赞助商、电视转播机构及相关媒体、当地民众、旅游者等诸多利益相关群体组成的供需网络价值链。

# 第五章 我国民族民间体育赛事的分类、特征及价值

基于我国民族民间体育赛事的界定，为了研究的进一步拓展和深入，需要对民族民间体育赛事进行一定的分类。民族民间体育赛事是人类重要的遗产，本研究从遗产学的视阈，运用典型案例对我国民族民间体育赛事进行了较为系统的解析，并在此基础上，归纳和总结我国民族民间体育赛事的特征及价值。

## 第一节 我国民族民间体育赛事的分类

分类是按照事物的种类、等级或性质划分类别，分类在科学研究中的作用不可或缺。《荀子·非相》中有“以类度类，以说度功，以道观尽，古今一度也”的说法，说的就是为了观察和研究事物，必须进行合理的分类。民族民间体育赛事的内容丰富而庞杂，划分依据和标准至关重要。该部分研究内容参考借鉴张林、李延超主编的《中国民族民间体育赛事研究》，在此基础上进行了完善和补充，笔者认为这也是跟国内从事民族民间体育赛事相关研究专家、学者探讨和学习的大好机会。当然，不同学者从不同的视角和研究领域，对民族民间体育赛事的分类也是不同的。

中国部分经典民族民间体育赛事信息资料详见表5－1。

**表 5-1 中国部分经典民族民间体育赛事信息资料一览表**

| 名称 | 举办地点 | 举办时间 | 组织类型 | 赛事类型 |
|---|---|---|---|---|
| 潍坊国际风筝会 | 山东潍坊 | 每年 4 月 19 日—25 日 | 政府主导型 | 单项、健身娱乐、固定成熟型国际赛事 |
| 泰山国际登山节 | 山东泰安 | 每年 9 月中旬 | 政府主导型 | 固定成熟、健身竞技型，综合型国际赛事 |
| 河南登封国际少林武术节 | 河南登封 | 两年周期 10 月下旬 | 市场运作型 | 固定成熟、单项、健身娱乐型国际赛事 |
| 新疆冰雪旅游节 | 新疆阿勒泰地区 | 每年 12 月到第二年 3 月期间 | 政府主导型 | 固定成熟、健身娱乐竞技型，国内向国际转型综合赛事 |
| 中国汨罗江国际龙舟节 | 湖南汨罗 | 每年端午节期间举办 | 政府主导型 | 固定成熟、单项、健身娱乐竞技型，国内向国际转型赛事 |
| 中华龙舟大赛 | 不确定 | 每年 2 月 2 日首站 | 市场运作型 | 单项、非固定成熟型，国内竞技型赛事 |
| 苗族独木龙舟赛 | 贵州省台江县施洞镇 | 每年农历五月廿五—廿七 | 民众自发组织型 | 单项、健身娱乐、固定萌芽型区域赛事 |
| 中国玛曲格萨尔赛马大会 | 甘肃玛曲县 | 每年 8 月 10 日—18 日 | 政府主导型 | 单项、健身娱乐竞技、固定成熟、单民族向多民族融合国内赛事 |
| 青海玉树赛马节 | 青海玉树 | 每年 7 月 25 日举办，为期 1 周 | 政府主导型 | 固定成熟、健身娱乐竞技型，综合型区域赛事 |
| 内蒙古锡林郭勒盟那达慕大会 | 内蒙古锡林郭勒盟 | 每年农历六月初四（阳历七八月） | 政府主导型 | 固定成熟、健身娱乐竞技型，多民族参与型国内赛事 |

续表

| 名称 | 举办地点 | 举办时间 | 组织类型 | 赛事类型 |
|---|---|---|---|---|
| 少数民族传统体育运动会 | 不确定 | 4 年 1 届 | 政府主导型 | 固定成熟、健身娱乐竞技型，多民族参与的综合型国内赛事 |
| 成林文体大院农民运动会 | 宁夏海原县苍湾镇成林文体大院 | 每年春节前后 | 民众自发组织型 | 固定成熟、健身娱乐竞技型，多民族参与的综合型国内赛事 |

## 一、固定型与临时型民族民间体育赛事

依据民族民间体育赛事举办的周期、时间、地点来进行划分，节日是民间比较固定的民俗文化活动时间，随着国家对文化产业重视度的不断增强，地方政府对区域民俗文化资源的关注度和投入度不断增加，形成了较为固定的民族民间体育赛事。如青海玉树赛马节、中国玛曲格萨尔赛马大会、泰山国际登山节、潍坊国际风筝会、河南登封国际少林武术节、中国汨罗江国际龙舟节、“武夷山·阿里山”海峡两岸脚斗士比赛、中国安康汉江龙舟节等。当然，随着社会经济文化交流的开展，以及组织运作方式的变化，诸多民族民间体育赛事突破了地域限制，形成了一些临时性的民族民间体育赛事活动。如中国龙舟公开赛分布区域极广（福建厦门海峡两岸龙舟赛、湖北荆州中国龙舟公开赛、广东惠州中国龙舟公开赛、上海普陀中国龙舟公开赛、海南澄迈中国龙舟公开赛、陕西省龙舟公开赛、西安汉城湖龙舟节等）；中华龙舟大赛采用分站赛的形式进行，举办地点在不断变化（2012 年中华龙舟大赛总决赛位于广东南海仙湖、2013 年增加了甘肃永靖站、2013 年中华龙舟大赛总决赛位于广东东莞麻涌镇华阳湖湿地公园）。内蒙古那达慕大会具有其特殊性，每年多在草绿花红、羊肥马壮的七八月进行，多以嘎查（村屯）、苏木（区乡）为单位或以旗县为单位举行，地点不固定，随处可见，可谓是草原盛会。

## 二、综合型和单项民族民间体育赛事

依据民族民间体育赛事包含的运动项目进行划分，如内蒙古那达慕大会是以摔跤、射箭、赛马三项竞技为主的综合型赛事；全国和地方少数民族传统体育运动会（宁夏回族自治区第7届少数民族传统体育运动会设置11个竞赛项目，分别是木球、蹴球、毽球、珍珠球、射弩、方棋、花炮、押加、陀螺、武术和民族式摔跤，分为37个小项，共设111枚奖牌；12个表演项目分别是踏脚、掌心月、牧童鞭、打木尖、鱼尾剑、赶牛、打瓦、彩镯掌、回族花儿艳、回族杨氏拳、响板舞动花儿红、椽笔颂古兰）。龙舟赛、风筝会、脚斗士、赛马会等则属于单项赛事。现在赛事举办地的当地政府为提高品牌的影响力和竞争力，大都根据节事活动来进行定位和策划，将赛事活动与民俗文化表演、展销会、经贸洽谈会等结合在一起，注重部门之间的协作和资源的整合开发。

## 三、政府主导型、民众自发组织型、市场运作型民族民间体育赛事

依据民族民间体育赛事的组织主体进行划分，主要包括三种形式。第一种是政府主导型，中国民间文艺家协会原主席冯骥才先生说过“政府是非物质文化遗产的第一保护人”，如中国汨罗江国际龙舟节（2012年端午节“长江化肥杯”第8届中国汨罗江国际龙舟节由国家体育总局、中国龙舟协会、汨罗市委市政府主办；湖南省体育局、湖南省龙舟协会、中国东方演艺集团协办；长江化肥控股有限公司冠名）、格萨尔赛马大会（2013年第14届中国·九色甘南香巴拉旅游艺术节暨玛曲第7届格萨尔赛马大会以“原生、节俭、和谐”为主题，采取“政府引导，协会主办”的方式进行）等；第二种是由民间组织的赛事活动，如贵州台江施洞镇清水江苗族的独木龙舟赛（每年农历5月25—27日，清水江流域的苗族同胞都要举行盛大的独木龙舟节，以此祈求风调雨顺、五谷丰登）、湖南汨罗江两岸村落自发组织的龙舟竞渡活动、宁夏海原县苍湾镇成林文体大院农民运动会；第三种是市场化运作的赛事活动，如中华龙舟大赛（由国家体育总局社会体育指导中心、

中国龙舟协会和中央电视台体育频道主办，中视体育娱乐有限公司和各赛事举办地政府承办。作为中央电视台体育频道唯一的商业运营机构，中视体育将负责中华龙舟大赛的商业运营和品牌推广。国家体育总局社会体育指导中心和中国龙舟协会负责组建顶尖的竞赛团队，全力承担赛事组织工作）、脚斗士大赛等。

## 四、萌芽型、发展型、成熟型民族民间体育赛事

民族民间体育赛事从纵向上讲是一个产生、发展的过程，分为萌芽型、发展型和成熟型三种类型。对民族民间体育赛事的研究也要遵循其发展规律，民族民间体育赛事是有其生命周期的。萌芽状态的原始型，应该包括两种形式：一是相对于其起源在内容和形式上无明显改变的民族民间体育赛事，如舞龙舞狮、斗鸡等民间赛事；二是随着国家的重视，整理、挖掘、重塑的民族民间体育赛事，如新疆塔吉克人开展的马球运动。发展型是指相对于早期形式和内容均有一定的改变，并且制定了一定的比赛规则，如中国汨罗江国际龙舟节等。成熟型则是指与其早期形式有明显改变，已经融入现代体育赛事中的赛事，如中华龙舟大赛、中国龙舟公开赛与传统的龙舟竞渡有一定的区别。

## 五、竞技类、游戏娱乐类、健身类民族民间体育赛事

依据民族民间体育赛事的内生特征划分，分为竞技类、游戏娱乐类、健身类赛事。竞技类有武林大会、武林风、赛马、赛龙舟、射箭、摔跤等；游戏娱乐类有风筝节、抢花炮、赛牦牛、赛骆驼等；健身类有毽球赛、抖空竹赛等。现代都市打陀螺既有游戏娱乐的功能，也有健身的功能，随着城市健身空间的缩小，其健身功能更加凸显。我国的民族民间体育赛事集竞技、娱乐和健身于一体，重视文化的传承与发展。

## 六、区域型、国际型民族民间体育赛事

依据民族民间体育赛事定位、影响力等划分，分为区域型和国际型体育赛事。

前者如中国玛曲格萨尔赛马大会，省内到省外、藏族到多民族融合的发展趋势；后者如潍坊国际风筝会、泰山国际登山节等。潍坊国际风筝会截至2014年已经先后举办了31届，到2018年已有美国、日本、英国、意大利、马来西亚等40多个国家和地区的风筝组织参加。

## 七、团队型和个体型民族民间体育赛事

依据民族民间体育赛事项目特征来划分，分为团队型和个体型。前者如龙舟赛、武术团体表演赛、叼羊、马球等；后者如赛马、赛牦牛、风筝、射箭等。轮子秋运动是青海土族人独创的、农闲时特有的一种体育活动，是土族人民勇敢、智慧、团结的结晶和象征，也是土族男女老幼喜闻乐见并踊跃开展的传统活动。轮子秋主要在青海省互助土族自治县一带流行，是男女老少喜闻乐见的体育、娱乐表演活动。现在，轮子秋多以钢管为原料焊制而成，并装上滚珠轴承，更加科学，使用起来也更加安全、方便，动作花样增加，并逐渐艺术化，最多可以12个人同时表演。只要有土族的地方就有轮子秋运动。土族人在农历正月十五、六月六、六月初八这些节日及庆丰收的时候表演轮子秋运动。

## 八、大型、中型、小型民族民间体育赛事

依据民族民间体育赛事的规模（包括受众群体、参赛队伍等）进行划分，分为大型、中型及小型民族民间体育赛事。如内蒙古的那达慕大会，那达慕在蒙语中意为“娱乐”或“游戏”，现今的那达慕除了进行男子三项竞技外，还增加了马球、马术、田径、球类比赛、乌兰牧骑演出等新的内容，同时举行物资交流会和表彰先进。那达慕已有近800年的历史，一直在锡林郭勒草原上流传和发展，深受各族群众的喜爱，成为了蒙古族文化传统的重要载体。那达慕上的各项活动是力与美的显现、体能和智慧的较量、速度和耐力的比拼，比较全面地展示了在草原上生活的群众的综合素质。锡林郭勒盟的那达慕最具代表性①。那达慕分为大、

① 内蒙古那达慕［EB/OL］. http：//baike. baidu. com［2015－06－15］.

中、小三种类型。大型那达慕，参加的摔跤选手有512名，骏马有300匹左右，会期为7～10天；中型那达慕，参加的摔跤手有256名，马100～150匹，会期5～7天；小型那达慕，参加的摔跤手有64～128名，马有30～50匹，会期为3～5天。无论何种民族与宗教信仰的人，都可以报名参加①。

## 第二节　遗产学视域下的我国民族民间体育赛事的特征及价值

“民族的才是世界的”人类对文化遗产的认识由物质的、有形的、静态的遗产延伸到非物质的、无形的、动态的、记忆的遗产。中国民间文艺家协会原主席冯骥才指出，近年来，我国非物质遗产抢救和保护取得了显著效果，但也应该清醒地看到，过度商业开发、盲目追求政绩、缺乏专家支持、城镇化过快等因素使我国非遗正遭受第二轮破坏。2000—2010年，我国自然村落由365万个锐减至271万个，十年间，减少了90万个自然村，其中包含大量传统村落。他认为，保护非物质文化遗产除了需要全民的自知、自觉、自省外，第一保护人就是政府②。

### 一、我国民族民间体育赛事与人类遗产

研究遗产学视阈下的民族民间体育赛事，我们需要对几个相关概念有较为清晰的、直观的认识和把握，这也是研究的基点所在。民族民间体育赛事独特的社会吸引力、政治号召力、经济竞争力和文化感召力在社会经济发展过程中的价值和功能是不可或缺的，它集赛事、民俗、节事、旅游、遗产等于一体，是中华民族一笔重要的精神财富，关注和保护民族民间体育赛事，就是关注和保护人类遗产。

---

① 那达慕节日知识［EB/OL］. http://www.holidays5.com［2016－11－26］.

② 冯骥才. 我国非遗正遭受第二轮破坏［N］. 新华日报，2013－6－21（B5）.

## （一）物质遗产、人类口头与非物质遗产

### 1. 物质遗产

物质遗产包括所有具有文化价值的某种无纸化体现的资产，即文化遗产和自然遗产①。文化遗产即物质文化遗产，根据《保护世界文化和自然遗产公约》（简称《世界遗产公约》），包括历史文物、历史建筑、人类文化遗址，即前面讲述的物质的、有形的、静态的遗产。后者除有自然美的标准外，主要是科学、地理、物种等自然科学标准，即大地风光及人工建造的环境，简单地讲就是我们所处的自然环境、生态环境、生存环境等。

### 2. 人类口头与非物质遗产

人类口头与非物质遗产实际上有三个层次：①广义的与物质遗产、遗址、遗迹、文物、典籍等对应的无形遗产、口头遗产、非物质遗产，非物质遗产除了特定的口头文化外，就是指人的行为文化或人体文化，即传人文化；②狭义的以民间文学（口头遗产之重要主体及组成）、民间文艺、民俗文化、传统的表演艺术、民间科技、民间技艺、民间知识、民间工艺等为内容的口头和非物质遗产；③以狭义的“口头和非物质遗产”之精华为主体，以广义但处于濒危的口头和非物质遗产为补充，作为口头和非物质遗产的“代表作”，列入“代表作名录”，它们以“代表性”和“濒危性”为界定标准，要求世界级的形态和全球性的价值与意义。② 它们是非物质的、无形的、动态的、记忆的遗产。非物质文化遗产主要包括五个方面：口头传说和表述（包括作为非物质文化遗产媒介的语言）、表演艺术、社会风俗、礼仪和节庆、传统手工艺技能。它具有传承性、社会性、无形性、活态性、民族性、大众性、多元性与脆弱性等特点③。

---

① 鲍勃·麦克彻，希拉里·迪克罗．文化旅游与文化遗产管理［M］．朱路平，译．天津：南开大学出版社，2006：71－88.

② 肖曾艳．非物质文化遗产保护与旅游开发的互动研究［D］．长沙：湖南师范大学，2006：7－12.

③ 白云驹．人类口头和非物质遗产［M］．银川：宁夏人民教育出版社，2004：28－60.

## （二）民族民间体育赛事与物质遗产

民族民间体育赛事在传承和发展中，结合当地的自然地理环境，以及赛事独特的民俗文化、民族文化、地域文化、赛事文化等，遗留和兴建了一批重要的建筑、遗址、文化风景（中国的丝绸之路）、可移动的文化遗产（包括可携带的遗产物件或者人工制品，是极易受损的一类资产，如西安兵马俑的仿制品）和博物馆。

### 1. 中国汨罗江国际龙舟节与物质遗产

中国汨罗江国际龙舟节具有特殊的文化内涵，是屈子文化、水文化、龙文化、湖湘文化、龙舟文化、宗教文化等的综合体。物质遗产极为丰富，包括汨罗江、屈子祠（中南大学文学院学士、硕士、博士学位授予地）、各姓氏宗祠（汨罗江畔河市镇新悦村谢氏宗祠）、龙舟制造厂（神王龙舟制造厂、九子龙屈原龙舟厂、飞龙龙舟厂、御龙龙舟厂、祥龙龙舟厂等）、龙舟俱乐部（神王龙舟俱乐部，集造船、培训、比赛于一体）、龙舟旅行社、屈子桥、屈子湖等。此外，汨罗市计划投资 50 亿元规划建设屈子文化园，占地面积 6.3 平方千米，分为核心景区、文化产业发展区、湿地保护区、屈原墓保护区、龙舟体验区和休闲旅游度假服务区六个区域，其中核心景区面积为 2.5 平方千米①。

### 2. 中国玛曲格萨尔赛马大会与物质遗产

中国玛曲格萨尔赛马大会集马文化、草原文化、宗教祭祀文化、格萨尔文化、藏文化、民俗文化等于一体，以赛马为主体，是包括说唱艺术、民族风情、农牧产品、民俗文化、祭祀、宗教信仰、经贸活动、民族交流等在内的多民族大融合的文化盛会。物质遗产包括“天下黄河第一弯”“格萨尔发祥地”“世界最美湿地草原”“亚洲第一天然草场”、动植物“大观园”（“高原之舟”阿万仓牦牛、“东方神骑”河曲马、“藏羊之王”欧拉羊和四大名犬之一的“河曲藏獒”）、玛曲格萨尔赛马中心和格萨尔文化广场等。

### 3. 潍坊国际风筝会与物质遗产

潍坊国际风筝会物质遗产尤为丰富，如世界风筝博物馆（风筝的起源与发展、

---

① 湖南汨罗 50 亿元打造屈子文化园 今年可向游客开放［EB/OL］. http://news.xinhuanet.com/2015-06/24/c_1115709153.htm［2015-06-24］.

历届风筝赛风筝集锦、世界各国风筝展示等），杨家埠民间艺术大观园（杨家埠风筝制作、木板年画制作等），浮烟山风筝放飞场，遍布潍坊市大街小巷的风筝制造商、零售商、批发商，潍坊城市路灯风筝造型、公交车风筝实品展示，国际风筝节开幕用于晚会举办的体育场馆等。其中，世界“风筝之都”纪念广场，以“风筝文化、民俗文化、人文文化”为主题规划设计，是潍坊城市建设的新亮点，是展现“风筝之都”形象的标志性景观，已成为展示风筝文化与民俗文化、市民休闲娱乐、全民健身强体、商业购物消费及举办大型集会活动的综合性城市广场；潍坊滨海——中国国际风筝冲浪基地，适合风筝冲浪等水上运动项目开展，其中计划投资12亿元的潍坊滨海风筝文化产业园项目已经签约落户，包括国际风筝联合会大厦、草坪风筝放飞场、综合性风筝放飞看台、国际马术俱乐部及酒店、国际标准马术表演场、跑马场、国家大马戏剧院、商贸配套服务区等①。

## （三）民族民间体育赛事与人类口头和非物质文化遗产

### 1. 人类口头和非物质文化遗产的分类

人类口头和非物质遗产是一种典型的人体文化。具体包括四大类：①口头文化，即口头表达，嗓音表现，人声说、吟、唱的文化和艺术。如神话、传说、俗语、山歌等。②体形艺术，即以人的身体、行为、姿态、动作为表现形式和表现对象的文化和艺术。包括体饰文化，以视觉艺术为主；形体艺术，以形体、肢体为艺术语言；行为文化，以民俗文化、民间艺术、民间乐器演奏为主，是视听艺术和时空艺术。③综合文化，即口头与形体相结合的艺术，是视听、时空的综合艺术，包括口头语言为主的综合艺术，如说唱艺术；口头语言与形体表演并重的综合艺术，如戏曲、民间小戏、歌舞等。④当下的造型艺术，即人的即时的、当下的、活的创造及创造物，是空间艺术、视觉艺术。其包括建筑术和建筑物，民间艺人、传人的造型技艺，艺术家的造型艺术。② 总之，上述的分类借用和基于对文化的三种分类法，是按照功能分类、形态分类和学科对象分类的。

---

① 风筝文化产业园落户潍坊滨海 计划投资12亿元［EB/OL］. http://weifang.dzwww.com/wfxwn/201403/t20140313_9810040.htm［2014-03-13］.

② 白云驹. 人类口头和非物质遗产［M］. 银川：宁夏人民教育出版社，2004：88-92.

**2. 民族民间体育赛事在人类口头和非物质文化遗产方面的具体展示**

（1）中国汨罗江国际龙舟节与人类口头和非物质文化遗产

2009 年 9 月，汨罗江畔端午习俗入选人类非物质文化遗产名录，其主要包括形成龙舟竞渡前的习俗、端午龙舟竞渡习俗、端午粽习俗等，内容丰富、体系完整。屈子文化享誉国内外，成为人类文明的重要财富。它是民族的，更是世界的。汨罗端午节龙舟竞渡被赋予更丰富的文化内涵，在当前文化大发展大繁荣的时代背景下，屈子精神必将成为人类的一种精神符号，更是一种精神象征，是对新时代人类价值观的一种启示。

①方言属于非物质文化遗产的一个类别。在文化传承中，语言无疑起着非常重要的作用。方言是地域文化的鲜明标志，是历史文化认同的直接载体，是滋育地域文化的沃土。[①] 我国是由 56 个民族组成的大家庭，人口众多，语言尤为丰富，是一种重要的民族文化基因或文化遗产，如山东话、湖南话及藏语、蒙古语、滇语、粤语等。

②汨罗历史悠久，文化深厚。自古以来，汨罗有着“龙舟竞渡，纪念屈原”的传统，有着“端午源头，龙舟故里”的美称。历史上汨罗的龙舟竞渡，从龙舟建造开工的第一斧，到龙舟建成和最后竞渡，有伐木、接龙头、关头、下水、抢红、朝庙、端阳澡等一系列神秘而庄重的仪式。龙舟以宗祠为单位打造，用姓氏冠名。龙舟竞渡的划手数成双不成单，左右各 1 人[②③④]。

③中国汨罗江国际龙舟节参赛的队伍要着统一的服装，便于观众、亲友助威团等辨认，这是对湖湘礼仪文化的传承。比赛用舟刻有龙头，舟身画着龙纹，既表达了人们对龙图腾的敬畏和崇拜，又表达了人们对美好生活的一种向往，期盼幸福吉祥。由于屈原崇尚龙凤，故有汨罗龙舟龙头凤尾。

④龙舟竞渡期间举办国际屈原文化研讨会，是为了切实增强对屈原文化的全

---

① 辛儒，孔旭红，邵凤芝．非物质文化遗产保护背景下的地域文化保护与利用：以方言为例[J]．河北学刊，2008，28（2）：201－203.

② 宗懔．荆楚岁时记［M］．武汉：湖北人民出版社，1985：92.

③ 羿翠霞，杨涛，陈彦．湖南汨罗龙舟赛文化探析［J］．体育文化导刊，2013（12）：105－108.

④ 杨涛，羿翠霞．遗产学视阈下我国民族民间体育赛事的特征及价值［J］．北京体育大学学报，2015，6（6）：1－5.

面认识，从而更好地传承、弘扬屈原文化。屈子文化、屈子精神已经融入到当地民众的日常生产生活中：汨罗市区的桥梁命名为屈子桥；红旗水库命名为屈子湖；屈原土菜馆；屈原蓝韵酒；汨罗江湿地建设区命名为汨罗屈子祠龙舟文化旅游区，是湖南省“十二五”期间精心培育的十大国内旅游重点品牌建设项目。

⑤ 龙舟竞渡凝聚力非常强，讲求团结意识和拼搏精神，要求步调高度一致，劲往一处使，只要大家齐心合力就能取得好的成绩。龙舟竞渡在锣鼓声、口号声、呐喊声、欢笑声中进行，如离弦之箭从汨罗江面上划过，是湖湘人民自强不息、坚韧不拔精神的体现。

⑥湖南省汨罗市九子龙屈原龙舟厂于 2004 年建立，位于湘楚文化屈原圣地——汨罗江畔。它既是龙舟竞渡的源头，又是祖辈制造龙舟的基地。厂长许桂生从事龙舟制作已有 30 余年，为继承祖传而制造龙舟，富有一定的经验，其独特的制作工艺是国家非物质文化遗产保护项目，该厂产品遍及北京、四川、福建、陕西等全国各地及缅甸、韩国、马来西亚等国家。汨罗江畔年逾七十的郑老，是一位资深的民间龙舟手艺人，除了忙着雕龙头、打龙舟，还用手中的刻刀创造了一件件精美的龙舟艺术品，大小从 60 ~ 100 厘米不等；2013 年在中国首个“中国龙舟文化展”上，郑老的作品从 14 个参展龙舟中脱颖而出，被授予“中国体育非物质文化遗产保护和推广项目”，全国受此殊荣的项目仅有 5 个。

⑦中国汨罗江国际龙舟节开幕式上有重要的民间非物质文化遗产展示活动，包括中华经典诵读活动、端午“原”祭活动、“走进端午源头”汨罗江畔民俗文化体验活动等，其中“汨罗江畔端午习俗”包括形成龙舟竞渡前的习俗、端午龙舟竞渡习俗、端午粽习俗、端午节吃“土八道”习俗、长乐故事会习俗、端午其他习俗等大类，分蚌壳戏渔翁习俗、划彩轮船习俗、偷龙木习俗、祭龙头习俗、朝庙习俗、挂蒲草艾叶习俗、饮雄黄酒、踏百草、洗兰浴、辞节、戴香包、喝姜盐豆子芝麻等数十种习俗，并穿插有端午习俗传说、端午习俗吟咏，内容丰富，体系完整[①]。2009 年 9 月，汨罗江畔端午习俗被联合国教科文组织保护非物质文化遗产政府间委员会列入“世界人类非物质文化遗产名录”。

---

① 中国汨罗国际龙舟节开幕汨罗端午习俗世界申遗成功［EB/OL］. http：//hn. rednet. cn/c/2010/06/15/1982998. htm［2010 - 06 - 15］.

（2）中国玛曲格赛尔赛马大会与人类口头和非物质文化遗产

“民族的才是世界的”，中国玛曲格萨尔赛马大会所在区域的民族特点、地域特点、自然资源禀赋、民风民俗民情和宗教信仰等，使该赛事具有独特的文化内涵。赛马不仅是牧民闲暇的集会、交流牧业生产经验的场所，而且还是历史久远的积淀和藏民族精神的展示。建立在对马的浓郁感情基础上的藏族人民，创造了独具民族特色的赛马文化，有人曾形象地比喻格萨尔赛马大会为“草原奥运会”。它向世人展示草原风情、民俗文化，吟唱着草原民族最原始的精神文化，引发人们心中向往自然、超越一切的情感。

①玛曲作为一个宗教文化底蕴十分浓厚的藏族集居区，当地牧民祭祀神山，敬仰神灵，反映了人与神、人与自然、人与格萨尔文化的一种特殊关系，是一种文化现象。格萨尔赛马大会开幕式要举行盛大的仪式，煨桑祭祀神灵，祈求神灵加以佑助和加持，这种带有浓厚宗教色彩的民俗，自《格萨尔王传》有记载开始一直保留到现在。这些虽然反映的是一种宗教意向上的神学观念，但却暗含着藏民族对人性的自我肯定和自我完善的唯物观。

②《格萨尔王传》是我国藏族人民创作的一部伟大的、世界上最长的英雄史诗。其内容涵盖了藏民族历史文化、民间文化、民俗、军事、价值观等方方面面。[①]《格萨尔王传》是相关族群社区宗教信仰、本土知识、民间智慧、族群记忆、母语表达的主要载体，是唐卡、藏戏、弹唱等传统民间艺术创作的灵感源泉，同时也是现代艺术形式的源头活水。

③赛马会期间，同时举办经贸、餐饮、美食文化、玛曲首届河曲藏獒展示评比暨文化论坛、秦俑与河曲马研究主题论坛、招商引资项目推介、藏民族传统马球表演等活动，并安排了包括格萨尔说唱、牛角琴演奏、百人龙头琴弹唱、藏民歌独唱等在内的一系列国家和省州级非物质文化遗产展示。

④在玛曲草原观赏格萨尔赛马大会，一可以享受民族风情；二可以体验民俗文化，并感受藏民族文化的活态文化——赛马文化、服饰文化、宗教祭祀文化等；三可以在此基础上感受自然之美，并树立热爱生活、努力拼搏、勇往直前的生活态度，格萨尔赛马大会是我国民族团结、民族融合的盛会和见证。

---

① 宁文芳．玛曲史话［M］．兰州：甘肃文化出版社，2009：12－13.

（3）潍坊国际风筝会与人类口头和非物质文化遗产

潍坊是风筝的发祥地。早在20世纪30年代，潍坊就曾举办过风筝会。中华人民共和国成立后，特别是改革开放以来，潍坊国际风筝会的吉祥物风筝又焕发了生机，多次应邀参加国内外风筝展览和放飞表演。1984年4月1日，在美国友人大卫·切克列的热心帮助和山东省旅游局的大力支持下，首届潍坊国际风筝会拉开帷幕。1988年4月1日，第5届潍坊国际风筝会召开主席团会议，确定潍坊市为“世界风筝都”。1989年在第6届潍坊国际风筝会期间，成立了由美国、日本、英国、意大利等16个国家和地区风筝组织参加的国际风筝联合会，并决定把总部设在潍坊。从此，潍坊成为世界风筝文化交流的中心，当之无愧地成了世界风筝之都。截至2018年，潍坊国际风筝会已经成功举办了32届，现有理事国16个，会员国67个。

①潍坊风筝经过历史演变和横向传播，逐渐形成了选材讲究、造型优美、扎糊精巧、形象生动、绘画艳丽、起飞灵活的传统风格与艺术特色，和京式风筝、津式风筝等交相辉映。今日的潍坊风筝艺术品种繁多，风筝艺人和各行各业的风筝制作者由于不同的生活阅历、不同的文化层次和不同的知识结构，形成了不同体系和流派，大体有如下三种：传统民间派（集体创作，带有浓厚的乡土气息，较为粗糙）、传统艺匠派（庄重、华贵，使潍坊风筝从一般的玩具上升为有价值的工艺品，成为潍坊地方文化的重要组成部分）、现代创新派（重视新材料、新工艺的运用，造型简洁、明快、清新、巧妙，具有鲜明的时代性）。

②潍坊风筝艺术研究交流协会是专门从事风筝艺术研究交流的民间社团组织；是中国工艺美术协会、山东省工艺美术协会的成员单位。协会以继承和弘扬中国传统文化、交流和传播中国风筝文化艺术、推动中国风筝事业的发展为宗旨。协会在中国传统风筝艺术的基础上，将高科技技术与传统工艺有机地结合起来，不断研究和开发新产品、推进中国风筝文化艺术的交流，以丰富人民的文化艺术生活、促进民间文化艺术的交流和地方经济的发展。协会专家的队伍和整体素质目前已达到国内的最高水平。他们与海内外各界朋友进行广泛的交流与合作，以风筝文化艺术交流为载体，积极参加各种形式的展览、节日庆典、经贸合作等交流活动，共同推动国际民间文化艺术交流活动和风筝事业的发展。

③杨家埠民间艺术大观园（原杨家埠风筝厂），建于1986年5月，是目前国

内最大的风筝厂。风筝厂是集风筝生产、年画印刷与民俗旅游于一体的民间艺术大观园。内部设有风筝博物馆、绘制馆、十八女子作坊、年画博物馆、年画作坊、民俗馆、文物馆、百年婚证展、老粗布作坊、农具展、红色收藏展、书画院、嫦娥奔月台、古店铺一条街、三星湖、度朔山及杨家埠明清时期古村落、古槐等数十个景点和展厅。让游客在体验风筝扎制、年画印刷等乐趣的同时也可以领略到几百年前杨家埠人的生活方式，体味杨家埠人古老的民俗、民间风情。2006 年 5 月 20 日，潍坊风筝制作技艺、年画制作技艺经国务院批准列入第一批国家级非物质文化遗产名录。潍坊杨家埠民俗文化大观园内设有民俗文化传习所，它既是中外青少年感受、体验民俗文化艺术的场所，又是传承民俗文化艺术（风筝、剪纸、木板年画）的场所，有严格的传习制度，具有代表性的传承人师傅常年教授徒弟 5 人以上，一般传承人师傅常年教授徒弟 3 人以上，项目每年修习时间在 1000 小时以上。

④潍坊风筝博物馆坐落在山东省潍坊市，建于 1987 年，系全国第一座风筝专业性博物馆。建筑面积达 8100 平方米，建筑造型选取了潍坊龙头蜈蚣风筝的特点，屋脊是一条完整的组合陶瓷巨龙，屋顶用孔雀蓝琉璃瓦铺成，似蛟龙遨游长空伏而又起，设计风格在国内独树一帜，“世界风筝都”展览以 1000 余只筒式、板式、硬翅、软翅、串式五大类风筝精品及 300 余件翔实的风筝文物资料为主，较全面、客观地体现了潍坊风筝所独有的题材广泛、造型优美、绘画精细、色彩艳丽的风格；介绍了构思大方、造型夸张、色彩对比鲜明、注重飞翔性能、研究价值较高的外国风筝；重现了历届潍坊国际风筝会的盛况；风筝博物馆每年接待国内外观众 3 万余人次，已成为潍坊市对外开放的一个重要窗口。

⑤潍坊国际风筝会已经成为城市文化的重要组成部分，成为城市的重要名片。风筝文化已经融入当地民众日常生活的各个领域，如潍坊街头风筝造型的路灯，步行街、公园内风筝造型的座椅、地面砖，政府工作人员名片背面的风筝图案，公交车外的车体图案、车内的风筝实体模型等。

民族民间体育赛事具有重要的遗产特征，它是人类物质遗产、人类口头和非物质遗产的结合体，充分体现“你中有我，我中有你”的特性。毫无疑问，民族无论大小，他们的文化都是人类文化的财富。人类口头和非物质遗产是集体性的、口头形式的、有传承传统的，具有重要的人类文化价值和群体价值，但在现代传媒的冲击下面临消失的危机。联合国教科文组织实施的“人类口头和非物质遗产代表作”和《世界遗产公约》中设立的“世界遗产名录”，都是对这一类珍贵遗产的抢救和保护，是对濒危文化采取的一种记录、保存、评估、拯救、起死回生、继续自续、人类共享的一项文化工程，需要全世界、全人类的共同关注和支持。对民族民间体育的挖掘、整理、传承、发展和保护工作，任重道远，政府作为第一责任人，应承担更多的责任和义务。

## 二、遗产学视阈下我国民族民间体育赛事的特征

基于遗产学视阈研究我国民族民间体育赛事的基本特征，主要是以文化人类学和民俗学的标准为基本原则。民族民间体育赛事作为人类重要的遗产，既具备赛事的基本特征，又具有人类遗产的一些特征，其在遗产学视阈下的主要特征如下。

### （一）综合性特征

民族民间体育赛事从多个视角来讲，都是一个综合体。就遗产视角而言，它是人类物质遗产与非物质遗产的综合体。如中国汨罗江国际龙舟节物质遗产有汨罗江、屈子祠、各姓氏宗祠、龙舟厂等；非物质遗产包括当地方言、龙舟竞渡仪式、宗教祭祀、龙舟制作工艺、端午粽习俗、长乐故事会等。就赛事本身而言，如甘肃玛曲格萨尔赛马大会以赛马为主体，它是包括说唱艺术、民族风情、农牧产品、民俗文化、祭祀、宗教信仰、经贸活动、民族交流等在内的多民族大融合的文化盛会。就文化视角而言，如中国汨罗江国际龙舟节集民俗文化、湖湘文化、龙舟文化、水文化、屈子文化、宗教文化等于一体。就利益相关者视角而言，包括赛会的主办方、承办方、新闻媒体、赞助方、投资方、当地民众、外来游客等。

### （二）集体性特征

民族民间体育赛事最本质的特征是民族性、区域性、土生土长、体现自在自为的生存理念，即它是社会的、普通的、大众的，是基于一定的社会准则和规则的。其作为一种体育文化，承载着一个民族的价值取向，影响着一个民族的生活

方式，体现出一个民族的自我认同和凝聚力。例如，民族民间体育赛事中的比赛规则，它是集体智慧的结晶，需要集体遵守，反复演示，不断施行。“民族的就是世界的”，中国汨罗江国际龙舟节、中国玛曲格萨尔赛马节、潍坊国际风筝会、内蒙古那达慕大会、甘肃临潭万人拔河比赛、贵州独木龙舟赛等都来源于集体创作，得益于集体智慧的传承和发展。此外，在赛事举办期间举行的民间艺术展示活动，包括说唱艺术、弹唱艺术、神话故事传说、歌舞表演、服饰文化展示等，这些民众集体性、口头形式的、有传承传统的，在现代传媒冲击下面临消失危机的民间艺术，具有重要的人类文化价值和群体价值①。

### （三）传承性与传播性特征

民族民间体育赛事的传承是其历时性的延续，传播则是其共时性或空间上的传布。代代相传是民俗文化最突出的表现，传承性作为保存历史的功能和价值功不可没。口头和非物质遗产的传承是合二为一的，活的传承，是其得以保存的最大保障。民族民间体育赛事在传承和发展中，不断向四方传播，其传播的广度，表明人类共识的深度，也表明文化影响的力度。玛曲历来就有举办群众性赛马运动的传统，从2004年起，每年一届的中国玛曲格萨尔赛马大会，其规模和影响不断扩大。2007年的“格萨尔赛马大会”，西藏自治区和内蒙古自治区的部分骑手前来观摩；四川省的松潘县、马尔康县和青海省的同德县、甘德县及甘肃省的天祝县、舟曲县6支代表队是首次组队参加②。2012年第6届赛马大会的参赛队伍及马匹之多为历届格萨尔赛马大会之最，共包括32支队伍、677匹马，新疆代表队是首次组队参加。目前的格萨尔赛马大会由最初的藏族同胞参加，发展到现在有蒙古族、满族、土族、回族、汉族等多个民族队员参赛的局面，比赛中显现出各民族携手同进和相互交融的和谐氛围，为民族地区的团结稳定打下了坚实的基础。

### （四）民族性与地域性特征

我国由56个民族组成，民族体育活动及竞赛、民俗文化极其丰富。对于民族

① 白云驹．人类口头和非物质遗产［M］．银川：宁夏人民教育出版社，2004：34－41.
② 宁文芳．玛曲史话［M］．兰州：甘肃文化出版社，2009：85－88.

民间体育赛事而言，其民族性和区域性的表现是十分醒目的，其外在形式非常直观。第一是人种：不同的民族，从皮肤到毛发，差异很大。例如，新疆维吾尔自治区是亚欧交流的要冲，是高加索人种、蒙古人种交汇之地和民族交汇之地，多样性大。维吾尔族内部自东向西总体上是蒙古人种特征减少、高加索人种特征增强。第二是服饰：每个民族都有自己独特的服饰文化，如藏族人的服饰很有民族特色，他们一般身穿绸、布做的长袖短褂，外面穿宽肥的长袍，为了便于活动，常常将右肩或双臂露在外面，把两只袖子系在腰间。脚穿牛皮长靴。藏族男女都留发辫，男子将发辫盘在头顶；女子将头发梳成双辫或许多根小辫，披在肩上，并在发梢佩戴漂亮的饰物。妇女们还喜欢在腰间系一条图案美丽的围裙。第三是语言：藏语、维语、蒙古语、汉语等，语言不同，话语不通，那必定是不同的人群或民族。为了多民族之间的交流，我们国家推行了汉语普通话，这可能在一定程度上对少数民族语言造成一些影响。第四是风俗。汉族地区多为农耕文化；少数民族地区有狩猎文化、草原文化、游牧文化等。潍坊国际风筝会主要展示民俗文化、风筝艺术文化。第五是地域：环境制约和影响着民族的生产方式、生存方式、生活方式。蒙古族是草原游牧民族，那达慕大会主要以男儿三艺为主——骑马、射箭、摔跤。此外，不同民族在长期的社会变迁、文化变迁中，形成了不同的民族心理、民族情感、民族认同、民族习性，也形成了不同的图腾标志、民族徽记等，如中华民族的龙图腾等。中国汨罗江国际龙舟节比赛用舟刻有龙头，周身画着龙纹，既表达了人们对龙图腾的敬畏和崇拜，又表达了人们对美好生活的一种向往，期盼幸福吉祥。民族民间体育赛事的区域性特征更能体现乡土认同和情感归属。

### （五）变异性特征

随着人类社会的不断变迁，人类需求的不断变化，在当前国内文化大发展大繁荣的时代背景下，为了适应新时期人们不断增长的赛事消费的多元需求，增加赛事产品的多元供应，民族民间体育赛事也在不断发生着变化，即体现变异性特征。以中国汨罗江国际龙舟节为例：历史上汨罗的龙舟竞渡，从龙舟建造开工的第一斧，到龙舟建成和最后竞渡，有伐木、接龙头、关头、下水、抢红、朝庙、端阳澡等一系列神秘而庄重的仪式。龙舟以宗祠为单位打造，用姓氏冠名。传统龙舟竞渡是乡土文化的一种展示，是血缘关系、地缘关系的一种体现，也是当地民众对美好生活的一种祝福。汨罗江畔河市镇新悦村每年端午节期间农民自发集资、组织龙舟竞渡活动，全村老少观龙舟、品龙舟、划龙舟，一起进餐，其乐融融。更有乡土韵味的是村中女子出嫁端午节回娘家的“辞端阳”活动，龙舟竞渡中要有上红、抢红仪式，充分体现当地民众的精神寄托——亲情和乡土情。20 世纪 90 年代以来官办民参，各地兴起“文化搭台、经济唱戏”的热潮，汨罗市政府为了规范龙舟竞渡传统文化，更好地利用龙舟竞渡的资源优势，将其纳入政府行为；成立了专门的龙舟协会，将规则统一、器械统一、项目设置统一，安全性得到大大提升。汨罗江龙舟赛由“民办”正式走向“官办”，截至2018 年共举办了8 届，政府利用自身资源优势，将汨罗江国际龙舟赛打造成一项集城市建设、体育、商贸、旅游、文化、娱乐于一体的节日盛会。龙舟竞渡走上了一条“龙舟搭台、经贸唱戏、政府主导、市场运作、企业参与、财政补贴”的现代化道路①。民族民间体育赛事的异化现象也表明，市场化是未来我国民族民间体育赛事的必经之路。

## （六）象征性特征

民族民间体育赛事是体育文化的重要组成部分，是世代流传、承续下来的民间文化的缩影。民族民间体育赛事的象征性特征，其构成和形成主要就是指符号和赋予的特殊意义，有时它会成为某个城市文化的缩影。屈原崇拜龙凤，汨罗龙舟龙头凤尾，纪念屈原，追忆屈原；赛龙舟不仅是一种体育娱乐活动，更体现出人们心中的爱国主义和集体主义精神，是屈原精神的延续，表现了锲而不舍、不服输的精神。爱马是草原牧民的天性，在牧民眼里，“马虽然长着牲畜的皮毛，却具有神的灵气与感情”②。建立在对马的浓郁感情基础上的藏族人民，创造了独具民族特色的赛马文化，有人曾形象地比喻格萨尔赛马大会为“草原奥运会”。中国玛曲格萨尔赛马大会是格萨尔文化的集中体现，目前已成为甘南藏区乃至安多藏区最具代表性的节庆活动，具有浓郁的地方民族和艺术特色。经过多年的发展、演变、积淀，赛马不仅成为甘南藏族文化的一个有机组成部分、缩影，反映着甘

① 谢玉，罗湘林，何斌．汨罗江龙舟竞渡探析［J］．体育文化导刊，2012（8）：29－32.
② 宁文芳．玛曲史话［M］．兰州：甘肃文化出版社，2009：85－88.

南藏族的历史、风俗、文化、宗教、审美取向，而且发挥着英雄崇拜、民族凝聚、社会控制、文化传承、社会娱乐等功能，影响着这一地区藏族人民群众的社会心理、行为模式[①]。马文化是藏民族文化中始终鲜活的重要组成部分，对民俗文化的传承和发展意义深远。

## 三、遗产学视阈下我国民族民间体育赛事的价值

民族民间体育赛事及其文化的混沌、原始、综合的状况和形态，使其具有多方面的价值和功能，因此，今后及较长一段时间内它必将是多种学科研究的重要对象和领域。本文主要从历史学、社会学、艺术学、旅游学、民俗学、教育学等学科视角进行阐述。

### （一）遗产学视阈下我国民族民间体育赛事历史学价值

民族民间体育赛事是世代流传、承续下来的体育文化，具有民族性和地域性特征，它是一个民族或者一个族群日常生活活动的重要缩影，是人类重要的遗产。尤其是口头和非物质遗产作为“遗产”，是历史的、过往的、传统的财富，其历史价值排在首位。[②] 民族民间体育赛事中的口头和非物质遗产，也是民间文化的重要体现，具有重要的价值和意义。从历史学的视角，我们可以研究民族民间体育赛事产生的根源，关注该区域民众的生活文化，关注代代相传的口头和行为文化，研究其未来的传承、保护和发展。例如，湖南汨罗市九子龙屈原龙舟厂独特的龙舟制作工艺，湖南汨罗长乐镇的故事会，中国玛曲格萨尔赛马大会中的格萨尔说唱、牛角琴演奏等，潍坊杨家埠民俗大观园中的风筝制作、年画制作等。

### （二）遗产学视阈下我国民族民间体育赛事社会学价值

所谓社会就是以共同的物质生产活动为基础而相互联系的人类生活共同体。人类社会与文化是紧密相联的，它们是人类群体性的不同表现形式。从社会学视

---

① 杨英杰．玛曲赛马文化功能初探［J］．山西师大体育学院学报，2010，25（2）：66－68.

② 白云驹．人类口头和非物质遗产［M］．银川：宁夏人民教育出版社，2004：92－131.

角研究民族民间体育赛事的对象甚多，如民族民间体育赛事的社会转型、文化变迁、民族变迁、融资渠道及组织管理模式、民众参与度、社会关注度、当地居民生产生活方式等。社会学所关注的制度文化、行为文化、社会文化、民俗文化等都在人类口头和非物质遗产范畴内。民族民间体育赛事的集体性特征，毫无疑义具备“社会学”价值。

## （三）遗产学视阈下我国民族民间体育赛事艺术学价值

民族民间体育赛事作为物质遗产与人类口头和非物质遗产的统一体，艺术价值极为丰富。体育作为一门艺术在现实社会中已经得到证实，作为体育的重要组成部分的民族民间体育，也必然是艺术的重要组成部分。民族民间体育赛事中包括说、唱艺术：民歌、神话故事传说、俗话等。体形艺术：内蒙古那达慕大会摔跤现场人体力与美、技艺、技巧的展示、摔跤手服饰艺术等。行为艺术：民间艺术、民间乐器演奏等。综合艺术：口头与形体相结合的艺术，如赛马会上的格萨尔说唱、哈萨克族的阿肯弹唱会、维吾尔族歌舞等。当下的造型艺术：包括民间艺人制作艺术、建筑艺术，如潍坊风筝博物馆，建筑造型选取了潍坊龙头蜈蚣风筝的特点，屋脊是一条完整的组合陶瓷巨龙，屋顶用孔雀蓝琉璃瓦铺成，似蛟龙遨游长空伏而又起，设计风格在国内独树一帜；格萨尔文化活动中心藏饰风格；潍坊杨家埠民俗大观园的风筝制作艺术、年画制作艺术等。

## （四）遗产学视阈下我国民族民间体育赛事旅游学价值

旅游是由吸引物驱动的，或者用市场学术语来说，是由需求创造因素驱动的[①]。民族民间体育赛事是一项重要的赛事资源，已经引起越来越多人的关注。同时，其作为旅游目的地重要的吸引物，已经成为区域旅游的重要组成部分。2007年中国玛曲第4届格萨尔赛马大会期间，吸引了国内外游客10.6万人次，旅游综合收入达到1624.6万元[②]。世界旅游组织认为，将近40%的国际旅游涉及遗产与

① 鲍勃·麦克彻，希拉里·迪克罗．文化旅游与文化遗产管理［M］．朱路平，译．天津：南开大学出版社，2006：35－37.

② 宁文芳．玛曲史话［M］．兰州：甘肃文化出版社，2009：4－6.

文化[①]。因此，民族民间体育赛事在旅游学方面的价值是不可估量的。民族民间体育赛事旅游作为遗产旅游、节事旅游的重要组成部分，将具有重要的经济意义、社会意义、政治意义和科学意义。

## （五）遗产学视阈下我国民族民间体育赛事民俗学价值

民族民间体育赛事是区域文化、民俗文化、赛事文化等的集中体现，从民俗学视角对其研究是很有必要的，可以揭示其发生、发展、传承、演变甚至消亡等过程，为人类社会、文化的健康发展服务。同时，在研究民族民间体育赛事传承与发展的过程中，关注当地民众的生产生活习俗、宗教信仰、语言艺术、仪式、祭祀和禁忌、婚姻、葬式、民间艺术等[②]。其中有些资料可为民族民间体育赛事的传承与发展提供佐证。具体而言，民俗学可以研究赛事举办地的经济民俗（生态环境、生产生活方式、居住、服饰等）、社会民俗（礼仪、婚姻、亲属关系等）、信仰民俗（宗教信仰、图腾信仰、祭祀、岁时节日等）、游艺民俗（游戏、歌舞、说唱、技艺等）。人类在保护、研究人类口头和非物质遗产的实际工作中，民俗学是最实用、最直接、最便利的科学手段。

## （六）遗产学视阈下我国民族民间体育赛事教育学价值

“百年大计，教育为本”“科学技术是第一生产力”，这一切都说明教育在当今社会的重要地位和作用。民族民间体育赛事的传承与发展，具有重要的教育意义。中国汨罗江国际龙舟节期间在屈子祠举行中南大学大学生学位授予仪式，目的是继承和弘扬屈原文化、传承端午民俗、培养爱国情感，也是对新时代大学生价值观的塑造和完善。民族民间体育赛事是中国传统文化的一部分，也是人类遗产的重要内容，它在弘扬民族文化、加强民族团结等方面发挥着重要作用。高校作为我国教育环境的重要组成部分，其特殊的环境和资源优势，既有利于民族民间体育文化的传承与发展，又可以丰富校园文化生活。笔者从实地考察获悉，舞龙舞狮、龙舟、武术、锅庄舞等民族

---

① 戴伦·J. 蒂莫西，斯蒂芬·W. 博伊德. 遗产旅游［M］. 程尽能，主译. 北京：旅游教育出版社，2007：1－18.

② 马丙安. 中国民俗学［M］. 沈阳：辽宁大学出版社，1985：7.

民间体育项目在部分高校扎根发芽，民族民间体育赛事已成为高校与高校之间、高校与区域社会之间交流的又一重要平台，其意义深远。

除此之外，遗产学视阈下我国民族民间体育赛事的价值还体现在民族学、建筑学、宗教学、美学、人类学、文学、生态学等领域。我国民族民间体育赛事作为一种社会文化活动，其特征和价值，使其功能得以彰显，如传播历史、传播文化的文化功能；传播知识、传播伦理的教化功能；凝聚人心、集合力量的聚合功能；娱神、娱人的娱乐功能；至善至美的审美功能等。

# 第三节　中国汨罗江国际龙舟节文化探析

“文化”是一个经常听到和见到的词汇，学术界经过几个世纪的争论，至今仍然没有获得一个能够为大家都接受认可的结论。据考证，世界上给“文化”下定义的权威说法有200多种。“文化”一词的意义和概念是随着时代的发展而不断演变和丰富的。说到底，文化就是“人化”和“化人”，它包括两方面的含义：一方面，文化是一个最能体现“以人为本”的概念；另一方面，文化归根结底是“人的生活样式”，文化是“体”与“魂”的统一①。文化是汨罗龙舟赛的精髓，文化赋予其生命和活力，使其经久不衰。经过千百年的传承与演变，汨罗龙舟赛形成了独具特色的龙舟文化。研究汨罗龙舟赛，最重要的是研究其文化内涵。要了解和诠释其赛事文化，需要寻找其根源文化，赛事文化是对传统文化的继承和发扬。随着对汨罗龙舟赛研究的不断深入，我们可以探寻端午源头的巫风民俗，领略屈原文化的博大精深，体验龙舟名城的浪漫激情，感悟传统文化的幸福真谛。汨罗龙舟赛要弘扬屈原爱国思想，构筑华夏民族之魂，传承民俗文化，任重而道远！

---

① 李德顺．什么是文化［N］．光明日报，2012-03-26（5）．

# 一、中国汨罗江国际龙舟节的文化内涵

中国汨罗江国际龙舟节是一个多文化的综合体，其传统文化源泉是湖湘文化，也包括中华文化中的龙文化，其核心文化是屈子文化，它是对屈子文化精神的集中反映。其价值和魅力在于让那些平时以个体方式分散活动的人们，在端午节期间，怀着对民族精英的崇拜和敬仰，以及对美好精神生活的追求和向往，聚集在汨罗江畔赛龙舟、观龙舟等，以表达和享受相互间的情谊与关爱。

## （一）龙文化——中国汨罗江国际龙舟节最原初的精神底蕴

龙在中国的历史文化长河中占有重要地位和影响。从人类描绘的龙形象，到龙传说、龙节俗、龙饰品、“龙”字的成语或典故等，形成了中国特有的龙文化。龙文化的审美意识，已经渗透到我国社会文化的各个方面。作为中国几千年文化的积淀和凝聚，它体现了中华民族的观念文化和制度文化，反映了人们的生产生活方式和内容，是中华民族精神的集中展现。龙文化的精神内涵主要包括团结凝聚精神、造福人类精神、奋发开拓精神、人天和谐精神。中国汨罗江国际龙舟节就是龙文化精神的集中体现：①比赛用舟刻有龙头，周身画着龙纹，既表达了人们对龙图腾的敬畏和崇拜，又表达了人们对美好生活的一种向往，期盼幸福吉祥。②龙舟凝聚力非常强，讲求团队意识和拼搏精神，要求步调高度一致，劲往一处使，大家必须齐心合力才能取得好成绩。③龙是司水灵物，是中国水文化的源头和中华民族的象征。这使龙舟竞渡具有祈求风调雨顺、禳除灾疫的意义，更表现出先民对大自然的敬畏[①]。④汨罗龙舟赛在汨罗江上举行，充分表现出人类对大自然在敬畏中利而用之的态度，是人与水关系的集中体现，它实际上是中国古代“天人合一”哲学思想的一个缩影。汉儒董仲舒明确提出“天人之际，合而为一”《春秋繁露·深察名号》。

① 刘宏玉．华夏龙舟竞渡文化的现代阐释［J］．上海体育学院学报，2011，35（6）：70－73.

## （二）湖湘文化——中国汨罗江国际龙舟节的传统文化源泉

地域文化研究是近几十年来中国学术界比较关注的领域。研究中国汨罗江国际龙舟节，就需要研究地域文化。地域文化有鲜明的民族性、地域性和社会历史性，以及丰富的内容，它可以激发特定区域内人们对自己生活于此的认同感和信心。湖湘文化这一特殊的地域文化就是在特定的自然地理环境和社会历史条件下长期积淀形成的，它为该区域的社会、文化建设等提供了一种精神力量。2012 年 6—8 月，笔者先后三次到湖南，实地考察、观摩了汨罗龙舟赛，参观了长沙的岳麓书院，参加了吉首大学举办的第 2 届全国民族民间体育赛事研讨会。在湘期间，笔者深入访谈了湖南高校的专家、学者，地方政府的工作人员，基层民众等，对当地社会文化、民风民俗、地域环境等有了较为深入的了解，同时查阅了大量的文献资料和图书，对湖湘文化有了整体的理解和把握。

### 1. 湖湘文化的内涵

湖湘文化是人类社会在长期的社会、文化变迁中不断融合发展形成的。它既包含了意识形态层面的观念文化、精神文化，也包含了物化形态的物质文化和行为文化；既包含了上层社会的主流文化、庙堂文化和精英文化，也包含了世俗的大众文化、草根文化和江湖文化；既包含了最早生息于湖湘大地的原住民及后来陆续迁徙进来的“三苗”“荆楚”等多民族文化和地域文化，也包含了秦汉作为主流文化传入的汉民族文化及中原文化①。

湖南特殊的地理自然环境，造就了湖湘人独特的行为特征。贫乏的土地资源促使湖湘人不得不精耕细作、精打细算，致使在外省人眼中的湖湘人显得更为勤劳务实；长期在恶劣的生存环境中生存，孕育出湖湘民众吃苦耐劳的品格和坚韧不拔的性格；阻隔封闭的地理环境，培养了湖湘人的独立意志，但同时也使得湖湘人相对于外省人显得保守；域内地貌环境之间的剧烈反差，孕育了湖湘人激越冲突的文化思想；在当前农业文明社会中，受资源贫乏的限制，湖湘子弟大多走出家乡、走出湖南，这也是导致历史上“楚才晋用”的原因。

---

① 聂荣华，万里．湖湘文化通论［M］．长沙：湖南大学出版社，2005：14－24.

**2. 湖湘文化的精神特质**

湖湘文化精神是在湖湘人们长期发展的历史进程中逐渐形成的，具有相对的稳定性，同时它又随着时代的发展和社会的变迁而发展和变迁，也是一个不断发展完善的过程。文化精神本来就是如此，矛盾复杂，优劣共生。由于历史和自然原因，时下的湖南人普遍具有强悍坚韧、独立不羁、耐艰苦、不肯轻易屈服的精神特质。湖湘文化的基本精神是“淳朴厚义、心忧天下、敢为人先、百折不挠、兼收并蓄”。[①] 在我国文化大发展大繁荣的时代背景下，湖湘民众的这些精神特质更有利于多文化的融合与发展。

中国汨罗江国际龙舟节对湖湘文化的传承与发展主要表现在：①龙舟竞渡中舟楫的使用，充分体现了当地居民用自己的智慧创造工具，驾驭自然的能力，表达了当地民众耐艰苦、不向大自然低头的精神特质。②龙舟竞渡在锣鼓声、口号声、呐喊声、欢笑声中进行，龙舟如离弦之箭从汨罗江面上划过，是湖湘人民自强不息、坚韧不拔精神的体现。③进入20世纪80年代，每年的端午节赛龙舟在湖南随处可见，只要有河流经过的地方就有龙舟赛。汨罗江一带的老百姓把一年一度的端午划龙舟看得特别重要，有句俗语叫“宁荒一年田，不输一年船”[②]。湖南省龙舟赛古往今来一直奉行一条铁定的规矩，不开赛则罢，一旦动桨开赛，无论遇到何种情况都要一赛到底。湖南人对龙舟运动的热爱和执着是湖湘文化里“敢为人先、百折不挠”精神的体现。④一年一度的端午节龙舟赛，汨罗一带的老百姓是为了祈求风调雨顺、五谷丰登，这是湖湘农耕文化的传承。⑤中国汨罗江国际龙舟节参赛的队伍要着统一的服装，便于观众、亲友助威团等辨认，这是对湖湘礼仪文化的传承。

## （三）屈子文化——中国汨罗江国际龙舟节的核心文化

文化是人创造的，文化的精神也是由人的社会活动展现出来的。屈原长期生活在楚国的贵族社会，后被流放湖湘10年，对社会下层有较为深入的了解，他的

① 熊少波，周平，白晋湘．湖南传统节庆体育之湖湘文化解读［J］．西安体育学院学报，2013，30（1）：31－33.

② 李凤香，欧阳晓晴．浅析汨罗龙舟文化旅游资源的特色［J］．企业家天地，2009（2）：35.

特殊经历使其融汇了中原、江汉、湖湘等不同的地域文化，以及儒家、道家、原始巫术等不同的政治与宗教文化特质。在他的生活和作品中向世人展现出一种忧国忧民、忠于君主、勇于献身的悲壮风格，既有丰富想象和独立不羁，又有对美好生活执着追求的激越精神。各种异质文化的融合，成就了屈原的伟大精神。1985年4月，湖南省屈原学会成立，组织交流屈原及楚辞的研究成果和教学经验，其组织的“屈原与汨罗”高峰文化论坛截至2017年12月已经成功举办4届。徐蔚明、任远研究和提炼了屈原人格范式特征的六个方面，即“内美修能，闭心自慎；独清独醒，横而不流；深固难徙，赤子情怀；怨愤忧患，穷苦终生；上下求索，九死不悔；以身殉道，光争日月”①。

龙舟竞渡与屈原文化息息相关，主要体现在：①屈原崇拜龙凤，汨罗龙舟龙头凤尾，纪念屈原，追忆屈原。②赛龙舟不仅是一种体育娱乐活动，更体现出人们心中的爱国主义和集体主义精神，是屈原精神的延续，表现了锲而不舍、不服输的精神。③中国汨罗江国际龙舟节期间在屈子祠举行中南大学大学生学位授予仪式，目的是继续弘扬屈原文化、传承端午民俗、培养爱国情感。④屈子文化、屈子精神已经融入当地民众的日常生产生活中：汨罗市区的桥梁命名为屈子桥；湖泊命名为屈子湖；汨罗江湿地建设区命名为屈子文化旅游区，是湖南省“十二五”重点建设项目。⑤龙舟竞渡期间举办国际屈原文化研讨会，是为了切实增强对屈原文化的全面认识，从而更好地传承、弘扬屈原文化。

## 二、中国汨罗江国际龙舟节竞渡文化的传承与演变

汨罗历史悠久，文化深厚。自古以来，汨罗有着“龙舟竞渡，纪念屈原”的传统，在历史发展进程中，逐渐发展成汨罗龙舟竞渡文化，并在传承的过程中不断发生演变。

---

① 徐蔚明，任远．“屈原与汨罗”高峰文化论坛暨湖南省屈原学会第三届年会综述［J］．云梦学刊，2012，33（4）：48－52.

## （一）湖南汨罗龙舟赛的起源与传承

汨罗被世人称为“龙舟故里”，有着“端午源头，龙舟故里”的美称。历史上汨罗的龙舟竞渡，从龙舟建造开工的第一斧，到龙舟建成和最后竞渡，有伐木、接龙头、关头、下水、抢红、朝庙、端阳澡等一系列神秘而庄重的仪式。龙舟以宗祠为单位打造，用姓氏冠名。龙舟竞渡的划手数成双不成单，左右各1人。① 湖南省汨罗市九子龙屈原龙舟厂于2004年建立，位于湘楚文化屈原圣地——汨罗江畔。它既是龙舟竞渡的源头，又是祖辈制造龙舟的基地。厂长许桂生从事龙舟制作已有30余年的历史，为继承祖传制造龙舟，富有一定的经验，其独特的制作工艺申请了省级非物质文化遗产，这也是对龙文化传承的一种表现形式。

传统的划龙船是男人的专利，不准女子参赛。竞渡获胜后锣鼓鞭炮齐鸣，夹道称贺，摆酒宴接风，入夜请戏班搭台唱戏，甚是热闹。历史上汨罗龙舟竞渡的无序性特征明显，龙舟竞渡输赢直接关系到各宗祠、行会的社会地位和声望，因此龙舟竞渡之际，时有打斗和血案发生。

## （二）湖南汨罗龙舟竞渡的演变

楚人自古崇巫重祀，龙舟竞渡中的祭龙头、关头等仪式，运用鸡血、红布等手段“掩煞”，以避邪方式求福祈安，是一种原始古老的巫术，即是楚文化的遗存。② 随着人类文明的不断进步，龙舟建造到水上竞渡的一系列仪式逐渐简化，很多传统的仪式和习俗开始淡化。例如，“偷木”造龙骨习俗，“上红”“抢红”仪式等不再重演。现代的龙舟节大都重形式轻内容，传统文化意蕴已经慢慢消失。

汨罗龙舟竞渡经历了从血缘型到地缘型，从民办到官办，从分散到集中的历史演变。汨罗地区传统的龙舟竞渡主要靠民间力量自发组织，是群众自发性的行为。20世纪90年代以来官办民参，各地文化兴省（市、县）“文化搭台、经济唱戏”的热潮，汨罗市政府为了规范龙舟竞渡传统文化，更好地利用龙舟竞渡的资

---

① 宗懔．荆楚岁时记［M］．武汉：湖北人民出版社，1985：92.

② 王明东，张亚芝，李四玉．试析汨罗龙舟竞渡文化的传承与演变［J］．思想战线，2008，34（2）：139－140.

源优势，将其纳入政府行为；成立了专门的龙舟协会，将规则统一、器械统一、项目设置统一，安全性得到大大提升。汨罗江龙舟赛由“民办”正式走向“官办”，截至2018年共举办了8届，政府利用自身资源优势，将汨罗江国际龙舟赛打造成一项集城市建设、体育、商贸、旅游、文化、娱乐于一体的节日盛会。龙舟竞渡走上了一条“龙舟搭台、经贸唱戏、政府主导、市场运作、企业参与、财政补贴”的现代化道路①。例如，2012年“长江化肥杯”第8届中国汨罗江国际龙舟节，由国家体育总局中国龙舟协会、中共汨罗市委市政府共同主办，湖南省体育局、湖南省龙舟协会、中国东方演艺集团协办，冠名单位是长江化肥控股有限公司，赞助企业有三一起重机、西阁牌尿素等。该赛事邀请国内多个省份的12支龙舟队参赛，开幕式及赛事共投入400多万元，其间举办非物质文化遗产展示、大型龙文化文艺演出、“屈子颂”高校学位授予仪式、国际屈原文化研讨会，以及湖南县级汽车巡展等。而组委会未设民间龙舟邀请赛，开幕式虽吸引了数万名观众，但比赛现场观众寥寥数百人，与前几届龙舟节形成了鲜明对比，令人深思！当地村民由此前的“组织者”和“参与者”变成了“旁观者”，致使龙舟赛的竞技性、竞争性减弱，群众参与热情下降。

## （三）思考与展望

龙舟竞渡与中华龙文化、湖湘文化、屈子文化等息息相关。汨罗一带人民世代划龙舟传承着纪念屈原的习俗，既表现出对民族精英的崇拜和尊敬，也表达了民众对未来美好生活的向往。在当今社会文化大发展大繁荣的时代背景下，在官办民参的格局下，在急功近利思想的驱使下，汨罗龙舟赛重形式轻实质，重开幕式轻赛事，重经济效益轻社会效益，忽视文化的长远效用，缺少广大基层民众的参与和支持，在一定程度上抑制了其文化传承与发展，使其影响力和文化效力大打折扣。其最终结果必将走向另一极端，也势必影响汨罗地区新农村的建设进程和区域经济的全面发展。弘扬屈原精神，传承屈子文化，汨罗龙舟赛需回归广大民众，让更多的民众参与其中，乐在其中。对汨罗龙舟赛的发展而言，我们要跳出体育的圈子看待其发展，要发挥资源的集聚效应，要注重发挥基层民众的力量，

① 谢玉，罗湘林，何斌．汨罗江龙舟竞渡探析［J］．体育文化导刊，2012（8）：29－32.

建立政府主导、民众参与、社会投入的长效互动机制，实现体育与社会、经济、文化、旅游、教育、环境等资源的融合多向发展。

## 第四节　河南登封国际少林武术节：少林武术形象的文化危机与重塑

毋庸置疑，少林武术在中国武术文化中占有重要的地位。既有“烧火和尚——紧那罗王”的神话故事，又有“禅拳合一”的哲学内涵，还包含着多样的武术器械、几百套武术拳种等丰富的文化遗产，它已经不是一般意义上的“门派”“拳种”，而是一个博大精深的武术体系，是中国武术文化的有力象征。然而，目前“少林寺现象”已成为热议的社会话题，这种负面的社会现象正在蚕食真正的少林寺文化。“少林寺现象”与少林寺真实形象差距越来越大，使少林寺文化变得极其同质化，丧失了少林文化子元素之间的异质性，真正的少林身份逐渐变得模糊。形象由现象所建构，因而，少林武术形象在“少林寺现象”下难免受其影响。本研究以少林武术为视角，以形象学、传播学为理论基础，深层剖析少林武术形象的概念、形式及存在的问题，旨在挖掘少林武术在其文化发展中的正能量，消解少林武术的负面形象和文化危机，为少林武术的新时期发展提供借鉴和思路。

### 一、少林武术形象的文化解释

少林武术形象是一整套隐喻符号系统。形象学理论认为，科学准确地把握形象的概念，应该从主体（客观存在的人或事物本身）和客体（人或者事物的观察者、反映者、思想者）及主客体关系的三个维度来界定。总体而言，形象就是人们通过视觉、听觉、触觉、味觉等各种感觉器官在大脑中形成的关于某种事物的整体印象，简言之是知觉，即各种感觉的再体现，形象的本质是一种人的认知。少林武术形象是指作为一种文化形态的少林武术在传播过程中，形成的社会个体、群体、民族对少林武术特征、文化、精神所表现出的直观的、虚拟的、整体的印象。形象不是事物本身，而是人们对事物的感知，不同的人对同一事物的感知不会完全相同，因而其正确性受到人的意识和认知过程的影响。由于意识具有主观能动性，因此事物在人们头脑中形成的不同形象会对人的行为产生不同的影响，对于少林武术而言也是如此，我们不但要看清少林武术的正面形象，同时也要看到它的负面形象①。

## 二、历史记忆中少林武术文化形象之诠释

### （一）禅宗文化彰显了少林武术厚重的文化形象

少林寺自北魏孝文帝太和十九年（公元 495 年）建寺以来，一直是禅宗思想的发源地和习拳练武的场所，两者在相对独立发展的同时，也相互渗透，佛教向少林武术的渗透主要是以禅宗为主体的，这成为世界宗教史上的一种奇特现象。少林武术是禅宗修性方式的外在表现形式，它给修行者提供了亲自做、去修性，最终“见性成佛”的参禅路径，最终的目的是为了达到“念念不忘禅”，物与我两忘、出神入化的禅宗最高境界——化境。少林武术正是在这种特殊的环境熏陶下，以其独特的禅武结合方式，使少林武术与少林禅宗并肩发展，形成少林寺独特的魅力，已经成为中国佛教文化乃至中国传统文化的一个重要组成部分，充分体现出禅宗思想笼罩少林武术的魅力、活力与定力。少林武术之所以扬名天下，禅宗哲理的渗透起着至关重要的作用，禅宗将禅理与武功结合在一起，是中国武术中典型的宗教文化②。

### （二）儒家文化凸显了少林武术的教化形象

净空法师曾说过：佛教是多元化的社会教育，佛教也只有世俗化，才能促进

---

① 李源，王岗，朱瑞琪．中国武术负面形象的形成原因与反思［J］．北京体育大学学报，2013（9）：34－40.

② 刘旭东．禅宗语境下的少林武术表现形式［J］．武汉体育学院学报，2012（7）：82.

其在民间的兴起，才能更加适合中国的国情。佛家思想与民间信仰的结合，使教义更加深入人心，修养形式简易化，思想内容儒家化，当今的佛教是儒、释、道相互吸收、相互促进的结果。佛陀就是多元文化社会教育的导师，佛法以慈悲为本，以方便为门。慈悲就是爱一切众生，不分族类，肯定虚空法界一切众生是自己。还说：修行就是修正我们错误的行为。作为寺院的僧人，言谈举止、日常生活都受到佛教的约束，少林寺僧人习练少林武术时也不例外，要受到“少林习武戒约十条”等约束，这种约束和戒律也直接表现在少林武术演练的动作风格和特点上。少林武术起势均以双手合掌或单掌立于胸前，表现出节制谦和，以防为先、攻击为后，深刻体现出佛门的悲悯之怀，即使自己武艺高强，也只可以用于自卫防身，切忌逞血气之私、有好勇斗狠之举，在演练过程中或搏击实战中，动作特点体现为幅度小，含蓄，讲究内劲，短小精悍，后发制人。“节制谦和”和“后发制人，一招制敌”是少林武术中相辅相成的关系，其二者并不矛盾。“节制谦和”作为临战的心态，一方面体现出佛家慈悲之怀；另一方面使自己的心理做到不惧不畏、不骄不躁，以平和心态去临敌实战，充分展示了中国的儒家文化，这实际上也体现了“武以成人”的教化①。

### （三）侠义文化体现了少林武术的入世形象

少林武术弟子十分注重个人道德的修养和自身高尚人格的提升，强调刚健尤为，自强不息，关心国家之大事和报效祖国。对于僧人而言，在社会混乱的时代参与军事行动不止“扶唐据贼”一次。例如，清朝顾炎武的《日知录·少林僧兵》记载：《魏书》孝武帝西奔，以五千骑宿于厘西扬王别舍，沙门都维那惠臻，负玺持千牛刀以从。《旧唐书》元和十年，嵩山僧圆净与淄青节度使李师道谋反，结勇士数百人伏于东都进奏院。乘洛城无兵，欲窃发焚烧宫殿。小将杨进、李再兴告变留守。吕元膺乃出兵围之，贼突围而出入嵩岳山，棚尽擒之。《宋史》范致虚以僧赵宗印充宣巡司参议官，兼节制军马。宗印以僧为一军号尊胜队，童子行为一军号净胜队，然则嵩洛之间固世有异僧矣。嘉靖中，少林僧月空受都督万表檄，御倭于松江，其徒三十余人，自为部伍，持铁棒击杀倭甚众，皆战死①。这种侠义

① 王柏利．禅“悟”与武“悟”：论少林武术的拳禅合一［J］．山东体育学院学报，2011（11）：45.

精神是“治国、平天下的一种体现”。少林武术弟子正是通过行侠仗义，实现着自身的思想抱负和人生价值，因而，可以说少林武术是一种治国、平天下的侠义文化。

### （四）技击艺术化展现出了少林武术的艺术形象

少林武术通过内修外练，以达动静相间、内外结合、刚柔相济、虚实同进、随机而动。看似柔弱，遇之则刚猛，守之如处女，犯之如猛虎；缓时如春风微波，风平浪静，快时如惊涛骇浪，狂奔怒泄。从明三节，四梢齐，到五行闭，手足之法，不拘于形与法的无，即从无到有，从有到无，似有似无，充分体现了禅宗文化与武术有机结合而相辅相成。于是，禅中有拳，拳中有禅，最终是禅拳浑然一体，达到了“拳禅合一”的高级境界。已不能单从武术视角来看待少林武术，它已经成为一种艺术，一种美感体验。由于瞬间洞照人生宇宙的奥秘，领悟大自然的和谐、有序，人与自然的融通、合一，从而使人的平凡生命、日常生活跃升为具有艺术、诗意色彩，使禅师进入“至美”境界，获得审美的愉悦和审美的快乐。

## 三、当代少林武术形象的窘境与反思

### （一）传媒娱乐化少林武术形象的反思——少林武术文化精神枯萎的危机

在瞬时和图像的双重影响下，新媒体使人们既失去了传统，又放弃了思考，并把人们引向文化的反面——娱乐。美国著名媒体文化研究者波兹曼在《娱乐至死》一书中说到媒介更像是一种慢性毒药，它让你在不知不觉中对其产生依赖，当完全上瘾后，你明知痛苦与自由的丧失，但却无法采取任何措施进行补救，因为它已深入你的灵魂和骨髓①。武术无疑也成为了娱乐的附庸，传媒娱乐化的少林武术也受到很大的影响而产生了负面形象，如少林武术的虚假现象、少林武术的谣言传播（少林武术拯救中国足球）等不一而足，对少林武术的文化形象造成了

---

① 尼尔·波兹曼. 娱乐至死［M］. 桂林：广西师范大学出版社，2010：153.

极为恶劣的影响。那么，在无声无息的瞬间传递和不断更新的信息浪潮中，每个信息所处的社会环境和文化环境被割裂开来，受众所接受的只是“碎片化”的语境。这些没有依据、毫无关联、支离破碎或流于表面的信息常会让人产生错觉，以为自己知道了很多事实，实际却离事实真相越来越远。传媒时代的信息传播会让我们不再思考，不再知道为什么笑。因而，如果我们不予以辨认和厘清，少林武术难免会成为娱乐的附属品，那么距离其文化精神的枯萎也就真的不远了。

### （二）消费商业化少林武术形象的反思——少林武术文化身份模糊的危机

随着少林寺的声名远扬，各种打着“少林”旗号却与少林寺无关的各种商业活动如雨后春笋般冒了出来：各类经营者都到少林景区内抢摊；以“少林”命名的武术馆、学校陆续建立；假冒少林僧人的各路人马到处骗钱；“少林”和“少林寺”商标在国际范围内被抢注。“少林”成为各种商品的符号。寺外的各种活动与少林寺无关，但因与少林文化之间具有品牌联想关系，使少林文化的内涵开始被混淆和曲解。地方政府纷纷发掘和经营本地文化资源，几乎所有的文化保护建筑、宗教场所，在政府眼里都变成了可用以发展旅游业的经济性资源。政府策划的所有文化项目都是所谓的“文化搭台、旅游唱戏”或“为招商引资唱戏”。少林寺当然未能躲开这一命运。政府与寺院、佛事与商业之间的关系显得错综复杂。少林寺在与经济关系之外，又平添了一层政治关系。在政治和经济的双驱动下，少林武术更加注重演艺化、商业化，真实的少林武术没有得到很好的传播和继承，一些负面事件却频频发生，如少林功夫与少林武术称谓的争执、少林火腿肠的官司纠纷等，真可谓是“少林倾颓乱象生”。因此，当下我们如果再不去思考少林的身份问题，不去考虑文化的精神属性，少林武术就会慢慢失真，以致面目全非。

### （三）风险社会化少林武术形象的反思——加深少林武术文化误读的危机

德国社会学家贝克在《风险社会》中预言，我们所处的时代，正在迫使人类逐渐走向越来越不安全的风险社会，其中时刻并到处充满着危机、恐慌与焦虑。风险社会下的恶意中伤类武术谣言更易滋生和传播。传播学者格伯纳及其同事通过大量研究后发现，长期接触媒体的观众，容易产生一种“邪恶世界综合征”，也的确容易导致受众心理的微妙变化[①]。宏观层面上讲，随着社会的偶然性、矛盾性、不确定性越来越大，民众的不安全感、迷惑感、危机感、道德缺失、信任危机越来越强。风险社会往往给人造成一种“失控”的感觉。如“少林寺释永信谣言”“泰拳挑战少林无人应战说”“少林寺的上市谣言”等都是很好的诠释，这些现象让我们看到了现代化进程所带来的价值沦丧和社会失范。

### （四）信仰危机化少林武术形象的反思——少林武术文化信仰崩解的危机

信仰是以人的生存实践为源出之根和终极价值追求的人类对有限生命向度的无限精神超越，是人类文化的、精神的、有意义的存在意愿的表达形式。信仰以其蕴含的价值观念为道德提供了内在支撑，信仰以内在的主动性弥补了法律的刚性缺陷，信仰以其对人的精神状态和实践活动的影响引导着科学的发展，信仰因其对人类生命意义的终极关怀赋予艺术以灵魂，信仰是人类意识的最高形式。随着社会的不断发展，“信仰危机”“价值失落”在一定范围内、一定程度上成为当代中国人不能摆脱的事实。主要表现为崇高信仰的失落、信仰标准的紊乱、道德的滑坡、人精神的焦虑和意义的丧失等现象。《中国日报》近日报道说，少林寺已经开办高端住宿制禅修班，招收愿意住在山上学武术的企业家，2013 年，约 800 名外企高管来到山上学习和训练。如果这些神圣之地成为一些人的生财之路，后果将不堪设想，民众会觉得长久以来的信仰或信仰象征已经被商业所玷污，最终信仰会变成了“生意和金钱”的傀儡，那么少林武术的负面形象也会被一点一点地建构起来。

① 乌尔里希·贝克. 个体化［M］. 北京：北京大学出版社，2011：78.

## 四、少林武术形象文化危机的救赎路径

### （一）深耕细作：多维度、全方位地认知和理解少林武术形象

在传媒娱乐化、商业消费化、风险社会化的大背景下，少林武术的文化输出已迫在眉睫。我们倡导“发现”少林，“发现”是探索和重新解释，是对虚无主义的拒绝，是对未来发展可能性的展望，是对新世纪新形象的重新塑造。“发现”需要反思精神，需要回归到本体论根基上。“发现”的最终目的是输出，输出的目的是价值与生态重建，减少误读，多元共存与和谐共生①。对于少林武术形象我们应该积极地去发现真正的、真实的少林武术文化，重新去解读少林武术文化的诗性哲学和独特的理论。我们应该认清少林武术文化输出的重要维度，绝不能停留在实用文化、演艺文化的一般层次上，应该输出最能体现少林武术文化的深刻思想和高雅的艺术，从而彰显少林武术文化的历史内涵和厚度。也只有这样，才能做到对少林武术文化的多维度的全面理解。

### （二）拨云见日：确认身份，清理遮蔽真实少林武术形象的迷障

身份认同是文化认同的问题，主要由主体的个体属性、历史文化和发展前景组成。身份认同感和身份认同度则表征个体在诸多文化个体间的身份确认度。因此，在更广泛的含义上，身份认同主要指某一文化主体在强势与弱势文化之间进行的集体身份选择，由此产生了强烈的思想震荡和巨大的精神磨难，其显著特征可以概括为一种焦虑与希冀、痛苦与欣悦并存的主体体验。以西方为镜下的中国武术嬗变之路，使我们更加模糊了何为中国武术。少林武术在模糊的中国武术的大环境下难免不受影响。真实的少林武术是什么？这不得不引起我们的思考，进而，重识少林武术的文化身份也就显得尤为重要，需要我们去重新清理被掩盖的少林文化形象，重新恢复被歪曲的少林武术文化身份。

---

① 王岳川．文化输出［M］．北京：北京大学出版社，2011：186.

### （三）相得益彰：少林武术文本形象和真实形象的互补与共进

少林武术的文本形象使其真实形象日益模糊，镜像作品中所想象和构造的“少林武术形象”并非是少林武术本来的面貌，而是折射出的一种集体的无意识和欲望。同时，少林武术在其镜像作品中的“自述”，也有意无意地受到了该形象的巨大影响。但是如果没有少林武术的文本形象，可能也无法清晰地审视少林武术这个“自我”。通过文化镜像深度地进行自我审视，将有助于文本形象和真实形象转化为不同文化体系之间的创造性互动。我们不能仅通过镜像进行想象少林武术的文化形象，长此以往其真实形象便会逐渐被边缘化。我们应该持有负责任的态度，辩证地认识文本形象与真实形象的关系，能够辨认真实形象和镜像的界限，唯有如此，少林武术文本形象和真实形象才能得到互补与共进。

### （四）借力而为：借助新媒体制作并发行《发现少林》文化形象片

《发现少林》文化形象片旨在彻底打破传统格局，真实地去展示少林武术，探索“文化少林”的精神价值，减少由于意识形态的原因对少林武术的层层误读，这样国内、外的受众就会有机会亲眼看到少林武术的真实魅力，让他们产生一种惊诧和惊异的眼光。另外，我们也可以在中央频道定期播放《发现少林》文化形象片，真正地渗透到民间，扩大民众对少林武术的认知空间。

# 第六章 旅游目的地的分类及特征

体育旅游是体育与旅游交叉融合而产生的新兴服务产业，是国家旅游业的重要组成部分，是以体育资源和一定的体育设施为条件的。近年来，休闲体育、户外运动、极限运动等的兴起，为体育旅游市场创造了更多的发展机遇。在本研究中对体育旅游目的地进行分类，首先，需要对目前旅游目的地的分类有基本的了解；其次，借鉴旅游目的地的分类，从体育旅游资源和体育旅游细分市场两个视角对体育旅游目的地进行分类；最后，归纳、总结我国民族民间体育赛事旅游目的地的特征。

## 第一节 旅游目的地的分类

旅游目的地是旅游接待的重要载体，现代旅游业的发展改变了人们的旅游方式和旅游目的地的管理重点。人们对旅游目的地的认识与旅游需求的内容有关，旅游需求的变化导致对目的地内涵与外延认识的不断调整，目的地的管理重点和营销重点也随之发生变化。

对于旅游目的地的分类，国内学者从多领域、多视角进行了相关研究，可谓是“仁者见仁，智者见智”。在此，笔者整合国内相关文献资料，进行了一定的归纳和总结。以下内容仅仅是部分研究的简单罗列，本研究在此不作大篇幅的论述。

## 一、基于红色旅游视角的红色旅游目的地

红色旅游，是指以革命战争时期形成的革命纪念地、纪念物、标志物等为载体，以其所承载的革命历史、革命事迹和革命精神为内涵，组织接待旅游者开展缅怀学习、参观游览的主题性旅游活动。简言之，开展红色旅游的特定地理空间单元即为红色旅游目的地①。

## 二、基于资源视角的群岛型海洋休闲旅游目的地

舟山群岛是我国最大的群岛、最大的渔场，也是我国唯一的群岛型地级市，区位优势明显，海洋文化、岛礁资源丰富。由于特殊的群岛环境和地理位置，舟山的旅游资源具有鲜明的区域特色，资源种类齐全，集聚度高。海洋景观、海洋民俗、海洋美食、佛教文化等独具特色的元素，构成了全国闻名、炙手长三角的海洋休闲旅游胜地②。

## 三、基于文化学视角的草原文化旅游目的地

2013 年初内蒙古自治区“8337”发展思路提出“建成体现草原文化、独具北疆特色的旅游观光休闲度假基地”的发展定位，赤峰市的工作部署也提出要建设成为“草原文化旅游基地”。赤峰的四大文化（红山文化、青铜文化、契丹辽文化、蒙元文化）都是具有独特性和代表性的人文资源，推动文化与旅游的融合③。

---

① 李永乐．红色旅游目的地产品类型与营销探讨［J］．商业研究，2007（1）：35－38.

② 龙京红，李莹．群岛型海洋休闲旅游目的地建设研究：舟山群岛海洋休闲旅游发展分析［C］//中国旅游科学年会论文集，2012：244－269.

③ 周永振．创新赤峰市旅游发展方式：建设草原文化旅游目的地［J］．和知学刊，2013（5）：10－13.

## 四、基于生态学视角的生态旅游目的地、低碳旅游目的地、乡村养生旅游目的地

按养生资源的禀赋划分，乡村养生旅游目的地可分为特色养生型和深度专业养生型①。

低碳旅游目的地是以资源节约、环境友好为原则，以低能耗、低污染、低排放为根本要求，通过营造良好的低碳旅游社会氛围和贯彻低碳旅游理念，开展低碳旅游生产、引导低碳旅游消费的旅游目的地②。

生态旅游目的地是基于特定的目标，通过改造人类活动及传统产业（包括文化产业、农业、能源产业），使其融入生态旅游产业链中，成为生态旅游产业链中的无数节点，组成生态旅游产业集群，实现人类可持续发展的地域综合体③。

## 五、基于休闲旅游视角的休闲垂钓旅游目的地

由于社会经济的发展、进步，人们的消费观念和旅游需求发生变化，现代旅游者追求“生态”与“个性”需求的多样化，城市环境的恶化和都市生活的压抑，人类期望重建与自然的有机和谐关系，休闲垂钓旅游由于具有诸多益处而深受人们的喜爱，这势必会发展成一种重要的旅游类型。然而作为一种新型的旅游目的地类型，休闲垂钓旅游地开发的理论研究落后于实践发展的需要④。

---

① 张文磊．乡村养生旅游目的地的类型与构建［J］．赤峰学院学报（自然科学版），2013，26（6）：47－48.

② 吴儒练．低碳旅游目的地竞争力评价指标体系构建研究［J］．江汉学术，2013，32（4）：19－24.

③ 胡晓晶．生态旅游目的地竞争力时空演变及提升战略研究：以万绿湖为例［D］．武汉：中国地质大学，2010：12.

④ 贺春艳．休闲垂钓旅游地开发研究：以株洲神农生态园为例［D］．长沙：中南林学院，2004：1.

### 六、基于人文地理学视角的遗产旅游目的地、宗教旅游目的地

遗产旅游地指的是以原生的自然存在、历史遗存或自然与文化复合型资源为依托，吸引旅游者特别是观光旅游者出游的地域空间综合体。遗产旅游地的自然文化遗产资源具有独一无二和非人工再造性①。主题公园、植物园、游乐园、博物馆等不在本研究论述范围之内②。

在比较优势理论和竞争优势理论的基础上，结合宗教旅游的特殊性，笔者总结了影响宗教旅游目的地竞争力的因素主要来源于五个方面：目的地吸引物、目的地环境、目的地营销、目的地管理及目的地收益；建立了宗教旅游目的地竞争力的评价指标体系；实证环节对比分析著名佛教旅游圣地安徽九华山与浙江普陀山、河南嵩山旅游竞争力的强弱；基于游客需求和宗教旅游目的地供给两个视角为目的地提升竞争力给出了相应的对策③。

## 第二节　体育旅游目的地的分类

体育旅游目的地的形成，一是要有必要的体育旅游资源、体育旅游设施、体育旅游服务；二是要有其形成的必要的市场环境，也就是讲体育旅游市场环境。因此，本研究体育旅游目的地的分类主要依据上述两个方面。

---

① 张晓，郑玉歆．中国自然文化遗产资源管理［M］．北京：社科文献出版社，2001：7－11.
② 王咏．遗产旅游地管理体制的初步研究［D］．芜湖：安徽师范大学，2005：1.
③ 罗静．宗教旅游目的地竞争力提升研究［D］．南昌：南昌大学，2013.

## 一、依据体育旅游资源进行分类

体育旅游资源是体育旅游业存在和发展的基本条件。具体说，就是为旅游者提供观赏、健身、娱乐、休闲、比赛、探险及研究等体育活动，包括自然体育旅游资源、人文体育旅游资源和可开发的体育旅游资源[①]。

### （一）自然体育旅游资源目的地

自然体育旅游资源是指非人工形成的可供体育旅游活动利用的生态资源。如天然的山川、江河、湖海、森林、戈壁、沙漠等。中国自然体育资源极其丰富，依托自然体育旅游资源发展成熟的赛事比较多，如中国汨罗江国际龙舟节依托汨罗江、中国环新疆塔克拉玛干沙漠汽车拉力赛依托沙漠、中国泰山国际登山节依托山川等。

环青海湖国际公路自行车赛依托青海湖。2002 年创办，到 2018 年已连续举办 17 届，目前已入围中国十大品牌赛事。品牌价值在 1.5 亿元（估值）以上，市场开发收入约 1800 万元，拉动旅游收入 3 亿元。该赛事可称之为我国体育赛事运作中资源融合、产业融合的典范（体育旅游业、体育健身休闲娱乐业、体育用品业等）。随着国家城镇化建设的飞速发展，马拉松、公路自行车、龙舟等各项赛事已经成为展示城市、乡村、旅游景区风貌的最好宣传途径。尽管现在中国公路自行车赛有点“一窝蜂”，如环中国自行车赛、环北京自行车赛、环海南岛自行车赛、环太湖自行车赛、环崇明岛自行车赛、环湘江自行车赛……，但还是环青海湖国际公路自行车赛最有特点。如今环青海湖国际公路自行车赛的比赛距离已经达到了 2000 千米，奖金达到世界水平 70 万美元，最高海拔 3685 米。对于青海来说，赛事的直接收入是一方面，最重要的是它不仅拉动了青海省的旅游，仅祁连县一个县的旅游收入就增加了 6000 万元，更了不起的是还拉动了青海、甘肃、宁夏等整个西北地区的旅游、文化、经济发展。[②] 环青海湖国际公路自行车赛还有一个特

---

① 钟天朗．体育经营管理：理论与实务［M］．上海：复旦大学出版社，2004：260－263.

② 中国 10 大体育比赛出炉 CBA3.5 亿估值仅次中超［N］．体坛周报，2013－12－20.

点，就是组织者重视宣传，敢于在宣传推广上投入人力、物力、财力，其影响力也是所有公路自行车赛中效益最好的。其目前的运营和推广值得借鉴。

## （二）人文体育旅游资源目的地

人文体育旅游资源就是非天然赋予的，或是经过加工开发创建起来的体育旅游资源 。如文物古迹、古建筑工程、革命历史纪念地及各地的风土人情和传统习惯等。如内蒙古那达慕大会依托自然资源——草原和蒙古族的风土人情及传统习惯进行；山东沂蒙山、江西井冈山、贵州遵义、陕北延安等的红色运动会依托革命历史纪念地。

西安城墙国际马拉松赛，依托文物古迹和古建筑工程——明城墙。作为全国体育旅游金牌项目和陕西省十大魅力节庆活动之一，该项赛事从 1993 年至今已成功举办了 26 届，已经成为西安人民体育文化生活中的一个重要组成部分。2019 年赛事规模扩大到 5000 人，其中半程马拉松 1600 人，13. 7 千米 3000 人，5km 400 人。既往参赛人数总计超过 4 万人，有 60 多个国家和地区的近 7000 名外籍运动员参加过比赛，还有多个国家和地区的政要、知名人士和著名运动员作为参赛嘉宾莅临赛场。马拉松赛与西安市有着较高的契合度，但是城墙限制了其发展，远未将西安全方位呈现给世人，未发挥其最大效力。未来马拉松赛在西安市的发展落脚点在于如何整合资源，如何将古代文明与现代文明融为一体，如何丰富赛事的内涵建设。

## （三）可开发的体育旅游资源目的地

可开发的体育旅游资源包括竞技性的体育旅游资源、休闲娱乐健身型体育旅游资源、具有民族民间特色的体育旅游资源、利用大型运动竞赛开发的体育旅游资源①。我国民族众多，形成了一批特色鲜明，具有民族性、地域性的民族民间体育旅游目的地。如湘西吉首地区矮寨大桥高空上刀梯挑战赛（2014 年 5 月 1 日湖南卫视、湖南都市频道直播，上午 11 点开始，历时 1. 5 小时，苗族青年龙光青挑战成功）。

---

① 钟天朗．体育经营管理：理论与实务［M］．上海：复旦大学出版社，2004：260 – 263.

青海玉树赛马节依托的就是民族民间特色的体育资源。“玉树”，藏语是“古乡遗族”的意思，素有“江河之源、名山之宗、牦牛之地、歌舞之乡”“唐蕃古道”和“中华水塔”的美誉。据说玉树人是藏民族心目中英雄格萨尔王的王妃珠姆的后裔。藏族人喜欢养马，更喜欢赛马。在玉树地区，赛马作为传统娱乐活动，可以追溯到吐蕃盛世。作为准备战争械斗的赛马竞技，也渐渐演变成纯粹以敬神、娱乐为目的的民间活动。祭山敬神、迎宾送客、操办婚事等喜庆日子，都离不开赛马竞技。为此，州政府把每年7月25日开始的7～10天时间，定为传统的玉树赛马节，举行赛马节的地区——扎西科（自治州州政府结古，向西行3千米左右），人称“白色帐篷城”。玉树赛马节，赛马首先以煨桑揭开帷幕，这种燃柏烧香、敬神祭祀的古老习俗，源于苯教。煨桑结束，便是马术比赛。比赛由跑马射箭、跑马耍枪、跑马悬体、跑马拾哈达和长途赛、走马等民间传统项目组成。除上述竞赛内容外，还有许多非马上竞技项目，如赛牦牛，给观众增添了不少乐趣。伴随着惊心动魄、激烈竞技的是藏民族粗犷豪放、欢快热情的民间歌舞。玉树民间歌舞是康区歌舞的精华，主要由“伊”“卓”“热巴”“热伊”“锅哇”组成。由于传统的赛马竞技活动与宗教仪式分不开，在全民信教的藏民族中，赛马节亦少不了藏传佛教的跳神艺术。青海玉树赛马会是继承和弘扬民族优秀传统文化的一次盛会，集中展示了浓郁的民族风情，在国内外享有特殊声誉，现已列入国家级非物质文化遗产名录。

## 二、依据体育旅游细分市场进行分类

由于体育旅游消费者经济、文化、背景不同和兴趣、个性等方面的差异，使他们的旅游消费需求也有较大的差异性，因此，为适应更多的体育旅游消费需求，有必要将体育旅游进行市场细分。如表6－1，按照项群分类的体育旅游细分市场。

表6－1　按项群分类的体育旅游细分市场①

| 体育旅游细分市场 | 体育旅游产品 |
| --- | --- |
| 体育健身旅游 | 登山、冲浪、越野、有氧运动、健美、游泳等 |
| 体育度假旅游 | 钓鱼、海水浴、森林浴、骑马、划船、高尔夫球等 |
| 体育观战旅游 | 奥运会、亚运会、世界杯、世锦赛、其他大型赛事等 |
| 体育探险旅游 | 高山探险、森林探险、戈壁探险、攀岩、漂流、潜水、蹦极等 |
| 体育竞技旅游 | 水上运动、球类运动、冰雪运动、动力伞等 |
| 民俗体育旅游 | 武术、风筝、龙舟、那达慕等 |

按照上述体育旅游细分市场，体育旅游目的地也可以分为体育健身旅游目的地，如潍坊国际风筝会之潍坊、泰山国际登山节之泰安；体育度假旅游目的地，如中国玛曲格萨尔赛马大会之玛曲、内蒙古锡林郭勒盟那达慕之锡林郭勒盟；体育观战旅游目的地，如中国汨罗江国际龙舟节之汨罗；体育探险旅游目的地，如中国环新疆塔克拉玛干沙漠汽车拉力赛之塔克拉玛干沙漠；体育竞技旅游目的地，如环青海湖国际自行车赛之青海；民俗体育旅游目的地，如陕北安塞腰鼓之安塞县、高原唢呐之陕北子长县等。

## 第三节　民族民间体育赛事旅游目的地的特征

民族民间体育赛事旅游目的地作为体育旅游目的地的重要组成部分，除具有一般体育旅游目的地的基本特征之外，还具有民族民间体育赛事的一些特征。为此，笔者通过文献综述梳理前人相关研究，结合旅游目的地、体育旅游目的地、

① 钟天朗．体育经营管理：理论与实务［M］．上海：复旦大学出版社，2004：260－263.

民族民间体育赛事旅游目的地的界定，以及体育赛事、民族民间体育赛事的特征对民族民间体育赛事旅游目的地的特征进行归纳和总结。

## 一、民族民间体育赛事旅游目的地的复杂性特征

基于供应链管理理论视角，民族民间体育赛事旅游目的地由当地政府、当地民众、参赛队伍、裁判员、新闻媒体、旅游者等诸多利益相关者组成，这使民族民间体育赛事在其举办过程中受到赛场内外诸多环境因素的影响。同时民族民间体育赛事作为旅游目的地一项重要的节事活动，具有集聚效应和轰动效应，发生突发事件的可能性较大，故具有复杂性特征。2013 年美国波士顿马拉松赛爆炸案、2008 年北京奥运会火炬传递中的突发事件等，值得警示。

## 二、民族民间体育赛事旅游目的地的稀缺性特征

基于资源视角，民族民间体育赛事资源具有稀缺性特点，这使其旅游目的地同样具有稀缺性特点。资源的稀缺性是经济学第一原则，一切经济学理论皆基于该原则，因为资源的稀缺性，所以人类的经济及一切活动需要面临选择问题，经济学理论则围绕这一问题提出观点和论证。因此，民族民间体育赛事作为全人类的重要遗产，旅游目的地重要的目标吸引物，其传承和可持续发展显得至关重要，各级政府是当仁不让的第一责任人。

## 三、民族民间体育赛事旅游目的地的鲜明的民族、区域特征

俗话说“一方水土养一方人”。基于人文地理学视角，民族民间体育赛事具有鲜明的民族性、区域性特征。如泰山国际登山节之泰山，五岳独尊，气势宏伟，历朝历代帝王封天祥地之所，具有鲜明的地域特征。中国玛曲格萨尔赛马大会之玛曲县，被誉为黄河母亲的“蓄水池”和“中华水塔”，是世界上最完整的原始生态湿地，位于甘肃、青海、四川三省交界处，是一个藏民族为主体的纯牧业县，

曾是藏族英雄格萨尔王岭国的活动中心。玛曲旅游资源丰富，以藏传佛教寺院、石刻岩画、神山圣湖及纯朴浓厚的传统民俗风情和游牧文化等为主的人文和自然景观广为分布，被授予“中国赛马之乡”“藏民歌弹唱故里”“河曲藏獒故里”等荣誉称号，被十一世班禅题词：“天下黄河第一弯·格萨尔发祥地兴旺发达”。这里是人们亲近自然、回归生态、颜养身心、宗教寻胜、探险猎奇的好去处，是生态旅游的天堂。

## 四、民族民间体育赛事旅游目的地的文化多元化特征

基于文化学视角，民族民间体育赛事作为多种文化的综合体，使其旅游目的地具有文化的多元化特征。如中国汨罗江国际龙舟节，文化是汨罗龙舟节的精髓，文化赋予其生命和活力，使其经久不衰。经过千百年的传承与演变，形成了独具特色的龙舟文化。随着对汨罗龙舟赛研究的不断深入，我们可以探寻端午源头巫风民俗，领略屈原文化的博大精深，体验龙舟名城的浪漫激情，感悟传统文化的幸福真谛。中国汨罗江国际龙舟节是一个多文化的综合体，其传统文化源泉是湖湘文化，也包括中华文化中的龙文化；其核心文化是屈子文化，它是对屈子文化精神的集中反映；其价值和魅力在于让那些平时以个体方式分散活动的人们，在端午节期间怀着对民族精英的崇拜和尊敬及对美好精神生活的追求和向往，聚集在汨罗江畔赛龙舟、观龙舟等，以表达和享受相互间的情谊与关爱。

## 五、民族民间体育赛事旅游目的地的功能多样化特征

民族民间体育赛事旅游目的地功能多样化特征主要源于两个方面。一方面是民族民间体育赛事本身具有的文化功能、教化功能、聚合功能、娱乐功能和审美功能等；另一方面是民族民间体育赛事旅游目的地与体育健身旅游目的地、体育度假旅游目的地、体育观战旅游目的地、体育探险旅游目的地、体育竞技旅游目的地、民俗体育旅游目的地之间都有一定的关联性，这使其具有功能多样化的特征。如潍坊国际风筝会体现健身、度假、娱乐、民俗观赏等功能；中国玛曲格萨尔赛马大会体现度假旅游、娱乐、竞技、民俗观赏等功能。由于民族民间体育旅

游目的地可以满足人们的多样化需求，这使其具有较强的区域竞争力。

## 六、民族民间体育赛事旅游目的地的互惠共生特征

基于共生理论视角，我国民族民间体育赛事与旅游目的地单元个体、单元综合体之间，以及民族民间体育赛事旅游目的地各领域多元个体之间，在不断融合发展中达成契合和高度统一，实现民族认同、社会认同、文化认同、产业认同和环境认同。这与党的十八届三中全会确定的国家“五位一体”发展战略高度一致。民族民间体育赛事与旅游目的地的共生度和关联度极高，它们之间是一种互惠共生模式，其共生界面主要是政府和市场。民族民间体育赛事对旅游目的地的影响机理是本研究的重点内容，在后面章节中将详细阐述，在此就不再过多抛洒墨迹。

## 七、民族民间体育赛事旅游目的地的生命周期特征

基于旅游地生命周期理论，民族民间体育赛事旅游目的地也不例外，同样要经历探索、起步、发展、稳固、停滞、衰落或复兴6个阶段。对于旅游目的地来讲，要保持其良性、可持续发展，需要不断创新资源、整合资源。一是对民族民间体育项目的整理、挖掘和保护；二是对民族民间体育和民俗文化传承者、修习者的关注和扶持；三是对民族民间体育赛事内涵的不断丰富化。这样可以吸引和召唤更多的人们来此观光、旅游、消费。如何配置资源、整合资源、挖掘和保护资源，其重要性不言而喻。为此，现在的民族民间体育赛事逐渐从纯粹赛事向节事转型，重视赛事与文化、经济等领域的资源整合，不断加强和丰富赛事的内涵建设，注重赛事的宣传和推广等。

## 第四节　民俗体育丰富民俗旅游走俏基层

2012年3月5日，时任国务院总理温家宝在第十一届全国人大五次会议上作政府工作报告时提出，要促进文化大发展大繁荣。加强文化遗产保护，繁荣发展少数民族文化事业；提高文化产业规模化、集约化、专业化水平，推动文化产业成为国民经济支柱性产业。[①]“十二五”时期，文化产业作为“国民经济支柱性产业”，与同样作为“战略支柱性产业”的旅游业将有越来越多的融合发展，其中，文化旅游产业是挖掘地方文化、完善旅游产业、促进经济结构调整、撬动地方经济腾飞的重要发展方向。中共中央在“十二五”规划中提到：旅游业发展要关注民生，要发挥资源和区位优势，要形成独具特色和吸引力的旅游板块，坚持可持续发展的道路，发展“生态旅游”和“低碳旅游”。民俗体育文化是人类文明的重要成果，是人类社会重要的非物质文化遗产，其传承、发展、保护、挖掘和开发，意义深远。乡村是民俗文化的重要载体，开展乡村民俗体育文化旅游，对民俗体育文化的传承、发展及新农村建设等意义深远。

青海省为我国青藏高原上的重要省份之一，被誉为“江河源头”“中华水塔”，素有“天河锁钥”“海藏咽喉”“金城屏障”“西域之冲”和“玉塞咽喉”等称谓。其拥有汉族、藏族、回族、蒙古族、土族、哈萨克族、撒拉族等民族，有着悠久的历史和优秀的文化传统，保持着独特的、丰富多彩的民族风情和习俗。在当前我国文化大发展大繁荣、西部大开发新十年周期的时代背景下，青海省利用其独特的自然地理资源、旅游资源、人文社会资源，大力发展民俗旅游业。青海互助土族小庄村顺应当前时代发展背景，结合自身的实际情况，发展民俗旅游，效益凸显。

---

① 国务院总理温家宝2012年政府工作报告［EB/OL］. http：//www. china. com. cn［2012－03－05］.

# 一、相关概念的界定

## （一）民俗旅游

以考察风土人情、民俗文化为特点的旅游形式，属于高层次的文化型旅游①。例如，由于在民俗旅游活动中，旅游者可以通过对人文景观的欣赏，来观察、体验、研究不同地区人们的文化形态和生活方式，获得平时不易得到的异域风情和民俗文化方面的知识，因而民俗旅游被视为一种为满足人们高层次精神需要的活动。也就是讲，民俗旅游是指旅游者离开惯常住地，到异域他乡亲身体验当地民众生活事项，实现自我完善的旅游目的，从而达到良好的游玩境界的过程。

## （二）民俗体育文化

文化是一种软实力，一种重要的生产资料和战略资本，是能带来效益和新的经济增长点的经营手段。在世界文化发展追求和而不同的今天，民俗体育的发展不仅成为国家国际竞争的内容，亦能带动国内文化发展的原创氛围和内部凝聚力，因为民俗体育文化是与本土文化传统的根底相连的文化，不是从别处搬来的无根之花，它赋予我们民族自豪感。从总体历史发展趋势来讲，民俗体育文化发展是一个渐行不止的长程，既有对传统质地的萃取与摒弃，又有对外来文化的批判与吸收，既经历着困惑，又演绎着抉择②。在现代化日益盛行的当下，随着我国城镇化进程的不断推进，在现实境遇中冷静思考，如何审慎地传承和保护民俗体育文化具有现实意义。

## （三）民俗文化旅游

民俗旅游本质上是依托于不同的地方文化而开展的一种旅游活动。它是一种

① 于根元．现代汉语新词词典［M］．北京：北京语言学院出版社，1994：501.

② 李树梅，刘旻航．现代化背景下民俗体育文化发展的现实境遇与抉择轨迹［J］．体育科技文献通报，2013，21（2）：3－4，33.

文化旅游，是游客将异地民俗文化作为主要观赏对象和消费内容的一种旅游经济现象[①]。民俗旅游中游客最为关注的资源特质是文化性、民族性与生活化[②③]。国内关于民俗文化旅游的研究始于20世纪80年代，成果颇丰，但是基于可持续发展视角的研究成果较少。民俗文化旅游就是以民族建筑风格为基础建筑，结合地方风味小吃、手工艺文化及真实的民俗娱乐文化项目等民风民俗，注入旅游发展符号，形成民俗风情为一体的综合性或专业性的民俗文化旅游，传承中国传统文化，使之成为人们娱乐休闲、摆脱生活压抑的方式[④]。随着国民生活水平和生活质量的不断改善，消费观念的不断更新，乡村民俗文化旅游越来越受到人们的青睐，发展前景十分广阔。

## （四）民俗体育文化旅游

体育旅游是一种旅游活动，具有异地性、暂时性、非就业性的特征，以体育为主要表现形式、具有体育和旅游双重目的。体育文化旅游是指旅游者以休闲、娱乐、健身和提高人文素养为主要目的，以观看、欣赏和参与各种体育文化活动为主要形式的旅行游览活动[⑤]。体育文化旅游具有社会功能、经济功能和教育功能。民俗体育文化旅游是体育文化旅游的一种重要表现形式，民俗体育与文化是其重要的载体。

民俗文化作为一个地区、一个民族悠久历史文化发展的结晶，蕴含着极其丰富的社会内容，由于地方特色和民俗特色是旅游资源开发的灵魂，具有独特性与不可替代性。自20世纪90年代以来，在很多场合下，民俗文化不再被贬损为“落后”“迷信”“原始”“蒙昧”，而是被视为弘扬民族文化、向外来旅游者展示本土

---

① 杨涓海，韩超．民俗旅游概念及发展研究［J］．才智，2014（25）：282.

② 黄炜，陈听，王丽．民俗旅游产品创新中顾客价值需求研究：以湘西自治州为例［J］．旅游学刊，2013（12）：66.

③ 马婷婷．周新辉．民俗旅游的人文价值及评估方法：以山东民俗村为例［J］．安徽农业科学，2015，43（21）：211－213.

④ 张芳，李长真．关中民俗文化旅游模式价值启示：以袁家民俗文化印象体验地为例［J］．雪莲，2015（11）：5－6，12.

⑤ 黄瑞霞．关中—天水经济区体育文化旅游业发展战略研究［J］．齐鲁师范学院学报，2012，27（5）：106－112.

形象的旅游资源。据国内一项抽样调查表明，来华的美国游客中，欣赏名胜古迹的占26%，而对中国人的生活方式、风土人情感兴趣的却达56.7%[①]。民俗旅游的内容主要包括生活文化、婚姻家庭和人生礼仪文化、口头传承文化、民间歌舞娱乐文化、节日文化、信仰文化等。民俗体育作为民俗文化的一部分，不断丰富着民俗旅游的内涵，两者之间是互补的关系，也是民族体育自我保护、自我发展的一种形式。民俗旅游业具有广泛的群众基础，实现了文化、旅游、体育资源的有机整合，生存空间广阔。

## 二、乡村民俗体育文化旅游兴起的必然性

乡村旅游是以乡村地域及与农事相关的风土、风物、风俗、风景组合而成的乡村风情为吸引物，吸引旅游者前往休息、观光、体验及学习等的旅游活动[②③]。“百里不同风，千里不同俗”，民俗是乡村旅游的灵魂和核心。时下我国乡村旅游多以农家乐、民俗文化村、民族村和旅游度假村的形式出现。乡村民俗文化旅游更能体现区域特色、民族特色、文化特色等，更能彰显绿色、生态、环保和可持续发展。我国乡村民俗体育文化旅游的兴起自有其存在的基础和背景。

### （一）政府相关政策法规的保障和助力

近些年，国家陆续出台一系列有利于体育产业、文化旅游业发展的相关政策。如国务院办公厅于2010年3月24日发布《关于加快发展体育产业的指导意见》：加强对民族民间传统体育项目的市场开发、推广；支持地方根据当地自然人文资源特色举办体育竞赛活动，努力打造有影响、有特色的赛事品牌[④]。2014年10月20日，国务院下发了《关于加快发展体育产业促进体育消费的若干意见》（国发

---

① 华锐·东智．拉卜楞民俗风情［M］．兰州：甘肃民族出版社，2010：1－2.

② 王海英．浅谈我国乡村旅游发展存在的问题与对策［J］．科学咨询，2009（1）：24.

③ 麻三山．乡村旅游：民俗文化村开发指标体系探索［J］．重庆文理学院学报（社会科学版），2010，29（2）：14－19.

④ 国务院办公厅关于加快发展体育产业的指导意见（国办发〔2010〕22号）［EB/OL］．http：//www.gov.cn/zwgk/2010－03/24/content_1563447.htm［2010－03－24］．

〔2014〕46 号)：将全民健身、体育产业上升为与竞技体育同等重要的领域；同时提出促进融合发展，要求积极拓展业态，促进康体结合，鼓励交互融通①。2015 年 11 月 22 日，国务院办公厅《关于加快发展生活性服务业促进消费结构升级的指导意见》(国发〔2015〕85 号)：提出大力推动体育服务发展，促进体育消费服务；重点培育健身休闲、竞赛表演、场馆服务、中介培训等体育服务业，促进康体结合，推动体育旅游、体育传媒、体育会展等相关业态融合发展②。

## (二) 城市居民余暇时间增多，消费方式和观念不断更新

城市经济的发展、8 小时工作制，以及我国法定节假日制度的实施，为城市居民参加体育休闲提供了更多的机会。现代城市的发展，使居民的生活节奏不断加快，生活压力倍增。人们需要通过各种体育及休闲活动，放松身心，释放压力。闲暇时间的增多，使体育休闲、休闲体育开始步入寻常百姓家。“假日经济”“体验经济”等应时而生。

随着我国城镇化进程的不断推进，城市居民不断膨胀，城市空间不断压缩。秦岭山地独特的自然地理环境、人文景观和民俗文化，成为西安城市居民健身、休闲的绝佳之地，城市居民在节假日和闲暇时间逃避城市，远离喧嚣，走进大自然和乡村，寻求那份幽静。乡村民俗文化旅游开始兴起，内容不断丰富，以满足人们的多元化需求。时下，生态游、环保游、健身游、休闲游、自驾游成为城市居民双休日、节假日的首选，人们更加注重对自然环境、生态环境、人文环境的追求，崇尚绿色、生态、环保。城市周边乡村成为西安城市居民双休息日、小长假的首选，家庭、团队、朋友成为出游的主要组织形式，未来城市郊区体育休闲产业潜力巨大。

## (三) 城镇化进程推动了乡村民俗文化旅游的兴起

随着城市居民生活和消费观念的不断转变，越来越多的人追求健康、高质量

---

① 国务院关于加快发展体育产业促进体育消费的若干意见［EB/OL］. http://baike. haosou. com/doc/9799114 - 10145888. html［2014 - 10 - 20］.

② 国务院办公厅关于加快发展生活性服务业促进消费结构升级的指导意见［EB/OL］. http://news. xinhuanet. com/politics/2015 - 11/22/c_ 128454679. htm［2015 - 11 - 22］.

的生活方式。随着城市化进程的不断推进，城市人口过度膨胀，城市空间不断被压缩和切割，人均体育休闲资源占有率越来越低，人们追求的健康目标与城市生活之间存在矛盾。节假日、双休日、小长假期间，“溃逃潮”现象明显，越来越多的城市居民大都以家庭的形式“逃离”城市，选择郊区、周边县城、小镇、乡村，放松身心，释放压力，增加家庭凝聚力，享受田园生活。乡村民俗文化旅游集健身、休闲、观光、餐饮、住宿、购物于一体，可以最大限度满足城市居民的需求。

### （四）乡村民俗文化旅游的兴起迎合了当地居民诉求

乡村民俗文化旅游的兴起，将城市与自然、乡村等有机联系在一起，在很大程度上促进了区域经济的发展。同时，关系到乡村大量劳动力“留下来”和外来人口“走进来”的现实问题，前者主要讲大批青壮年劳动力的留下和回归，对“空巢家庭”和“留守家庭”的深刻影响，促进社会和谐；后者是乡村旅游经济的发展，吸引更多的人、企业走进乡村，共谋发展大业。

### （五）乡村民俗文化旅游成为青少年重要的时间教育基地

乡村民俗文化旅游是民俗文化的活态化体现，包括饮食文化、居住文化、穿戴文化、民间手工艺文化、民间文艺、乘行文化等，民俗文化旅游村可以将这些文化生动地展现出来，具有重要的教科文卫意义。①青少年熟悉、了解、体验当地的民俗文化和民俗风情，促使热爱大自然，热爱生活，热爱家乡；②加强人与人之间的交流和沟通，增强家庭和谐和社会和谐；③传承和发展民俗文化、民俗体育文化，记住历史，感恩当下，展望未来；④通过亲身体验，培养青少年的独立动手能力、团队协作能力等。

### （六）乡村民俗文化旅游是传统民俗村落自我救赎的一种形式

“2000 年全国有 360 万个古村落，2010 年是 270 万个，十年就消失了 90 万个，现在的自然村只有 200 万个左右。”① 当今社会，城镇化进程的不断推进，城乡差

---

① 冯骥才呼吁保护古村落：十年消失 90 万个古村落［EB/OL］. http：//culture. people. com. cn/n/2015/0311/c22219 – 26672389. html［2015 – 03 – 11］.

距进一步加剧，我国大量古村落面临着“消失”或“即将消失”的窘境，“现代化”危机、“空心化”趋势、“同质化”倾向是其重要原因。传统古村落是人类社会历史文化遗产的重要存在形式，是地方历史文化的集中展示，也是乡村社会更迭和绵延的重要文脉。

### （七）民俗文化资源的丰富度为乡村民俗文化旅游的发展提供基础

青海省作为我国西北地区重要的少数民族省份，各民族都有着悠久的历史和优秀的文化传统，保持着独特的、丰富多彩的民族风情和习俗，这些都为乡村民俗文化旅游提供了基础和可行性。民俗文化资源不断丰富我国旅游业的内涵，其丰富度及多样性成为旅游目的地重要的目标吸引物。

## 三、青海互助土族小庄村

互助土族自治县是全国唯一的单一土族自治县，辖5个镇、14个乡、2个民族乡及2个社区、295个村（牧）委会。是土族最多、最为集中的地方，土族约占其总人口的17%，还有藏族、回族、壮族、黎族、白族、苗族、侗族、土家族等。青海互助土族自治县国家级非物质文化遗产比较丰富，如2006年的“拉仁布与吉门索”“花儿（丹麻土族花儿会）”“土族婚礼”；2008年的“土族轮子秋”“土族服饰”；2010年的“安昭”。

土族自称蒙古尔、察罕蒙古尔、克尔伦。汉族称其为土达、土人、土民，现定名为土族，其原始宗教为萨满教，现主要信奉藏传佛教格鲁派。土族的历史来源学术界有争议，但总体看来，现今的土族是由阴山白达勒达和纯种的蒙古人相融合而形成的新型民族共同体。土族原为游牧民族，后转为农业民族。随着西部大开发政策的进一步深入，生态环境建设日见成效，土族地区的农业结构也发生了巨大变化。小庄村是互助土族自治县威远镇的一个土族聚居村，也是土族自治县唯一一个升级乡村旅游示范点，属于城中村。全村152户，574人，其中土族566人，占全村总人口的98.6%。耕地面积827.3亩（约为55.15公顷），人均耕地1.44亩（0.096公倾）。多年来，该村在中国共产党的强农惠民政策指引下，群众开放意识、发展意识逐年增强，特别是20世纪90年代以来，小庄村在发展农业生产的同时，利用民族优势和区位优势大力发展民俗旅游产业，取得了良好的经济效益和社会效益。截至 2015 年，全村从事民俗旅游农户发展到 72 户，占总户数的 49.67%。村上大多数劳动力从事旅游接待及相关服务，小庄村旅游接待已初具规模，2010 年全村收入达到 470 万元，其中旅游收入占总收入的 76.6%，人均收入为 8000 元。

## （一）宗教信仰

宗教信仰是土族精神文化的一项重要内容。小庄村土族群众同其他土族群众一样普遍信仰藏传佛教。由于受汉族影响，还崇拜祖先，信奉关帝、二郎神、家神、灶神、门神、财神等。土族每家都供有一位家神，作为家庭的保护者，所供的家神中有祖师爷、灶君娘娘、白马天将等。每年阴历除夕家家都要接神，在院中烧松柏枝，上面撒上一些酥油和炒面，然后全家人跪拜磕头，同时在灶神和门神前点灯供馍接神。土族人居住的地方多在山谷间，种的地多半是山地，所以他们非常崇信山神。在村头、村后山头上堆一个土堆，上面插上一块木牌，写着“敕令山神土地守地界”。他们认为这样能阻挡暴雨，保护庄稼。

## （二）耕种作物

小庄村主要种植的粮食作物有小麦、马铃薯和油菜。7 月，油菜花漫山遍野，是旅游的好时节，7 月底也是小麦收获的季节，该地域小麦收割后并不急于脱粒，而是捆绑好倒立在地里或者打麦场上，等待天气转凉再处理，当地称“打凉”。由于人均耕地有限，当地农户在自己房前、房后及山坡上开辟空地种植蔬菜和马铃薯。

## （三）饮食文化

土族人主要以羊肉、猪肉（不食圆蹄形牲畜肉类）和面食为主。特色菜有土鸡、手抓羊肉、牛肉、土猪肉等。特色小吃有韭菜盒、“狗浇尿”、锟锅馍馍、搅团、“破布衫”、青稞面条、面片、烧麦包子、酿皮等。

## （四）民风民俗文化

### 1. 民俗体育活动

在小庄村开展的体育文化活动主要有轮子秋、安昭舞等。轮子秋是土族人民勇敢、智慧、团结的结晶和象征，也是土族男女老幼喜闻乐见并踊跃开展的传统活动。过去，每逢农闲季节，特别是春节期间进行娱乐活动。随着人类生产、生活方式的不断变化，在农业文明的推动下，轮子秋这项活跃在田间地头的民俗体育活动逐渐开始淡出人们的视野。现在当地人对轮子秋进行了改进，在小庄村的民俗旅游接待园中作为一种表演向世人展示。2008 年轮子秋被列为国家非物质文化遗产，并成为全国农民运动会和民族运动会上的表演或比赛项目，使土族这一古老的体育、娱乐活动又焕发了新的活力。安昭舞是土族人最喜欢的传统舞蹈，男女老少无人不爱，无人不会。每逢佳节，人们都要盛装歌舞，跳降服妖魔的安昭舞，歌唱平安吉祥，歌唱幸福安康。前些年，互助土族自治县群众对轮子秋进行了改进，用钢管做轮盘，装上滚珠轴承，饰以彩旗飘带，配上土族乐曲，加上土族安昭舞，成为颇具特色的民族表演项目。此外还有庄稼其、神舞（郭玛日、尕沙日）。

### 2. 土族酩馏酒

酩馏酒是一种在互助地区土族人民土法酿制的青稞酒，这种酒的乙醇度在 30°左右。在明末清初，土族就有土法酿造酩镏酒的历史。在小庄村大型民俗旅游接待园有 3 家，集餐饮、表演、购物、娱乐于一体。在民俗旅游接待园中，以前需饮酒三杯，方可入内，现在大有简化，同行者也可代酒。同时院内提供参与性的民俗表演和特色餐饮服务，如 2010 年 7—8 月期间，土族娶媳妇活动，每场 15 元/人次。

### 3. 民俗文化

土族民俗文化比较丰富，小庄村也是如此。在农闲时间、节庆期间，有社火活动、皮影艺术、剪纸艺术、刺绣艺术、花儿会等。其中“丹麻花儿会”属于国家非物质文化遗产，起源于明朝后期，至今已有 400 多年的历史，会上所唱的土族花儿是土族文化遗产和历史的见证。“丹麻花儿会”盛行于清朝、中华人民共和国成立前后的一段时期。据专家认定，起初“丹麻花儿会”是当地土族群众为祈求风调雨顺、期盼五谷丰登而举办的朝山、庙会性质的传统集会，带有浓郁的宗教文化色彩。在漫长的历史长河中，这种花儿会到现在已演变成为以演唱土族花儿为主，其他各民族进行经济文化交流的桥梁和对外宣传的一个窗口，成为展示土族民俗风情的一个平台。

#### 4. 土族服饰

土族人的服饰美观而艳丽，具有独特的结构样式和艺术特点。土族妇女一般穿绣花小领斜襟长衫。两袖由红、黄、橙、蓝、白、绿、黑七色彩布圈做成，鲜艳夺目，美观大方，俗称七彩袖，土族语称作秀苏，意为“花袖衫”，腰带上有罗藏和钱褡裢，为土族妇女服饰的象征。七彩的衣袖似从天上彩虹裁下的一段，因此互助自治县的土乡又被形象地称为“彩虹的故乡”。

#### 5. 婚丧文化

土族人的婚姻观念，男女婚配是腾格里的安排，男女成婚是家庭延续的需要，是非自主性婚姻，土族历史上提倡早婚早育，他们以子女多为荣，15 岁之前要订婚，15 岁正是结婚的时候。土族婚俗特点包括说媒、访婚、定亲、认亲、婚礼，还包括退婚、离婚、寡妇再婚等。土族婚姻生活中还有多妻现象，一般为一正一妾，但不是很普遍[①]。

土族人的丧俗带有浓厚的宗教色彩，但受汉文化的影响，各地具有不同特点。例如，民和地区丧俗有土葬（备丧、收尸、治丧、掘墓、闹丧、吊唁、母舅在丧葬中的地位、诵经超度、入殓、扯孝布、起材头、出殡）、二次葬、火葬、水葬、天葬等[①]。

#### 6. 土族音乐文化

土族以“能歌善舞、热情好客”著称，土族文化在其漫长的生产、生活过程中，形成了个性鲜明、多元化色彩浓厚、形式多姿多彩、内容精彩纷呈的民族文化特色，土族各类传统艺术极为丰富，传统音乐只是冰山一角。土族音乐文化相当丰富，它包括丰富多彩的土族民歌：婚礼歌、情歌与少年、叙事歌、安昭舞歌、赞歌、问答歌、儿歌、劳动歌曲、宗教音乐等。例如，《敕勒歌》《格赛尔》等都

---

① 李克郁，李美玲，李咏翎．土族婚丧文化［M］．西宁：青海人民出版社，2003：22－386.

是农耕文明的产物①。

### （五）民俗旅游发展

近年来，小庄村抓市场机遇，在县委、县政府的重视和支持下，把壮大民俗旅游产业、挖掘民俗文化作为特色产业来抓，找出了一条适合小庄村的科学发展之路，增加了群众收入，致富步伐大大加快。全村接待户从30户发展到72户，净增42户；旅游收入从2006年的70多万元增至360万元。2010年全村共接待10.5万人次，2011年达到了11万人次。“十二五”期间，小庄村围绕建设民俗旅游接待名村的目标，着力发展民俗旅游产业，使民俗旅游接待成为群众增收的主要渠道。

## 四、结　语

民俗体育既是一种体育文化，也是一种生活文化。地方特色和民俗特色是旅游资源开发的灵魂，具有独特性与不可替代性。民俗体育作为民俗文化的一部分，不断丰富着民俗旅游的内涵，民俗旅游业的发展实现了文化、旅游、体育资源的有机整合，生存空间广阔。民俗体育来源于人类的生产劳动，是劳动人民集体智慧的结晶。特殊的自然环境，独特的生产生活方式，优良的民族智慧，造就了丰富多彩、形式多样的民俗文化活动。在现代文明和现代体育的冲击下，民俗体育活动的空间日益缩小，同世界上诸多事物一样，正经历着形成—发展—衰退的过程，有些甚至消失或淡出人们的视野。因此，对民俗体育的保护和挖掘意义深远。青海互助土族小庄村顺应当前我国文化大发展大繁荣的时代脉搏，结合自身的实际，大力发展民俗旅游业，找到一条适合自身发展的科学之路。民俗体育与旅游融合，成为旅游业的一项重要内容，也不失为当前保护、传承非物质文化遗产的一种形式。未来需进一步整合资源，丰富民俗旅游的内涵，对民俗体育、民族体育等相关概念的界定需进一步明晰化，政府和媒介宣传引导定位要准确、明晰。

---

① 马占山．土族音乐文化实录［M］．北京：中国文联出版社，2006：1－173.

# 第七章 基于旅游目的地视角我国民族民间体育赛事供应链的构建及利益相关者系统解析

民族民间体育赛事是区分于现代主流体育赛事的、土生土长、体现自在自为生存理念的体育赛事①。它是在普通民众日常生活中开展，提供本民族所创造、使用的运动竞赛产品和相关服务产品的体育事件，它是一项重要的节事活动，是特殊事件，也是人类重要的文化遗产②③④。该赛事具有一定的组织化、制度化和专业化，包括民众自发组织、政府主导组织、市场运作等单方、双方或多方混搭合作的组织形式。旅游目的地是相对于旅游客源地、过境地而言的，是指供旅游者开展参观游览、休闲度假、会议展览、康乐健身等旅游活动，能满足其食、住、行、游、购、娱等需求的目标区域，该研究更多是指赛事举办地⑤⑥⑦⑧。我国民族

① 李延超，虞重干．民族民间体育赛事研究的定位、内容及实施［J］．体育科学，2011，31（3）：22－29.

② 白晋湘．民间体育［M］．北京：高等教育出版社，2010：1－14.

③ 王守恒，叶庆晖．体育赛事运作研究［M］．北京：北京体育大学出版社，2003：15－16.

④ 王子朴，杨铁黎．体育赛事类型的分类及特征［J］．上海体育学院学报，2005，29（6）：24－28.

⑤ 张立明，赵黎明．旅游目的地系统及空间演变模式研究：以长江三峡旅游目的地为例［J］．西南交通大学学报（社会科学版），2005，6（1）：78－83.

⑥ 张凌云．北京建设中国首选旅游目的地对策研究［M］．北京：旅游教育出版社，2009：1－2.

⑦ 张超．旅游目的地产品差异化理论与实践［M］．北京：旅游教育出版社，2008：15－16.

⑧ 苗维亚，田敏．旅游目的地规划建设标准研究与示范［M］．成都：西南交通大学出版社，2008：4－5.

众多，民族民间体育有着深厚的土壤和广泛的参与群体，具备民族认同、区域认同、原生态和区域认同的特点。在当前文化大发展大繁荣的时代背景下，民族民间体育赛事将具有无比的坚忍力和永久的生命力。“十二五”时期，文化旅游产业作为挖掘地方文化、完善旅游产业、促进经济结构调整、撬动地方经济腾飞的重要发展方向，民族民间体育赛事作为旅游目的地重要的目标吸引物，对区域社会经济等领域的发展可以起到重要的推动作用。但是，对民族民间体育赛事的研究处境较为尴尬，在体育社会科学研究中难觅应有的话语权；同时，地方政府及相关部门远未认识到民族民间体育赛事与区域社会经济之间的高度关联和契合，其运营盲目照搬和效仿，文化价值尚未凸显。为此，本研究引入供应链管理理论、利益相关者理论，通过构建我国民族民间体育赛事供应链，对利益相关者系统进行较为全面的剖析，了解利益相关者系统主体、客体及环境之间的内在联系，在此基础上构建我国民族民间体育赛事利益相关者系统模型。通过对利益相关者系统的解析以期为相关学者后续研究提供理论基础。

## 第一节　基于旅游目的地视角我国民族民间体育赛事供应链的构建

### 一、我国民族民间体育赛事供应链的概念

协同理论（synergetics theory）是20世纪70年代德国理论物理学家哈肯（Haken）创立的，它是研究复杂的开放系统内各子系统如何协同工作的理论。供应链系统是一个复杂的开放的系统，它需要系统内各子系统（供应链的所有参与者）协同工作，才能达成整个供应链系统的协同，最终获得供应链的“双赢”（供

应链上核心企业与所有参与者的共赢)①。我国民族民间体育赛事作为旅游目的地重要的目标吸引物，其链条上最重要的序参量是各种人力资源，包括运动员、裁判员、投资商、地方政府、旅游者、当地居民等，其健康、可持续发展需要人力资源之间的合理配置、协调合作，体现了诸多利益相关者之间的参与、互动、共赢。

本研究结合当前国内外诸多专家、学者对供应链的相关研究，并结合实地调查的相关信息资料，对我国民族民间体育赛事供应链做出界定。我国民族民间体育赛事供应链的界定基于旅游目的地（赛事举办地）视角，简单讲就是通过当地民众自发组织或政府组织或市场化运作等形式，通过对信息流、物流、资金流的控制，生产和流通中国民族民间体育赛事这一特殊产品及其相关配套活动过程中所涉及的地方政府、相关协会组织、参赛个人和团队、投资商、赞助商、供应商、电视转播机构及相关媒体、当地民众、周边居民、旅游者、摄影爱好者等诸多利益相关者组成的供需网络价值链。

## 二、我国民族民间体育赛事供应链管理的界定

本研究在对我国民族民间体育赛事供应链界定的基础上，结合当前国内外诸多专家、学者对供应链及其供应链管理的相关研究，对我国民族民间体育赛事供应链管理进行了一定的界定。我国民族民间体育赛事供应链管理就是把我国民族民间体育赛事供应链最优化，基于信息技术和先进的经营管理理念，以最小的成本完成从赛事相关资源的供应到满足最终消费者需求的所有流程，以提高我国民族民间体育赛事供应链的长期绩效为目的，有效整合、管理主要合作者的资源和行为，使各环节协同运作，提高客户满意度，提升供应链整体效率和效能。我国民族民间体育赛事供应链管理最根本问题就是如何实现旅游目的地（主要指赛事举办地）各类资源整合和合理配置，使其发挥最大的效能，最重要就是人力资源的整合及合理配置。这充分反映了民族民间体育赛事与旅游目的地之间的关联性和契合度，即共生性。

① 邹辉霞．供应链管理［M］．北京：清华大学出版社，2009：39－55.

## 三、基于旅游目的地视角我国民族民间体育赛事供应链结构模型

我国民族民间体育赛事开展的过程中，涉及诸多利益相关者。只有设计出一个良好的结构模型，才能保证供应链各节点企业、组织之间的密切合作，才能了解和熟悉各利益相关者之间的关系，深刻剖析它们之间的权益，使供应链有条不紊地运行，保证我国民族民间体育赛事的健康和有序发展。图 7－1 是我国民族民间体育赛事供应链结构模型图，可以较为清晰地描绘、勾勒出我国民族民间体育赛事供应链上的各节点企业、组织等。

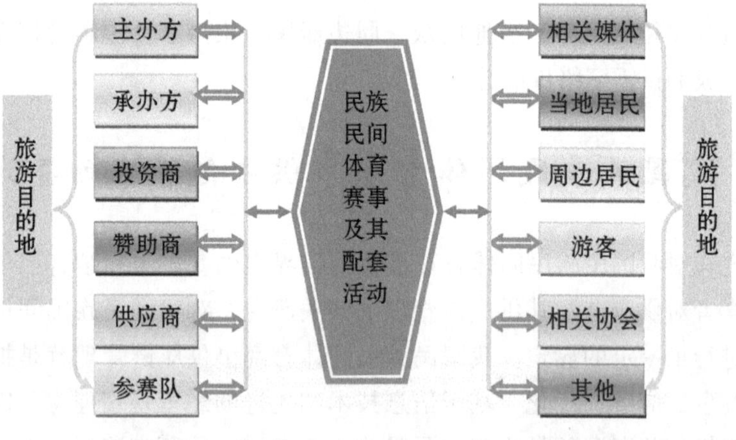


图 7－1　我国民族民间体育赛事供应链结构模型图

### （一）我国民族民间体育赛事供应链的特点

我国民族民间体育赛事与旅游目的地之间的共生度极高。中国五千多年的人类文明史，为我国民族民间体育的传承与发展提供了深厚的土壤和广泛的参与群体；56 个民族休戚与共，逐渐形成文化认同、民族认同、区域认同、原生态和区域认同。我国民族民间体育赛事大都属于节事活动的重要组成部分，文化是我国民族民间体育赛事的灵魂与血脉。如中国汨罗江国际龙舟节是湖湘文化、龙文化、

屈子文化、水文化等多文化的综合体，截至2018年已经举办了14届；它是湖南汨罗一带端午节的传统习俗，包粽子、赛龙舟、祭祀屈原等，同时进行经贸洽谈活动、民俗文化展示等，内容极其丰富，是赛事与文化、经济、社会的集中体现①。

我国民族民间体育赛事供应链产业关联性较强。旅游目的地成为一个集供给、生产和消费于一体的综合市场，可以带动诸多产业的发展，如建筑业、健身娱乐业、交通运输业、通信业、餐饮住宿业、体育旅游业等，并且提供一定的就业机会。我国民族民间体育赛事同一般体育赛事相比，专业性更为突出。

## （二）我国民族民间体育赛事供应链的核心企业

我国民族民间体育赛事作为旅游目的地重要的目标吸引物，促成了三个主要市场的形成：供应商市场、赛事及相关产品市场和消费者市场。因此，我们讲旅游目的地（主要指赛事举办地）自然而然成为我国民族民间体育赛事供应链的核心企业，承担着计划、组织、协调、指挥、控制等职能。民族民间体育赛事及相关活动成为目的地重要的产品，目的地承担着产品的生产、销售和推广服务。

如人们一提到风筝就会自然而然地想到山东潍坊。潍坊市，旧称潍县，位于山东半岛中部，是山东省下辖的一个地级市，面积为15859平方千米，是山东省的交通枢纽。因是国际风筝联合会组织总部所在地，也是“国际风筝会”（又称“风筝节”）庆典活动的固定举办地点，又被称为“世界风筝之都”，也称作鸢都。

如人们一提到那达慕大会就想到中国的内蒙古或者蒙古族。那达慕是蒙古族人民喜爱的具有鲜明民族特色和浓郁地区特点的传统活动，是草原上一年一度的传统盛会，也是蒙古族人民欢乐的节日。它的前身是蒙古族“祭敖包”，是蒙古民族在长期的游牧生活中，创造和流传下来的具有独特民族色彩的竞技项目和游艺、体育项目。那达慕是具有广泛群众性和娱乐性的传统民俗文化活动，具有广泛、深刻的文化内涵，反映了蒙古民族的价值观和审美观。每年农历六月初四（多在草绿花红、羊肥马壮的阳历七八月）开始的那达慕，是草原上一年一度的传统盛会，骑马、射箭、摔跤是那达慕大会的主要项目。那达慕有久远的历史，自元朝

① 羿翠霞，杨涛，陈彦．中国汨罗江国际龙舟节文化探析［J］．体育文化导刊，2013（12）：105－108.

开始至今，每逢庆祝战功、祭旗点将、军民欢聚、盟旗聚会及敖包祭祀等都举办那达慕活动。蒙古族是个尚武的民族，骑马、射箭、摔跤统称为“男儿三艺”。那达慕，推动着民族体育的发展，也培育着顽强拼搏的精神。那达慕大会1992年被国家旅游局列为中国友好观光年项目。草原盛会那达慕，以“文体搭台，经贸唱戏”为主旋律，向世界展示草原风光和魅力，展示民俗风情。

## （三）我国民族民间体育赛事供应链的组织、管理模式

当前，我国民族民间体育赛事组织形式呈现以政府主导型为主，民众自发组织型、市场化运作型为辅的格局。文化是一个民族的血脉，贵在传承和保护，切忌市场化。民族民间体育赛事是人类重要的遗产，政府是第一保护人，理应承担更多的责任和义务。文化旅游产业是各级政府挖掘地方文化、完善旅游产业、促进经济结构调整、撬动地方经济腾飞的重要发展方向。民族民间体育赛事独特的文化内涵越来越受到政府及社会各界的重视和关注，政府作为第一保护人和责任人，其地位毋庸置疑，未来我国民族民间体育赛事供应链的业务流程是以政府推动为主导的推拉式管理模式，真正实现绿色、生态、环保、可持续发展（图7-2）。

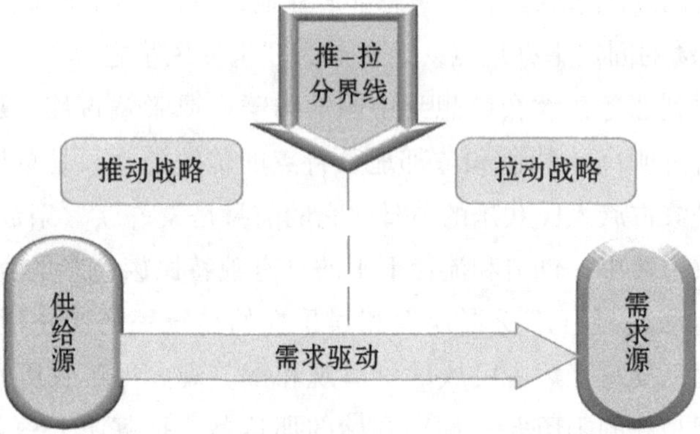


图7-2　我国民族民间体育赛事供应链推拉式管理原理示意图

# 第二节　基于旅游目的地视角我国民族民间体育赛事利益相关者系统分析

系统分析的方法已经成为目前认识世界的一种普遍使用和有效的方法，“将复杂性当做复杂性处理”是面对复杂系统的新的研究方法思想[①]。旅游本身是一个复杂的系统[②]，旅游目的地自然也是一个复杂开放的系统，不仅受到社会、经济、环境、文化、资源、项目设施建设等影响，而且涉及较多部门，利益分布广，影响大，是典型的复杂事物，必然存在不同发展程度、不同环境条件下利益相关者之间的关系，因此需要借助系统分析的方法进行全面综合的研究。

## 一、我国民族民间体育赛事利益相关者及利益相关者系统

### （一）我国民族民间体育赛事利益相关者

体育赛事被看成是城市发展的催化剂，国家和城市举办体育赛事不仅是自身发展战略的需要及对投资回报的需求，更重要的是通过举办体育赛事对本地区的发展产生广泛和长远的综合影响。体育赛事的成功举办除了需要良好的运作水平，还需要所有利益相关者的支持和参与，赛事利益相关者成为影响体育赛事举办成功与否的重要因素[③]。大型体育赛事管理运营理论研究与实践表明，利益相关者之

① 许国志．系统科学［M］．上海：上海科技教育出版社，1998：299－300.

② 钟韵，彭华，郑莘．经济发达地区旅游发展动力系统初步研究［J］．地理科学，2013，23（1）：60－65.

③ 陈存志，刘苹．大型体育赛事利益相关者管理理论及其框架构建［J］．武汉体育学院学报，2011，45（4）：14－20.

间的协调合作对大型体育赛事的成功举办起着至关重要的作用。民族民间体育赛事也不例外。

自1963年由斯坦福研究所首先提出“利益相关者”的明确概念至20世纪后期30多年的时间里，西方学者给出了27种形式多样的有代表性的利益相关者定义①。20世纪90年代初期，弗里曼、布莱尔、多纳德逊、米切尔、克拉克森等学者的共同努力使利益相关者管理逐渐开始引人注目，形成了较为完善的理论框架，并在实际应用中取得了丰硕的成果。根据弗里曼的经典定义，企业的利益相关者是指那些能够影响企业目标实现或被企业目标实现所影响的人或群体，通常包括员工、顾客、供应商、合作伙伴、政府、公众等②。国内学者综合以前研究的观点，认为“利益相关者是指那些在企业的生产活动中进行了一定的专用性投资，并承担了一定风险的个体和群体，其活动能够影响或者改变企业的目标，或者受到企业实现其目标过程的影响”。③ 这一定义既强调了投资的专用性，又将企业与利益相关者的相互影响包括在内，应该说是比较全面和具有代表性的。

综合国内外学者以前的观点，我国民族民间体育赛事利益相关者是指旅游目的地（主要指赛事举办地）在举办民族民间体育赛事的过程中，进行了一定的专用性投资，并承担了一定风险的个体、群体和组织。结合我国的现实国情，以及我国民族民间体育赛事运作的实际情况，目前我国民族民间体育赛事的主要利益相关者包括：赛事主办组织、举办地政府、运动员、媒体、赞助商、投资商、当地居民、赛事观众、旅游者等。④

## （二）我国民族民间体育赛事利益相关者系统

根据《中华大词典》的解释，“系统”就是同类事物按一定的关系组成的整体。一般系统论通常把系统定义为：由若干要素以一定结构形式联结构成的具有

---

① 陈昕，吕宛青．我国遗产地旅游利益相关者系统研究：以丽江为例［M］．北京：中国旅游出版社，2012：58－65.

② 弗里曼．战略管理：一种利益相关者方法［M］．波士顿：皮德曼出版社，1984：23，242.

③ 贾生华，陈宏辉．利益相关者的界定方法述评［J］．外国经济与管理，2002（5）：13－18.

④ 黄海燕，张林．体育赛事利益相关者分析［J］．体育科研，2008，29（5）：25－28，36.

某种功能的有机整体，表明了要素与要素、要素与系统、系统与环境三方面的关系①②。由此可见，我国民族民间体育赛事利益相关者系统是在旅游目的地（赛事举办地）的外部宏观环境下，以民族民间体育赛事及其相关活动为主要目标吸引物，以此吸引诸多利益相关者，依据赛事运作机制，两者或多者之间的关系、行为和指向对象，及其所处的内外环境组成的统一体，是一个不断与赛事举办地其他系统进行物质、能量、信息交换，不断演化的开放系统。简单来讲就是围绕民族民间体育赛事这一重要目标吸引物，诸多利益相关者与赛事及旅游目的地（赛事举办地）之间产生的各种利益关系，包括合作与竞争、吸引与排斥等，是一种“逐利”行为（图7－3）。

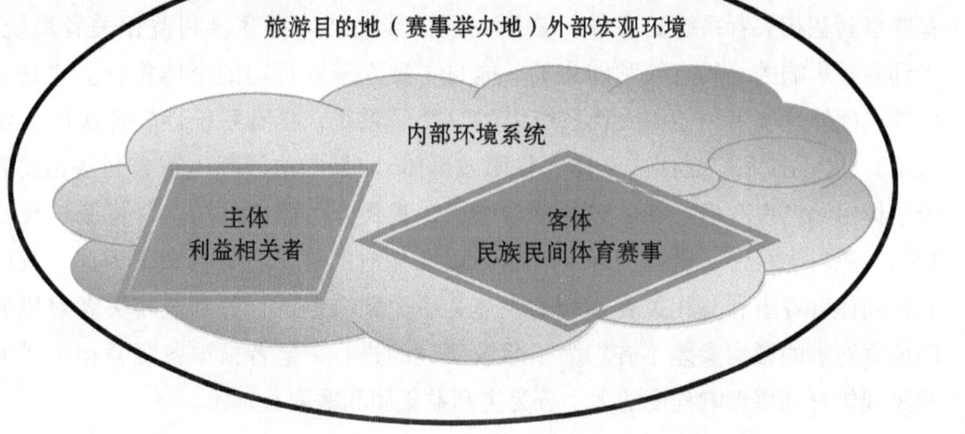


图7－3　我国民族民间体育赛事利益相关者系统要素模拟图

---

① 陈昕，吕宛青．我国遗产地旅游利益相关者系统研究：以丽江为例［M］．北京：中国旅游出版社，2012：126－127.

② 陈昕．系统论视角下的遗产地旅游利益相关者系统构建［J］．产业与科技论坛，2012，11（12）：10－14.

## 二、我国民族民间体育赛事利益相关者系统的构成

本研究从社会学较为严谨的法律范畴来解析我国民族民间体育赛事利益相关者系统构成的各个要素，即法律关系主体、法律关系客体和环境要素。但由于现实中民族民间体育赛事及旅游目的地的复杂性及其受到诸多因素的影响，尚存在一定的不确定性和争论。为此，本研究主要结合我国民族民间体育赛事利益相关者系统概念的界定及民族民间体育赛事的重要性进行讨论。

### （一）我国民族民间体育赛事利益相关者系统的主体

法律关系主体是指法律关系的参加者，包括法人与自然人[①]。我国民族民间体育赛事利益相关者系统的主体，是指我国民族民间体育赛事利益相关者系统中，受到利益影响的、具有权利能力的、能自主独立采取行动的个体集合。它是我国民族民间体育赛事利益相关者系统内的一个子系统，具有系统性、合法性（法律人格）、能动性和广泛性（个体、集团或群体）。如潍坊国际风筝会利益相关者系统主体由潍坊市政府、国际风筝联合会、当地民众、国内外游客、杨家埠民俗大观园、潍坊电视台、摄影爱好者、非物质文化遗产传习者等构成。因此，我国民族民间体育赛事利益相关者系统的主体是一个集合概念，各利益相关者对民族民间体育赛事的影响参差不齐。为了后续研究的进行，笔者根据各利益相关者对民族民间体育赛事影响程度的大小分为主利益集团和次利益集团。

为了更清晰、更有效说明各利益相关者的功能及其与民族民间体育赛事的关联度，本研究从系统论的角度，按照民族民间体育赛事的功能系统来划分利益相关者主体，这样可以将不同利益相关者按照不同的功能囊括在内。最早从结构功能的角度分析旅游系统的规划学者冈恩（Gunn），提出了旅游功能系统理论，将旅游功能系统分解为吸引物聚集体、旅游服务设施、交通、信息与引导和旅游者五个要素[①]。笔者借鉴规划学者冈恩（Gunn）及国内学者对利益相关者系统的相关

① 陈昕．系统论视角下的遗产地旅游利益相关者系统构建［J］．产业与科技论坛，2012，11（12）：10－14.

研究，结合民族民间体育赛事的现状，将我国民族民间体育赛事的主体功能系统分为民族民间体育赛事（简称赛事）服务系统（“吃、住、行、游、购、娱”六要素）、吸引物系统（赛事及相关活动）、信息指导系统（赛事相关信息及政府政策、法规、制度等）、参与者系统（赛事活动的各种参与者等），具体见图7－4。

（1）在赛事服务系统中，交通运输、住宿、餐饮等担当着旅游目的地的吃、住、行、游、购、娱六大服务角色，他们直接从赛事举办过程中获益，故划分为主利益集团。银行、水、电等部门，只是履行公共基础行业的服务职能，与赛事关联度较低，故归入次利益集团。

（2）在吸引物系统中，民族民间体育赛事成为旅游目的地重要的目标吸引物，其通过组委会的组织、管理和运作发挥效能，故划入主利益集团；围绕赛事开展的相关配套活动，吸引了大量内外地居民及游客驻足，理应划分到主利益集团；旅游目的地当地居民形成的社会生活、组织结构、文化特色及当地的自然人文历史资源等，可以丰富赛事的内涵，也应归入主利益集团。旅游目的地周边的居民，一方面受旅游目的地的影响，另一方面又在一定程度上对旅游目的地发生影响，故构成旅游目的地的次利益集团。

（3）在信息指导系统中，政府担当了赛事的组织、管理、指挥、协调、控制等职能；相关政策、法规和制度的制定及赛事相关信息的发布等。民间社团、研究机构和各类媒体也是赛事活动的密切关注者，理应归入主利益集团。传闻者只是主动或被动成为赛事相关信息的传播者，对赛事活动的影响较弱，故归入次利益集团。

（4）在参与者系统中，运动员、裁判员、旅游者、摄影爱好者、赞助商和投资商等，直接参与赛事活动，显然需要归入主利益集团。这些主利益集团可能影响其周围的个人、群体或者组织，这些潜在的参与者理应归入次利益集团。

我国民族民间体育赛事利益相关者系统主体之间围绕赛事的举办产生密切的竞争与合作关系，依托这样的内在关系形成了相对组织结构和利益的分配机制。

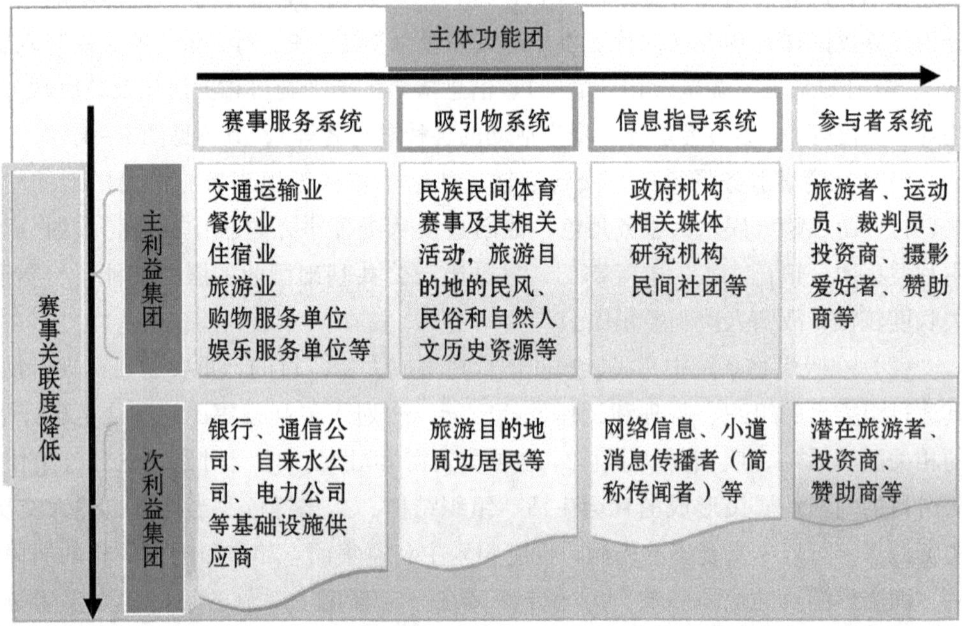


**图7－4　基于旅游目的地我国民族民间体育赛事利益相关者系统主体的具体划分模型**

## （二）我国民族民间体育赛事利益相关者系统的客体

一般法律范畴的客体含义是指主体权利和义务所指向的对象，包括物、行为、智力成果、人身利益等①。据此，我国民族民间体育赛事利益相关者系统的客体是指民族民间体育赛事利益相关者主体在赛事举办过程中，所进行的各类行为及行为指向的对象。客体中的行为就是主体为追逐利益所发生的行为，即逐利行为；客体中的对象就是在赛事活动举办过程中所产生的各种利益。因此，我国民族民间体育赛事利益相关者系统客体的构成要素是逐利行为和利益。利益需求既是他们相互关系的基础，也是他们相互关系的核心。

① 陈昕．系统论视角下的遗产地旅游利益相关者系统构建［J］．产业与科技论坛，2012，11（12）：10－14.

### 1. 利　益

价值是利益的内在根源，民族民间体育赛事影响力与价值之间存在正相关关系。我国民族民间体育赛事是人类的重要遗产，自然具有世界遗产的价值。我国民族民间体育赛事利益相关者主体间的利益关系或冲突根源于赛事巨大的价值。笔者依据遗产的价值、民族民间体育赛事的特点、价值与利益的关系，将民族民间体育赛事利益相关者系统的客体利益分为三种：经济利益、社会利益和环境利益。

社会利益是主体自身社会关系的产物，是无法直接计量的，有管理权、话语权、干涉权等。尤其是作为赛事举办或承办地的当地政府部门，对信息指导系统具有绝对的控制权，会对赛事的规模等具有一定的约束力。如 2013 年第 7 届中国玛曲格萨尔赛马大会受甘南藏族自治州 60 年州庆的影响，玛曲县政府将赛程压缩为 3 天，参赛队伍减少为 32 支，参赛马匹 400 匹，参赛选手 447 名，单项（万米赛马）最高奖金 20 万元。对未来我国民族民间体育赛事的发展，政府必将承担更多的社会责任和义务。

经济利益表现在食、住、行、游、购、娱等多方面，是可以计量的。如 2007 年中国玛曲第 4 届格萨尔赛马大会期间，吸引了国内外游客 10.6 万人次，旅游综合收入达到了 1624.6 万元①。潍坊国际风筝会的举办推动了风筝产业的发展。截至 2012 年，潍坊市风筝企业发展到 300 多家，设计生产的风筝规格品种达到上千种，从业人员达 2.2 万人，风筝及延伸产品年销售额达 10 亿元，市场占有率约占全国的 80%，世界 65% 以上②。

环境利益是民族民间体育赛事在不断传承与发展中积淀形成的，包括自然地理环境、人文环境等，是人类的重要财富。如青海玉树赛马节是马文化、草原文化、藏民族文化的统一体。“十一五”期间，汨罗市先后筹措资金 5000 万元，完成了汨罗江沿江风光带、龙舟路、龙舟竞渡中心、友谊河西侧（罗城路—人民路）的风光带建设，以及燎家山广场、政府广场、西湖公园一区的绿化，城区新增绿

---

① 宁文芳．玛曲史话［M］．兰州：甘肃文化出版社，2009：4 -6.

② 潍坊国际风筝会办公室［EB/OL］．http：//hzb. weifang. gov. cn/［2014 -09 -10］．

化面积近 20 万平方米①。

2. 逐利行为

我国民族民间体育赛事利益相关者系统主体之间存在着密切的竞争与合作关系，也正是依托这样的内在关系形成了相对稳定的结构。其逐利行为可划分为四步：择利、行动、结果（共生与冲突）和协调，各利益相关者主体通过内外部不断调适，达到共赢②。

择利行为是主体逐利行为的必经环节。它不是单纯的利益选择问题，而是要受到多因素的影响，因此择利行为不一定是理性的。如我国草原文化区由于农牧民一味追求经济利益，对草地的不合理利用引发了许多问题：过度放牧引起草场退化；不适当开垦草地引起草地荒漠化、盐碱化。从生态环境的视角来看，这对我国草原文化区民族民间体育赛事的开展很不利，尤其是倡导草原文明的赛马节、那达慕大会等。

任何择利都必然落实在行动上，行动方式的选择取决于主体的择利方向。结果可以分为共生与冲突两类。我国民族民间体育赛事利益相关者系统内部逐利行为的结果分为可以维持相互关系的共生和必有一方受损的冲突两种情况。按照利益系统的分类，冲突可以分为经济利益冲突、社会利益冲突、环境利益冲突等。我国民族民间体育赛事对自然地理环境、生态环境、民俗文化等依赖性比较强，随着赛事开发的不断深入，冲突的概率必然会增加，赛事的组织、管理、运作及风险规避就越来越重要。如民族民间体育赛事利益相关者主体过分追求经济利益，必然会牺牲环境利益。赛场垃圾问题就是很好的例证。

协调是我国民族民间体育赛事利益相关者系统中具有极大作用的子系统，为系统的良性运行和总体利益的实现，协调步骤是不可缺少的。当然协调的措施很多，要针对具体情况具体对待，如法律协调、政策协调、资金协调、组织协调、利益分配协调等。

---

① 汨罗市城市建设及基础设施发展规划（2011—2015）[EB/OL]. http://www.cctsnw.com/lm_show [2014-05-05].

② 陈昕. 基于演化经济学的遗产地旅游利益相关者系统演化 [J]. 思想战线，2012，38（6）：109-113.

## （三）我国民族民间体育赛事利益相关者系统的环境因素

环境因素是指一个组织的活动、产品或服务中能与其发生相互作用的要素，主要包括时间和空间两方面因素①。任何主体、客体都存在于一定的环境中，由环境供给系统物质和能量，环境制约着主客体关系的变化。

我国民族民间体育赛事举办地作为人类社会的缩影，具有一定的社会、经济结构，即表现为旅游目的地（赛事举办地）的社会发展程度、经济发展程度。此外，我国民族民间体育赛事具有突出的文化或自然价值，但不同的赛事其资源是不尽相同的。有的赛事资源丰富，影响力大，可以吸引和容纳尽可能多的利益相关者；有的赛事受地域自然、地理环境及社会经济环境的影响，影响力相对较小，吸引力小，利益相关者自然就少。从现实情况来讲，民族民间体育赛事对旅游目的地（赛事举办地）的影响，主要取决于赛事的影响力。为此，笔者认为我国民族民间体育赛事利益相关者系统的环境因素可划分为社会发展度、经济发展度和赛事影响力三个要素。

社会发展度代表了赛事举办地的社会关系发展水平，可以从赛事举办地教育水平、社会管理结构、社会文化结构，以及赛事举办地居民的文化风俗、生活质量等方面体现。民族民间体育赛事的成功举办，可以大大提升旅游目的地的整体形象、增强当地居民的凝聚力和向心力，它是旅游目的地整体水平的一种体现。

经济发展度代表了赛事举办地的经济发展水平，包括政府财政收入、企业效益、居民收入水平等指标。我国民族民间体育赛事的举办随着区域经济的发展，其组织形式、运作方式等都在不断丰富，呈现出政府主导、社会参与的良好格局。

赛事影响力包括赛事的规模、参与人群、媒体关注度、赛事资源及赛事相关资源的丰富度及可开发度等。中国玛曲格萨尔赛马大会、青海玉树赛马节的成功举办，使玛曲、玉树成为中国西北地区七八月份重要的旅游圣地，吸引游客品尝藏族美食、观赏赛马会、体验民俗风情等。

赛事举办地环境因素之间具有相互影响的机能。经济发展总是会影响到社会

---

① 陈昕．系统论视角下的遗产地旅游利益相关者系统构建［J］．产业与科技论坛，2012，11（12）：10－14.

结构的调整；社会经济的发展，使政府和社会组织开始关注和重视赛事的文化价值，赛事的规模不断拓展，影响力自然而然会发生变化。随着赛事影响力的不断延伸，赛事举办地内外资源的丰富度就成为一项重要的要素，资源的整合和开发将左右赛事的影响力。

综合上述对主客体及环境因素的分析，我们可以发现我国民族民间体育赛事的社会发展度与社会利益相对应，呈正相关；经济发展度与经济利益对应，呈正相关；赛事影响力与环境利益相对应，呈正相关，并反映在时间和空间上。

## 三、基于旅游目的地视角我国民族民间体育赛事利益相关者系统模型

基于上述对我国民族民间体育赛事利益相关者系统主体、客体、环境的系统分析及讨论，拟初步建立起我国民族民间体育赛事利益相关者系统全要素模型，见图7-5。

研究假设：一是假设逐利行为是完全理性的，即是为了民族民间体育赛事的可持续发展及旅游目的地经济社会的全面发展；二是假设环境中不存在外部干扰因素，即社会稳定，各民族团结互助，经济发展结构稳定，国家和地方政府高度重视民族民间体育赛事的发展，方针政策到位。

我国民族民间体育赛事利益相关者系统是一个不断动态演化的系统，随着国家和地方政府对民族民间体育赛事关注和重视度不断提升，尤其是党的十八大和十八届五中全会有关生态文明的相关会议精神，民族民间体育赛事的环境利益将不断增强，处于首要位置。目前的格局仍是“体育搭台，经贸唱戏”，但是，我国民族民间体育赛事的特殊性，作为人类社会的重要遗产，特别是文化内涵的不断凸显，其重视度和影响力将不断提升。如何传承、保护人类这一重要的遗产，政府作为第一责任人，需要承担更多、更大的责任和义务。对人类遗产的保护刻不容缓！

我国民族民间体育赛事组织形式呈现以政府主导型为主、市场化运作型为辅的格局。其作为旅游目的地（赛事举办地）重要的目标吸引物，与旅游目的地（赛事举办地）之间的共生度和关联度极高，他们之间形成了由诸多利益相关者组

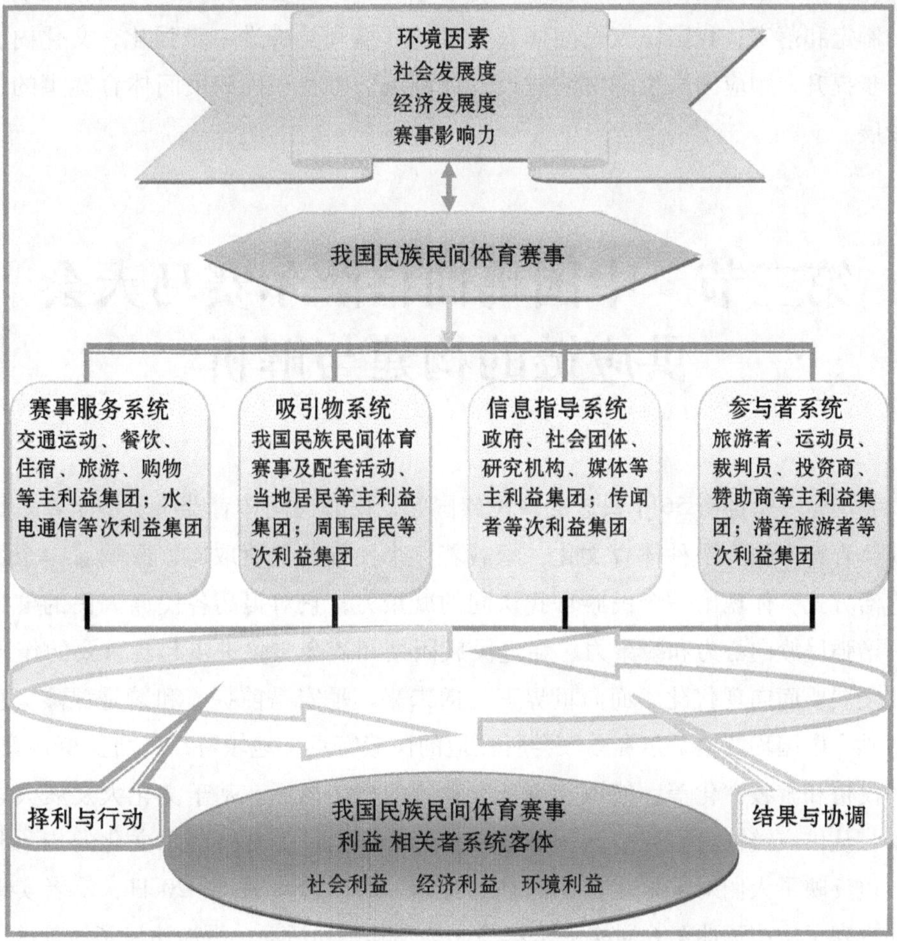


**图7－5　基于旅游目的地视角我国民族民间体育赛事利益相关者系统全要素模型**

成的供需网络价值链，是一种互惠共生关系。我国民族民间体育赛事利益相关者系统是一个由利益相关者主体、利益相关者客体及其所处的环境组成的统一体，是一个不断动态演化的系统，其功能系统分为民族民间体育赛事服务系统、吸引物系统、信息指导系统、参与者系统。我国民族民间体育赛事利益相关者系统主体之间存在着密切的竞争与合作关系，赛事本身对自然地理环境、生态环境、民俗文化等依赖性比较强。随着政府对赛事重视和关注度的提升，以及相关政策法规的制定和落实，我国民族民间体育赛事的环境利益将进一步强化，文化内涵将进一步提升，顺应国家生态文明建设发展潮流，有利于民族民间体育赛事的传承与发展。

# 第三节　中国玛曲格萨尔赛马大会供应链的构建与解析

我国是一个拥有56个民族的多民族国家，民族民间体育赛事资源丰富。民族民间体育赛事作为一种体育文化，承载着一个民族的价值取向，影响着一个民族的生活方式，体现出一个民族自我认同的凝聚力，它对提高各民族人民的健康水平、增强民族向心力和凝聚力、促进民族团结和社会文化进步起着重要的作用①。文化发展要面向现代化、面向世界、面向未来。平安是前提，和谐是保障，富足是基础。中国玛曲格萨尔赛马大会所在地的民族特点、地域特点、自然资源禀赋、民风民俗和游牧文化等，使该赛事具有独特的文化内涵。基于文化大发展大繁荣背景，从供应链视角研究中国玛曲格萨尔赛马大会，是对格萨尔文化的传承和发扬，也反映了人们对美好生活的向往与追求。2012年8月8—20日，笔者实地考察和观摩了中国玛曲第6届格萨尔赛马大会及其系列活动，沿途访谈了该地区的政府官员（甘南藏族自治州第一副秘书长彭德玉先生；玛曲县旅游局局长谈贵成先生；玛曲县旅游局工作人员扎西吉②女士；甘南藏族自治州体育局训练科科长宋国强先生等）、高校教师（甘南民族师范学院、西北民族大学、兰州财经大学等高校专家、学者）、旅游者、当地藏民、摄影爱好者等，深刻体验感受了当地的民俗、

① 白晋湘．民族民间体育［M］．北京：高等教育出版社，2010：1－14.

② 注：藏族人的名字具有浓厚的宗教色彩，随着佛教的不断发展和取名规律的形成，牧区在平常的称呼中不提姓氏。例如：德吉梅多（幸福之花）；班觉（富裕）；云丹罗布（知识之宝）等。

民风和民情。

## 一、玛曲格萨尔赛马大会的区位环境

玛曲系藏语，意为“孔雀河”，是黄河的谐音，被誉为黄河母亲的“蓄水池”和“中华水塔”，是世界上最完整的原始生态湿地。玛曲县是全国唯一以黄河命名的县，位于甘肃甘南藏族自治州西南部，青藏高原东端，黄河第一湾曲部，甘肃、青海、四川三省交界处，是一个以藏民族为主体的纯牧业县，曾是藏族英雄格萨尔王岭国的活动中心。现辖7乡1镇1场，42个村委会，260个村民小组；2007年年底全县人口46137人，其中藏族41391人，占总人口的89.7%；辖区总面积10109平方千米，其中天然草场1288万亩（约为85.87万公顷），占总面积的84.9%，被誉为“亚洲第一天然草场”和动植物“大观园”①。盛产浑身是宝的“高原之舟”阿万仓牦牛，“东方神骑”河曲马，“藏羊之王”欧拉羊和四大名犬之一的“河曲藏獒”。

玛曲旅游资源丰富，以藏传佛教寺院、石刻岩画、神山圣湖及纯朴浓厚的传统民俗风情和游牧文化等为主的人文和自然景观广为分布，被授予“中国赛马之乡”“藏民歌弹唱故里”“河曲藏獒故里”等荣誉称号，被十一世班禅题词：“天下黄河第一弯·格萨尔发祥地兴旺发达”。这里是人们亲近自然、回归生态、颜养身心、宗教寻胜、探险猎奇的好去处，是生态旅游的天堂。

## 二、《格萨尔王传》与格萨尔文化

### （一）中国玛曲格萨尔赛马大会传承与发展的源泉——《格萨尔王传》

藏族英雄史诗《格萨尔王传》是我国藏族人民创作的一部伟大的、世界上最长的英雄史诗，其内容涵盖了藏民族历史文化、民间文化、民俗、军事、价值观

① 宁文芳．玛曲史话［M］．兰州：甘肃文化出版社，2009：4－6.

等方方面面①。在玛曲草原，观赏格萨尔赛马大会、欣赏格萨尔弹唱艺术、体验草原游牧文化，总能使人在原始淳朴中，感受到那些深厚沉淀的历史文化，引发长久的思考。草原文化作为人类社会文明形态的重要载体之一，它产生和存在的经济基础主要是“牧业文明”，特别是以群牧形态为主的生存方式。这种群牧形态，最早与草原民族的氏族部落同步协调发展，因而，这种生存方式有着不同于中原农耕文化及其他文化模式的鲜明特点：一是群体性；二是流动性；三是尚武精神。猎牧的生存方式塑造了草原人独特的品格，艰苦的草原生活境况铸造了他们强韧的体魄和尚武的精神。据《世界征服者史》记载，对于草原人来说，行猎“不单是为了猎取野兽，也是为了习惯于狩猎锻炼，熟悉了马刀和吃苦耐劳”。②

《格萨尔王传》既是族群文化多样性的熔炉，又是多民族民间文化可持续发展的见证，是草原游牧文化的结晶，同时也是一部形象化的古代藏族历史。其纵向概括了藏族社会发展史的两个重大的历史时期，横向包容了大大小小近百个部落、邦国和地区，纵横数千里，内涵广阔，结构宏伟，每个重要故事和每场战争均构成一部相对独立的史诗。史诗从生成、基本定型到不断演进，包含了藏民族文化的全部原始内核，在不断的演进中又融汇了不同时代藏民族关于历史、社会、自然、科学、宗教、道德、风俗、文化、艺术的全部知识，具有很高的学术价值、美学价值和欣赏价值，是研究古代藏族的社会历史、阶级关系、民族交往、道德观念、民风民俗、民间文化等问题的一部百科全书，被誉为“东方的荷马史诗”②。

《格萨尔王传》是相关族群社区宗教信仰、本土知识、民间智慧、族群记忆、母语表达的主要载体，是唐卡、藏戏、弹唱等传统民间艺术创作的灵感源泉，也是现代艺术形式的源头活水。史诗演唱具有表达民族情感、促进社会互动、秉持传统信仰的作用，也具有强化民族认同、价值观念和影响民间审美取向的功能。《格萨尔王传》在多民族中传播，不仅是传承民族文化、凝聚民族精神的重要纽带，也是各民族相互交流和相互理解的生动见证。无论身处何地的藏族人，都能与世界各民族一道享受格萨尔文化、藏族文化。

---

① 宁文芳．玛曲史话［M］．兰州：甘肃文化出版社，2009：12－13.

② 措吉，丁玲辉．试论《格萨尔》史诗中的体育文化［J］．西藏大学学报，2006，21（4）：69－75.

### （二）中国格萨尔赛马大会的核心文化——格萨尔文化

一个地域的发展过程，也就是民俗文化的发展过程。玛曲作为一个全民信教的藏族集居区，民俗文化中宗教文化底蕴十分浓厚，在漫长的历史发展过程中，形成了一整套与生产生活息息相关的信仰习俗。在格萨尔文化的传承中以信仰大自然和各种占卜最为突出。在藏民族传统习俗中，认为只要有山的地方，就有山神主宰着一方的平安，而玛曲拥有与格萨尔史诗相关九座神山中的七座。当地牧民祭祀神山，敬仰神灵，是人们感情的一种神圣的寄托，是人们表达感情的一种独特方式，反映了人与神、人与自然、人与格萨尔文化的一种特殊关系，是一种文化现象。格萨尔文化是对马文化、宗教文化、民俗文化的传承与升华，它建立在玛曲民俗文化的传承和发展的沃土之上，这使其更加异彩纷呈，形象地向世界展示自己的风采，从而成为格萨尔的发祥地。

## 三、中国玛曲格萨尔赛马大会供应链的构建与解析

玛曲是藏族史诗英雄格萨尔王的发祥地，少年格萨尔曾经在这里凭借东方神骥——河曲马，通过赛马一举称王，留下了许多耳熟能详的美丽传说。玛曲是中国四大名马之一河曲马的故乡，传统的赛马竞技文化经久弥香，2010 年被国家体育总局、中国马术协会授予“中国赛马之乡”称号。通过供应链视角来分析中国玛曲格萨尔赛马大会，可以将链条上的各利益相关者较为清晰地勾勒出来，反映出该赛事的区域影响力。同时，通过对各利益相关者进行调查和分析，使大家对中国玛曲格萨尔赛马大会能够有较为全面的了解。

### （一）中国玛曲格萨尔赛马大会供应链的界定

供应链作为一个理念，起源和丰富于制造业，在 20 世纪 90 年代就有人提出，但国内外很多学者对供应链的内涵有着各自的认识，至今也没有形成一个统一的、公认的定义。当前比较一致的观点是，供应链是围绕核心企业，通过对信息流、物流、资金流的控制，从采购原材料开始，制成中间产品及最终产品，最后由销售网络把产品送到终端顾客手中的将供应商、制造商、分销商、零售商，直到终

端客户连成一个整体的功能网链结构①。

中国玛曲格萨尔赛马大会供应链是指在当前文化大发展大繁荣的时代背景下，以格萨尔文化和玛曲民俗文化为核心文化，由中共甘南州委、甘南州人民政府主办，中共玛曲县委、玛曲县人民政府承办、组织、管理，以政府拨款、招商引资、企业赞助的形式共同筹资举办，通过对信息流、物流、资金流的控制，生产中国玛曲格萨尔赛马大会这一特殊产品过程中，所涉及的政府相关部门、参赛队伍、赞助商、投资商、新闻媒体、旅游者及当地居民等诸多利益相关者组成的供需网络价值链。

## （二）中国玛曲格萨尔赛马大会供应链结构模型

中国玛曲格萨尔赛马大会供应链涉及诸多利益相关者，只有设计出一个良好的结构模型（图7－6），才能比较清晰地反映各利益相关者之间的关系，深刻剖析其诉求，同时促进我国民族民间体育赛事的健康有序发展。

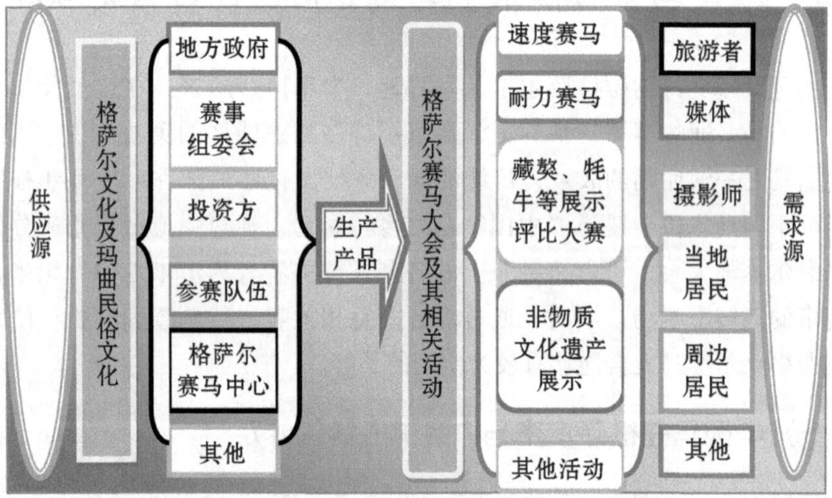


图7－6 中国玛曲格萨尔赛马大会及其相关活动供应链结构模型图

① 徐章一．企业供应链的优化［M］．北京：清华大学出版社，2006：6.

## （三）中国玛曲格萨尔赛马大会供应链解析

### 1. 核心组织——地方政府

中国·玛曲第6届格萨尔赛马大会于2012年8月13日—18日在中国赛马之乡——玛曲格萨尔赛马中心举行。本次赛马大会由甘南州委、州政府主办，玛曲县委、县政府承办，以政府拨款、招商引资、企业赞助的形式共同筹资举办，计划投入1000万元，共接待各类嘉宾800人（玛曲县政府的接待能力）。开幕式上，兰州军区副政委张国栋中将、原省人大副主任李德奎、原省政协副主席杨镇刚为十一世班禅额尔德尼·确吉杰布大师亲笔题写的“中国赛马之乡”揭牌，中国藏学研究中心副总干事洛桑灵智多杰宣布赛马大会开幕。开幕式上一道靓丽的风景是玛曲首届藏獒展评大赛，7个省区34家獒园的200多条藏獒中脱颖而出的“十大名獒”和“十大河曲名獒”闪亮登场。

本次盛会举办的目的是大力弘扬民族体育精神，挖掘和传承格萨尔文化精髓，增进民族团结，加强对外交流，进一步提高玛曲的知名度，打响“天下黄河第一弯”“格萨尔发祥地”“世界最美湿地草原”“藏民歌弹唱故里”“中国赛马之乡”等文化旅游品牌，展示玛曲各族人民团结奋进、和谐发展的精神风貌，推动民族体育文化和旅游业的健康快速发展。彭德玉副秘书长指出，办赛马大会在现阶段的首要任务是维护安定团结，其次才是文化交流及经贸活动。玛曲县县长王力介绍说：“我们希望通过赛马大会，弘扬民族传统文化，加强对外交流，推动民族文化体育和旅游的快速发展。”玛曲县委书记张正雄介绍，玛曲举办赛马活动的历史悠久，2004年以来，玛曲以格萨尔赛马大会为平台，着力打造“天下黄河第一弯”“格萨尔发祥地”“世界最美湿地草原”“中国赛马之乡”“藏民歌弹唱故里”五大旅游文化品牌，传承和弘扬民族文化，加强了与社会各界的文化交流、经贸往来和睦邻友好关系①。

2013年第7届格萨尔赛马大会为了传承和弘扬民族传统文化，推动群众性赛马体育运动的深入开展，丰富玛曲文化旅游产业内涵、助推文化体育旅游实现跨

① 甘肃玛曲第6届格萨尔赛马大会开幕传承格萨尔文化［EB/OL］. http：//www. chinanews. com/cul/2013/08－13/5157925. shtml［2013－08－13］.

越式发展，以“原生、节俭、和谐”为主题，采取“政府引导，协会主办”的方式进行。

**2. 核心产品——格萨尔赛马大会及相关活动**

（1）格萨尔赛马大会。爱马是草原牧民的天性，在牧民眼里，“马虽然长着牲畜的皮毛，却具有神的灵气与感情”①。赛马是藏族人民生活中娱乐的主要内容，它不仅是牧民闲暇的集会、交流牧业生产经验的场所，而且还是历史久远的积淀和藏民族精神的展示。建立在对马的浓郁感情基础上的藏族人民，创造了独具民族特色的赛马文化，有人曾形象地比喻格萨尔赛马大会为“草原奥运会”。它向世人展示草原风情、民俗文化，吟唱着草原民族最原始的精神文化，引发人们心中向往自然、超越一切的情感。

中国玛曲格萨尔赛马大会就是格萨尔文化的集中体现，成为以赛马文化为主体，包括说唱艺术、民族风情、农牧产品、民俗文化、祭祀、宗教信仰、经贸活动、民族交流等在内的多民族大融合的文化盛会。马文化是藏民族文化中始终鲜活的重要组成部分，对民俗文化的传承和发展意义深远。格萨尔赛马大会开幕式要举行盛大的仪式，煨桑祭祀神灵，祈求神灵佑助和加持，这种带有浓厚宗教色彩的民俗，自《格萨尔王传》有记载开始一直保留到现在。这些虽然反映的是一种宗教意向上的神学观念，却暗含着藏民族对人性的自我肯定和自我完善的唯物观。

时下的格萨尔赛马大会已经成为多民族融合的一项盛会，实现了从藏族单一民族参与到藏族、蒙古族、回族、汉族等多民族参与的格局。2013 年第 7 届格萨尔赛马大会，浙江嘉兴马术爱好者谭文斌也前来观看比赛，为了这次比赛，他的队友先把马从嘉兴拉到山西，以此适应高海拔的环境；格萨尔传统赛马的氛围比较好，当地的骑手和马匹都比较好，他们也想和大家进行一次很好的交流；玛曲的环境和风景特别好，他们的朋友都很喜欢，都想以后来这边旅游②。

（2）中国玛曲格萨尔赛马大会相关活动。中国·玛曲第 6 届格萨尔赛马大会

---

① 宁文芳．玛曲史话［M］．兰州：甘肃文化出版社，2009：85－88.

② 甘肃玛曲第七届格萨尔赛马大会开幕传承格萨尔文化［EB/OL］．http：//www. scio. gov. cn/dfbd/dfbd/Document/1344063/1344063. htm［2013－08－19］.

规模大、层次高、内容多，这已成为本届赛会的一大亮点。赛马会期间，同时举办经贸、餐饮、美食文化、玛曲首届藏獒展示评比暨文化论坛、秦俑与河曲马研究主题论坛、招商引资项目推介、藏民族传统马球表演等活动，并安排了包括格萨尔说唱、牛角琴演奏、百人龙头琴弹唱、藏民歌独唱等在内的一系列国家和省州级非物质文化遗产展示。例如，2012 年 8 月 13 日下午，中国玛曲首届甘南牦牛、欧拉羊展示评比大赛，中国玛曲首届藏獒展示评比大赛如期进行。首届藏獒评比推选出“十大名獒”“十大河曲名獒”，本次藏獒评比大赛奖金近 100 万元。详见表 7－1～表 7－3。2013 年 8 月 13 日—15 日第 7 届格萨尔赛马大会期间，玛曲县牛角琴公司演职人员和当地民众还表演了集体舞弹唱、组合唱、弹唱联唱、集体锅庄等独具玛曲特色的歌舞节目，河曲马场马球队展示了马球比赛和骑马拾哈达等活动，深受民众欢迎。

**表 7－1　中国玛曲首届藏獒展示评比大赛“十大河曲名獒”奖金统计表**

| 序号 | 藏獒编号 | 獒主 | 单位 | 奖金/元 |
|---|---|---|---|---|
| 1 | 046 | 银青 | 阿万仓贡赛四队 | 30000 |
| 2 | 114 | 拉毛加 | 河曲马场智龙村 | 30000 |
| 3 | 084 | 更藏道杰 | 木西合乡木拉四队 | 30000 |
| 4 | 030 | 旦木去乎 | 曼日玛乡斗浪六队 | 30000 |
| 5 | 009 | 尕藏 | 尼玛镇哇尔玛一队 | 30000 |
| 6 | 138 | 特哇加 | 欧拉秀玛乡卡尔格村 | 30000 |
| 7 | 124 | 昂青加 | 齐哈玛乡国青六队 | 30000 |
| 8 | 114 | 尕藏桑知 | 木西合西合强四队 | 30000 |
| 9 | 035 | 扎保 | 阿万仓乡道尔加村 | 30000 |
| 10 | 013 | 仁增 | 采日玛乡采日玛村 | 30000 |
| | | 合计 | | 300000 |

表7-2　中国玛曲首届藏獒展示评比大赛“十大名獒”奖金统计表

| 序号 | 藏獒编号 | 獒主 | 单位 | 奖金/元 |
|---|---|---|---|---|
| 1 | 029 | 特拜 | 玛曲县河曲藏獒保种选育中心 | 50000 |
| 2 | 077 | 牟海龙 | 黄河湾獒园 | 50000 |
| 3 | 022 | 旦木正 | 采日玛乡采日玛村七队 | 50000 |
| 4 | 048 | 陈托 | 河曲马场统宝村 | 50000 |
| 5 | 142 | 贡去乎加 | 欧拉乡安茂四队 | 50000 |
| 6 | 023 | 仲青 | 采日玛乡麦科七队 | 50000 |
| 7 | 085 | 高白 | 尼玛镇秀玛二队 | 50000 |
| 8 | 064 | 勒木强 | 齐哈玛乡国查四队 | 50000 |
| 9 | 090 | 加白 | 阿万仓乡道尔加二队 | 50000 |
| 10 | 146 | 勒木强 | 齐哈玛乡国查四队 | 50000 |
| | | 合计 | | 500000 |

表7-3　中国玛曲首届藏獒展示评比大赛“鼓励奖”奖金统计表

| 序号 | 参展单位 | 奖金/元 |
|---|---|---|
| 1 | 河曲马场 | 8000 |
| 2 | 尼玛镇 | 10000 |
| 3 | 欧拉乡 | 8000 |
| 4 | 木西合乡 | 8000 |
| 5 | 曼日玛乡 | 7000 |
| 6 | 欧拉秀玛乡 | 4000 |
| 7 | 齐哈玛乡 | 10000 |
| 8 | 阿万仓乡 | 10000 |
| 9 | 采日玛乡 | 7000 |
| 10 | 陕西华山明珠獒园 | 10000 |

续表

| 序号 | 参展单位 | 奖金/元 |
|---|---|---|
| 11 | 黄河湾獒园 | 5000 |
| 12 | 玛曲县河曲藏獒保护选育中心 | 5000 |
| 13 | 玛曲县虎狮藏獒专业养殖有限公司 | 3000 |
| 14 | 宁夏金沅 | 3000 |
| 15 | 兰州海峰獒业 | 3000 |
| 16 | 才让当知獒园 | 2000 |
| 17 | 兰州图腾国际藏獒社 | 10000 |
| 18 | 甘南藏族自治州仁青河曲藏獒园 | 1000 |
| 19 | 甘南河曲纯种原生藏獒园 | 2000 |
| 20 | 甘南国荣藏獒园 | 2000 |
| 21 | 甘南藏族自治州顺通河曲藏獒园 | 3000 |
| 22 | 甘南藏族自治州林河藏獒园 | 2000 |
| 23 | 雪域高原雪獒繁育基地 | 2000 |
| 24 | 甘南洮州獒园 | 2000 |
| 25 | 卓逊獒园 | 1000 |
| 26 | 扎考藏獒养殖场 | 1000 |
| 27 | 兰州原生獒园 | 10000 |
| 28 | 玛曲县吉郎文体旅游有限公司藏獒养殖中心 | 3000 |
| 29 | 黄河第一湾獒园第一分厂 | 2000 |
| 30 | 雪域獒园（卓老） | 2000 |
| 31 | 黄河第一湾獒园第二分厂 | 2000 |
| 32 | 黄河第一湾獒园（才让加） | 2000 |
| 33 | 兰州图腾国际藏獒社 | 5000 |
|  | 合计 | 155000 |

### 3. 中国玛曲格萨尔赛马大会承办地——玛曲格萨尔赛马场

2010 年，嘉峪关市依甘肃省委、省政府援藏会议精神，对口帮扶，援助 1100 万元巨资，历时 2 年，帮助玛曲县初步完成以赛马场为中心的系列旅游景点规划及建设任务。此举使玛曲县旅游格局臻备，旅游环境大为改善。现在的格萨尔赛马场已累计投资 4200 万元。赛马比赛采取与国际国内比赛接轨的方式，选用圆形场地，正常情况下整个比赛为期 5 天。

### 4. 中国玛曲格萨尔赛马大会参赛队伍

玛曲格萨尔赛马大会是集比赛、观赏、娱乐于一体的传统体育赛事。目前，玛曲格萨尔赛马大会已经成为中国西部地区规模最大、参赛团队最多、奖金数额最高、影响力最为广泛的民族传统体育赛事，也是甘肃、青海、四川三省交界地区人民交流往来的草原盛会。

玛曲历来就有举办群众性赛马运动的传统，从 2004 年起，每年 1 届的中国玛曲格萨尔赛马大会，其规模和影响不断扩大。比赛项目包括速度赛马 1000 米、2000 米、3000 米，耐力赛马 5000 米和 10000 米。2007 年的格萨尔赛马大会，西藏自治区和内蒙古自治区的部分骑手也前来观摩；四川省的松潘县、马尔康县和青海省的同德县、甘德县及甘肃省的天祝县、舟曲县 6 支代表队首次组队参赛。2012 年第 6 届赛马大会的参赛队伍及马匹之多为历届格萨尔赛马大会之最，新疆代表队首次组队参加，其中玛曲县以乡、镇、场（河曲马场）为单位，派出若干个代表队；玛曲县外的各代表队以县级及县级以上为单位；各代表队每个项目参赛马匹仅限 5 匹，参赛马匹数量不够者，可以兼项，但取得名次的马匹不能再兼项。格萨尔赛马大会由最初的单一藏族同胞参加，发展到有蒙古族、满族、土族、回族、汉族等多个民族队员参赛的局面，呈现出各民族携手共进和相互交融的和谐氛围，为民族地区的团结稳定打下坚实的基础（表 7 – 4）；第 6 届格萨尔赛马大会录取名次及奖励办法见表 7 – 5。

**表 7-4　中国玛曲格萨尔赛马大会参赛队伍、参赛项目及奖金一览表**

| 届次 | 参赛省、自治区 | 代表队/支 | 参赛马匹/匹 | 赛事总奖金/万元 | 单项最高奖/万元 |
|---|---|---|---|---|---|
| 第 1 届 | 甘肃、青海、四川 | 20 | 345 | 27 | 5 |
| 第 2 届 | 甘肃、青海、四川 | 21 | 435 | 32 | 6 |
| 第 3 届 | 甘肃、青海、四川 | 26 | 521 | 36. 37 | 7 |
| 第 4 届 | 甘肃、青海、四川、西藏、内蒙 | 32 | 639 | 41. 37 | 8 |
| 第 5 届 | 甘肃（玛曲县 7 乡 1 镇 2 场 1 园） | 12 | 475 | 不详 | 9 |
| 第 6 届 | 甘肃、青海、四川、新疆 | 32 | 677 | 58. 8 | 10 |
| 第 7 届 | 甘肃、青海、四川、新疆、浙江 | 32 | 500 余 | 100 | 20 |
| 第 8 届 | 甘肃、青海、四川、贵州、内蒙古 | 35 | 600 余 | 100 | 20 |
| 第 9 届 | 甘肃、青海、四川、内蒙、新疆 | 39 | 656 | 120 | 20 |

注：①第 1 届、第 2 届赛马大会的成功举办，在全国范围内引起了巨大反响，玛曲县委、县人民政府决定每年 8 月 13 日—17 日举办赛马大会，参赛范围扩大到全国，每项第一名奖金额度逐年递增 1 万元。自第 7 届开始发生变化，万米赛马奖金增加到 20 万元。

②第 8 届赛马大会增加专业速度赛马 3000 米项目，第一名奖金 5 万元，第二名奖金 3 万元，第三名奖金 2 万元，第四名奖金 1. 5 万元，第五名奖金 1 万元，前三名分别颁发“河曲宝马杯”金马杯、银马杯、铜马杯及荣誉证书。第四名至第九名颁发“河曲宝马杯”纪念杯及荣誉证书。

③第 9 届赛马大会有六个亮点：参赛马匹数历届最多；新增 6000 米专业赛项目，2000 米改为专业赛项目；新设马闸（逐步向公平、公正、专业和国际化方向迈进）；奖金在往年的基础上增加了 20 万；外地参赛马匹比上一年度多一倍；邀请红原民间马术队表演。

**表 7-5　第 6 届中国玛曲格萨尔赛马大会录取名次及奖励办法一览表**

| 项目 | 录取名次 | 奖励办法 |
|---|---|---|
| 速度赛马 1000 米 | 前九名 | 第一名奖金 30000 元，第二名奖金 20000 元，第三名奖金 10000 元，分别颁发“河曲宝马杯”金马杯、银马杯、铜马杯；第四名至第九名颁发“河曲宝马杯”纪念杯；对前九名均颁发荣誉证书 |

续表

| 项目 | 录取名次 | 奖励办法 |
| --- | --- | --- |
| 速度赛马 2000 米 | 前九名 | 第一名奖金 30000 元，第二名奖金 20000 元，第三名奖金 10000 元，分别颁发“河曲宝马杯”金马杯、银马杯、铜马杯；第四名至第九名颁发“河曲宝马杯”纪念杯；对前九名均颁发荣誉证书 |
| 速度赛马 3000 米 | 前九名 | 第一名奖金 30000 元，第二名奖金 20000 元，第三名奖金 10000 元，分别颁发“河曲宝马杯”金马杯、银马杯、铜马杯；第四名至第九名颁发“河曲宝马杯”纪念杯；对前九名均颁发荣誉证书 |
| 耐力赛马 5000 米 | 前九名 | 第一名奖金 60000 元，第二名奖金 40000 元，第三名奖金 30000 元，第四名奖金 20000 元，第五名奖金 10000 元；前三名分别颁发“河曲宝马杯”金马杯、银马杯、铜马杯；第四名至第九名颁发“河曲宝马杯”纪念杯；对前九名均颁发荣誉证书 |
| 耐力赛马 10000 米 | 前九名 | 第一名奖金 100000 元，第二名奖金 60000 元，第三名奖金 40000 元，第四名奖金 20000 元，第五名奖金 10000 元；前三名分别颁发“河曲宝马杯”金马杯、银马杯、铜马杯；第四名至第九名颁发“河曲宝马杯”纪念杯；对前九名均颁发荣誉证书 |

### 5. 中国玛曲格萨尔赛马大会现场观众

中国玛曲格萨尔赛马大会面对最主要的受众群体就是现场观众，现场观众的构成比较复杂，包括摄影爱好者、旅游者、当地牧民、周边牧民、媒体等，他们皆有不同的诉求。访谈获悉，格萨尔赛马大会与会群众从最初的 4 万多人增加到现在的 10 多万人，其中现场观众大都在 2 ~ 3 万人左右，大量外来人口的涌入，对玛曲县的基础设施建设及接待能力带来了很大的挑战。如 2007 年中国玛曲第 4 届格萨尔赛马大会期间，吸引了国内外游客 10. 6 万人次，旅游综合收入达到 1624. 6 万元①。现场观众观赏赛马比赛，一是享受民族风情；二是体验民俗文化，并感受藏民族文化的活态文化——赛马文化；三是在此基础上感受自然之美，并树立热爱

① 宁文芳. 玛曲史话［M］. 兰州：甘肃文化出版社，2009：4 – 6.

生活、努力拼搏、勇往直前的生活态度，格萨尔赛马大会是我国民族团结、民族融合的盛会和见证。

## 四、结　语

特殊的区位优势，神奇的历史传说，浓郁的民族风情，深邃的宗教梵音，博大的草原文化，使玛曲成为全州旅游经济增长的新亮点、推动区域发展的新动力和展示甘南形象的新窗口。格萨尔赛马大会被甘肃省体育局评为甘肃“丝绸之路”体育健身长廊建设五大品牌体育赛事之一。玛曲县被国家体育总局、中国马术协会命名为“中国赛马之乡”。玛曲赛马大会的规模和影响日益增大，如今已成为中国西部少数民族地区规模最大的体育盛会。

中国玛曲格萨尔赛马大会有着鲜明、独特的传统文化特征。赛马文化的形成与藏族的自然生态环境和生活方式息息相关，原汁原味传承至今，蕴藏着深厚的文化内涵。2010 年在甘肃省的十大旅游节庆活动中，玛曲的赛马大会位居第四，它已经成为玛曲县旅游收入的重要增长点。笔者从实地调查访谈获悉，该项赛事已经形成官办民参的良性化格局。筹资方式以政府拨款、企业赞助为主，社会自愿捐助、赛场门票收入为辅。竞赛内容不断丰富，包括传统赛马与专业赛马。但也有许多事情值得我们深思，如赛马大会专管机构的设立问题；赛马会期间餐饮、住宿、交通服务的规范化问题；配套设施滞后，接待能力有限的问题；竞技赛马选手后备人才不足，群众基础弱化的问题；赛事开发及宣传的问题等。这些需引起有关部门的重视，这关系到该项赛事的可持续发展，也关系到格萨尔文化与玛曲民俗文化的传承与发展。在人类社会追求的境界和目标中，最令人神往的莫过于追求真、善、美。我们要用真诚、友善、积极进取的精神，为甘南草原的发展奉献自己的力量，实现生态、发展的均衡与和谐。玛曲县应继续贯彻落实甘肃省扶贫办的方针和政策，推动“生态甘南、旅游甘南、多元甘南、幸福甘南”的建设，积极挖掘文化旅游资源，提升旅游文化内涵。

# 第八章 我国民族民间体育赛事发展历程及现状研究

体育竞技比赛在中国古已有之，虽然没有形成像西方奥林匹克运动会那样的有规模的竞技比赛，但在各民族的社会生活中，各式各样的体育娱乐比赛活动都有着悠久的历史。虽然部分体育比赛在社会和民族变迁中已经弱化或失传，但大都传承至今，为人们的生活增添了许多乐趣，也体现了中华民族所特有的价值观和人生观。在对当代我国民族民间体育赛事发展历程归纳、总结的基础上，本研究主要对新时期我国民族民间体育赛事的发展现状和存在问题进行系统分析，为后续我国民族民间体育赛事对旅游目的地的影响机理及影响指标体系的构建提供支撑。

## 第一节　当代民族民间体育赛事的发展历程

当代民族民间体育赛事的发展历程，主要是讲新中国成立后我国民族民间体育赛事发展的整体概况。总体来说，大致经历了三个时期：新中国成立初期对传统的继承与创新期；“文化大革命”时期与传统的断裂期；改革开放后的恢复与全面发展期[①]。

## 一、新中国成立初期对传统的继承与创新期（1949—1965年）

中华人民共和国成立以后，党和政府对民族传统文化的继承和发展问题高度重视。为进一步继承和弘扬民族传统体育，增强人民体质，党和政府把发展民族传统体育作为民族工作和体育工作的一项重要任务，对民族体育给予了积极的政策支持和制度保障。1949年10月，中华人民共和国中央人民政府刚刚成立，就提出了建设“民族的、科学的、大众的”新体育的号召，并于1952年设立了民族形式体育运动委员会，1953年举办全国民族形式体育表演及竞赛大会，同年，中央体育运动委员会提交了《关于加强人民体育运动工作的报告》，指出要“着手研究和整理民族形式体育。我国的民族形式体育（如武术等），是我国优秀文化遗产的一部分，是几千年来我国发动人民积极锻炼体魄的良好形式。民族形式的体育项目极为丰富，其中有许多是强身健体的体育，中央体育运动委员会拟设专门机构着手研究和整理，以便正确地推广和提倡”。[②] 这些在民族体育的发展史上具有标志性的意义。这一段时期，我国民族民间体育赛事基本上延续了历史的传统，并有所创新。

1953年11月8日—12日，我国在天津市举行了全国民族形式体育表演及竞赛大会（30年后，即1984年，被国家体育运动委员会、国家民族委员会定为第1届全国少数民族传统体育运动会，简称民运会）。参加民族形式体育表演及竞赛大会的，共有满族、蒙古族、回族、藏族、苗族、朝鲜族、纳西族、汉族等13个民族的395名运动员。他们分别来自华北区、东北区、西北区、中南区、西南区（包括西藏自治区）和内蒙古自治区、解放军及铁路系统等9个单位。体育项目分竞赛、表演和特邀表演三部分。竞赛项目有举重、拳击、摔角（跤）、短兵和步射；表演项目有武术（分棒术和器械等）、民间体育（分石担、石锁、弓箭术、弹丸、

① 张林，李延超．中国民族民间体育赛事研究［M］．北京：人民体育出版社，2012：23－30.

② 李延超．建国以来少数民族体育发展的回顾与展望［J］．山东体育科技，2012，34（3）：44－47.

爬杆、跳板、木杠、皮条、沙袋、地围、跳桌、筋斗、叠罗汉、大武术、五虎棍、打术、跳术、跳绳、飞叉及中幡等）、骑术（各种马上技巧表演）三大类；特邀表演有马球、蒙古式摔跤、狮舞、杂技等。其中，维吾尔族的踩绳（即达瓦孜）、蒙古族的摔跤、朝鲜族的跳板、回族的武术及内蒙古骑兵的马术等少数民族项目给人留下了深刻印象，来自全国各地的观众共有 12 万人次。[①] 这届运动会是在中国共产党和人民政府的关怀下召开的，它不仅是新中国成立以来的第一次民族形式的体育盛会，更是一次体现民族平等团结的体育盛会，在中国体育史上具有划时代的意义，对贯彻党的民族政策、推动民族体育事业的发展、增强民族团结产生了重要影响。

## 二、“文化大革命”时期与传统的断裂期（1966—1976 年）

为期 10 年的“文化大革命”给中国人民带来了巨大的灾难，我国社会、经济、文化等方面都受到极大冲击。由于民族民间体育赛事与宗教信仰、节庆民俗、庙会等文化传统有着密切的联系，因此也遭遇到史无前例的浩劫，举办赛事更是无从谈起。“那时讲破四旧，只是唱红歌、扭秧歌，没有什么民族风俗了，什么节事都没有了，情歌对唱没有了，芦笙没有了，民间传统的项目都流失了。”[②] 龙舟竞渡就被视为“四旧”而废除了，许多龙舟的龙头和龙尾被烧毁或者被藏起来，龙舟竞渡活动基本中断。这一历史时期，我国延续几千年的历史传统断裂了，其破坏和损失是不可估量的。

## 三、改革开放后的恢复与全面发展期（1978 年以来）

1978 年，党的十一届三中全会揭开了改革开放的历史新篇章，民族民间体育也迎来了发展的春天。全国各地不同形式、不同项目、不同规模的民族民间体育

---

① 第一届全国少数民族传统体育运动会［EB/OL］. http：//baike. so. com［2014 - 10 - 08］.

② 李志清. 乡土中国的仪式性少数民族体育［M］. 北京：中国社会科学出版社，2008：246.

赛事逐渐恢复，并很快走向全面发展。1980 年端午节，汨罗县政府在汨罗江上举办了 10 万余人观看的龙舟比赛。赛龙舟是端午节的主要习俗，除纪念屈原之外，各地人们还赋予了其不同的寓意。江浙地区划龙舟，兼有纪念当地出生的近代女民主革命家秋瑾之意；贵州苗族人民在农历五月二十五至二十八举行“龙船节”，以庆祝插秧完成和预祝五谷丰登；云南傣族同胞则在泼水节赛龙舟，纪念古代英雄岩红窝。不同民族、不同地区，有关划龙舟的传说有所不同。直到今天，在南方的不少临江、河、湖、海的地区，每年端午节都要举行富有自己特色的龙舟竞赛活动。1980 年，赛龙舟被列入中国国家体育比赛项目，并每年举行“屈原杯”龙舟赛。1991 年 6 月 16 日（农历五月初五），在屈原的第二故乡中国湖南省岳阳市，举行首届国际龙舟节。在竞渡前，举行了既保存传统仪式又注入新的现代因素的“龙头祭”：“龙头”被抬入屈子祠内，由运动员给龙头“上红”（披红带）后，主祭人宣读祭文，并为龙头“开光”（点睛）；然后，参加祭龙的全体人员三鞠躬，龙头即被抬去汨罗江，奔向龙舟赛场。① 时至今日，我国龙舟比赛遍布大江南北，规模不断扩大。影响力较大的有中华龙舟大赛、中国龙舟公开赛、中国汨罗江国际龙舟节、宁夏银川冰上龙舟节等。民族运动会作为民族民间体育赛事的典型赛事，于 1982 年在内蒙古自治区呼和浩特市恢复举办，共有 55 个少数民族参加了该项赛会，并从此形成了 4 年 1 届的赛会制度。这一时期，是我国民族民间体育赛事的恢复和全面发展时期，也反映了党和政府对民族民间体育赛事的重视程度不断提升。

## 第二节　新时期我国民族民间体育赛事的发展现状

我国是一个多民族国家，在长期的生产和生活过程中，56 个民族共同创造了

① 赛龙舟［EB/OL］. http：//baike. so. com［2011 - 05 - 23］.

具有浓郁民族风格与特色的民族民间体育。诸多民族民间体育项目或活动在发展过程中，以赛事或节事的形式呈现在世人面前。新时期是指改革开放至今，该时期我国民族民间体育赛事的发展现状，一是对前人研究成果的整理、梳理；二是通过实地考察获取相关信息资料，进行归纳和总结。

## 一、国家及地方政府对民族民间体育赛事的重视度提升

民族民间体育悠久的历史、丰富的内容、多样的形式、古朴的风格、独特的作用和巨大的影响力，成为中华民族文化宝库中的瑰宝。更为重要的是民族民间体育作为一种体育文化，承载着一个民族的价值取向，影响着一个民族的生活方式，体现出一个民族自我认同的凝聚力，它对提高各民族人民的健康水平、增强民族向心力和凝聚力、促进民族团结和社会文化进步起着重要的作用①。在当前文化大发展大繁荣的时代背景下，我国民族民间体育及赛事的作用使国家及地方政府对其重视度逐步提升，包括制定各项有利于民族民间体育及赛事发展的政策、法规及制度等。如自 1982 年开始，具有民族特色的全国民族运动会（以下简称“民运会”）步入制度化（4 年 1 届）的发展历程；1995 年颁布的《中华人民共和国体育法》规定：“国家扶持少数民族地区发展体育事业、培养少数民族体育人才。”② 2010 年 3 月 24 日，国务院办公厅发布《关于加快发展体育产业的指导意见》：“加强对民族民间传统体育项目的市场开发、推广，支持地方根据当地自然人文资源特色举办体育竞赛活动，努力打造有影响、有特色的赛事品牌。”③ 2014 年 10 月 20 日，国务院发布《关于加快发展体育产业促进体育消费的若干意见》，将全民健身上升为国家战略，把体育产业作为绿色产业、朝阳产业培育扶持④。此

---

① 白晋湘．民族民间体育［M］．北京：高等教育出版社，2010：1 – 13.

② 中华人民共和国体育法［EB/OL］．http：//baike. haosou. com/doc/6797985 – 7014765. html［2016 – 07 – 14］．

③ 国务院办公厅关于加快发展体育产业的指导意见［EB/OL］．http：//www. gov. cn/zwgk/2010 – 03/24/content_ 1563447. htm［2010 – 03 – 24］．

④ 国务院关于加快发展体育产业促进体育消费的若干意见［EB/OL］．http：//www. gov. cn/zhengce/content/2014 – 10/20/content_ 9152. htm［2014 – 10 – 20］．

外，我国一直奉行在少数民族聚居的地方实行区域自治的民族政策，以促进民族平等、团结和共同繁荣，如尊重少数民族风俗习惯、尊重和保护少数民族宗教信仰自由等。

## 二、我国民族民间体育赛事组织形式多样化

新时期民族民间体育赛事所彰显的文化特色和独特功能，使国家和社会各界对民族民间体育赛事的关注和重视度越来越高，其组织形式呈现多样化的特点，包括民众自发组织型、政府主导型、市场运作型等，但政府主导型是主要组织形式。这也从侧面反映了政府作为第一责任人，理应在民族民间体育赛事发展中承担更多的责任和义务。

以中国龙舟竞渡为例：①汨罗江龙舟竞渡在民间开展有着特殊的意义，是乡土文化的一种展示，是血缘关系、地缘关系的一种体现，也是当地民众对美好生活的一种祝福[①②]。汨罗江畔河市镇新悦村每年端午节期间农民们都会自发集资，组织龙舟竞渡活动，全村老少观龙舟、品龙舟、划龙舟，一起进餐，其乐融融；更有乡土韵味的是村中女子出嫁后在端午节回娘家的“辞端阳”活动，龙舟竞渡中要有上红、抢红仪式，充分体现当地民众的精神寄托、亲情和乡土情。②中国汨罗江国际龙舟节，政府主导型，组织社会各界参与。2013 年第 9 届中国汨罗江国际龙舟节暨“海峡两岸”中华龙舟邀请赛，主办单位：湖南省人民政府台湾事务办公室、湖南省龙舟协会、中共岳阳市委、岳阳市人民政府；承办单位：湖南省社会体育指导中心、岳阳市人民政府台湾事务办公室、岳阳市体育局、中共汨罗市委、汨罗市人民政府；协办单位：湖南中烟集团、湖南省同力循环经济发展有限公司。③中华龙舟大赛，市场组织运作型。在国家“十二五”规划的开局之年，为深入贯彻实施《全民健身条例》，传承中华民族传统体育，弘扬民族精神，推动龙舟运动的大力发展，由国家体育总局社会体育指导中心、中国龙舟协会和

---

① 谢玉，罗湘林，何斌．汨罗江龙舟竞渡探析［J］．体育文化导刊，2012（8）：29－32.

② 羿翠霞，杨涛，陈彦．中国汨罗江国际龙舟节文化探析［J］．体育文化导刊，2013（12）：105－108.

中央电视台体育频道主办，中视体育娱乐有限公司和各赛事举办地政府承办的中华龙舟大赛拉开了帷幕。2011 年 4 月 20 日，中华龙舟大赛合作签约仪式在北京举行，国家体育总局社会体育指导中心主任胡建国与中视体育娱乐有限公司董事总经理阮伟正式签署协议。这也意味着一项奖金总额和赛事级别最高的中国龙舟赛事正式诞生。作为中央电视台体育频道唯一的商业运营机构，中视体育在体育营销领域拥有全方位的资源优势和丰富的运营经验，负责中华龙舟大赛的商业运营和品牌推广；国家体育总局社会体育指导中心和中国龙舟协会则组建顶尖的竞赛团队，全力承担赛事组织工作。① 双方强强联手，在世界范围内推广龙舟这一民族传统体育运动。主办方希望通过中华龙舟大赛在短时间内培养和支持并建立 10 余支成熟的、高水平的龙舟队伍，并在此基础上推动成立相应数量的龙舟职业俱乐部，从长远项目发展上，通过打造中国龙舟职业联赛，进一步推广和普及中国的龙舟运动，进而为发展中华民族传统体育、传统文化做出贡献。

## 三、我国民族民间体育赛事投资主体多元化

随着我国社会经济的发展，国家和地方政府对民族民间体育赛事重视度的提升，更多的社会力量投入该项赛事之中，投资主体呈现多元化的特点，包括民众自发集资、政府投资、政府主导社会融资、企业投资赞助、商业化运作等。我国民族民间体育赛事的投资主体与组织形式有很大关系。①民众自发组织型的民族民间体育赛事主要由民众自发筹集资金，如宁夏海原县史店乡苍湾村成林文体书院举办的农民运动会，由回族打梭文体项目传承人李成林筹集资金组织开展，从单一篮球项目发展到 10 多个传统项目，包括象棋、拔河及当地民间流传千年的下方、打陀螺、打梭、拿硬腰、三人驮盐等项目。该运动会不仅成了体育锻炼、活跃乡村文化的盛事，更是展现新一代农民、回族花儿歌手、大学生、阿訇风采的盛事。②政府主导组织型的民族民间体育赛事的资金由政府全部承担，或部分政府承担，部分通过企业赞助等形式筹集。如中国玛曲格萨尔赛马大会因其办会的首要目的是维稳，故办会经费主要来自政府财政拨款，部分资金来自招商引资和

① 中华龙舟大赛［EB/OL］. http：//baike. so. com［2011 - 04 - 20］.

企业赞助。中国玛曲第6届格萨尔赛马大会就是以政府拨款、招商引资、企业赞助的形式共同筹资举办。③市场组织运作型的民族民间体育赛事的资金主要通过商业化运作获取。如潍坊国际风筝会自2000年第17届开始，政府不再专款办会，完全通过市场化运作筹集经费。投资主体的多元化，解决了赛事开展过程中的资金问题，也必然导致赛事举办重心的移位问题，尤其市场化运作的民族民间体育赛事，经济利益居于首要位置，使赛事的文化内涵不断消减和弱化。

## 四、我国民族民间体育赛事外在表现形式丰富化

新时期我国民族民间体育赛事处于全面发展时期，赛事的表现形式呈现丰富化的格局。大致归纳为以下三种形式。

### （一）综合运动会

综合各种民族民间体育运动项目而组织的赛事，大多参照现代大型竞技运动会尤其是奥运会的模式组织举行。以民运会为代表，作为一项综合性的民族民间体育赛事，民运会集中展现了我国各民族独具特色的传统民间体育运动项目的风采，既包括正式比赛项目，也包括表演项目。民运会为传统民族民间体育在当代的繁荣发展做出了积极的贡献，提升了各项运动的竞技水平。与现代竞技体育比赛一样，民运会也出现了“异化”现象，如竞技性增强，娱乐性降低，过分追求比赛成绩的“锦标主义”、奖牌大战、冒名顶替等现象频出，严重制约了民运会的可持续发展。

宁夏有10个少数民族传统体育项目训练基地，自治区对民族传统体育项目给予充足的财政支持。宁夏少数民族传统体育运动会每四年举行一次。2010年5月24日，宁夏回族自治区第7届少数民族传统体育运动会设置11个竞赛项目，分别是木球、蹴球、毽球、珍珠球、射弩、方棋、花炮、押加、陀螺、武术和民族式摔跤，分为37个小项，共设111枚奖牌；12个表演项目分别是踏脚、掌心月、牧童鞭、打木尖、鱼尾剑、赶牛、打瓦、彩镯掌、回族花儿艳、回族杨氏拳、响板舞动花儿红、椽笔颂古兰，这些表演项目均是从宁夏各地回族群众的生活场景中挖掘整理和经过艺术加工而成，侧面反映出回族群众的体育活动、武术、宗教习

俗等生活①。

## （二）文化节

我国民族民间体育赛事最主要的一种外在表现形式，是在市场经济条件下和民族传统文化遗产挖掘与保护日益受到社会各界重视的背景下形成的，表现为赛事向节事转型的格局。这些赛事大多以传统的节日民俗体育比赛为载体，以现代化、规范化的手段组织比赛，将赛事与文化、旅游等资源整合，共同推动地方社会经济的发展，使民族民间体育赛事真正成为旅游目的地（本研究中的赛事举办地）重要的目标吸引物，各地举办的龙舟节、风筝节、武术节、那达慕大会、赛马节等大都属于这一类。以潍坊国际风筝会为例，于2014年4月19日开幕的第31届潍坊国际风筝会，包括风筝、文化、招商三大版块10多项重点活动（表8－1）。呈现出创新风筝赛事水平，扩大品牌效应；突出招商，务实节俭办会；整合资源，办好特色活动；以人为本，增强参与性四大特点。

**表8－1　第31届潍坊国际风筝会活动内容一览表**

| 版块 | 活动内容 | 时间 | 地点 |
|---|---|---|---|
| 风筝系列活动 | 第31届潍坊国际风筝会开幕式暨万人风筝放飞表演 | 2014年4月19日 | 潍坊浮烟山国际风筝放飞场 |
| | 第10届世界风筝锦标赛 | 2014年4月20—21日 | 潍坊浮烟山国际风筝放飞场 |
| | 全国风筝分区选拔赛 | 2014年2月至4月上旬 | 国内各主要城市 |
| | 潍坊风筝大赛 | 2014年4月16—18日 | 潍坊滨海人工沙滩 |
| | 第4届中国（潍坊）夜光风筝邀请赛 | 2014年4月19—20日晚 | 潍坊市人民广场 |
| | “中国梦 劳动美”全市职工庆“五一”群众风筝放飞活动 | 2014年4月26日 | 潍坊市人民广场 |

① 宁夏第七届少数民族传统体育运动会［EB/OL］. http：//news. 163. com［2017－08－17］.

续表

| 版块 | 活动内容 | 时间 | 地点 |
| --- | --- | --- | --- |
| 文化系列活动 | 第4届中国画节·中国（潍坊） | 2014年4月18—22日 | 潍坊鲁台会展中心 |
| | 第7届文化艺术展示交易会 | | |
| | 第7届中国（潍坊）风筝工艺美术博览会 | 2014年4月4—8日 | 潍坊富华国际展览中心 |
| 招商系列活动 | 2014外交使节潍坊行 | 2014年4月19—21日 | 潍坊市 |
| | 第31届潍坊国际风筝会蓝黄“两区”建设重点项目推介会 | 2014年4月18日 | 潍坊富华国际会议中心多功能厅 |
| | 第2届中国软件工程发展趋势高峰论坛 | 2014年4月21日 | 潍坊软件园软件大楼 |
| | 潍坊市投资合作推介会 | 2014年4月20日 | 潍坊东方大酒店 |
| | 全国会展经济高峰论坛 | 2014年4月19日 | 潍坊东方大酒店 |
| 其他相关活动 | 美丽潍坊行 | 2014年4月18日 | 潍坊地区 |
| | 第7届海峡两岸风筝文化交流活动暨第9届潍坊市城区中小学生风筝节 | 2014年4月19—24日 | 潍坊实验学校 |
| | 第3届海峡两岸（潍坊）休闲观光农业交流会 | 2014年4月20日 | 潍坊寿光市 |
| | 第15届中国（寿光）国际蔬菜科技博览会 | 2014年4月20—5月30日 | 潍坊寿光市 |
| | 潍坊峡山湖万人健步行活动 | 2014年4月26日 | 潍坊峡山湖畔 |

笔者实地调查发现，目前全国各地以文化节的形式举办的民族民间体育赛事，办会的主流范式为“体育搭台，经贸唱戏”，包括一直以娱乐健身为目的的那达慕大会、潍坊国际风筝会等。各地过分注重经济效益，这种情况下民族民间体育的传承和保护将显得尤为重要，值得政府和社会各界深思。对民族民间体育的传承

与保护是一项系统工程，不能流于形式，要切实关注其生存环境和生存空间的保护。我国目前正值城镇化建设阶段，大量传统村落正在减少或消失，部分民族民间体育生存空间大大减小，值得警示！

## （三）民间休闲健身表演赛

我国民族民间体育许多传统项目都具有休闲健身和娱乐的功能，大都在节日、庆祝丰收和闲暇时间进行，娱乐性大于竞赛性。近些年，人类社会不断变迁，虽然民族民间体育的竞技性增强，娱乐性降低，但是在满足当前人们健身休闲娱乐需求方面发挥了极大作用，像放风筝、抖空竹、拔河、跳锅庄、太极拳、舞龙舞狮、跳绳、荡秋千、社火、秧歌、各种鼓文化表演等。在我国，这些项目活跃在城市、社区、街道办、农村（集会、庙会、田间地头等）等地方，有民间自发组织的，也有在相关部门支持下进行的，还有社会力量投资开展的。

**案例 1：民间自发组织典范——农民运动会（宁夏海原县史店乡苍湾村成林文体书院）**

地处宁夏南部的西海固地区被称为“贫瘠甲于天下”，山大沟深，十年九旱，物质生活条件十分艰苦。千百年来，苍湾村一直掩隐在宁夏南部山区连绵的群山中，日出而作、日落而息的传统农耕生活沿袭在一代代村民的生命里，枯燥而单调，“交通靠走、交流靠吼、耕地靠牛、照明靠油”的传统生存环境使群众的文化生活变成了一种奢求。

李成林正是在这种环境下开始了篮球运动会的筹备工作。只有初中文化的李成林在各种书籍中寻找篮球比赛的规则，成立乡村篮球运动会组委会，邀请会打篮球、能公正执法的篮球爱好者当裁判员，骑自行车走进附近各乡村，邀请那里的村民前来参赛。1987 年春节期间，来自全县各乡 12 个代表队的 120 人，聚集在苍湾村。海原县历史上第 1 届农民篮球赛在苍湾村小学那个木头做的简易篮球架以及全是泥土的篮球场地上举行。李成林的篮球运动会举办到第 5 届时，发生了彻底的变化。2006 年 2 月 15 日，李成林将第 5 届篮球运动会更名为农民运动会，将羽毛球、乒乓球、象棋、拔河及当地民间流传千年的下方、打陀螺等列为比赛项目。随后不断增设项目，完善农民运动会，如第 6 届农民运动会新设了旨在鼓励当地农村妇女学文化的“妇女识字”项目；参赛队伍成分多样化，如宁夏大学生篮球队、穆斯林宗教界阿訇篮球代表队等。该运动会不仅成了体育锻炼、活跃乡村文化的盛事，更是展现新一代农民、回族花儿歌手、大学生、阿訇风采的盛事。

在被联合国官员考察后认定为“最不适合人类居住的地区”的宁夏南部山区海原县的苍湾村，在干旱少雨的“零物质境地”下，回族农民李成林自办的农民运动会如火如荼地进行着，从最初的一个篮球和借村小学的篮球场发展到拥有自己兴建的600多平方米水泥篮球场及中国唯一的农民文体大院；从第1届12个乡村代表队到2012年的30多个篮球队参加；从单一的篮球运动会到10多个传统运动项目——李成林见证了这几十年间变化背后的艰辛历程。为进一步传承保护少数民族传统体育项目，训练、培养一批少数民族体育能手；推动农村体育事业的发展，促进农村精神文明建设工作的深入开展，经团县委积极协调，2009年2月在史店乡苍湾村成林文体书院成立了宁夏海原县少数民族传统体育项目传承训练运动协会，协会秘书长由回族打梭文体项目传承人李成林担任。协会成立后的主要任务：广泛开展农村群众性体育活动，保护、传承回族传统体育项目（包括回族下方、打梭、拿硬腰、三人驮盐等），提高农民整体素质和竞技体育水平，加强与其他体育组织的联系和沟通，促进农村体育科学研究，积极发挥咨询作用；举办、承办或联合举办乡村文化艺术活动和文体活动；开展农村体育交流活动，加强同体育组织和体育工作者的友好往来，促进农村体育文化的传播；发展农村体育产业，培育农村体育市场，开发无形资产。

### 案例2：民俗体育旅游——青海互助土族自治县小庄村

民俗旅游主要是以考察风土人情、民俗文化为特点的旅游形式，属于高层次的文化型旅游。民俗文化作为一个地区、一个民族悠久历史文化发展的结晶，蕴含着极其丰富的社会内容。地方特色和民俗特色是旅游资源开发的灵魂，具有独特性与不可替代性。民俗文化的内容主要包括生活文化、婚姻家庭和礼仪文化、口头传承文化、民间歌舞娱乐文化、节日文化、信仰文化等。民俗体育作为民俗文化的一部分，不断丰富民俗旅游的内涵，是民族体育自我保护、自我发展的一种形式。民俗体育旅游具有广泛的群众基础，可实现文化、旅游、体育资源的有机整合，生存空间广阔。

土族自称蒙古尔、察罕蒙古尔、克尔伦，汉族称其土达、土人、土民，现定名为土族，其原始宗教为萨满教，现主要信奉藏传佛教格鲁派。青海互助土族自治县是全国唯一的单一土族自治县，是土族人最多、最为集中的地方，国家级非物质文化遗产比较丰富，如拉仁布与吉门索、花儿（丹麻土族花儿会）、土族婚礼、土族轮子秋、土族服饰、安昭舞。在农闲时间与节庆期间，有社火活动、皮影艺术、剪纸艺术、刺绣艺术、花儿会等。体育文化活动主要有轮子秋、安昭舞等。轮子秋是土族人民勇敢、智慧、团结的结晶和象征，也是土族男女老幼喜闻乐见并踊跃参与的传统活动，每逢农闲季节，特别是春节期间进行的娱乐活动。前些年，互助县群众对轮子秋进行改进，用钢管做轮盘，装上滚珠轴承，饰以彩旗飘带，配上土族乐曲，加上土族安昭舞，成为颇具特色的民族表演项目。2008年被列为国家非物质文化遗产，并被列为全国农民运动会和民族运动会上的表演或比赛项目，使土族人民这一古老的体育、娱乐活动又焕发了新的活力。安昭舞是土族人最喜欢的传统舞，男女老少无人不爱无人不会。每逢喜庆佳节，人们都要盛装歌舞，跳降服妖魔的安昭舞，歌唱平安吉祥，歌唱幸福安康。

多年来，该村在党的强农惠民政策指引下，群众开放意识、发展意识逐年增强，特别是20世纪90年代以来，小庄村在发展农业生产的同时，利用民族优势和区位优势大力发展民俗旅游产业，取得了良好的经济效益和社会效益。目前，全村从事民俗旅游农户发展到72户，占总户数的49.67%。村上大多数劳动力从事旅游接待及相关服务，小庄村旅游接待已初具规模，2010年全村收入达到470万元，其中旅游收入占总收入的76.6%，人均收入8000元。

## 五、我国民族民间体育赛事的影响力和竞争力不断增强

由于体育与社会、经济、文化、环境、政治等诸多领域之间具有较强的契合度，这使我国民族民间体育赛事在发展中十分注重资源的整合，赛事活动内容不断丰富，受众群体越来越多，赛事规模不断扩大，从省内到省外，从国内到国际，我国民族民间体育赛事的市场竞争力越来越强。中国玛曲格萨尔赛马大会，其规

模和影响不断扩大，呈现出各民族携手同进和相互交融的和谐氛围，为民族地区的团结稳定打下了坚实的基础①②。2008 年中国武术作为表演项目进入奥运会，这是民族民间体育赛事的国际性特点最具代表性的体现。2004 年 11 月 21 日，全球第一所“孔子学院”在韩国首尔挂牌。截至 2010 年 10 月，全球已建立 322 所孔子学院和 369 个孔子课堂，共计 691 所，分布在 96 个国家（地区）。③ 我国民族民间体育赛事的国际化是未来发展的趋势，通过赛事交流，可以宣扬和传承中华民族的优秀文化。为此，我国的民族民间体育赛事必须走品牌化的发展思路，要注重文化的传承和保护，只有这样才能保持其长久不衰的区域竞争力。

## 六、我国民族民间体育赛事与现代体育赛事特征的趋同性

国家政策的不断推广和实施，投资主体的多元化，使民族民间体育赛事表现出与现代体育赛事特征的趋同性。综观我国民族民间体育赛事的发展现状，集中表现出规范化、制度化、国际化、大众化和市场化五大特征④。

### （一）规范化

我国民族民间体育赛事的规范化特征，主要从赛事的组织管理模式、比赛规则的制定和实施、协会组织的建立及完善等方面来表现。

#### 1. 组织管理模式

目前，各地举办的民族民间体育赛事大都采纳了现代大型竞技比赛的模式，设有开闭幕式、会标、会徽、大型文艺演出、竞赛规程、运动员代表队、裁判员、仲裁和志愿者，甚至是吉祥物、焰火晚会等。严格按照赛会的规程执行，保证赛

---

① 杨涛，羿翠霞．遗产学视阈下我国民族民间体育赛事的特征及价值［J］．北京体育大学学报，2015，38（6）：1－5．

② 杨涛．我国民族民间体育赛事对旅游目的地的影响研究［M］．北京：中国时代经济出版社，2014：173－174．

③ 孔子学院［EB/OL］．http：//baike. so. com［2011－05－21］．

④ 张林，李延超．中国民族民间体育赛事研究［M］．北京：人民体育出版社，2012：23－30．

事组织管理的规范化。如中国玛曲格萨尔赛马大会开幕当天晚上在格萨尔文化中心广场举行盛大的篝火晚会，有民族服饰展示和民族舞蹈（锅庄舞）表演。

### 2. 比赛规则的制定和实施

这是当代民族民间体育赛事规范化发展的突出表现。在实践中许多民族民间体育项目，像武术、龙舟、风筝、摔跤、抢花炮、脚斗士、蒙古象棋、赛马等，都制定了比较科学的符合现代体育比赛一般规律和标准的比赛规则。以赛龙舟为例，中国龙舟协会1985年公布了《龙舟竞赛规则》（试行草案）；1988年正式出版了《龙舟竞赛规则》《龙舟竞赛裁判法》；1993年，《龙舟竞赛规则》《龙舟竞赛裁判法》经修订后再版；此后在较长一段时间内，为适应国内外龙舟运动的发展和新形势的需要，中国龙舟协会总结研究了几年来我国举办国内、国际龙舟赛的经验后，本着三大原则（第一，注重与国际龙舟规则进一步接轨；第二，保留了中国传统需保留继承的特色；第三，根据各地办赛的需要，注重规则与裁判法的可操作性）对《龙舟竞赛规则》《龙舟竞赛裁判法》进行了重新编写，随后于2003年出版了《龙舟竞赛规则与裁判法》，供各地在举办龙舟竞赛中施行。龙舟运动逐渐走向规范化的道路。

### 3. 协会组织的建立及健全

协会组织的建立及健全是民族民间体育赛事走向规范化、组织化和规模化的重要保障，也是世界体育运动发展的必然趋势。自改革开放以来，我国民族民间体育赛事呈现出良好的发展态势，许多项目都自上而下成立了各级协会组织，对项目的发展起了很大的推动作用。比如龙舟、风筝等项目，从国家到各个省、市、自治区都建立了协会组织，形成了比较完善的协会组织网络，便于交流、联系和沟通。以中国汨罗江国际龙舟节为例：2013年1月18日，汨罗市龙舟协会正式成立，湖南省龙舟协会授予汨罗“龙舟拓展训练基地”牌匾，这标志着汨罗市龙舟事业进入更加规范、更加科学的发展快车道。汨罗市龙舟协会是由全市龙舟文化组织机构和社会各界自愿组成联合性的非营利性社会组织，为大力弘扬中华传统文化，进一步扩大汨罗市龙舟品牌的辐射力和影响力，宣传和发扬龙舟精神，彰显龙舟文化，加强岳阳与台湾的文化和经贸交流，2013年5月18—23日，汨罗市龙舟协会负责人和相关人员专程赴台洽谈事宜，最终达成多项协议①。一是签订了两项协议：汨罗市龙舟协会与台湾湖南商会签订了2013年海峡两岸端午龙舟文化合作协议和海峡两岸端午龙舟文化战略合作协议。二是明确了四大活动：双方将合作开展海峡两岸中华龙舟邀请赛、民俗节目汇演、台湾美食嘉年华、知名学府学位授予仪式。双方商定2013年龙舟节的活动主题为——中华端午情·天涯共此时“我们的节日·端午”；名称是2013第9届中国汨罗江国际龙舟节暨海峡两岸中华龙舟邀请赛。三是汨罗市龙舟协会负责人和相关人员拜访了知名人士，洽谈活动期间与海基会林中森董事长、新北市林国春议员、台北市林国城议员、卢嘉辰立委等知名人士就海峡两岸端午龙舟文化活动等事项进行面对面交流，重点推介了汨罗市循环经济产业园区、屈子文化园等国家级项目，以吸引台湾企业来汨罗投资兴业，共同发展。

## （二）制度化

我国的民族民间体育赛事同竞技体育赛事一样，在不断的发展过程中逐渐形成了一定的赛制，如4年1届的民运会，2年1届的世界龙舟锦标赛、河南登封国际少林武术节，一年一度的潍坊国际风筝会、中国汨罗江国际龙舟节、中国玛曲格萨尔赛马大会、泰山国际登山节，1年2次的内蒙古那达慕大会（夏季那达慕和冬季那达慕），以及少数民族的节事活动等。赛事的制度化，有力推动了项目的发展和民族民间体育文化遗产的保护与传承，丰富了广大人民群众的体育休闲娱乐文化生活。

## （三）国际化

我国民族民间体育赛事的国际化主要表现为两个方面：一是举办国际性比赛；二是相关项目国际协会组织的建立。改革开放以后，随着我国经济社会的发展，观念的不断转变，国际性的民族民间体育赛事频频出现，尤以武术、龙舟、风筝等项目的赛事最为频繁。世界龙舟锦标赛、世界大学生龙舟锦标赛、世界龙舟俱乐部锦标赛、洲际龙舟锦标赛、国际龙舟邀请赛等赛事已成为我国龙舟比赛的重

① 汨罗市龙舟协会赴台对接龙舟赛事取得实效［EB/OL］. http://www.huaxia.com［2013-05-23］.

要组成部分。第1届世界龙舟锦标赛于1995年6月14—18日在湖南岳阳举行，有来自中国、美国、加拿大、日本、意大利、澳大利亚、新西兰、瑞典、印尼、南非等10个国家和中国的香港、澳门地区的37支龙舟队伍，976名运动员、教练员和裁判员参赛；同时还举行了中国民间龙舟赛，来自全国各地、各民族的30支各具特色的龙舟队参加了比赛。世界大学生龙舟锦标赛已举办3届，分别在天津、美国加州和浙江嘉兴举行。2013年6月12日第4届世界大学生龙舟锦标赛在太原开幕。在为期一天半的比赛中，来自五大洲22个国家，42所学校，包括哈佛大学等10所世界百强名校在内的62支队伍1000多名运动员参加了男子组、女子组、混合组200米、500米直道竞速和2000米环绕赛的比拼，参赛队伍数量创历史新高。第1届潍坊国际风筝会于1984年4月2日在山东潍坊举行，来自美国、日本、澳大利亚、英国、德国、荷兰等11个国家和地区的18个团队，共86人，与潍坊两个放飞队进行风筝放风表演；同时吸引了美国、日本、加拿大、澳大利亚、法国等20多个国家和中国香港地区的近百家新闻媒体以及国内45家新闻单位，对这次盛会作了专题报道，中央新闻电影制片厂拍摄了《风筝之乡》、山东电影制片厂拍摄了《潍坊国际风筝会》等新闻纪录片。2014年4月19日举行的第31届潍坊国际风筝会暨第10届世界风筝锦标赛有来自中国、波兰、法国、德国、意大利、瑞典、澳大利亚、美国、阿根廷、日本、马来西亚、孟加拉、印度、比利时、南非、韩国、奥地利、西班牙、英国、土耳其、荷兰、新西兰、印度尼西亚、新加坡、韩国等国家及中国香港、中国澳门、中国台湾地区，共45支代表队参赛；此外还有内蒙古、黑龙江、辽宁、吉林、山东、北京、天津、河北、河南、上海、江苏、浙江、湖北、江西、山西、陕西、广东、广西18个省、市、自治区的57支代表队参加。

国际风筝联合会，简称“国际风联”，是在我国成立最早的国际化的民族民间体育协会组织之一，于1989年4月1日经国务院批准，在中国潍坊正式成立。现有理事国16个，会员国67个，秘书处所在地是山东省潍坊市。设立有国际风筝联合会金风筝奖和银风筝奖，以表彰为国际风筝联合会和国际风筝运动做出重要贡献的组织和个人。这是第一个由华人发起，第一个由华人牵头负责，第一个设在中国中等城市的国际性体育组织。国际龙舟联合会，简称“国际龙联”，1991年6月24日在中国香港成立。成员有来自包括中国、澳大利亚、英国、印度尼西亚、意大利、马来西亚、挪威、菲律宾、新加坡、美国等国家及中国台北、中国香港地区的龙舟协会共12个。国际龙舟联合会现有协会会员61个，在2007年成为国际单项体育联合会总会成员。

## （四）大众化

所谓大众化，就是平民化，赛事参与者是广大人民群众。自1995年《全民健身计划纲要》颁布以来，全民健身运动逐渐深入到社会各个阶层，在一定程度上推动了民族民间体育赛事大众化的发展。各地的民族民间体育文化节事活动、民间体育健身休闲表演赛等，大众化特征尤为明显。如广泛流传在民间的庙会、社火、秧歌、武术、踏脚、拔河、斗鸡、射箭、摔跤及腰鼓鼓文化表演等。

### 1. 陕西省关中地区周至县——庙会

两千多年前，秦始皇在楼观建清庙，祭祀老子，是庙会的先声。魏晋南北朝时期，周至建起了一些佛教寺院，庙会渐兴。时至今日，周至庙会少则涉及三五村，多则涉及数十村。如终南豆村庙会、集贤庙会、兰梅原村清明会等由本村主办。翠峰山娘娘庙会，主办者有哑柏镇、翠峰乡、竹峪乡的32个村，组成12社，每年轮流办会，游客来自眉县、扶风、武功、杨凌和周至5个县区。楼观台庙会的游客以关中地区为主，也有大量的外省游客及少数海外游客，日游客最高达七八万人。周至庙会是对民间艺术的检阅。社火、高跷、龙灯、纸扎、蜡塑、锣鼓、仪仗、民间舞蹈等大型民间艺术活动是庙会的高潮。如农历正月十五青化村元宵灯会，家家门前悬挂彩灯。哑柏镇仰天村农历二月二龙灯在仰天河畔举行饮龙庆典。镇东村、阳化村的马戏社火和高抬芯子远近闻名。

### 2. 陕西省陕北地区安塞县——安塞腰鼓

安塞腰鼓源于战争和祭祀，后来演变为民间的娱乐活动，融舞蹈、武术、体操、打击乐、吹奏乐、民歌为一体，已有数千年的历史。安塞腰鼓是安塞三绝之一，它是中华民族精神风貌的再现，是黄河流域文化的组成部分。因而，它不仅深受广大群众的喜爱，而且名扬海外，堪称“中国一绝”和“中国第一鼓”。安塞腰鼓从农村打到城市，从黄土高原打向大江南北，从农家小院打到天安门前，从自编自演走向电影电视屏幕，从农运会打到亚运会，从陕北的穷山沟走上世界领奖台。安塞腰鼓以它独特而精湛的艺术打遍全国，冲出亚洲，走向世界。安塞腰鼓依据不同的风格韵律有文、武之分，“文腰鼓”轻松愉快、潇洒活泼，动作幅度小，类似秧歌的风格；“武腰鼓”则欢快激烈、粗犷奔放，并有较大的踢打、跳跃和旋转动作，尤其是鼓手的腾空飞跃技巧，给人们以英武、激越的感觉。文、武腰鼓逐渐结合形成新的风格，而以安塞的西河口乡与真武洞两地最有特色。它们生动地反映了当地群众憨厚、淳朴的气质和性格特征。特别是在表演中揉合了民间武术和秧歌舞动作，有张有弛、活而不乱、进退有序、气势磅礴、浑厚有力，群众赞之为“式子慷慨码子硬”。安塞腰鼓表演可由几人或上千人一同进行，磅礴的气势、精湛的表现力令人陶醉，被称为“天下第一鼓”。1996 年，安塞县被国家文化部命名为“中国腰鼓之乡”。国家非常重视非物质文化遗产的保护，2006 年 5 月 20 日，安塞腰鼓经国务院批准列入第一批国家级非物质文化遗产名录。2009 年 10 月 1 日，安塞腰鼓参加了国庆六十周年天安门广场的群众游行演出，并编成冀教版语文教科书六年级上册第二十九课和苏教版语文六年级上册第十四课《安塞腰鼓》。①

### 3. 甘肃省甘南藏族自治州临潭县——万人拔河比赛

拔河运动在临潭俗称扯绳，具有深厚的传统文化底蕴和悠久的历史，每年元宵节举行的万人扯绳活动，至今已有六百多年历史。据清代史书记载：“旧城民有拔河之戏，用长绳一条联小绳数十，千百人挽两头，分朋牵扯之。其目的以为扯势之胜负，即以占年岁之丰歉焉。”② 临潭县的万人拔河比赛已经是此地春节期间最激动人心的节庆活动，在农历正月十四到正月十六元宵节期间，每晚都会举行 3 局比赛。据《洮州厅志》载：“其俗在西门外，以大麻绳挽作二股，长数十丈，另将小绳连挂于大绳之中，分上下两股，两钩齐挽。少壮咸牵绳首，极为扯之，老弱旁观，鼓噪声可撼岳，为上古牵钩之遗俗。”③ 那时扯的绳，是各户捐来的麻绳，现在用绳为钢缆绳。

2001 年，临潭元宵节“万人扯绳活动”被载入世界吉尼斯纪录。2007 年元宵

---

① 安塞腰鼓［EB/OL］. https：baike. so. com/doc/2047335 – 2166273. html.

② 甘南节日介绍［EB/OL］. http：//www. zhgl. com/tourmall/line/11690. htm.

③ 万人扯绳赛［EB/OL］. https：//baike. so. com/doc/8177200 – 8494188. html.

节万人扯绳活动，绳长1808米、重8吨、龙（绳）头粗16.5厘米、龙尾粗6厘米，参加人数达15万人次，是世界扯绳史上一次绳重最重、直径最大、长度最长、人数最多的群众性体育活动；同年，临潭县成功举办了全国拔河锦标赛。2008年，临潭县以悠久的拔河传统、灿烂的拔河文化、丰富的拔河内涵及广泛的大众参与性获得了首个“全国拔河之乡”的殊荣。自2009年开始，成功举办了多次中国拔河公开赛暨洮州拔河节活动。2011年，临潭县人民政府以传统拔河运动为平台，推进全民健身，继续举办中国拔河公开赛，并将这一赛事做成品牌，形成传统，每年举办1届，打造西部乃至全国全民健身的亮点工程。为了丰富比赛的内容，在公开赛期间还举办了第14届“洮州花儿”大奖赛、临潭县大象拔河（押架）比赛、洮州风情旅游推介会、经贸洽谈会和招商引资项目签约及精彩的文艺演出等活动。

## （五）市场化

市场化是指用市场作为解决社会、政治和经济问题等基础手段的一种状态，意味着政府对经济的放松管制。我国民族民间体育赛事的市场化是在我国市场经济条件下，民族民间体育赛事发展的必然趋势。也就是在开放的市场中，以市场需求为导向，以竞争的优胜劣汰为手段，实现资源充分合理配制，实现效率最大化的目标。我国具有规模的民族民间体育赛事大都经历过计划经济条件下政府举办的阶段，但是随着改革开放和市场经济体制的确立及深入，政府主导与社会参与相结合的市场化运作逐渐成为我国民族民间体育赛事的主要举办模式。

2000年4月20日，第17届潍坊国际风筝会开幕式在潍坊市体育场举行。开幕式由入场式、文艺表演、焰火燃放三部分组成，观众达3万多人。来自美国、澳大利亚、英国、加拿大、法国、德国等21个国家和地区的400多人、56支风筝代表队，以及北京、南京和潍坊的10支国内代表队参加了比赛。本届风筝会首次采取“政府主办、社会参与、市场运作”的办会方式，本着“隆重、热烈、创新、节俭”的原则，达到了“风筝牵线、文体搭台、经贸唱戏”的根本目的。自本届赛会开始政府不再专款办会，办会经费完全市场化运作筹集。第31届潍坊国际风筝会投资冠名企业有山东金河投资管理有限公司（“金河投资”杯2014潍坊风筝大赛）、山东中烟工业有限责任公司［“泰山平安”杯第10届世界风筝锦标赛、第

4届中国（潍坊）夜光风筝邀请赛]、北京三元食品股份有限公司（第31届潍坊国际风筝会指定乳制品）、中国人保财险潍坊市分公司（第31届潍坊国际风筝会唯一保险合作伙伴）等。2012年6月21日开幕的“长江化肥杯”第8届中国汨罗江国际龙舟节，由国家体育总局、中国龙舟协会、汨罗市委市政府主办，湖南省体育局、湖南省龙舟协会、中国东方演艺集团协办，长江化肥控股有限公司冠名。

## 七、我国民族民间体育赛事资源丰富度高，具有较高的挖掘和整合度

我国是一个多民族国家，在人类长期的社会、文化、民族、经济变迁中，形成了各民族独具特色的民族民间体育活动、体育项目及赛事。这些都是我国重要的体育非物质文化遗产项目，具有较高的文化价值、经济价值、社会价值、历史价值，具有一定的教育、教化、健身、休闲等功能（表8－2）。

表8－2　中国体育非物质文化遗产项目目录一览表

| 民族 | 体育非物质文化遗产项目 |
| --- | --- |
| 汉族 | 投壶、蹴鞠、步打球、捶丸、击壤、木射、射箭、射潮、骑射、猿骑、扶卢（寻橦）、相扑、中国式摔跤、角力、五兵角抵、举鼎、负重、石担石锁、抓石、疾驰、水嬉、水球、射鸭、弄潮、弄水、投石、拔距、龙舟竞渡、跳水寻物、挠彩舟、抢荷花船赛、划六龙船、摇快船、踏白船、风筝、秋千、车轮秋、转轮秋、水上秋千、拔河、松江叶榭竹编球、保定铁球、马球、掷行头、打毛蛋、踢石（铁）球、棍打球、牧球、木球（门球）、调吊、皮条、杠子、游百病、背冰亮膘、登高、雁荡飞渡、踩泥马发界鸡、拉地棍、打稍、打炮儿、放皮筏、耍水、跳水、垂钓、信鸽、赛走骡、打车轮与翻跟头、靠环与碰拳、扳羊头、背碌、翻石滚、千斤坠、千把转、走浪桥、风帆车、扔包、滑冰车、闯马城、骑马打仗、羊铲掷土、九连环、曳石、跑马城、爬竿、斗鸡、立马桩、扛金刚、校花棒、叠罗汉、挑兵、望月亮、打髀殖、跳绳、跳 |

续表

| 民族 | 体育非物质文化遗产项目 |
| --- | --- |
| 汉族 | 皮筋、跳房子、踢毽子、打陀螺、打戛、拷棒、打梭、大拐、赶老牛、马棒球、打瓦、鸡孵蛋、走羊窝、跳幡、舞龙、舞狮、五虎扛箱、跳抬判、民间战鼓会、花钹、娘娘轿与翻油饼、骑马战、轧猪油渣、挤暖暖、旋鼓、踢鼓拉花、踢鼓子、凤阳花鼓、腰鼓、秧歌、玩旱船、高跷、弹球、捉骨牌、拾魁、撞个与弹骨、砍子、抓（石）子、抢卵子、老鹰捉小鸡、卷席筒、推风车、散里丢丢、打宝塔、抖空竹、中国象棋、围棋、弹棋、六博、六周、憋死猫、憋死牛、憋死茅、憋死角、老虎吃绵羊、狼吃娃、摆龙、摆龙门阵、打虎棋、兽棋、天下太平、对角棋、老虎棋、赶牛角、下褡裢、走和尚、围和尚、“华容道”智力棋、西瓜棋、网棋、拇指棋、下方、掐仿、成方、插方、三棋、三三棋、灌三壶、三六九、四棋、四光顶、五棋、加五马、五子担担、夹跳棋、赶五湖、六棋、九子棋、“九连”与“十二连”、三子棋、斜方棋、十字棋、四子棋、旋转棋、双转棋、栽秧棋、到家棋、打虎棋、三虎棋、擒敌棋、翻转棋、围棋五子棋和梅花棋、养生术、导引与气功、马王堆气功、彭祖气功、青龙动气功、武当气功、天河寺硬气功、南京戴家功、常州气功、三线放松功、陈式太极拳、孙氏太极拳、吴氏太极拳、杨式太极拳、太极五星锤、螳螂拳、秘踪拳、拦手、地躺拳、五龙通花枪、四通捶、华拳、孙膑拳、文圣拳、大鸿拳、劈挂拳、梅花桩、翻子拳、绵拳、短拳、八卦掌、通背拳、形意拳、车氏形意拳、傅拳、弓力拳、五法八象、少林拳、石头拳、苌家拳、八极拳、分手拳、戳脚、内八卦、意拳、清拳、顺手拳、三皇炮锤、东乡拳、戗拳、九华山拳、五童气功拳、南拳、常州南拳、船拳、台州南拳、温州南拳、少林五祖拳、鹤拳、永春白鹤拳、连城拳、地术犬法、龙尊、虎尊、儒法、邹家拳、硬门拳、字门拳、蛇拳、伞拳、内家拳、花拳、浦东拳、六合拳、岳氏连拳、唐拳、武当拳、岳家拳、龟牛拳、龙虎争巢拳、巫家拳、太乙游龙拳、梅山拳、自然门、盛氏武功、三十六闭手、喻家六合拳、峨嵋坤门拳、七步云脚拳、西凉拳、高家拳、八宝拳、洪拳、刘家拳、莫家拳、咏春拳、蔡家拳、李家拳、蔡李佛拳、龙行武术、砍刀蛮牌、八卦刀、杨家拳、马枪、八卦连环剑、子午鸳鸯钺、少林棍、牛郎棍、鞭杆、梭子、水浒拳 |

续表

| 民族 | 体育非物质文化遗产项目 |
|---|---|
| 回族 | 弓弩射、拔腰、跰跤、抱小腰（抱腰拔河）、扭扁担、扳手腕、推步、赛马、掼牛、斗鸡、墙球、打铆球（拦子）、木球、打毛蛋、打嘚栲、踢毽、踢毛毽（踢线球）、洒蛋蛋、拔河、花式跳绳、跳皮筋、放风筝、踩高跷、秋千、打抛俩、打梭儿（打尖）、打抛（打毛球、打毛蛋）、打石头、扔包、打砖、滚灯、赶老牛、要狮子、顺风扯旗（顺风打旗、爬杆）、擢杆、中幡、要水、叠罗汉、堆人山、爬山城、拧手指头、对棍、打杈杨、跳格、弹腿（踏脚）、滑冰车、掷子（扔石锁）、石担、皮条、杠子、武术［排打功、回民七势（七士、齐势）、回回十八肘、十三太宝气功、阴把枪（八卦缠枪、阴把缠枪）、查拳（教门拳）、心意六合拳、八门拳、环子捶、八门驷拳、汤瓶拳（汤瓶七式）、护身拳（护符拳）、白猿通背拳、八极拳［巴子拳］、通备拳等）、气功、方棋（下方） |
| 满族 | 射箭、步射、立射、射柳条、射兔、射香火、射鹄子、射米团、射镞、狩猎、弹弓、布库（摔跤、撩脚）、二贵摔跤、斗拐、"桦皮篓"、拉地弓、采"珍珠"（尼楚赫）、铜锣球（打铜锣）、打牛毛球、马球、踢石球、赶石弹、击石球、蹴球、弹弹子（弹球）、踢毽、玩嘎拉哈、绳飞（跳白索）、"追射"、放风筝、荡秋千、抽陀螺、踩高跷、打瓦、掷钱、滚铁环、中幡、杠子、皮条、跳马（骆驼）、赛威呼（赛船）、"骑马战"、跑马城、跳房子、老鹞子捉小鸡、过家家、捉迷藏、揣包儿（掉手帕）、猫拿耗子、插鸡尾翎、穿树林、双飞舞跑（二人三足赛跑、三条腿走路）、雪地走（走百病）、夹兽跳、打冰嘎（冰上打陀螺）、溜冰（打赤溜冰）、溜冰车、冰嬉（滑冰）、拉地弓、投砂袋、举重石（刀）、掷子（扔石锁）、武术 |
| 锡伯族 | 射箭、射箭杆儿、狩猎、摔跤、赛马、叼羊、秋千、放风筝、举重、打瓦（把耙）、打瓦尔、嘎尔出克（欻嘎拉哈）、踢熊头、打"螃蟹"、抓石子儿、艾曼占地（捉迷藏）、滑冰、"狼"棋、"走京城" |
| 赫哲族 | 射箭、木枪射击、摔跤、叉草球、鹿毛球、档木轮（击木轮赛）、叉草人、快马子赛、骑狗赛、打爬犁、赛狗爬犁、划船、秋千、杜烈其（夺万岁）、赛托日乞（打爬犁）、游泳与潜水赛、恰尔奇刻（滑雪）、冰磨 |

续表

| 民族 | 体育非物质文化遗产项目 |
|---|---|
| 鄂伦春族 | 夏巴木咢（射箭）、射击、狩猎、摔跤、板棍、塔理木咢（拉棍）、尼开米那基塔尔格木咢（颈力）、播那天波汗（打球）、耶路里得楞（赛马）、套马、毛皮球、撑竿跳、跳绳、投石、乌木木咢欠（桦皮船）、括唠挖喔娜冉（扛人）、特更色帕然汉（野猪皮雪橇）、皮爬犁、阿尤汗（抓嘎拉哈）、“斗熊”、滑雪、刻耶处、撒布卡和毕老黑、班吉（鄂伦春族围棋） |
| 鄂温克族 | 狩猎、赛马、套马、抢枢、滑雪、熊斗舞、爱达哈喜楞舞 |
| 朝鲜族 | 摔跤、荡秋千、跳板、拔河、顶罐走、铁连极、投骰、高丽象棋 |
| 蒙古族 | 射箭、博克（摔跤）、踢行头、打唠唠球、击石球、布木格（踢行头）、赛马、马术、套马、赛骆驼、赛驴、秋千、打布鲁、踢毽、贵由赤、中幡、嘎拉哈、祭海、武术、沙塔拉（蒙古象棋）、鲍格棋（鹿棋）、八门阵棋 |
| 达斡尔族 | 射箭、摔跤、扳棍、颈力、掘大头、扳手腕、波依阔（曲棍球）、赛马、驮人、拔河、掷坑、“陶勒塔日喀贝”（陶力棒）、寻棒、打枕头、萨克（嘎拉哈）、滑雪、鹿棋、老虎棋 |
| 土族 | 射箭、摔跤、蹬（拉）棍、拔腰、打毛蛋、赛马、赛牦牛、台毽巴嘎（踢毽子）、轮子秋、合尼瓦日（抓羊）、罕跃、解绷绷、母胡古瓦日、丢钱、武术 |
| 东乡族 | 一马三箭、放鹰野猎、巴哈邦地（摔跤）、呔哑强啦（拔棍）、踢毛牙、赛模勒（赛马）、压走马（走骡）比赛、咭咕杜、跳跎跎、跑火把、三连石击目标、打鞭子比赛、当尕达至拿杜（打土块仗）、羊皮筏子（羊皮袋、牛皮袋）竞渡、骑木划水、夹木过河、人与牛泗渡 |
| 保安族 | 射箭、打五枪、抱腰与拔腰、赛马、抹旗（挥旗）、骑螺竞走、羊皮筏竞渡、甩抛尕、塔石纳特（打石头）、夺腰刀、保安族歌舞 |
| 维吾尔族 | 骑射、切里西（摔跤）、帕卜孜、阔依拉托甫（垒球）、拍打毛线球、赛马、叼羊、斗牛、斗鸡、斗羊、斗狗、打嘎儿、萨哈尔地（转轮秋千）、达瓦孜（走索）、顶瓜竞走、奥都卡尔、抢花帽、刀朗赛乃姆 |

续表

| 民族 | 体育非物质文化遗产项目 |
| --- | --- |
| 哈萨克族 | 箭射元宝、摔跤、穿麻袋摔跤、躺倒拔河、拍打毛线球、赛马、走马赛、马上角力（马上摔跤）、马上比武（马上拔河）、骑马拾银元、骑马抢布、骑马叼布、骑马拾手绢、叼羊、姑娘追、阿勒特把汗（打秋千）、阿克苏也克（掷白骨头）、苏赫尔铁克（蒙眼捉人）、滑雪 |
| 柯尔克孜族 | 射元宝（骑马射箭）、狩猎、摔跤、棒击球、包考（牛毛球）、奥尔托托甫（球击圈中人）、科力布卡（颈力拔河）、马背拔河、奥塔热希（马上角力）、交安尼希（人背角力）、阔容铁、莫西拉西（斗鸡）、跨驼比武、赛马、女子赛马、三岁马驹赛、赛骆驼、走马、飞马拾银、沙依希（马上对刺）、叼羊、追姑娘、阿尔罕塔尔提希（拔河）、“狼来了”、二人秋、二人翻（翻跟头）、月下赛跑、昂克尔代克（扔木棒）、月下寻物、托木克加希奴（藏髁骨）、觅知音（寻伴儿）、藏戒指、抢朋友、剪绳子、奥尔达（攻皇宫）、“狼吃羊”棋 |
| 乌孜别克族 | 摔跤、赛马、叼羊、击木 |
| 塔塔尔族 | 摔跤、赛马、赛跳跑、拔河、爬杆 |
| 撒拉族 | 摔跤、拔腰、蹬棍、赛马、骑术、踢毽子、打“蚂蚱”、打缸、打瓦、打日斗来（耍哑铃）、放木筏、赛瓦、游泳、溜道滑柴 |
| 裕固族 | 射箭、摔跤、顶牛、拉棍、拉爬牛、赛马、骑雪马、套马绳、叼羊羔、赛骆驼、浩尔畏（打撂抛）、打“蚂蚱” |
| 藏族 | 射箭、射碧秀（射响箭）、骑马点火枪、跑马打枪、射击、摔跤、加哲（角力）、顶头、蹬棍、拔腰（互背）、押加（格吞、“大象”拔河）、朵加（抱石头）、击球（马球）、举皮袋、达久（赛马）、马术、赛牦牛、俄尔多（抛尕、打抛兜）、风筝、秋千、赶喽喽（赶猪）、娃郎得（赶牛）、打牛角、赛跑、跳高、跳远、游泳、牛皮船竞渡、登山、倒立技巧、翻杵之戏（爬杆）、腹卧钢刀、跳绳、套图、丢窝、撑舌、锅庄、吉韧（弹康乐球）、尼格尔（藏围棋）、密芒（藏棋）、吉布杰曾、和尚棋、甲波得雪（困死棋）、略之把棋、巴塘藏棋、博帕（藏牌）、投骰子、投钱 |

续表

| 民族 | 体育非物质文化遗产项目 |
| --- | --- |
| 门巴族 | 米嘎巴（射箭）、狩猎、旁玛下让白（顶牛）、巴加惹比（拔河）、曾林巴（跳高）、若安布（攀藤索）、德过儿（投石）、龙普勒（抱石） |
| 彝族 | 射弩与射箭、弹弓、棕球、皮球窝、青木咱拉（跳鸡毛球）、小包团、撒实威威（叶子球）、摔跤、互布吉则（蹲斗）、扭（顶）扁担、杠术、顶头、翻腰、抵肩、阿克登登土（斗鸡）、对手拉、赛马、斗牛、耍龙、耍狮子、磨秋、翻秋、藤秋、打陀螺、“老虎”抢蛋（偷狐儿、“老虎”踢子）、擦掌背、跳火绳、跳板凳、跳小单门、跳大单门、跳高脚马、跳“牛”（跳“小黄牛”）、跳水牛、跳大火钳、日尔嘎（赶“老牛”）、飞标、皮风子（飞石索）、葫芦飞雷、爬油竿、吉菠基伸、设渡比拉、字过（抓石子）、阿勤难（弹豆）、跳大海、蹲走赛、辣地（舂“谷子”）、绵羊拉绳、望骂掷（拔“萝卜”）、尔满古、抽、阿克登登士、武术（刀术等）、十六赶将军、月亮棋、吃一跳 |
| 哈尼族 | 摔跤、磨秋、打陀螺、赛蒙抬（跳高跷）、阿弩塔拉手、跳猴子、秋千、拌鲁点、打石头架、武术、侗尼尼、乐作舞 |
| 傈僳族 | 弯弓射击、泥弹弓、皮球得来火、皮球丢、拉肚夺（顶杠）、尼昂急（顶牛）、背什（踢脚）、扭扁担、跳牛、四方拔河、陀螺、秋千、爬树爬竹竿、德细来火（跳远）、傈德德（跳高）、投掷（投矛）、逮来火（爬山）、拉绳、爬绳、划爬子、拿石头、拉绳、滑板子、砍竹竿、上刀山下火海、游泳、赖地 |
| 拉祜族 | 射弩、扁达（摔跤）、踢架、买切切（踢脚架）、鸡毛球、阿浅（秋千）、卡扒（陀螺）、戛水戛都（高跷）、嘎克依峨达（拔河）、卡扎吸峨（跳绳）、贾祖巴（瞎子摸鱼）、抢包头、丢包、跑杆（过独木桥）、爬杆摘果、阿郭（投矛）、跳芦笙、蜡河毕、扎底戛打、瓦逮、哈呜郭、武术（打马桩、拳术、器械等） |
| 纳西族 | 内窝扑（射箭）、占占夺（摔跤）、丽江球、布球、木球、草球、赛马、秋千、踢毽子、拔河、达理兹、拨拨拉、赛跑、投石器、掷坑、偷狐儿、转山转海、老大打老二、飞石锁、打跳、跑罐子、摔牛、驯牛、登刀梯、东巴跳、东巴武术、母鸡棋 |

续表

| 民族 | 体育非物质文化遗产项目 |
| --- | --- |
| 基诺族 | 射弩与射箭、泥弹弓、火药枪射击、摔跤、打毛毛球、打鸡毛球、牛尿泡球、藤条拔河、踩高跷、独绳秋、“羊打架”、扔石头、丢石头、丢包、竹竿比赛（顶竹竿、翻竹竿、扭竹竿、爬竹竿、跳竹竿）、游泳、跳嘎（跳牛皮鼓）、大鼓舞 |
| 羌族 | 骑射、射面兽（射击）、明火枪打靶、摔跤、推杆、顶杆、扭棍子、扳手劲、拍球、秋千、观音秋、蛾捉（抱蛋）、爬天杆、甩皮风、秋格拉萨、抓石子、丢窝窝、耍狮灯、舞龙灯、提石墩、斗鸡、武术、气功、牦牛愿、跳盔甲、萨朗（圆圈舞）、羊皮鼓舞、跳“麻龙” |
| 普米族 | 射箭、射弩、摔跤、击鸡毛球、板羽球、布球（堵鲁）、磨秋、赛跑、跳高、转山转海、划猪槽船、搓蹉（锅庄舞） |
| 景颇族 | 打弹弓、打汤跌（火枪射击）、咯姆卡（摔跤）、扭杠、顶杠、秋千、爬滑竿、跳高、跳远、爬滑竿、汤碟、汤蝶崩、嗝笨戈、拉拉、蛇龙、赶猪、武术（刀术、拳术等）、走子棋、目瑙纵歌 |
| 独龙族 | 射弩、阿扁（摔跤）、扳手腕、阿格来依（跳高）、拔河、翻栏杆（跳高）、撑竿跳、赛跑、标枪、网石、爬树杆（峭坡）、跷跷板、溜索、登独木天梯、登绳梯、老熊抢石头、游泳、巴楼木哇（水中憋气）、龙波哇（捡石子）、亚阿义（过“丰”字界）、猜拳、捉迷藏、阿日木（相互抓捕）、钓鱼、拉姆、滑草、滑雪 |
| 阿昌族 | 射弩、赛马、甩秋、车秋、耍白象（青龙）、泼花水、蹬窝罗、武术［阿昌拳术、猫赖过（刀术）、晃赖过（棍术）等］、象脚鼓舞 |
| 土家族 | 射箭、打粉枪、打猎、玩抱姑（摔跤）、斗角、搭撑腰（拔腰带）、扁担劲、抵杠、搂腰带、竹铃球、秋千、打磨秋、打陀螺、踢毽子、高脚马、跳马儿、抱蛋、抢“贡鸡”、发“界鸡”、打飞棒、抱磨盘赛跑、撑杆跳远、抢山头、独木桥、“摇旱船”、滚环、拣子、游泳、脚踩独木穿激流、潜水游戏、漂滩、划龙舟、倒挂金钩、攀藤、拉头巾、滚坛子、跑泽田、肉莲花（莲花十八响）、花棍、萨尔嗬（打丧鼓）、打长鼓、跳红灯、舞板凳龙、舞草把龙、地龙、人龙、举石、抱条石、耍石碗、武术（立阳桩、踏木桩、拔地功、虎占山捶、双虎凳、火棍、护身耙、鸡形拳等）、硬气功、跳马儿、五码棋、茅古斯、摆手舞、花灯舞、鹿子灯舞、铜铃舞 |

续表

| 民族 | 体育非物质文化遗产项目 |
|---|---|
| 白族 | 射箭、赛马、人拉人拔河、秋千、打陀螺、霸王鞭、仗鼓、耍火龙、“老虎跳”、登山（松花会）、跳火把、跳伟登、跳花棚、抢秧旗、耍海会、赛龙船、洱海龙舟赛、武术、绕三灵 |
| 怒族 | 射弩、摔跤、踢脚（脚斗）、怒球、秋千、跳竹、溜索、爬绳、前么那、老鹰捉小鸡、虎熊抱石头、特拉拉、划猪槽船、滑草、祭天舞 |
| 珞巴族 | 射箭、碧秀（响箭）、跳索、剥格（刀舞） |
| 壮族 | 射柳、狩猎、枪击滚石、角力、扳腰、背篓球、鸡爪球、高脚球、走马、特朗（打扁担）、打拐、磨秋、打陀螺、打手毽、踩高跷、投绣球、抢花炮、舞狮、舞龙、唱春牛、春椰争娃、板鞋竞技、扒龙船、赶猪进城、拾天灯、翻歪洞（黄虎过坳）、虎抱羊、搭人山、登山赛、提猪头比赛、倒立竞走、跳桌、跳花灯、跳台、跳箱、抬搁、跳橡皮筋、蛙跳、跳斑鸠、踩风车、烟筒花、玩石锁、板凳龙、武术（蚂拐刀、蚂拐棍、壮拳、洪拳等）、气功、跳棋、太阳棋、升官图、翡翠舞、蚂拐舞、芭芒燕、师公舞 |
| 布依族 | 射箭、抵杠、抱架腰、赛马、秋千、打格螺、“打乌龟”、丢花包、耍狮、玩山、打石头龙、划竹排比赛、游泳、花棍舞、把式舞、武术（铁链械等） |
| 傣族 | 打篾弹弓、藤球、赛马、白跌（打陀螺）、跳竹竿、抓子、丢包（丢糠包、丢花包）、鸭子赛跑、青蛙赛跑、堆沙、放高升、打水枪、象脚鼓对踢、击抬鼓、赛龙舟、独木舟、游泳与跳水、武术（傣拳、象形拳、练术等） |
| 侗族 | 摔跤、草球、学斗牛、哆毽、打陀螺、骑木马（踩高脚）、踩石轮、抢花炮、舞龙头、要“春牛”、踩芦笙、投火把、侗拳、三三棋 |
| 仫佬族 | 打篾球（打篾蛋）、竹连球、烽火球、打灰包（打猪脚）、打陀螺、抢花炮、玩花龙、滚竹环、抢粽粑、舞草龙、斗鸡会、群龙争珠、凤凰护蛋、游泳、象步虎掌、狮舞、“独角鹫”舞 |
| 水族 | 扭扁担、扳腰、赛马、狮子登高、翻桌子、跳桌子、斗鱼、武术、斗贵（斗牛舞）、丢压（铜鼓舞） |

续表

| 民族 | 体育非物质文化遗产项目 |
| --- | --- |
| 毛南族 | 同填、同顶、同背（都劲、都麻）、同拼（都拼）、马革球、打花龙、举石担（石锁）、抛沙袋、三棋、射棋、围母棋（母子棋）、簸箕棋、牛角棋（棋煞娄）、禾剪棋 |
| 京族 | 角力（摔跤）、顶头、顶臂、“打狗”、搏脚（踩高跷）、跳竹竿、顶竹竿、捉贝、走田、黯鸡估（捉迷藏）、游水捉鸭、斗牛、武术、花棍舞、进香舞、进酒舞、天灯舞 |
| 黎族 | 射箭、射弩、粉枪射击、弹弓、狩猎、摔跤（拌跤）、“顶牛”（顶膝盖）、顶棍、“拉乌龟”、打狗归坡（打狗上坡）、赛牛、赛牛车、斗牛、打花棍（打狗棍）、打陀螺、打木节、击木比远、荡秋千、放风筝、荡转车、卡咯（跳竹竿）、爬竿过树、拔藤、攀藤摘花、盖冽（穿藤圈）、竞走、乘子、背人碰撞、“抢姑娘”、扔石击标、扔石子、猜木棒、守营、游水（游泳）、水中格斗、竹排竞渡、钱铃双刀（钱串双刀）、钱串操、舂米操、跳鼓操 |
| 苗族 | 射箭、射弩、射背牌、吹枪、摔跤（抱腰）、踢脚架、扭扁担、掷鸡毛（掷鸡毛球）、布球、打“草蛇”、踢毛菌、赛马、斗马、斗牛会、荡秋、磨秋、八人秋、麻古（手毽）、踢毛毽、上刀梯、下火海、登山、爬花杆、爬坡杆、打禾鸡、打泥脚、踢枕头、踢“老虎”、掷石、搓麻线、穿花衣（裙）赛跑、织麻赛跑、穿针赛跑、划龙舟、板凳龙、舞龙、舞狮、跳狮子、拉鼓、跳鼓、打花棍、金钱棍、跳芦笙（叠人）、舞吉保、武术（芦笙刀、芦笙拳、苗拳、蚩尤拳等）、接龙舞、猴儿鼓舞 |
| 瑶族 | 射弩、对顶木杠、“顶牛”、毛莱球（木头球）、喇叭球、打陀螺、人龙、独木划水、独木桥、瑶拳、打猎操、播公（打长鼓）、芦笙长鼓舞、铜鼓舞、黄泥鼓舞、猴鼓舞、串春珠、伞舞、刀舞、盾牌舞 |
| 畲族 | “斗牛”（顶牛）、操石磉、打尺寸、舞狮、赛海马（滑泥板、滑板）、站柱、稳凳、打柴棒、抢山猪头、赶野猪、打野战、“虎抓羊”、越火堆、武术（钟家棒、畲族拳等）、硬气功、舞铃刀 |
| 仡佬族 | 打篾鸡蛋球（打篾蛋球）、打鸡毛球、打磨秋、踢毽子、抢花炮、高台舞狮、牛撵牛、地戏（傩戏）、挡耙、“跳海”、打花龙、板凳拳、牛筋舞、踩堂舞 |

续表

| 民族 | 体育非物质文化遗产项目 |
|---|---|
| 佤族 | 骑射、射弩、布隆（摔跤）、堵（顶杠）、卓威达威（拔腰力）、脚斗、能顿、布球、牛尿泡球、藤球、莫海亚（鸡毛球）、布冷（鸡枞陀螺）、重章撒（高跷）、跳高、跳海、抢石、爬竿、牛角棋、舂米舞、甩头舞、木鼓舞、跺脚舞 |
| 德昂族 | 射弩、打篾弹弓、打陀螺、武术（梅花拳、左拳等）、象脚鼓舞、佛鼓舞、水鼓舞、竹竿舞 |
| 布朗族 | 射箭与跑马、斗鸡、布朗球（打竹球）、藤球（托球）、秋千、独绳秋、陀螺、爬竿、亚嘟嘟、登山、恩格兰、武术、布朗舞、跳大鼓、唱灯 |
| 高山族 | 射猎、斗力（摔跤）、刺球（竿球、顶球）、背篓球、钱仔球（踢毽子）、竹摔（对棍）、拔河、风吹（风筝）、秋千、打干乐（陀螺）、拉竿、投石子、龙舟竞渡、斗走（赛跑）、顶壶竞走、弄龙（舞龙）、弄狮、头目棋 |
| 塔吉克族 | 骑射、比腕力、赛马、马术、挂波齐（马球）、马上拾银、骑马叼羊、骑牦牛叼羊、押加（“大象”拔河）、秋千、斗鸡、斗狗、鹰舞 |
| 俄罗斯族 | 嘎里特克（击木）、踢踏舞、波尔卡舞、克拉科维克舞 |

## 八、我国民族民间体育赛事产品更新度加快、开发力度加大——以潍坊国际风筝会为例

我国民族民间体育赛事影响力和竞争力不断增强，影响范围不断拓宽，国际化、市场化不断深入。为满足当前人们的多元化需求，我国民族民间体育赛事的相关产品不断丰富，数量不断增多。如潍坊杨家埠民间艺术大观园，建于 1986 年 5 月，是目前国内最大的风筝厂，集风筝生产、年画印刷与民俗旅游于一体。

潍坊风筝经过历史演变和横向传播，逐渐形成了选材讲究、造型优美、扎糊精巧、形象生动、绘画艳丽、起飞灵活的传统风格与艺术特色，和京式风筝、津式风筝等交相辉映，鼎足而立。潍坊风筝艺术品种繁多，由于风筝艺人和各行各

业的风筝制作者不同的生活阅历、不同文化层次和不同的知识结构，形成了不同体系和流派①。

**1. 传统民间派**

民间风筝，从历史上看，是相对宫廷风筝和艺匠风筝而言的；在现代，则是相对现代新式风筝而言的。其特点是：①民间风筝的制作者，多数是农民和手工艺人，在艺术上没有经过专门的训练；他们按照自己对生活的直观感受和审美习惯，无拘无束地表达自己的理想和愿望；他们的风筝，无论是造型、用料还是色彩的配置和制作风格，都带有浓厚的乡土气息；②民间风筝大都是结合清明、重阳节这些传统节令制作的，所以其主题是有选择的，形式讲究装饰性；③民间风筝一般都是就地取材，蔑扎纸糊，不甚讲究，风格粗犷，不矫揉造作；④民间风筝受地域性文化、经济、风俗习惯的影响，在制作中往往相互观摩、磋商，加之祖传、世袭的因素，所以民间风筝带有古老传统的色彩，实际上是一种集体创作。

**2. 传统艺匠派**

由于出现了售卖风筝的生意，专职风筝艺匠也就应运而生。在潍坊历史上，甚至有不少知名画家参与风筝的绘制乃至设计制作，这也使潍坊风筝中出现了十分考究的精品。当然，这些精品，一般人玩不起也买不起，而买这些风筝的有钱人，往往会自己提出要求，向艺人订做，这就是那句流传下来的谚语所说的情况——“七分主人三分匠”。此外，在新旧朝代更换期间，一些宫廷风筝艺人流落民间，也促进了艺匠派风筝的发展和提高，使其带有宫廷风筝庄重、华贵的特点。传统艺匠派对潍坊风筝事业的发展起到了良好的促进作用，它使潍坊风筝从一般的玩具上升为有价值的工艺品，使其成为潍坊地方文化的重要组成部分。

**3. 现代创新派**

近年来，由于广大专业美术工作者、科技人员、工人、城镇居民踊跃参加风筝活动，充分发挥了现代工艺、现代科学技术的优势，在继承传统风筝的基础上，创造出了崭新的现代风筝。现代风筝的主要特点是重视新材料、新工艺的运用，造型简洁、明快、清新、巧妙，具有鲜明的时代性。潍坊风筝按其形状又可以分

---

① 潍坊国际风筝会办公室［EB/OL］. http：//hzb. weifang. gov. cn/［2015－05－20］.

为六大类，即串式、桶式、板子、硬翅、软翅和自由类。①串式：把数只相同或者不同的风筝像串糖葫芦似地拴在一根或多根线上放飞的风筝。如龙、蜈蚣风筝，分头、身、尾三个部分，身子为主体，由若干个圆片形的单体组成，每个圆片就是一个风筝。②桶形：亦称立体风筝，一般采用折叠结构的骨架，由一个或多个圆桶或其他形状的桶组成，如宫灯、花瓶、火箭等。③板子：就是平面板形风筝。升力片就是主体部分，四边有竹条支撑，形状多为八角、菱形、正方形、四边形等。④硬翅：这种风筝的翅子是固定的形式，而翅子范围以外的部分造型与骨架结构，则因题材不同而各不相同。它的升力片用上下两根横竹条做成翅的形状，两侧边缘高，中间凹，形成通风道。翅的两端向后倾，使风从翅两端逸出。⑤软翅：它的升力片是由一根主翅条构成，翅子的下端是软性的，没有依附主条。骨架结构多作成浮雕式，适宜于禽鸟和昆虫风筝，如鹰、蜜蜂、燕子、仙鹤、凤凰、蜻蜓、螳螂、蝉等。⑥自由类：自由类包括跨种类，运用新技术，吸取外国风筝之长的风筝。跨种类的风筝如“鹊桥会”，把串式、立体、板子等几种方法集于一体，运用新技术的风筝如长120米的串式风筝。

但是在商品经济、市场经济的发展浪潮下，随着人类需求的多样化，对传统工艺类民族民间体育赛事产品的冲击很大。目前急需政府及社会各界关注的是如何保护和传承民族民间传统艺术，最后还要落实到民间艺人身上，民间艺人是民族民间体育赛事活动得以延续的基石，要多关注这类群体的生活、传习等。

## 第三节　内蒙古那达慕大会的现状及发展路径研究

“那达慕”蒙古语为娱乐和聚会之意，是蒙古族人们历代逐水草而居的草原游牧生活，在生产中发生、发展、演变而来的，融文艺、体育、娱乐和经贸交流等为一体的独特的传统民俗活动，是游牧文化、马文化、民俗文化、草原文化、狩猎文化等的集中体现。有文字记载的“那达慕”的活动，自蒙古帝国形成起，经历了元代的快速繁衍发展、明代的延续传承，进而在清政府时期的特别垂青和庇护下，最终发展为历史中最具有完善意义的“那达慕”形式，并以活生态的形式传承至今①。那达慕大会是内蒙古、甘肃、青海、新疆地区的蒙古族人民一年一度的传统节日，在每年七八月这一水草丰茂、牲畜肥壮、秋高气爽的黄金季节举行，以“文体搭台，经贸唱戏”为主旋律，是草原人民欢庆聚会的隆重节庆活动，同时又是草原风俗风情集中展示的盛会。那达慕在1992年被国家旅游局列为中国友好观光年项目，2006年5月20日，经国务院批准列入第一批国家级非物质文化遗产名录。那达慕早已不是一般的公众集会，它已成为区域经济发展的新引擎；观光旅游与经贸往来扩大并延伸了那达慕的内涵，它是满足各族人民的休闲文化需要、加强各族人民团结友爱的重要途径②。那达慕是蒙古族民族思想、情感和价值观的重要载体；其国际化交流传播已成为一种民族立场、民族认同、战略远见和问题意识③。内蒙古那达慕大会若要实现节事活动与区域生态、经济、社会的可持续发展，必须走精品路线和品牌发展之路。为此，本研究运用文献资料法、实地考察法、访谈法、案例分析法等研究方法，笔者先后于2012年和2014年暑期两次赴内蒙古实地考察，获取节事活动相关信息资料，了解民风、民俗和民情，以归纳、总结内蒙古那达慕大会的发展现状，提出可行性的发展举措，以期促进该节事活动的长远发展。

## 一、蒙古族传统体育的起源

内蒙古自治区是一个多民族自治区，这里居住着蒙古族、汉族、达斡尔族、鄂温克族、鄂伦春族等29个民族，各民族都有自己独特的风俗习惯，表现在居住、饮食、礼仪、游宴、旅行、节庆、婚嫁、丧葬、禁忌、信仰、祭祀、娱乐、神话、传说、故事、民族文化、宗教活动、人名、地名、事物以及民族地区行政区划名

① 姜晓珍，田军民．少数民族传统体育传承与历史行为研究：清政府时期蒙古族“那达慕”考[J]．武汉体育学院学报，2014，48（10）：70－74.

② 周宁，李欣．首届中蒙口岸国际那达慕举行［N］．光明日报，2009－7－31（6）．

③ 赵振浩，刘明胜，包呼格吉乐图．蒙古族传统体育那达慕文化国际传播策略及途径［J］．沈阳体育学院学报，2015，34（3）：138－140.

称等方面[1]。内蒙古自治区行政区划分为自治区直辖市、盟，直辖市和盟下辖旗、县、区，旗、县、区下辖乡、镇、苏木，苏木下辖嘎查（相当于行政村），嘎查下辖艾力（相当于自然村），其中的“盟”“旗”具有很强的民族特色。蒙古族传统体育伴随着蒙古民族的历史发展，与生产生活相结合，以风俗习惯为基点，是蒙古民族在不同的历史发展进程中为适应生存和生产而创造出来的集体智慧的结晶，是蒙古族文化的重要组成部分；蒙古族传统体育项目主要有男子三项竞技、蒙古象棋、赛骆驼、布鲁等，体育节庆活动如“那达慕”成了蒙古族一年一度的体育盛会[2]。一个民俗事象的产生、发展、延续，与该民俗事象所产生的地理环境、生产生活方式、承载该民俗事象的主体所经历的历史、记忆及由此而塑就的集体个性息息相关。这些要素正是民俗事象能够产生、发展及传承的内在动力所在[3]。那达慕作为蒙古族所特有的一种古老民俗活动，其发展动力不仅来自蒙古族生产、生活、宗教、军事和政治的需求，更是基于此的蒙古民众精神和心灵的必然诉求。

## （一）蒙古族传统体育起源于生存诉求

蒙古族的经济以游牧为主，但狩猎经济也一直占有重要的地位。在13世纪以前，狩猎、采集和渔捞在蒙古族的经济里占有重要地位；在长期的采集、狩猎、渔捞等生产活动中，蒙古族劳动人民总结经验，其中的一些生产活动演变成了后来的蒙古族传统体育项目。如蒙古族的弓箭、布鲁、沙布尔、扎枪原是狩猎的重要工具。布鲁分图古立嘎布鲁、海木拉布鲁和洪敖布鲁，早在1300多年前就已成为蒙古民族的狩猎工具和出远门时随身携带的一种防身武器；科尔沁地区蒙古族家庭几乎家家都有几把布鲁，是猎民的珍爱之物，布鲁训练和布鲁比赛是狩猎文化在实际生活中的一种体现[1]。布鲁比赛已经成为那达慕草原盛会上不可或缺的竞技项目。

那达慕是草原游牧文化的产物，是在游牧文化下产生、发展和变迁的具有古

---

① 刘忠．民族地区外宣材料的特点及其翻译［J］．民族翻译，2009（1）：60－64.

② 高娃．论蒙古族传统体育的起源［J］．内蒙古师范大学学报（哲学社会科学版），2008，37（1）：9－12.

③ 张曙光．蒙古族那达慕传承发展的动力机制研究［J］．中央民族大学学报（哲学社会科学版），2008，35（3）：36－40.

老传统的民俗活动。游牧文化是其根基，是其动力。逐水草而居，“生长于鞍马间”的蒙古族为适应草原环境，满足生产生活需要创造、发展、完善并不断扩展了以“男儿三艺”为主要内容的那达慕。“男儿三艺”及后来由此发展而来的各地特色项目都是从生活、生产中衍化而来，并逐渐向军事、宫廷生活和娱乐过渡。游牧生活的自然环境、人文环境是其发生发展的推动力，原始的生产生活需要强健的体魄、灵敏的格斗技巧和无所畏惧的挑战精神，这正是蒙古族摔跤艺术的灵魂，使用弓箭的原始动力来自狩猎生产；骑马技艺大大提升了蒙古族狩猎的范围，提高了效率。

## （二）蒙古族传统体育起源于战争诉求

原始生产方式下，劳动生产和战争这种残酷的现实需要使人们意识到体能和技能锻炼的重要性。角抵比赛就是很好的实例。角抵，又称厮搏、摔跤，是北方游牧民族的一项传统体育项目，蒙古族人民非常喜爱这项运动；摔跤是蒙古族人民勇敢机智性格的象征，充满青春活力，民族特色浓郁，草原上出名的摔跤手被称为“孛可”（力士）。自元朝开始，宫廷中就经常举行角抵比赛，杰出的角抵士能得到优厚的奖赏；据文献记载，早在13世纪，摔跤活动就已盛行于蒙古族地区，其当时既是一种军事体育运动，又是一种群众性娱乐活动。蒙古族的骑射最早就是用于作战和狩猎，“其俗牧且猎”，概括了蒙古族人民的生活；狩猎是对畜牧业经济的一种补充，又是进行军事训练和娱乐活动的一种方式。蒙古族人民进行狩猎，不仅仅是为了猎取野兽，同时也是为了熟悉弓、马和磨炼吃苦耐劳的本领，骑射是蒙古族狩猎和作战之必需的技能。

## （三）蒙古族传统体育起源于宗教诉求

宗教在古代蒙古社会中有着广泛的影响，蒙古族传统文化中的宗教具有一定的复杂性，包括早期的自然崇拜、祖先崇拜、天神崇拜及16世纪以后的喇嘛教等。蒙古族传统体育是蒙古族传统文化的重要组成部分，毫无疑问同样受到宗教的影响。敖包是蒙古族的重要祭祀物，祭敖包是古老神奇的蒙古草原上最常见、最热闹的祭祀活动。每年一定时期，附近的居民就会到敖包来举行祭祀，祝福人丁兴旺，牲畜繁衍，祭祀仪式结束后，开始娱乐，进行赛马、射箭、摔跤和宴会。时至今日，随着人们的价值观不断变化，民族传统体育从“神界”回到“人间”，从祭礼变为民俗，并形成了自己独立的符号系统。

敖包信仰伴随牧人生活而来，是游牧文化情景下产生的祭祀自然万物之神的原始崇拜和信仰。敖包祭祀礼仪在漫长的历史发展过程中，在原有祭祀的礼仪形式和内容上增添了许多新的文化内涵，逐步发展成了小型那达慕，并进行“男子三艺”比赛。那达慕能够历久弥新，其重要的一个内在动力与敖包祭祀这一蒙古族民间信仰密切相关。截至 2008 年，仅锡林郭勒盟西乌珠穆沁旗就有 90 余座敖包，其中 78 座都有祭祀和相伴而行的那达慕①。

### （四）蒙古族传统体育起源于娱乐诉求

集体舞蹈在蒙古族人民生活中相当普及，古代蒙古部落的许多重大活动，如推举新可汗、缔结部落联盟、庆祝胜利、喜庆丰收，都要跳起集体舞蹈来庆贺，人们在娱乐欢庆之余还举行各种比赛。如搏克比赛时摔跤手出场，一些专门被邀请来的年老长辈将要唱歌助兴，唱手们有秩序地高唱邀请摔跤手出场的摔跤长调《布和乌日纳》。由此可见，娱乐活动是蒙古族传统体育活动举行过程中必不可少的部分。

那达慕发展延续最重要的文化动力机制，是游牧文化中信仰文化对那达慕传承最有力的推动。最初具有完全的娱神和酬神目的的那达慕，在其发展中不断扩展其功能，从单纯的具有神圣意味的表演，向既要娱神，又要娱人的竞技和娱乐过渡，发展和完善了那达慕的内涵，如同古代奥林匹克运动会的发展轨迹一样②。那达慕在不同的历史时期，被赋予不同的内涵，并不断传承和丰富，经久不衰。

### （五）蒙古族传统体育时下的精神诉求

从生产生活中萌发，在漫长的历史演进中不断完善的蒙古族传统体育的代表——“男儿三艺”既寄寓着古人对勇力的赞美，也反映着一种血淋淋的原始野性

---

① 张曙光．蒙古族那达慕传承发展的动力机制研究［J］．中央民族大学学报（哲学社会科学版），2008，35（3）：36－40.

② 陈炎，赵玉．宗教信仰与奥运兴衰［J］．华中师范大学学报（人文社会科学版），2007，46（3）：132－139.

美，是一种力、勇、技、智的较量和征服，以“男儿三艺”为核心内容的那达慕能够经久不衰，保持其鲜活、旺盛生命力的更为深层的精神动力来自蒙古族的英雄情结，这种情结已深入人心，积淀成了一种文化基因，代代相承，呈现在日常生活及神圣的精神信仰中。

北方生态环境及游牧生活使蒙古族人练就了坚韧、神勇、奔放、自由的精神。不论是生产劳动，还是战争，决定成败的主要因素就是力量。蒙古人对力的崇拜，对坐骑的赞美，对弓矢的称颂，在蒙古族民间文学作品中随处可见。蒙古族传统文化的基本精神主要是以英雄精神、自由精神、务实精神、开拓精神这四种形式表现出来，这四种精神是蒙古族传统文化发展演进的思想基础，是其发展过程中的内在动力，是指导其不断前进发展的基本思想①。那达慕的“男儿三艺”正是蒙古族英雄情结外显的一个媒介，通过摔跤——力的较量、赛马——速度的拼搏、射箭——精准的考验得以淋漓尽致地展现。“男儿三艺”所承载的正是蒙古民族精神和民族审美之追求，而以其为核心内容的那达慕也因此长盛不衰，活跃于蒙古族人民的生活之中。

综上所述，蒙古族传统体育历史悠久，应劳动、生存、战争、祭祀、娱乐的诉求而出现，并伴随着人类社会文明而传承和发展。游牧生产、生活方式需求奠定了那达慕的产生和不断发展的生产动力机制；心灵慰藉的精神需求构成了那达慕不断发展的信仰推动机制；蒙古族的历史经历和特有的民族气质构成了那达慕逐步演变为一个特定文化符号的文化铸造机制②。时下的那达慕大会已发展成为以“男儿三艺”为主导，蒙古族其他传统体育活动和现代体育活动为补充，传统与现代交融，融合文艺、体育、娱乐、经贸活动等为一体的大型综合性节事活动。

---

① 乌云巴图，葛根高娃．论蒙古族传统文化的基本精神［J］．内蒙古社会科学（汉文版），1997（6）：70－76.

② 张曙光．蒙古族那达慕传承发展的动力机制研究［J］．中央民族大学学报（哲学社会科学版），2008，35（3）：36－40.

## 二、内蒙古那达慕大会现实下的繁荣与忧患

### （一）内蒙古那达慕大会传承发展繁荣展现

#### 1. 国家政策推进引导扶持

“十二五”期间文化旅游业成为支柱产业，以及在当前文化大发展大繁荣的时代背景下，我国民族民间体育赛事的作用使国家及地方政府对其重视度逐步提升，具体包括各项有利于民族民间体育及赛事发展的政策、法规及制度等。如自 1982 年开始，具有民族特色的民运会步入制度化（四年一届）的发展历程；1995 年颁布的《中华人民共和国体育法》规定：“国家扶持少数民族地区发展体育事业、培养少数民族体育人才。”① 2010 年 3 月 24 日，国务院办公厅发布《关于加快发展体育产业的指导意见》：“加强对民族民间传统体育项目的市场开发、推广，支持地方根据当地自然人文资源特色举办体育竞赛活动，努力打造有影响、有特色的赛事品牌。”② 2014 年 10 月 20 日，国务院下发了《关于加快发展体育产业促进体育消费的若干意见》，将全民健身上升为国家战略，把体育产业作为绿色产业、朝阳产业培育扶持③。此外，我国一直奉行在少数民族聚居的地方实行区域自治的民族政策，实现民族平等、团结和共同繁荣，如尊重少数民族风俗习惯、尊重和保护少数民族宗教信仰自由等。

---

① 中华人民共和国体育法［EB/OL］. http：//baike. haosou. com/doc/6797985 – 7014765. html［2016 – 07 – 14］.

② 国务院办公厅关于加快发展体育产业的指导意见［EB/OL］. http：//www. gov. cn/zwgk/2010 – 03/24/content_ 1563447. htm［2010 – 03 – 24］.

③ 国务院关于加快发展体育产业促进体育消费的若干意见［EB/OL］. http：//www. gov. cn/zhengce/content/2014 – 10/20/content_ 9152. htm［2014 – 10 – 20］.

《内蒙古自治区人民政府关于加快发展体育产业促进体育消费的实施意见》（内政发〔2015〕116号）[①]：以兴安盟、锡林郭勒盟、呼和浩特市、鄂尔多斯市等盟市为龙头，做大做强全区马术产业，培育品牌马术赛事，打造内蒙古马术节及8·18赛马节等马术项目，逐步形成以竞技马产业为主的品牌赛事和知名企业；在呼伦贝尔市、锡林郭勒盟、乌兰察布市等盟市推动那达慕等少数民族传统体育项目发展，同时推动巴彦淖尔市龙舟和村道自行车及乌海体育旅游城市等建设。充分发挥具有民族文化特征的传统体育项目、体育赛事、体育活动优势，构建少数民族节日体育旅游品牌、民族体育赛事旅游品牌。此外，还有内蒙古自治区人民政府办公厅《关于举办2015中国新丝绸之路·锡林郭勒草原畜牧业创新品牌展示交易会的通知》（内政办字〔2015〕89号）；《内蒙古自治区人民政府关于促进健康服务业发展的实施意见》（内政发〔2015〕14号）；内蒙古自治区人民政府办公厅《内蒙古自治区突发事件预警信息发布管理办法（试行）》（内政办发〔2014〕113号）；《内蒙古自治区人民政府关于加强城市基础设施建设的实施意见》（内政发〔2014〕99号）等。

**2. 那达慕大会组织形式多样化**

新时期那达慕大会所彰显的文化特色和独特功能，使内蒙古地区社会各界对其关注和重视度越来越高，其组织形式也呈现多样化的特点，包括民众自发组织型、政府主导型、市场运作型等，但政府主导型是主要组织形式。这也从侧面反映了政府作为第一责任人，理应在那达慕发展过程中承担更多的责任和义务。

笔者实地考察获悉，内蒙古自治区特殊的自然地理环境、草原游牧文化促进了该地区民族传统体育旅游、草原文化观光游的发展。由表8－3我们也可以看出，在内蒙古处处有那达慕，处处可以举办那达慕，那达慕是蒙古族民众的精神支柱和文化信仰。

---

① 内蒙古自治区人民政府关于加快发展体育产业促进体育消费的实施意见［EB/OL］. http：//www. nmg. gov. cn/xxgkml/zzqzf/gkml/201510/t20151014_ 501724. html［2015－10－14］.

**表 8-3　内蒙古自治区主要那达慕大会一览表**

| 名称 | 举办方 | 地点 | 活动内容 | 备注 |
|---|---|---|---|---|
| 内蒙古自治区旅游那达慕大会 | 内蒙古自治区旅游局、乌兰察布市人民政府共同主办，乌兰察布市旅游局、四子王旗人民政府、格根塔拉草原旅游有限责任公司承办 | 四子王旗格根塔拉草原旅游中心 | 搏克、射箭、赛马、走马表演，祭敖包，访问牧户，民族歌舞、篝火晚会，套马、驯马、马术表演，搭建蒙古包、奶食品加工、民族工艺品加工等活动 | 始于 1990 年 7 月 25—31 日，一年一度固定型；已举办 26 届 |
| 成吉思汗那达慕大会 | 鄂尔多斯市旅游局、成吉思汗陵旅游区管理委员会、市旅游协会、东联集团、成吉思汗基金会共同主办 | 成吉思汗陵旅游景区 | “男儿三艺”，传统民乐组合大赛，传统物资交流会，美食节及篝火晚会，民俗舞台剧，蒙古族马术表演等 | 始于 2005 年 7 月 18—24 日，一年一度固定型；已举办 11 届 |
| 鄂尔多斯国际那达慕大会 | 国家体育总局、文化部、国家民族事务委员会、内蒙古自治区人民政府共同主办；鄂尔多斯市人民政府、内蒙古自治区体育局、文化厅、民族事务委员会共同承办 | 鄂尔多斯市 | 走马、赛马、摔跤、射箭赛，马术表演及竞技活动，鄂尔多斯民歌大赛，鄂尔多斯蒙古族传统祝颂大赛，浪漫草原鄂尔多斯婚礼等活动 | 首届 2010 年 8 月 11—18 日；2 年举办 1 次 |
| 中国游牧文化旅游节暨达茂旗那达慕大会 | 中国文化传媒集团、包头市人民政府主办 | 包头市达茂旗草原 | 特色文化、传统体育、时尚旅游、民族商贸四个方面 | 首届中国游牧文化旅游节暨达茂旗第 24 届那达慕大会始于 2013 年 7 月 20 日，为期 80 天 |

续表

| 名称 | 举办方 | 地点 | 活动内容 | 备注 |
| --- | --- | --- | --- | --- |
| 中国·锡林浩特国际游牧文化节 | 锡林浩特市人民政府主办 | 锡林郭勒草原 | 锡林浩特游牧文化节那达慕、“敖包相会”主题晚会、内蒙古草原文化节民族电影展映周活动等系列节庆活动 | 首届始于2004年，截至2015年举办12届 |
| “吉鲁根”苏尼特文化节暨那达慕大会 | 苏尼特左旗旗委、政府主办 | 锡林郭勒盟苏尼特左旗 | 祭敖包、赛驼、赛马、搏克、射箭等民族传统文体活动 | 首届始于2006年，截至2015年举办10届 |
| 天堂草原锡林郭勒那达慕 | 锡林郭勒盟委、行署主办，锡林浩特市委、市政府承办 | 希日塔拉草原 | “集通情”蒙古长调大赛，内蒙古“男儿三艺”及传统竞技项目比赛，中国蒙古族服装服饰大赛，“友谊彩虹——爱在草原”中、蒙、俄、日、韩五国歌手演唱会，乌兰牧骑文艺会演，“神华情”民族美食节等多项赛事及活动 | 首届始于2011年8月6日，截至2012年举办2届 |
| “守望相助”——吉祥草原·2014锡林浩特牧民那达慕 | 锡林浩特市周边22个嘎查 | 巴彦宝拉格苏木 | “男儿三艺”，嘎拉哈、编绳子、蒙古象棋、喝马奶等趣味比赛 | 七八月份草场茂盛时间 |

### 3. 投资主体多元化

国家政策的引导扶持、民族的精神情节、文化旅游业的融合发展，使内蒙古那达慕大会的综合价值不断凸显，政府、社会、企业及民众的关注，使投资主体呈现多元化的特点，包括民众自发集资、政府投资、政府主导社会融资、企业投资赞助商业化运作等。其根本原因在于该节事活动可以产生假日经济、注意力经济、视觉震撼、亲身体验等，同时可以实现节事与文化、教育、旅游、社会、环境等领域的融合，产生乘数效应和联动效应。这些都可以从表 8－3 的活动内容方面体现出来，随着那达慕大会开展的不断深入，将更能彰显市场化运作的格局，关注当地民众诉求、关注民生问题、关注草场的保护等，是关系节事可持续发展的重要环节。

### 4. 蒙古族传统体育表现形式丰富化

改革开放以后，随着我国经济社会的发展，少数民族体育事业发展也进入常态化、稳定化、大众化的全面发展时期，赛事的表现形式呈现丰富化的格局。大致归纳为以下三种形式。

（1）综合运动会。综合各种民族民间体育运动项目而组织的赛事，参照现代大型竞技运动会尤其是奥运会的模式组织举行，以民运会为代表，包括全国和各省区的少数民族运动会。作为一项综合性的民族民间体育赛事，民运会集中展现了我国各民族独具特色的民间传统体育运动项目的风采，既包括正式比赛项目，还包括表演项目。民运会为民族民间传统体育在当代的繁荣发展做出了积极的贡献，也提升了各项运动的竞技水平，但也与现代竞技体育比赛一样，出现了“异化”现象，竞技性增强，娱乐性降低，过分追求比赛成绩的“锦标主义”、奖牌大战、冒名顶替等现象频出，严重制约了民运会的可持续发展。2015 年 8 月 9 日，中华人民共和国第 10 届少数民族传统体育运动会在内蒙古鄂尔多斯市开幕，设竞赛项目和表演项目两大类。竞赛项目有花炮、珍珠球、木球、蹴球、毽球、龙舟、独竹漂、秋千、射弩、陀螺、押加、高脚竞速、板鞋竞速、少数民族武术、民族式摔跤、马术、民族健身操 17 项，表演项目 178 项，其中反映内蒙古少数民族传统体育开展的项目除“男儿三艺”外，还有鄂温克鹿棋、蒙古马耐力赛、达斡尔颈力赛、达斡尔摔跤、达斡尔扳棍赛、蒙古族赛驼、吉日格、诺日布、蒙古族安代舞等。

（2）文化节、文化旅游节、文化艺术节、旅游节。我国民族民间体育赛事最主要的一种外在表现形式，是在市场经济条件下和民族传统文化遗产挖掘与保护日益受到社会各界重视的背景下形成的，表现为赛事向节事转型的格局。这些赛事大多以传统的节日民俗体育比赛为载体，将赛事与文化、旅游、艺术等资源整合，共同推动地方社会经济的发展。使那达慕大会真正成为内蒙古地区重要的目标吸引物，吸引着国内外游客来此驻足、观赛、旅游、休闲、体验、购物等。如呼和浩特昭君文化节；包头鹿城文化节；巴彦淖尔河套文化节；鄂尔多斯文化节；乌兰察布的察哈尔文化节；锡林郭勒的元上都文化节；通辽的科尔沁艺术节；呼伦贝尔的达斡尔、鄂温克、鄂伦春“三少民族”风情节；满洲里的中、俄、蒙三国旅游节等。内蒙古自治区已经把节庆活动当作展示非物质文化遗产的一个有效窗口，开发出一系列旅游节庆来吸引游客，2009 年推出了 100 项节庆活动，2010 年内蒙古旅游局推出旅游节庆活动 197 项，项目分布在全年的 12 个月，并且涉及自治区所有盟、市。这些节庆活动已经形成了一定品牌的有草原旅游那达慕、成吉思汗文化周、蒙古族服装服饰艺术节、鄂温克瑟宾节等①。（表 8 - 4）

**表 8 - 4　内蒙古自治区部分节事活动一览表**

| 名称 | 时间 | 地点 |
| --- | --- | --- |
| 内蒙古自治区旅游那达慕大会 | 1990 年起，每年 7 月 25—31 日 | 四子王旗格根塔拉草原旅游中心 |
| 成吉思汗旅游文化周暨成吉思汗那达慕大会 | 2005 年起，每年 7 月 18—24 日 | 成陵旅游区那达慕广场 |
| 中国游牧文化旅游节 | 首届 2013 年 7 月 20 日，为期 80 天 | 包头市达茂旗草原 |
| 中国锡林浩特国际游牧文化节 | 2004 年起，每年农历六月 | 锡林郭勒草原 |

① 王雪，杨存栋．内蒙古非物质文化遗产旅游开发探究［J］．干旱区资源与环境，2011，25（12）：196 - 200.

续表

| 名称 | 时间 | 地点 |
|---|---|---|
| “吉鲁根”苏尼特文化节暨那达慕大会 | 2006 年起，每年七八月份 | 锡林郭勒盟苏尼特左旗 |
| 巴尔虎文化艺术节 | 首届 2006 年 7 月 27 日，为期 1 个月 | 新巴尔虎左旗 |
| 草原户外休闲体育大会 | 首届 2015 月 7 月 31 日—8 月 2 日 | 科尔沁草原腹地科尔沁右翼中旗新赛马场 |
| 兴畜节 | 每年农历正月十六 | 锡林郭勒盟 |
| 马奶节 | 每年农历八月末 | 锡林郭勒草原 |
| 中国内蒙古国际草原文化节 | 首届 2004 年 8 月 6—15 日 | 呼和浩特 |

### 5. 那达慕大会影响力和竞争力不断增强

由于体育与社会、经济、文化、环境、政治等诸多领域之间具有较强的契合度，这使那达慕大会在发展中十分注重资源的整合，赛事活动内容不断丰富，受众群体越来越多，赛事规模不断扩大，从省（自治区）内到省（自治区）外，从国内到国际，那达慕大会的市场竞争力越来越强，内蒙古自治区近些年一直将其作为品牌节事活动进行挖掘、传承、保护与开发。现代的人们一提到内蒙古，就会谈起那达慕大会；一提到那达慕大会，就谈论“男儿三艺”，那达慕大会已经成为内蒙古民众日常生活中的重要组成部分。

### 6. 蒙古族传统体育的趋同性

随着国家政策措施的不断深入，投资主体的多元化，组织形式的多样化，民族民间体育赛事表现出与现代体育赛事特征的趋同性。综观我国民族民间体育赛事的发展现状，集中表现出规范化、制度化、国际化、大众化和市场化五大特征①。

（1）规范化。主要从赛事的组织管理模式、比赛规则的制定和实施、协会组

① 张林，李延超．中国民族民间体育赛事研究［M］．北京：人民体育出版社，2012：23－30.

织的建立及完善等方面来表现。①组织管理模式：那达慕大会采纳现代大型竞技比赛的模式，设有开、闭幕式，会标，会徽，大型文艺演出，竞赛规程，运动员代表队，裁判员，仲裁和志愿者，甚至是吉祥物、焰火晚会等。严格按照赛会的规程执行，保证赛事组织管理的规范化。②比赛规则的制定和实施：在现实实践当中许多民族民间体育项目，像摔跤、蒙古象棋、赛马等，都制定了比较科学的符合现代体育比赛的一般规律和标准的比赛规则。③协会组织的建立及健全：这是民族民间体育赛事走向规范化、组织化和规模化的重要保障，也是世界体育运动发展的必然趋势。许多项目都自上而下成立了各级协会组织，对项目的发展起到了很大的推动作用。例如，摔跤协会、马术协会、射箭协会等，并形成了比较完善的协会组织网络，便于交流、联系和沟通。

（2）制度化。我国的民族民间体育赛事在不断的发展过程中逐渐形成了一定的赛制，如4年1届的民族运动会；2年1届的鄂尔多斯国际那达慕大会；一年一度的内蒙古自治区旅游那达慕大会。在内蒙古地区那达慕有“夏季那达慕”和“冬季那达慕”之分，充分体现蒙古族民众与大自然的和谐统一。赛事的制度化，有力地推动了蒙古族传统体育项目的发展和民族民间体育文化遗产的保护与传承，丰富了广大人民群众的体育休闲娱乐文化生活。

（3）国际化。内蒙古那达慕大会注重向国际化发展。我国内蒙古自治区与蒙古国之间，蒙古族有着相同的信仰、传统民俗活动，民众之间的国际化交流发展近些年开始延伸到体育领域。如2009年首届中国、蒙古国口岸国际那达慕于7月中下旬在内蒙古甘其毛都口岸隆重举行，被列入首批国家级非物质文化遗产的蒙古族传统民俗那达慕，是深受蒙古族人民喜爱的传统群众性盛会，据统计，本届那达慕大会共有500多名选手参赛，4000多名游客观看①。鄂尔多斯国际那达慕大会将那达慕这一传统盛会推向了新的高度。首届有11个国家和地区的代表团参加，第2届增加到44个境外代表团。第2届鄂尔多斯国际那达慕执委会负责人曾涵说：“那达慕大会不断融入新的国际流行元素，选美、乐活营、徒步穿越沙漠、户外越野挑战等，还举办书法、绘画、汽车展示等，那达慕大会由传统盛会向融合现代

① 周宁，李欣．首届中蒙口岸国际那达慕举行［N］．光明日报，2009-7-31（6）．

体育竞技、文化交融、经贸洽谈、对外交流为一体的国际大型节庆活动迈进。”① 那达慕已经成为蒙古族的一个核心价值符号，因其精髓“男儿三艺”（力与智的统一——搏克；速度与耐力的较量——赛马；技艺的考验——射箭）而长盛不衰。

（4）大众化。所谓大众化，就是平民化，赛事参与者是广大人民群众。自1995 年《全民健身计划纲要》颁布以来，全民健身运动逐渐深入社会各个阶层，在一定程度上推动了民族民间体育赛事大众化的发展。那达慕大会以节事活动、文化节或旅游节为主要内容展示，大众化特征尤为明显。笔者实地调查访谈获悉，锡林郭勒盟每年要举办上百场大大小小的那达慕大会，很多嘎查的牧民会轮流主办那达慕，周围嘎查的牧民听说后都可以过来参加。民众参与度越高，其生存空间就越大。

（5）市场化。在市场经济体制需求导向下，实现资源充分合理配制，实现效率最大化的目标，那达慕大会实行市场化发展也是必然趋势。内蒙古著名学者郝诚之说：“与草原文化中包容、开放和崇尚天然的精神内涵相符，内蒙古在那达慕的保护与传承中，从一开始就走上了保护与开发并重的道路。”一些统计显示，自2001 年以来，内蒙古那达慕活动接待国内外游客达到 7000 万人次，文化产业产值达到 160 多亿元，经贸洽谈会达成投资协议 4000 多亿元。科尔沁中旗以文化软实力，助推经济硬实力。近两年到科尔沁中旗来旅游和考察科尔沁文化的人数逐年增加，2007 年到中旗来旅游人数达 18.2 万人次，实现旅游收入 9320 万元，分别比 2006 年同期增长 42.2% 和 121%；仅那达慕大会期间，全旗社会消费品零售总额就达到 6429 万元，住宿餐饮业零售额当月实现 597 万元，同比增长 16.3% 和 18.9%②。

### 7. 内蒙古自治区注重遗产的保护与挖掘

2006 年，那达慕被列入中国首批国家级非物质文化遗产。从 2005 年起，内蒙古自治区把每年 9 月 6 日定为“草原文化遗产保护日”，这也是中国第一个以省级政府名义设立的文化遗产日；2009 年，内蒙古又成立了非物质文化遗产保护中心，

① 那达慕从草原走向世界舞台［EB/OL］. http：//www. nmg. xinhuanet. com/zt/2012 - 09/03/content_25550340. htm［2012 - 09 - 03］.

② 汤爱茹，巴图，林夕，等. 科尔沁文化的软实力效应［J］. 思想工作，2008（1）：30.

精心保护那达慕与其他一批承载草原文化的民族精粹，政府部门和专家学者不断挖掘其内涵并且开始大力推广①。这些都是重要的体育非物质文化遗产项目，具有较高的文化价值、经济价值、社会价值、历史价值，具有一定的教育、教化、健身、休闲等功能。（表8－5、表8－6）

**表8－5　内蒙古自治区第一批国家级非物质文化遗产**

| | | |
|---|---|---|
| 民间文学 | 《格萨（斯）尔》 | 1项 |
| 民间音乐 | 蒙古族长调民歌、蒙古族呼麦、蒙古族马头琴音乐、蒙古族四胡音乐 | 4项 |
| 民间舞蹈 | 达斡尔族鲁日格勒舞、蒙古族安代舞 | 2项 |
| 传统戏剧 | 二人台 | 1项 |
| 曲艺 | 乌力格尔 | 1项 |
| 杂技与竞技 | 达斡尔族传统曲棍球竞技、蒙古族博克 | 2项 |
| 传统手工技艺 | 蒙古族勒勒车制作技艺、桦树皮制作技艺 | 2项 |
| 民俗 | 成吉思汗祭典、祭敖包、那达慕、鄂尔多斯婚礼 | 4项 |

**表8－6　内蒙古自治区第二批国家级非物质文化遗产**

| | | |
|---|---|---|
| 民间文学 | 《巴拉根仓的故事》《嘎达梅林》《科尔沁潮尔史诗》 | 3项 |
| 民间音乐 | 多声部民歌、爬山调、漫瀚调、蒙古族民歌（科尔沁叙事民歌、鄂尔多斯短调民歌、鄂尔多斯古如歌）、鄂温克族民歌（鄂温克叙事民歌）、鄂伦春族民歌（鄂伦春族赞达仁）、达斡尔族民歌（达斡尔扎恩达勒） | 9项 |
| 民间舞蹈 | 查玛 | 1项 |
| 传统戏剧 | 东北二人转、达斡尔族乌钦 | 2项 |

① 那达慕从草原走向世界舞台［EB/OL］. http：//www. nmg. xinhuanet. com/zt/2012－09/03/content_25550340. htm［2012－09－03］.

续表

| | | |
|---|---|---|
| 民间文学 | 《巴拉根仓的故事》《嘎达梅林》《科尔沁潮尔史诗》 | 3 项 |
| 曲艺 | 好来宝 | 1 项 |
| 杂技与竞技 | 蒙古族象棋、沙力搏尔式摔跤、鄂温克抢枢 | 3 项 |
| 传统美术 | 剪纸（和林格尔剪纸） | 1 项 |
| 传统手工技艺 | 地毯织造技艺、鄂伦春族狍皮制作技艺、蒙古族马具制作技艺、牛羊肉烹制技艺、蒙古包营造技艺 | 5 项 |
| 传统医药 | 蒙医药 | 1 项 |
| 民俗 | 蒙古族婚礼、抬阁（脑阁）、鄂温克驯鹿习俗、蒙古族养驼习俗、蒙古族服饰等 | 6 项 |

## （二）内蒙古那达慕大会现实发展下的忧患

笔者通过文献梳理及实际调查发现，内蒙古那达慕经历了 800 多年的传承发展，仍能保持长盛不衰，依托的是其独特的游牧文化和自然生态，但是这两者在当前我国社会发展现实背景下，都存在巨大的隐患，如果不加以改善，将对那达慕的传承发展造成极大冲击。

### 1. 文化生态危机

民间文化生态的构成有两个基本特征：“第一，它是围绕某项民间文化活动，由相互关联的各方面构成的互动关系；第二，它已活态呈现，契入民众日常生产生活中间，发挥着自己的特殊功能。其运动变化即是自发的，又有着一种内在动力使它世代传承不息，具有持续稳固的生命力。”① 游牧经济和游牧生活是那达慕产生和发展的根基。游牧民族经历了从狩猎到游牧、从游牧到定居、从单一畜牧业到多种经营等几次显著的文化选择过程，始终以人与自然和谐一致的主线演绎着生活、文化，既有自然生态环境决定的结果，也有人的创造性适应，二者相得益彰。

① 郝苏民．西北各民族在行动［M］．北京：北京民族出版社，2006：183.

以“男儿三艺”为主要内容的那达慕文化是蒙古族古老而传统的节日习俗。如今，在经济全球化和现代化的冲击下，草原生态不断恶化、游牧文化的生存空间不断萎缩。草原的退化和沙化、游牧生活的单薄、游牧文化的衰竭都阻碍了传统那达慕节日的发展。①运动马发展不均衡。总体上来说锡林郭勒盟、鄂尔多斯市、通辽市、兴安盟、呼伦贝尔市、呼和浩特市等盟市发展较好，其他盟市发展薄弱。截至2011年，自治区马匹中真正的纯种蒙古马只有10万匹左右[①]。国内对蒙古马遗传资源的研究、保护、开发及合理利用十分薄弱，几乎是空白[②]。同时，定居游牧居民使马在牧业生产中的作用减少，在经济利益驱使下五畜比例失调，影响畜牧业发展。②城镇化，赛马骑手断层。长距离跑马赛为减轻马的负担，专由7～14岁的儿童来骑乘。如今城镇化建设，牧业生活结构的变化，大批草原上的孩子远离草场，往昔穿着赛马服包着红头巾骑乘赛场的小英雄们，现在很难再看到。同时，草场家庭承包政策，草原上的围栏把草原分割成千万块，传统的快马比赛场地面临着威胁。③传统射箭技艺已经淡出了人们的视线。在锡林郭勒地区，传统射箭技艺消失已经有60年的历史；在东乌旗，民间传统弓箭保存得也很少，调查获悉，民众自20世纪50年代以来就没见过传统的弓箭[③]。草原生态的破坏、游牧文化生存空间的萎缩使那达慕的保护面临困难。

### 2. 文化旅游业的冲击

“就一般情况而言，节日风俗多由民间约定俗成。但在特殊的情况下，统治者的参与和提倡，对节俗的发展演变，可以起直接的促进、推动作用。”[④] 那达慕的发展经历了从上层统治者的娱乐、竞技项目到官民同乐的群众性活动的过程，其兴起、衰竭、复苏的过程中政府部门扮演着重要的角色。

“十二五”期间，文化旅游业成为支柱产业。政府借助文化产业，将全民参与的传统那达慕文化有效利用，积极开发草原旅游，将传统与现代交融，如草原文化节、文化旅游节、文化周、旅游节等。民俗节庆活动与旅游业、经贸活动、商

① 王国英．内蒙古现代马产业向何处去［N］．内蒙古日报，2011－07－06（7）．

② 王怀栋，等．内蒙古运动马产业现状及发展分析［J］．中国农学通报，2013，29（8）：31－34.

③ 白丽丽．草原牧区“那达慕”的传承与保护：以内蒙古东乌珠穆沁旗2006年“那达慕”为个案［D］．北京：中央民族大学，2008：3.

④ 钟敬文．民俗学概论［M］．上海：上海文艺出版社，1998：132.

业等的有机结合，以及民俗文化旅游的开展，都表明人们意识到文化资源可以转化为文化资本，成为当地经济收入的重要组成部分。旅游开发可以作为民族文化保护的一种重要途径，但过度的商业化开发就会造成文化遗产的“异化”和“物化”，不可避免地遇到“伪民俗”及文化失实的情况。盲目、过度取悦旅游者，势必造成那达慕内容泛化；牧民对那达慕节日产生倦怠心理，那达慕的价值和意义将不断弱化。

**3. 专业人才匮乏**

针对那达慕大会而言，内蒙古各方面的专业人才短缺问题比较明显。①非物质文化传承人严重缺乏。东西方文化交融，西方文化入侵，必然使传统文化受到冲击。②“男儿三艺”后备人才不足。城镇化推进、游牧文化的弱化、产业结构的调整等，导致专业人才严重不足。③体育产业、文化旅游业等专业经营管理人才短缺。这在很大层面上导致赛事的创新力不足、产品的创新及更新较慢、文化传承与发展断层等。④节事活动相关配套服务人员缺乏。这在很大程度上体现为服务意识、服务质量的缺陷。

**4. 效益失衡，商业异化**

随着文化旅游业的兴起及快速发展，功利主义导致过分追求经济效益，综合效益严重失衡，那达慕的文化内涵被弱化甚至曲解。目前，内蒙古草原文化旅游内容较为单一，大多数为草原观光、吃蒙餐、骑马和欣赏民族歌舞，深层次挖掘严重不足。盲目效仿较为严重，大量景点在接待设施建设、旅游活动内容组织等方面具有高度雷同性，甚至有人曾戏称内蒙古草原旅游到哪都是“一片草原，一座包；一条哈达，一碗酒；一首民歌，一块肉；一匹马，外加一堆石头（敖包）”①。这使内蒙古草原吸引力降低，景点之间出现低水平恶性竞争。

**5. 景观单调、自然生态脆弱**

内蒙古草原是内陆半干旱到半湿润气候下的产物，这里的降水不足以维持森林的成长，却能支持耐旱的多年生草本植物的生长，所以草原辽阔无林。由于草

① 刘敏，陈田，钟林生．草原旅游文化内涵的挖掘与提升：以内蒙古自治区为例［J］．干旱区地理，2006，29（1）：156－162.

原辽阔、平坦的特点，加上草本植物群落高度的相对一致，使草原景观具有广阔性、均一性和无边界性，缺乏特定的观赏个体，相对单调，观赏时间久了容易造成视觉疲劳①。笔者实地考察发现，内蒙古草原土层较薄，土壤肥力较差，温带半干旱大陆性季风气候降水不足，土壤生态系统稳定性小，脆弱程度较高。一旦人为利用不当，极易导致植物群落的衰退，风蚀与水蚀加剧、土地荒漠化，会导致生态系统失衡。同时由于草原很少有天然的沟壑、河流和山体作为游客活动范围的限制，旅游功能分区时很难将游览区与生活服务区分离，常常是生活区与景区合为一体，使旅游开发十分容易造成草原景观整体性的分割和草原生态环境的破坏。

## 三、内蒙古那达慕大会的可持续发展路径

### （一）“男儿三艺”文化内涵的挖掘和保护

民众是优秀民俗文化的创造者，也是民俗文化的享用者，他们是文化财富的主人，政府在民俗文化的传承和发展中负有不可推卸的责任和义务。①政府相关部门应积极组织社会各界力量，形成研究团队，致力于对“男儿三艺”文化内涵的挖掘和保护，还“男儿三艺”之本真。②“传承人”是这种文化创造和传递的精英和中坚力量。加大对传承人的扶持和保护力度，包括经费投入、机构设置及编制等。如科尔沁中旗旗委、政府为了实现“建设科尔沁文化大旗”的奋斗目标，采取了一系列举措：成立了科尔沁文化研究室，有专项活动经费，有 12 个编制的常设机构；研究室工作人员重点开展挖掘、整理民族民间各类文化遗产，建立民间艺人档案，截至 2013 年，建立档案中有四胡艺人 640 人，乌力格尔艺人 130 人，安代舞人员 1000 多人；制定出台《民间艺人奖励办法》，使全旗民间艺人管理逐步走向正规化轨道，各旗财政拿出专项资金扶持生活困难艺人，鼓励艺人创收和收徒传艺，奖励优秀民间艺人②。③马遗产资源的挖掘、保护、合理开发及利用。

① 钟林生．内蒙古草原旅游资源及其开发研究［J］．干旱区资源与环境，2005，19（2）：105－110.

② 汤爱茹，巴图，林夕，等．科尔沁文化的软实力效应［J］．思想工作，2008（1）：32.

尤其是蒙古族运动马的培育及马文化研究等，如2011年3月，教育部正式批准了内蒙古农业大学建立运动马驯养与管理专业，目前共招收高职学生120人[①]。④致力于“男儿三艺”青少年梯队的培养，让“男儿三艺”文化进课堂，让“男儿三艺”实践进草场。

## （二）继承、创新民俗体育旅游产品的丰富度

当前，内蒙古自治区是要解决人们日益增长的民俗体育旅游产品需求与供给严重不足之间的矛盾。①继承那达慕大会的文化本真，使传统的“男儿三艺”竞技进一步凝练，包括服饰文化、礼仪文化、奖励机制等。②传统与现代竞技结合，不断丰富竞赛产品，加强多民族的融合。如增加多民族的同类、相近项目的邀请赛、表演赛、竞技赛、分站赛等。③竞技与娱乐、艺术相结合。借鉴英国的马术音乐会、美国的牛仔竞技（Rodeo）、美国的职业骑牛大赛（Bull Riding）等的成功经验，发展具有内蒙古特色的娱乐盛宴，增加趣味性、娱乐性、参与性。在此基础上，实现那达慕与节事、文化、旅游、教育、环境等的融合发展，资源共享。

## （三）加大生态环境的保护力度

草原文化旅游资源的开发必须把生态环境的保护放在首位。①管理部门要认真贯彻有关的环境保护法律法规，加大执法力度，依法管理和保护旅游生态环境。②根据地域特点，建立健全旅游环境保护的各项规章制度，草原旅游区内的一切开发建设项目须执行包含生态建设与环境保护等内容的可行性论证和总体规划制度。③加强游客的生态管理，一方面，通过确定环境承载力来从时间上引导游客的利用强度，通过合理的功能分区来实现游客在空间上的利用格局，从而保证游客对环境的影响限制在生态系统可调节的范围之内；另一方面，运用各种媒介，多层面营造保护环境的氛围，教育和影响旅游者，使他们自觉遵守旅游管理规定，不乱扔废弃物，保护好草原旅游环境。④各景区内的草原应实行轮作休养制度，在休养期间，实行围封禁牧，禁止游客、马匹等入内踩踏，为草类植物生长和草

---

① 王怀栋，郝拉柱，葛茂悦，等．内蒙古运动马产业现状及发展分析［J］．中国农学通报，2013，29（8）：31－34.

原恢复创造条件。

## （四）政府引导，塑造良好的人文环境

文化是民族的血脉，文化创造和享用的主体仍然是民众，政府在采纳当地民众建议的情况下制定保护政策，真正做到为民所用、为民所享。①草原牧区是有着深厚的蒙古文化积淀的地方，最大的优势表现为民众的文化自觉。在那达慕期间，人们用传统的礼节互相问好，穿上蒙古袍，搭起蒙古包，拿出奶食品、手把肉，用蒙古族古老的仪式进行庆祝。②搏克协会、马文化协会、射箭协会相继成立，定期、不定期举办各类文化节。③鼓励、支持蒙古族民众穿蒙古袍，尤其是蒙语学校、双语学校；支持蒙古族的节日及重大节事活动等。

## （五）草原民族体育文化旅游文化内涵的提升及层次开发

草原文化的最大特点是开放性和流动性[①]。为此，在开发时既要充分重视文化旅游资源的重要性，又要正视现实，立足于可开发的资源，特别要注重节庆、事件和创造性[②]。遵循坚持弘扬民族传统文化，保持独创性、原始性、市场性、可持续性原则。具体包括营造整体文化氛围（饮食文化、民俗风情、服饰文化、节庆活动等）；建设大众文化产品（音乐舞蹈艺术表演、游艺竞技文化旅游、文化观光旅游等）；开发专项文化产品（宗教旅游、祭祀旅游、科考旅游、怀旧旅游等）；提炼精髓文化（祭祀文化、马文化、酒文化、游牧文化、民俗文化、草原文化等）；凝练文化形象（通过精心设计使文化形象反映内蒙古草原文化的精髓，树立内蒙古草原旅游的文化形象，并通过形象的引导使游客感受到文化的气息），如内蒙古草原——成吉思汗的故乡、内蒙古草原——蒙古文化起源发展之地、男儿三艺”——蒙古族文化价值的标识等。同时，还要做到：①新的产品与形式的不断完善和深入挖掘，使挖掘文化内涵的层次得到不断更新，产品实现多元发展；②地域文化的深入挖掘，在提升层次的指导下进行地域差异化开发；③在旅游活动

① 孟驰北．草原文化与人类历史［M］．北京：国际文化出版公司，1999：26－95.

② CARLSEN JACK，JAFARI JAFAR. Culture and International Tourism［J］. Annals of Tourism Research，1996，23（4）：955－958.

中，要努力展现草原文化内涵的正确发展方向，防止旅游大规模开发带来的文化破坏，出现“商业化”与“低俗化”；④在开发过程中注重自然环境的有效保护，尤其是对环境脆弱地区加强管理和保护，“禁游区”和“休游期”的实行。

# 第九章 我国民族民间体育赛事对旅游目的地的影响机理

南非前总统曼德拉说过，“体育具有改变世界的力量”。民族民间体育赛事是区分于现代主流体育赛事的、土生土长的、体现自在自为生存理念的体育赛事①。它在普通民众日常生活中开展，提供本民族所创造、使用的运动竞赛产品和相关服务产品的体育事件，它是一项重要的节事活动，是一种特殊事件，也是人类重要的文化遗产②③④。旅游目的地是相对于旅游客源地、过境地而言的，是指供旅游者参观游览、休闲度假、会议展览、康乐健身等旅游活动，能满足其食、住、行、游、购、娱等需求的目标区域，本研究主要是指赛事举办地⑤⑥⑦⑧。“民族的才是世界的”，龙舟节、风筝会、武术节、赛马节、掼牛赛、那达慕大会、脚斗士等民族民间体育赛事活动不仅具备体育赛事的一般特征，而且还以浓厚的民族特色，厚重的历史文化积淀及其带有的生活气息、乡土韵味和浪漫色彩的原初意义，

---

① 李延超，虞重干．民族民间体育赛事研究的定位、内容及实施［J］．体育科学，2011，31（3）：22－29.

② 白晋湘．民族民间体育［M］．北京：高等教育出版社，2010：1－14.

③ 王守恒，叶庆晖．体育赛事运作研究［M］．北京：北京体育大学出版社，2003：15－16.

④ 王子朴，杨铁黎．体育赛事类型的分类及特征［J］．上海体育学院学报，2005，29（6）：24－28.

⑤ 张立明，赵黎明．旅游目的地系统及空间演变模式研究：以长江三峡旅游目的地为例［J］．西南交通大学学报（社会科学版），2005，6（1）：78－83.

⑥ 张凌云．北京建设中国首选旅游目的地对策研究［M］．北京：旅游教育出版社，2009：1－2.

⑦ 张超．旅游目的地产品差异化理论与实践［M］．北京：旅游教育出版社，2008：15－16.

⑧ 苗维亚，田敏．旅游目的地规划建设标准研究与示范［M］．成都：西南交通大学出版社，2008：4－5.

成为民族文化遗产的重要组成部分，也是人类体育赛事文明的重要元素①。随着城市营销时代的到来，体育赛事已成为国内外诸多国家和城市互相竞逐的对象。民族民间体育赛事独特的价值和功能，使其成为旅游目的地重要的目标吸引物。在当前中国文化大发展大繁荣的时代背景下，城市化进程不断加快，体育赛事越来越受全国诸多城市所青睐，正逐渐成为城市名片上的重要字段、城市印象中的突出元素及城市欲望的诉求之一。未来，体育将在城市发展中担当更多的责任和历史使命。

体育赛事与城市发展的相关研究是近几年社会各界关注的重要领域，研究成果可谓是层出不穷。笔者通过检索、收集、整理、归纳和总结“体育赛事”“节事”“事件”“旅游目的地”“赛事举办地”等方面的文献，引入共生理论、可持续发展理论等，结合党的十八大及党的十八届三中全会会议精神，从政治、社会、经济、文化、环境五个领域深刻剖析民族民间体育赛事这一单元个体对旅游目的地这一单元复合体之间的相互影响，本研究具有比较重要的理论和现实意义。我国民族民间体育赛事与旅游目的地之间的互动影响，既包括良性互动影响，也包括负面影响。

# 第一节　国家会议精神及相关理论解读

## 一、党的十八大报告及党的十八届三中全会会议精神解读

### （一）党的十八大报告解读

“建设中国特色社会主义，总依据是社会主义初级阶段，总布局是五位一体，

① 张林，李延超．中国民族民间体育赛事研究［M］．北京：人民体育出版社，2012：1－2.

总任务是实现社会主义现代化和中华民族伟大复兴。”胡锦涛说①。党的十八大报告提出“五位一体”建设中国特色社会主义，将生态文明建设与经济建设、政治建设、文化建设、社会建设放到同等重要的地位。报告首次将经济、政治、文化、社会和生态五大建设并列，为中国到2020年如期实现全面建成小康社会目标提供强有力的保障。时任国家行政学院科研部主任许耀桐对此高度评价：生态文明是一种新的文明形态，是对以耗费大量自然资源和造成环境严重污染的工业文明的超越。中国共产党前所未有地强调生态文明建设，对中国及全球实现可持续发展均意义重大②。

“‘五位一体’的新布局是在科学发展观指导下产生的，更加强调均衡、可持续和以人为本的发展。”许耀桐说。“五位一体”总布局不是凭空的理论创造，而是中国共产党在领导人民建设中国特色社会主义的实践中认识不断深化的结果。从党的十六大构建社会主义和谐社会战略任务的“三位一体”，到“四位一体”写入党的十七大党章，再到前所未有地将“五位一体”写入党的十八大报告成为最新权威表述，社会建设、生态文明建设相继成为同政治建设、经济建设、文化建设同样重要的内容，成为推进中国特色社会主义事业建设的重要支撑。建设中国特色社会主义，总布局是经济建设、政治建设、文化建设、社会建设、生态文明建设“五位一体”。总布局是一个有机整体，其中经济建设是根本，政治建设是保障，文化建设是灵魂，社会建设是条件，生态文明建设是基础。只有坚持“五位一体”建设全面推进、协调发展，才能形成经济富裕、政治民主、文化繁荣、社会公平、生态良好的发展格局，把我国建设成为富强、民主、文明、和谐的社会主义现代化国家。

### （二）党的十八届三中全会精神解读

党的十八届三中全会审议通过了《中共中央关于全面深化改革若干重大问题的决定》，指出：以科学发展观为指导，团结带领全党全军全国各族人民，继续坚

---

① “五位一体”彰显科学发展观理念［EB/OL］. http：//cpc. people. com. cn/pinglun/n/2012/1111/c241220 - 19539387. html［2012 - 11 - 11］.

② 十八大开幕：中共宣示“五位一体”建设中国特色社会主义［EB/OL］. http：//www. kankanews. com/a/2012 - 11 - 08/0011784968. shtml［2012 - 11 - 08］.

持稳中求进的工作总基调，着力稳增长、调结构、促改革，沉着应对各种风险挑战，全面推进社会主义经济建设、政治建设、文化建设、社会建设、生态文明建设，全面推进党的建设新的伟大工程，扎实推进党的群众路线教育实践活动，各项工作取得新进展，推动发展成果更多更公平惠及全体人民，实现了贯彻落实党的十八大精神。①

国家行政学院公共管理教研部教授宋世明表示，每次三中全会都承担着独特的历史使命，这次党的十八届三中全会的历史使命主要体现在两个方面。第一个独特的历史使命：确定的全面改革，也就是五项改革实际上是为五个建设提供体制支撑：经济建设、政治建设、文化建设、社会建设、生态文明建设。五个改革支撑五个建设，并且是一体化。第二个独特的历史使命：中国的转型期不能无限地拉长。中央进行全面部署、系统推进，使各方面的制度更加成熟，更加定型。②

我国民族民间体育赛事对旅游目的地的影响研究，与党的十八大报告提出的“五位一体”目标高度吻合，也是党的十八届三中全会精神的重要的体现。因此，笔者选择从政治、社会、经济、文化、环境五个方面深入剖析我国民族民间体育赛事与旅游目的地之间的相互影响。国家及地方相关政策、法规是民族民间体育赛事开展、发展的保障；国家及区域经济建设是民族民间体育赛事发展的根本；文化是民族民间体育赛事的灵魂和传承发展的血脉；社会建设是民族民间体育赛事发展壮大的条件；生态文明建设是民族民间体育赛事传承发展的基础。②

## 二、共生理论及共发展解读

共生是自然界和人类社会普遍的自组织现象，合作和协同是共生现象的本质特征，对称互惠共生是自然界与人类社会现象的必然趋势，进化是共生系统发展的总趋势和总方向③。生物共生理论共包括四个要素：共生单元、共生模式、共生

① 十八届三中全会精神［EB/OL］. http：//baike. so. com/doc/7359043. html［2013－11－19］.

② 全方位解读十八届三中全会公报［EB/OL］. http：//news. xinhuanet. com/politics/2013－11/14/c_125699844. htm［2013－11－14］.

③ 陈博. 基于共生理论的城市文化创意产业发展研究［J］. 浙江工商职业技术学院学报，2010，9（3）：21－24.

环境和共生界面。其中，共生单元是基础，共生模式是内部条件，共生环境是外部条件，而共生界面则是以上三要素相互作用的媒介①。共生理论认为，共生单元是指构成共生体或共生关系的基本能量生产和交换单位，是形成生物共生的基本物质条件②。刻画共生单元的特征指标主要有三个：共生度、关联度以及共生密度。共生度、关联度这两个指标都是刻画共生单元之间的联系程度；共生密度主要反映共生关系中共生单元数量的多少。共生模式也可以称为共生关系，是指共生单元相互作用的方式或相互结合的形式③。从行为方式看，共生模式可以分为寄生关系、偏利共生关系和互惠共生关系。在一定条件下，寄生、偏利共生模式可以向互惠共生模式转换。互惠共生模式是一种和谐的共生状态，是社会、经济等领域稳定、健康发展的最优模式。共生环境是影响共生体的所有外部因素的总和。这些因素既有有利的，也有不利的。共生界面是共生单元之间物质、信息和能量传导的媒介，它决定了共生系统的运作机理④。目前对共生理论的研究多建立在两个共生单元之间，未来研究可能进一步拓展到三个或三个以上的共生单元之间的系统分析；同时相关理论将陆续被引入到共生理论中去，例如经济学中的博弈论、管理学中的系统论等，这样共生理论将不断被丰富化。

## 三、可持续发展理论及其发展解读

可持续发展理论的形成经历了相当长的历史过程。与任何经济理论和概念的形成和发展一样，可持续发展概念形成了不同的流派，这些流派或对相关问题有所侧重，或强调可持续发展中的不同属性，从全球范围来看，比较有影响的有：①着重于从自然属性定义可持续发展。即所谓生态持续性。它旨在说明自然资源及其开发利用程度间的平衡。1991 年 11 月，国际生态学协会（Intecol）和国际生物科学联合会（Iubs）联合举行关于可持续发展问题的专题研讨会，将可持续发展

① 刘红建，孙庆祝，陶荣兵．基于共生理论的职业体育联盟研究［J］．山东体育学院学报，2009，25（1）：15－17，21.

② 曲亮，郝云宏．基于共生理论的城乡统筹机理研究［J］．农业现代化研究，2004（9）：371－373.

③ 龙叶，白庆珉．图书馆知识联盟的共生理论研究［J］．情报科学，2008（1）：18－23.

④ 程慧，李宗植．基于共生理论的江苏城乡统筹发展研究［J］．江苏农村经济，2004（10）：51－53.

定义为：保护和加强环境系统的生产和更新能力。②着重于从社会属性定义可持续发展。1991 年，世界自然保护同盟、联合国环境规划署和世界野生生物基金会共同发表了《保护地球——可持续生存战略》（*Caring For the Earth*：*A strategy For Sustainable Living*，以下简称《生存战略》）。《生存战略》提出的可持续发展定义为“在生存于不超出维持生态系统涵容能力的情况下，提高人类的生活质量”，并且提出了可持续生存的九条基本原则。③着重于从经济属性定义可持续发展。在《经济、自然资源、不足和发展》一书中，作者 Edward B. Barbier 把可持续发展定义为“在保持自然资源的质量和其所提供服务的前提下，使经济发展的净利益增加到最大限度”。④着重于从科技属性定义可持续发展。实施可持续发展，除了政策和管理国家之外，科技进步起着重大作用。有的学者从技术选择的角度扩展了可持续发展的定义，认为“可持续发展就是转向更清洁、更有效的技术，尽可能接近‘零排放’或‘密闭式’工艺方法，尽可能减少能源和其他自然资源的消耗”。⑤被国际社会普遍接受的布氏定义的可持续发展。1987 年，布伦特兰夫人主持的世界环境与发展委员会，对可持续发展给出了定义：“可持续发展是指既满足当代人的需要，又不损害后代人满足需要的能力的发展。”①

从全球普遍认同的观点中，我们可以梳理出可持续发展的内涵，包括共同发展、协调发展、公平发展、高效发展和多维发展。在具体内容方面，可持续发展涉及可持续经济、可持续生态和可持续社会三方面的协调统一，要求人类在发展中讲究经济效率、关注生态和谐和追求社会公平，最终达到人的全面发展。这表明，可持续发展虽然缘起于环境保护问题，但作为一个指导人类走向 21 世纪的发展理论，它已经超越了单纯的环境保护。它将环境问题与发展问题有机地结合起来，已经成为一个有关社会经济发展的全面性战略。

作为一个具有强大综合性和交叉性的研究领域，可持续发展涉及众多的学科，可以有不同重点展开。我国民族民间体育赛事的特征和功能，决定了其在当下的可持续发展，需要与“五位一体”的国家建设目标高度一致，并实现在政治、经济、社会、文化、环境等领域的良性互动发展。因此，我国民族民间体育赛事与旅游目的地之间的互动影响研究，具有重要的理论和现实意义，同时可以为我国

① 可持续发展理论［EB/OL］. http：//wiki. mbalib. com/wiki/.

民族民间体育赛事对旅游目的地影响指标体系的构建提供重要的理论支撑。

## 第二节　我国民族民间体育赛事与旅游目的地之间影响机理辨析

### 一、我国民族民间体育赛事与旅游目的地的政治的互动影响

体育是一种文化活动，是社会发展到一定阶段的产物，从属于上层建筑。任何国家的体育都内置于政府的政治主张及政策选择之中，政府是推动体育发展的重要力量①。国内一些学者忽略了这一基本认知，误读了体育，也误读了政治，片面地把体育与政治关系研究定位在体育的政治功能探讨上，只能给人以体育政治化的幻象。本研究中对于我国民族民间体育赛事对旅游目的地的政治影响机理的分析，主要基于三点：一是现代社会体育与政治关系的再认识；二是我国民族民间体育赛事的特点与功能；三是民族民间体育与旅游目的地政治互动影响的具体体现。笔者查阅相关文献资料，梳理了体育与政治之间的联系，主要包括体育与政治之间的关系、新时期体育的政治功能、现代社会中体育与政治关系的认识；体育的政治定位与政治表述；体育赛事、节事、重大事件的政治影响等。如刘海涛认为体育是人类社会的一种特有的社会现象，必然与所处时代的社会上层建筑存在着密切的联系。政治决定体育的性质，反过来，体育是为政治服务的。② 刘海涛在许多专家学者研究的基础上，对体育与政治的基本内涵进行了界定，对当前

① CHIEN－YU LIN，PING－CHAO LEE，HUI－FANG NAI. Theorizing the Role of Sport in State－Politics [J]．International Journal of Sport and Exercise Science，2008，1（1）：23－32.

② 刘海涛．体育与政治的互馈功能研究［J］．辽宁工程技术大学学报（社会科学版），2004（4）：437－439.

中国社会中政治与体育关系的基本特征进行了描述与分析。

## （一）现代社会体育与政治之间关系的再认识

根据马克思主义的国家学说，政治是阶级社会的产物，是经济的集中表现，是以政权为核心的阶级关系和人民内部的全局性关系。列宁认为，政治就是各阶级之间的斗争。因此，政治不仅是一个阶级概念，又是一个历史范畴，它是由经济基础决定的上层建筑，有着鲜明的时代特征。[①] 随着现代社会的发展，人类文明进入了一个崭新的阶段，政治对人们社会生活的影响向更深层次渗透，成为现代社会生活中不可缺少的一个方面。在政治结构的构成要素上，其民主、法制、和平等要素的地位日益上升。体育运动作为现代社会生活的组成部分，必然与当代政治有更深层次的接触，两者之间的关系也趋于复杂化。有时候在人类社会的发展和和平等方面，体育是一种重要的工具[②③]。

需要强调指出的是，政治与体育并不同属一个层次。在社会形态结构中，体育是政治统领下的文化活动。政治是主动的并起决定作用，而体育则处于从属地位，这是研究体育与政治关系时，必须认识的前提之一。[④] 当前在我国文化大发展大繁荣、全面小康社会建设的时代背景下，体育作为社会文化的重要组成部分，作为社会主义精神文明建设的重要内容之一，其与政治之间的联系将更加活跃，他们之间是互相影响的。

### 1. 体育对政治的影响

体育与政治关系的内生性。体育是社会发展到一定阶段的产物，随着体育国际化、大众化、市场化、社会化发展的不断深入，体育服务于政治，其对政治的影响表现为明晰化和常态化的特点。①体育可维护社会安定团结。“稳定是压倒一

---

① 张江南，唐宏贵．对现代社会中体育与政治关系的再认识［J］．上海体育学院学报，2000，24（2）：27－29，34.

② SIMON C. DARNELL. Power，Politics and “Sport for Development and Peace”：Investigating the Utility of Sport for International Development［J］. Sociology of Sport Journal，2010，27：54－75.

③ DANYEL REICHE. Sport as a tool for deflecting political problems：Bolivia’s President Morales’ successful campaign against FIFA’s ban on high－altitude football［J］. Sport in Society，2014：1－14.

④ 田雨普．新时期体育的政治功能［J］．天津体育学院学报，2001，16（1）：7－8.

切的大事”，是我国加紧进行社会主义现代化建设的必要前提条件。我国民族民间体育赛事在民族地区或者多民族融合区开展，是迎合民族地区民众的需求而进行的，对维护社会安定与团结意义重大。如中国玛曲格萨尔赛马大会、青海玉树赛马节、内蒙古那达慕大会等。②体育可以增强民族凝聚力。我国民族民间体育的开展，是对民族文化的传承和保护，可增强当地居民的区域认同、文化认同和民族认同。如中国汨罗江国际龙舟节、内蒙古那达慕大会、甘肃临潭万人拔河比赛等。③体育的“安全阀”作用。国内外的学者们都十分强调体育的“安全阀”作用：一方面，通过体育可提供合理的、有节制的排遣社会挫折的渠道；另一方面，可缓和劳动者压力，保证劳动力的恢复和提高[①②]。④体育可促进多民族之间的了解，增进友谊。体育可以让国家或地区之间、民族与民族之间、民众与民众之间，通过举办活动缓解或消除敌对、隔阂等。在新疆地区的维吾尔族、哈萨克族等民众之间产生的隔阂，大都在节日盛会的活动参与中得到了和解。⑤体育可培养高尚的道德情操和行为准则。在现代社会发展过程中其对当代青少年价值观的塑造具有重要意义。如新疆的麦西莱甫，它已成为普及和提高群众文学艺术活动、开展群众文化娱乐的最好形式。人们通过麦西莱甫的各种活动抒发自己的感情，歌颂美好的现实生活，表达自己内心的喜悦。麦西莱甫有其惯例及准则，破坏者要受惩罚或被禁止参加，因此它又是对青年进行道德教育、传统习俗教育、文化教育、集体主义精神教育的一种手段。目前，影响最大的是新疆麦盖提县的刀郎麦西莱甫。

此外，体育可以增强人民体质，更好地为社会服务。同时体育的产业化、市场化发展，也为社会提供了一定的就业机会，缓解失业的矛盾，在一定程度上维持了社会的安定。但是体育的过度商业化、功利化，也会对国家的政治产生负面影响，如兴奋剂、假球、黑哨、赌球、行贿受贿等一系列问题。我国民族民间体育赛事作为体育赛事的重要组成部分，作为体育的主要表现形式，自然而然从上述几点对政治产生影响。

---

① 邹师，章思琪．体育促进社会稳定的机制［J］．体育学刊，2008，15（9）：26－30.

② 熊少波，曹小芬，周平．农村节庆体育活动中的群体冲突及其应对机制［J］．武汉体育学院学报，2013，47（11）：5－9.

**2. 政治对体育的影响**

政治对体育有着制约与影响。政治对体育的制约表现在两个方面——掌握体育的领导权和制约体育的性质。

（1）政治对体育的制约和影响主要表现在依据国家政治和经济制度的要求，制定体育的方针、政策、法规、制度等，确定体育的目的和任务，相应地建立起体育的组织领导机构，使体育为政治服务。如设立国家体育总局和各省、市、自治区体育局，全面负责国家的体育事业；设立国家和省、区、市民委，全面处理民族事务等。我国的民运会就是由国家体育总局和国家民委共同主办的。《全民健身计划纲要》颁布实施以来，人民群众热烈拥护，积极参与。我国的传统体育健身之道，如武术、气功、太极等活动，是中华民族悠久文化的瑰宝。在我国体育政策的正确引导下，这些传统体育活动得到了大力发展，深得民心。我国现有的政治体制，有利于民族民间体育赛事的发展，政府拥有大量的公共资本和社会资本，从外部保证了赛事的举办；内部政府整合相关力量成立相应的赛事组委会，对赛事进行组织、管理和运作，保证赛事的良性运行。

（2）政治影响着体育运动的性质及发展方向，这主要反映在社会的政治制度、国家政策等方面。政治制度制约体育的发展，主要表现有两种形式：一是直接干预，将体育作为政治宣传的手段，恢复和断绝交往的手段，是提高民族自信心、提高民族精神的手段。二是间接干预，将体育作为社会化的手段，社会安全阀的手段，特定的社会群体运动的手段[①]。如2010年3月24日，国务院办公厅发布《关于加快发展体育产业的指导意见》（国发〔2010〕22号）提出：因地制宜地开发和培育具有地方特色的体育健身项目，加强对民族民间传统体育项目的市场开发、推广；支持地方根据当地自然人文资源特色举办体育竞赛活动，努力打造有影响、有特色的赛事品牌[②]。2014年10月20日，国务院发布《关于加快发展体育产业促进体育消费的若干意见》（国办发〔2014〕46号）：鼓励地方根据当地自然、人文资源发展特色体育产业，大力推广武术、龙舟、舞龙舞狮等传统体育项

---

① 陈磊．论体育与政治的关系［D］．西安：西北工业大学，2006：20－24.

② 国务院办公厅关于加快发展体育产业的指导意见［EB/OL］．http：//www.gov.cn/zwgk/2010－03/24/content_1563447.htm［2010－03－24］.

目，扶持少数民族传统体育项目发展；大力发展多层次、多样化的各类体育赛事，打造一批有吸引力的国际性、区域性品牌赛事；促进产业融合发展，积极拓展业态，促进康体结合，鼓励交互融通。[①]

## （二）我国民族民间体育赛事的特点与功能对政治的影响

我国民族民间体育赛事对国家和区域政治的影响，主要从我国民族民间体育赛事的特点和功能两个方面来阐述。

### 1. 我国民族民间体育赛事的特点

叶庆晖认为，体育赛事是一种提供竞赛产品和相关服务产品的特殊事件[②]。我国民族民间体育赛事具有综合性、集体性、传承性与传播性、民族性与地域性、变异性、象征性等特征，具有集聚和轰动效应；同时民间赛事大都跟节事活动融合在一起，多在民族地区或多民族融合地区举办，社会舆论和国际舆论极强，可吸引全球关注，政治影响力因赛事的性质和规模而有所不同，如 2008 年北京奥运会的成功举办，政治影响力巨大，让世界为之震惊，是奥运会给了世界重新认识和了解中国的机会，所以我们讲城市需要体育，体育同样需要城市，他们是相互依存的。再如 2012 年 8 月 13—18 日，中国九色甘南香巴拉玛曲县第 6 届格萨尔赛马大会在中国赛马之乡——玛曲的格萨尔赛马中心举行，据赛后统计，赛马会期间玛曲县共吸引 20 万人次汇聚于此，对当地政府是极大的考验，尤其是组织、管理能力，以及对重大事件的预警、应变能力，这是一个民族或地区综合实力的体现。2013 年是甘南藏族自治州建州 60 周年，中国九色甘南香巴拉玛曲县第 7 届格萨尔赛马大会的成功举办对玛曲县、甘南藏族自治州、甘肃省甚至对中国都会产生极大的政治影响。为此，本届赛事时间压缩为 3 天，参赛省份及队伍规模也有所减少。

### 2. 我国民族民间体育赛事的功能

民族地区跟一般意义上的地区是不一样的。我国是一个多民族国家，共有 56

---

① 国务院关于加快发展体育产业促进体育消费的若干意见［EB/OL］. http://www.gov.cn/zhengce/content/2014-10/20/content_9152.htm［2014-10-20］.

② 叶庆晖. 体育赛事运作研究［M］. 北京：北京体育大学出版社，2003：15-16.

个民族，民族民间体育赛事的举办对区域社会的发展意义重大，主要功能如区域稳定、民族交流、民族融合、民族团结等。与一般性体育赛事相比，民族民间体育赛事政治影响会更大，国际舆论也会更关注。2012 年，中国玛曲第 6 届格萨尔赛马大会时笔者实地访谈彭德玉副秘书长，他指出办赛马大会在现阶段的首要任务是维护安定团结，其次才是文化交流及经贸活动。玛曲县县长王力介绍说：“我们希望通过赛马大会，弘扬民族传统文化，加强对外交流，推动民族文化体育和旅游的快速发展。”玛曲县委书记张正雄介绍，玛曲举办赛马活动历史悠久，2004 年以来，玛曲以格萨尔赛马大会为平台，连续举办了 6 届赛马大会，着力打造“天下黄河第一弯、格萨尔发祥地、世界最美湿地草原、中国赛马之乡、藏民歌弹唱故里”五大旅游文化品牌，传承和弘扬民族文化，加强了与社会各界的文化交流、经贸往来和睦邻友好关系①。

我国民族民间体育赛事大都在少数民族地区、多民族融合地区举办。这些地区发生突发事件的可能性极大，政治因素不能忽略或者漠视。据新京报报道，新世纪以来，中国社会进入群体性事件高发期。中国社科院法学研究所发布的《2014 年中国法治发展报告》，对近 14 年间的群体性事件特点进行了梳理，报告显示，14 年间百人以上群体事件发生 871 起②。尤其是 2014 年，昆明火车站、新疆乌鲁木齐火车站的恐怖袭击事件，对社会安全稳定造成了极大的影响，反恐已经成为一个全球化的社会问题、政治问题。这也从侧面警示在我国民族民间体育赛事的举办过程中，举办地政府相关职能部门的建立及健全、安保问题、突发事件的预警和应急处理等需重点考虑。

### （三）我国民族民间体育赛事与旅游目的地政治的互动影响具体体现

根据国内外相关文献梳理、专家访谈、实地考察等信息资料的综合分析、归纳、总结，笔者认为我国民族民间体育赛事与旅游目的地的政治的互动影响可通过如下指标反映。

---

① 甘肃玛曲第 6 届格萨尔赛马大会开幕传承格萨尔文化［EB/OL］. http://www.chinanews.com/cul/2013/08-13/5157925.shtml［2013-08-13］.

② 社科院：14 年间百人以上群体事件 871 起 广东居首［N］. 新京报，2014-02-04.

**1. 国家及地方相关政策、法规、制度等**

国家及地方相关政策、法规、制度等是政治的重要表现形式，对我国体育事业、我国民族民间体育赛事的开展和发展具有重要的保障和指导意义。如《中华人民共和国体育法》《全民健身计划纲要》《全民健身条例》《关于加快发展体育产业的指导意见》《关于加快发展体育产业促进体育消费的若干意见》《关于加快发展生活性服务业促进消费结构升级的指导意见》等。这些相关政策、法规及文件等，在一定程度上有力地促进了我国民族民间体育及赛事的发展。但是，一些政策法规的滞后性也在一定程度上制约了我国体育事业的发展。通过对中外体育保险业政策法规的比较研究，发达国家体育保险业的发展给予我们很大启示，其规模、受众群体、影响范围等是值得我们借鉴的。在体育保险机构中既有营利性保险机构，又有非营利性保险机构；既有专业的体育保险公司，又有兼营的体育保险业务公司；既有商业体育保险，又有社会体育保险①。如美国国民有很强的保险意识，几乎所有喜欢体育运动的人都购买了体育保险，1999 年美国的保费收入达到6995 亿美元，保险深度为8.49%，保险密度为2570 美元。这充分反映了美国国民购买保险的广泛性。

**2. 重大事件的组织与管理**

重大事件作为目的地新的目标吸引物，其对目的地政府的组织能力和战略、相关产业政策等会产生巨大影响。体育赛事从申办到举行的全过程，设立组织、申办决议、场馆建设、基础设施建设、赛事运作、广告宣传、沟通公共关系等都在考验地方政府的管理智慧。从管理学角度上来讲，我国民族民间体育赛事这一重大事件的组织管理是一个多层次、多业务体系的功能整体，需要有一个高效、透明、畅通的信息交流系统的支持②。大赛组委会应建立一个统一、权威的信息平台，在危机发生的第一时间，利用一切渠道对外公布一致、可靠的公共安全信息，

---

① 李怡. 中外体育保险业政策法规比较研究［J］. 武汉体育学院学报，2007，41（9）：9-14.

② 周勇，徐小峰，宋桂梅. 大型体育活动应对突发公共事件的干预与对策研究［J］. 体育与科学，2006（3）：17-20.

对社会公众进行有效的舆论引导，帮助人们作出快速反应①。通常一项体育赛事的举办都要涉及交通、安保、公安、海关、媒体、市容环卫、旅游、体育等多个部门，正因为组织一个体育赛事项目涉及的部门如此之多，上海市人民政府于2005年9月建立了“上海市重大体育赛事联席会议”，其成员涵盖了上海市22个政府职能机关的领导②。马敏跃对成功举办第28届奥运会的雅典在安保方面的经验与特点进行了分析，认为奥运会安保工作取得成功的主要经验有：①政府史无前例的重视；②周密制定安保预案；③严密细致的安保实施工作；④高科技仪器为雅典奥运会保驾护航；⑤提前启动安保措施；⑥加强内外协作，开展多边安全演习；⑦划分危险等级，加强安全保护；⑧狠抓城市安全畅通工程；⑨加强志愿者的安保培训与义务服务；⑩强化城市卫生安全等其他保安措施③。

### 3. 突发事件的风险规避与应急预案的设置及启动

赛事安全防范就是为保证赛事的顺利举办，实现赛事效益的最大化，在赛事举办过程中投入和动用各种资源，最大程度降低参赛主体人身受到伤害及赛事运作相关财产遭受毁损的风险，并在危险发生后能采取有效行动减少这种伤害或损失的进一步扩大；其实质是通过事先采取各种手段、措施，消除危害体育赛事安全的不安全因素产生的原因和条件，或者限制、减弱这些原因和条件的作用，从而保证及时发现、控制、减少这些危害因素的发生、蔓延和发展，将防范安全和救济安全结合为一体的过程④。预警管理理论是预警管理人员依据预警目标确立不同的预警监测指标和监测指标标准，并用这些标准对预警管理对象实施监测，发出不同的预警信号，从而为管理者的预控与危机应急决策提供依据⑤。预警管理活动的主要内容在于赛事的组织者如何分析识别导致赛事突发事件的潜在诱因，并

---

① 孙麒麟，张建新．我国大型体育赛事公共安全面临的问题及应对机制［J］．体育学刊，2008，15（6）：14－17.

② 黄海燕，张林．体育赛事综合影响及其评估研究［J］．武汉体育学院学报，2010，44（1）：51－55.

③ 马敏跃．从雅典奥运会看北京奥运会的安保［J］．体育文化导刊，2005（9）：20－22.

④ 肖锋．大型体育赛事安全防范研究［J］．体育科研，2008（5）：13－24.

⑤ 佘廉．灾害预警管理丛书［M］．石家庄：河北科学技术出版社，2003.

对其进行监测、控制的管理行为①。贾春晨、王奇峰等则认为由于某些人为的或非人为的因素造成的重大问题的出现，打破了组织正常的有序运转状态，使组织声誉和利益受到损失的突发事件是安保工作的重点，这些突发的类型主要有自然灾害、交通事故、流行疾病、暴力犯罪、恐怖主义、体育骚乱、重大火灾、政治事件等②。

结合上述分析，我们可以获悉：①体育和体育赛事本身不具有政治色彩，但是因为体育或体育赛事的特点和功能，以及对社会诸多领域的影响，在实际过程中表现为对政治的间接影响。②我国举办各种形式的民族民间体育赛事，一是向社会各界宣扬社会主义制度的优越性；二是积极落实民族政策，增强民族自信心，塑造民族精神；三是促进民族交流和文化融合；四是保证民族地区的安定团结。这与党的十八大报告中提出的政治建设相吻合，全面正确贯彻落实国家的民族政策，加快民族地区发展，保障少数民族合法权益，巩固和发展平等团结互助和谐的社会主义民族关系，促进各民族和睦相处、和衷共济、和谐发展。③我国民族民间体育赛事具有集聚和轰动效应，社会舆论和国际舆论极强，可吸引全球关注，政治影响力因赛事的性质和规模而有所不同；城市需要体育，体育同样需要城市，他们是相互依存的，后者对前者起制约性的影响作用，影响赛事的性质、规模等。我国民族民间体育赛事服务于旅游目的地，成为旅游目的地重要的目标吸引物；反过来旅游目的地对民族民间体育赛事具有制约性的影响，包括我国民族民间体育赛事的持续发展、我国民族民间体育赛事的传承与保护等。④基于共生理论和可持续发展理论的视角，我国民族民间体育赛事对旅游目的地的政治影响在不同的历史时期它们之间的关系是不一样的，表现为寄生关系、偏利共生关系和互惠共生关系。由于体育从属于政治上层建筑，首先表现为寄生关系；随着体育的作用和功能的逐渐体现，表现为偏利共生关系；在当今社会文化大发展大繁荣的时代，民族民间体育赛事在我国社会发展中作用越来越凸显，他们之间表现为互惠共生关系，这一切都源于我国政局稳定、经济社会平稳快速发展。

---

① 刘亚云，钟丽萍，李可兴，等．大型体育赛事突发事件的预警管理［J］．体育学刊，2009，16（9）：32－35.

② 贾春晨，王奇峰．北京奥运突发事件应对思考［J］．北京市政法管理干部学院学报，2004（2）：44－47.

## 二、我国民族民间体育赛事与旅游目的地的社会的互动影响

任何社会的发展必须建立在社会经济的发展基础之上，任何社会活动都需要消耗一定的物质能量。正如《在马克思墓前的讲话》所言："马克思发现了人类历史的发展规律，即历来为纷繁芜杂的意识形态所掩盖着的一个简单事实——人们必须吃、喝、住、穿，然后才能够从事政治、科学、艺术、宗教等。"① 民族民间体育赛事作为一种社会文化活动，也必须建立在社会经济的发展基础之上，获取足够的养分，寻找自我发展的足迹和规律。笔者通过文献梳理、实地考察、专家访谈、案例分析等归纳、总结我国民族民间体育赛事与旅游目的地社会（区域社会）之间的影响是双向的：一方面，我国民族民间体育赛事的举办对旅游目的地社会发展起到一定的促进作用；另一方面，社会发展为我国民族民间体育赛事的开展提供基础和物质保证。

### （一）我国民族民间体育赛事对旅游目的地社会发展的促进作用

西方发达国家的经验告诉我们，体育赛事已成为旧城改造和新城建设的催化剂，是城市功能整合、规划布局调整的重要契机，在社会文化和经济发展两个方面为城市的可持续发展提供了内在动力②。市场经济时代，需求决定供给。新时期人们不断增长的赛事消费的多元需求，需要增加赛事产品的多元供应。我国民族民间体育赛事的举办，对旅游目的地社会的影响主要体现在以下几个方面。

#### 1. 基础设施建设

基础设施主要包括交通运输、机场、港口、桥梁、通信、水利及城市供排水供气、供电设施和提供无形产品或服务于科教文卫等部门所需的固定资产，它是一切企业、单位和居民生产经营工作和生活共同的物质基础，是城市主体设施正

① 中共中央马克思恩格斯列宁斯大林著作编辑译局．马克思恩格斯选集（第三卷）[M]．北京：人民出版社，1972：776.

② 黄海燕．体育赛事与城市发展 [J]．体育科研，2010，31（1）：15－17.

常运行的保证，既是物质生产的重要条件也是劳动力再生产的重要条件。随着生活水平的提高，中国城市基础设施除了交通、能源、饮水、通信等的供给外，已经扩展到环境保护、生命支持、信息网络等新的领域[①]。体育赛事的繁荣与20世纪80、90年代的城市发展有关，发达国家的大城市发展到一定程度，制造业逐步外迁，商业逐步繁荣，而体育的职业化是商业化的产物，是第三产业的主要内容，体育赛事作为繁荣城市商业的重要手段之一，它已经成为一种新经济形态的工具[②]。美国、西欧等发达资本主义国家的城市，地方政府纷纷争夺体育赛事的举办权，以期带动城市经济的繁荣[③]。此外，地方政府热衷举办体育赛事的原因还来自两方面的社会需求：一是城市环境日益得到关注，体育赛事的举办可以帮助提升城市形象，影响城市的未来发展；二是体育赛事为城市基础设施建设和公共服务提供良好的发展机会[④]。如广州市为举办2001年第9届全运会投资120亿元，用于城市基础设施建设，修建了珠江大桥、全封闭的环城高速公路、新国际机场等，在环保方面也投资50亿元，使广州面貌发生了翻天覆地的变化；另外，2010年广州亚运会，总投资约2200亿元，对城市的市政建设进行了改造，针对城市绿化进行了一系列工作，使城市环境和设施得到了大幅度的改善，同时加快了一批标志性品牌的建设，提升了“广州美食园”“岭南酒吧街”等特色旅游资源[⑤]。体育赛事推动城市基础设施的发展，如美国地方政府为了争取美国四大体育职业联盟的赛事冠名权，争相建设豪华的体育场馆及其配套设施，以期获得城市繁荣，20世纪90年代，30个大型体育场馆建设计划，有三分之一是职业体育的基础设施，总

---

① 李现武，马丽君，王颙霖. 探析现代物流理论在大型体育赛事中的应用［J］. 西安体育学院学报，2005，22（6）：25－27，42.

② 于永慧，王越平，程维峰. 论体育赛事与城市发展［J］. 体育学刊，2011，18（5）：25－30.

③ LEITNER H. Cities in pursuit of economic growth：thelocal state as entrepreneur［J］. Political Geography Quarterly，1990（9）：146－170.

④ MICHALIS KAVARATZIS. From city marketing to city branding：towards a theoretical framework for developing city brands［J］. Place Branding，2004，1（1）：58－73.

⑤ 佟春雨，张家军，刘冬笑. 大型体育赛事对城市的经济影响分析［J］. 商场现代化，2012（12）：46.

产值约超过9亿美元[①②]；北京依托奥运会等大型赛事的推动，“十五”期间的建筑投资达8500亿元，为“九五”期间的1.5倍，直到2015年，北京的基础建设投资也能保持不低于5%的增长速度[③]。

我国民族民间体育赛事作为体育赛事的重要组成部分，作为某些地方重要的节事活动，自然而然也会对区域旅游目的地基础设施建设起到一定的促进作用。

潍坊国际风筝会。值得我们关注的是潍坊国际风筝会的诸多元素已经融入潍坊市的基础设施建设中，成为基础设施建设的重要组成部分。潍坊市道路及辅助设施建设中路灯为风筝造型（北海路和四平路两侧分别是蝴蝶风筝造型、海燕造型的路灯），公交车停靠点民众等待区域设施上粘贴的年画艺术，潍坊人民广场、潍坊国际风筝博物馆区域广场等地点地砖、座椅上的风筝造型艺术等，潍坊城市重要标识“鸢都”也是风筝的造型，杨家埠民俗大观园与市区之间的公交车外观风筝彩绘、内部风筝龙或蜈蚣的真品挂饰等，这些都将赛事产品与城市基础设施建设融合在一起。“风筝会在不断地促进潍坊城市基础设施的提升和改造，像纪念广场、潍坊火车站、富华国际展览中心等地标性建筑都与风筝有关。”潍坊国际风筝会办公室负责人说。以节会的方式，潍坊风筝会在营销着潍坊。现在，一说到风筝，人们就想到潍坊；一说到潍坊，人们就想到风筝。

中国汨罗江国际龙舟节。《汨罗市城市建设及基础设施发展（2011—2015）》[④]：“十二五”期间，汨罗城市建设重点以优化城区基础设施为核心，以提升城市品位、促进经济发展、改善居住环境为目标，重点抓好八大工程建设。城市建设总投资21亿元。例如：①城市防洪。包括城市排渍工程、北沿江大道建设、垸区居民移民工程等投资5亿元。②城区道路畅通工程建设。投资4.3亿元，新建跨京广线桥2座，高标准改造市区11条主次干道，累计18千米，修建公共交通专用车道及配套设施，城市公交线路由12条扩展到20条。③环保工程。总投资5亿元，新

① COATES D，HUMPHREYS B. The growth effects of sports franchises，stadia，and arenas［J］. Journal of Policy Analysis and Management，1999，14（4）：601－624.

② 于永慧，王越平，程维峰．论体育赛事与城市发展［J］．体育学刊，2011，18（5）：25－30.

③ 刘淇．北京奥运经济研究［M］．北京：北京出版社，2003：105.

④ 汨罗市城市建设及基础设施发展（2011—2015）［EB/OL］. http：//www. miluo. gov. cn/zongheguihua/5540. htm.

建工业园区工业废水污水处理厂1座，日处理1万吨污水及配套管网；扩建城市生活污水处理厂，由目前日处理2.5万吨，扩建为日处理5万吨。续建新桥垃圾无害化处理场，并将市氮肥厂、水泥厂和铁路货场三大污染源搬出市区。④城区旧城改造建设项目。进行城区、棚户改造、保障性建设住房，投资4.65亿元。⑤市场建设。兴建高泉农贸大市场，拓展和完善几个商贸大市场，投资2亿元。⑥城市安全引水工程。总投资0.9亿元，完成月供自来水6万吨及其配套工程建设；城区15千米自来水管网改造，启动城区安全供水保障体系建设。⑦城市天燃气入户工程，完成天燃气工程配套建设，增大天燃气的使用率，并辐射周边，投资0.7亿元。⑧西湖公园建设投资3.2亿元，建设一个集商务、居住、休闲、娱乐、旅游于一体的综合性生态湿地公园。同潍坊国际风筝会一样，汨罗龙舟节的诸多元素也融入汨罗市的基础设施建设中，成为基础设施建设的重要组成部分，如汨罗市内的桥梁命名为屈子桥、水库命名为屈子水库、公园命名为屈子公园等。

现在许多国家和地区纷纷举办和承办大型运动竞赛，一个主要原因就是可以在较短时间内整合社会各界力量，全面改善城市基础设施建设，这是一项重要的民生工程。我国民族地区和多民族融合区民族民间体育赛事的举办，对区域基础设施建设有一定的促进作用，同时良好的基础设施也保证了赛事的成功举办。

**2. 旅游目的地的形象**

城市形象作为城市精神和物质的综合表现，是人们对城市外在物质形象和内在精神素质的总体印象，也是城市文化景观上的反映①。根据其特点，城市形象可归纳为视觉形象、感知形象和行为形象三类②：①视觉形象是指人们能直观到的城市物化，是城市建筑、城市标识等在人脑中的综合反映。大型体育赛事不仅可以强有力地打破城市有规律的发展节律，呈现出在时间和空间上影响作用力的相对集中，同时赛事产生的巨大需求能够为政府大量的资源投入提供决策依据③。合理的体育赛事场馆分布和配套设施建设能够改善城市区域的环境，提升区域功能和

---

① 彭靖里，马敏象，安华轩．中国城市形象塑造的发展现状及其展望［J］．中国软科学，1999（2）：97.

② 饶会林．城市经济理论前沿课题研究［M］．大连：东北财经大学出版社，2001：129－135.

③ 王建国．城市节事、城市设计与城市发展［C］//彭高峰．城市节庆空间与城市形象设计：亚运广州：2005广州城市设计论坛论文与设计作品集．北京：中国建筑书店有限责任公司，2006.

形象，带动周边地区的建设和发展，从而达到优化城市空间结构的目的[①]。②感知形象是指人和物构成的有机整体，是城市内涵和特质。如果说视觉形象是城市形象外在特征的话，那么感知形象则是城市形象的内在属性。一个城市给人的印象深刻与否除了外在的建筑、环境等，更重要的还是其极具特色的人文特征，而大型体育赛事对一个城市长久的影响正是其文化和素养的培育与传播，是城市公共秩序、城市特有文化、志愿者的服务水平、人民的道德素养等的提高。③行为形象是感知形象外在表现形式，是政府、市民、游客等行为主体外在活动的综合展现。在筹备和举办体育赛事的过程中，城市为了能够塑造良好的形象，要求无论是政府还是市民，无论是机关还是社团都能够改善自身形象，提高自身素质，这有助于形成居民积极的态度、文明的社会风貌、良好的社会公共秩序和浓厚的体育氛围[②]。

体育需要城市，城市同样需要体育。时下，体育及节事活动已经成为城市品牌营销的重要手段和媒介，其中一个重要的目的是为城市树立强大而有吸引力的地位和形象。地方政府作为城市的管理者、经营者，利用体育赛事扩大城市影响力、提高城市关注度、塑造城市形象、增强市民认同。节事活动在地方品牌化中具有“作为促进城市发展的动力，强化地方意识；作为城市形象的塑造者，提升城市声誉；作为城市旅游吸引物，构成旅游产品体系的有机组成部分；作为提升旅游吸引物和城市目的地地位的催化剂，拉动地方基础建设”[③] 的作用。北京奥运会的成功举办对旅游目的地形象改善有显著影响，其中对旅游目的地形象中的“国内交通便利”“干净环境”“节日庆典活动独特”“接近性好”等项目影响最大，其后顺序为“适合休息的舒适氛围”“住宿设施合适”“安全”等[④]。体育赛事是媒体事件，可以提高市民的城市认同与政策认知、改变城市的社会环境、构

---

① 田静，徐成立. 大型体育赛事对城市发展的影响机制［J］. 北京体育大学学报，2012，35（12）：7-11.

② 沈建华，肖锋. 大型体育赛事对城市形象的塑造［J］. 沈阳体育学院学报，2004（6）：745-746，785.

③ 余青，吴必虎，殷平，等. 中国城市节事活动的开发与管理［J］. 地理研究，2004，23（6）：845-854.

④ 李祗辉. 大型节事活动对旅游目的地形象影响的实证研究［J］. 地域研究与开发，2011，30（2）：110-112，118.

建积极的生活方式、减少社会冲突。同时，体育赛事也是文化盛事，可以扩大民众参与度、提高国际地位①。我国民族民间体育赛事作为旅游目的地重要的目标吸引物，该项活动的举办可以提升旅游目的地的形象，以及旅游目的地的区域或国际影响力。形象如同一个人、一个地区、一个国家的门面，需要大家共同维护，可以用多项指标来体现。如旅游目的地的实力形象，包括旅游目的的资源条件、社区环境、旅游设施、入境游客来源等；旅游目的地的服务形象，包括服务水平、人员形象、管理水平、精气神等；旅游目的地的品牌形象，主要是指旅游目的地的知名度和美誉度。我国民族民间体育赛事与旅游目的地形象之间的关系，需要借助营销学的理论，做好赛事与目的地品牌的联合营销战略。旅游目的地（赛事举办地）营销中实施赛事与旅游目的地品牌联合战略，也就是要借助举办知名品牌赛事的机会，通过合理有效的规划与运作，将赛事品牌蕴含的正面的、积极的因素成功地转移到旅游目的地的品牌形象当中，加强或重塑旅游目的地形象，丰富旅游目的地的文化内涵与吸引力，在旅游目的地的目标受众（包括目前的和潜在的居民、游客、投资者等）中提高旅游目的地品牌的知名度和美誉度②。未来我国民族民间体育赛事的发展需要用营销城市的理念来营销赛事。

**3. 民众的综合素质**

从体育哲学的角度看，社会软环境是相对于社会硬件设施所体现出的人的综合素质水平、政府的办事效率及和谐的社会环境的总和③。综合素质是一个全面、系统的概念，我国民族民间体育赛事对旅游目的地民众的综合素质具有提升作用，当然在有些时候民众的综合素质也是体现城市形象的一个重要指标。大型体育赛事对旅游目的地形象的积极影响包括全面提升城市品牌、完善旅游吸引物的数量和质量、改善旅游设施和环境卫生、提高城市知名度、提高目的地居民的综合素

① ROCHE M. Mega - events and modernity: Olympic sand expos in the growth of global culture [M]. London: Routledge, 2001: 169 - 172.

② 刘东锋. 城市营销中体育赛事与城市品牌联合战略研究 [J]. 武汉体育学院学报, 2008, 42 (5): 38 - 41.

③ 石冰，董胜利. 体育赛事与社会软环境改善的双赢策略 [J]. 体育学刊, 2006, 13 (6): 18 - 20.

质[①]。民众综合素质表现指标众多，可以由民众的文化素质、道德素质、民族认同、赛事认同、赛事的关注度和参与度、体育锻炼或健身的认知等指标，以及区域和谐、稳定，民众安居乐业来体现，其中的每个指标又可以用多个下位指标来体现。如体育锻炼或健身认知，可以由参与群体的年龄、性别、职业、收入、文化程度、锻炼形式、锻炼场所、项目选择、锻炼时间及次数等指标来衡量；民族认同、赛事认同是城市包容力的重要体现。

笔者在2010年以第二申报人参与立项，2013年10月结项的国家体育总局科教司招标项目《我国西北地区农民体育锻炼行为特征与小型健身场所的建设及干预措施研究》，通过实地考察、问卷调查获悉，我国西北地区农牧民文化素质普遍偏低，但对体育锻炼认知度较高，从侧面反映文化水平与体育锻炼认知之间并非正相关；锻炼时间主要是节假日、农闲；锻炼项目首选是走、跑项目，其次就是民族传统体育项目和民族舞蹈项目，这充分体现了民族民间体育具有深厚的民族特色、浓厚的乡土生活气息、厚重的历史文化积淀，是当地民众日常生活中的重要组成部分，自然而然其参与度、关注度也较高。

**4. 媒体的关注度**

媒体指传播信息资讯的载体，即在信息传播过程中从传播者到接受者之间携带和传递信息的一切形式的物质工具，现在已成为各种传播工具的总称，可以代指新闻媒体或大众媒体，也可以指用于传播任何信息和数据的工具。如报纸、杂志、广播、电视、互联网、移动网络等。媒体主要有监测社会环境、协调社会关系、传承文化、提供娱乐、教育等职能。媒体就目前的影响力来看，广播的今天就是电视的明天。电视正逐步沦为“第二媒体”，而互联网正在从“第四媒体”逐步上升为“第一媒体”。虽然电视的广告收入一直有较大幅度的增长，但“广告蛋糕”正日益被互联网、户外媒体等新媒体及变革后的平面媒体所瓜分，所有数据已经让这一切成为不争的事实。大量媒体介入民族民间体育赛事，反映了国家和地方政府的重视度、社会的关注度、赛事的影响力等，对旅游目的地来讲，其宣传效果极佳。媒体对民族民间体育赛事的关注度主要通过媒体的数量、媒体的影

① 陈瑜．大型体育赛事对旅游目的地形象的影响研究——以广州为例［D］．广州：广州大学，2012：22－30.

响力、媒体的曝光度等方面来体现。

潍坊国际风筝会：第31届潍坊国际风筝会媒体关注度较高，其中网络媒体有20余家，如中国网、新浪、网易、凤凰网、新华网、大众网、潍坊新闻网、齐鲁网等；报纸有《文汇报》《潍坊晚报》《齐鲁晚报》《中国日报》《渤海早报》《潍坊日报》《潍坊广播电视报》等；电视主要有潍坊电视台、山东电视台、中央电视台体育频道，以及潍坊地区所辖的8家县市级电视台（青州、诸城、寿光、安丘、昌邑、高密六市及昌乐、临朐二县）。

中国互联网络发展状况统计报告：截至2013年12月，我国网民规模达6.18亿人，全年共计新增网民5358万人。互联网普及率为45.8%，较2012年底提升3.7个百分点，整体网民规模增速保持放缓的态势（图9－1）。①

**图9－1　中国网民规模与互联网普及率**

（资料来源：CNNIC中国互联网络发展状况统计调查。）

随着互联网普及率的逐渐饱和，中国互联网的发展主题已经从“普及率提升”转换到“使用程度加深”，而近几年的政策和环境变化也对互联网使用深度的提升提供有力保障。2013年中国新增网民中使用手机上网的比例高达73.3%，高于其他设备的使用比例，这意味着手机依然是中国网民增长的主要驱动力。（图9－2）

① 中国互联网络发展状况统计报告［EB/OL］. http：//news. xinhuanet. com［2014－01－16］.

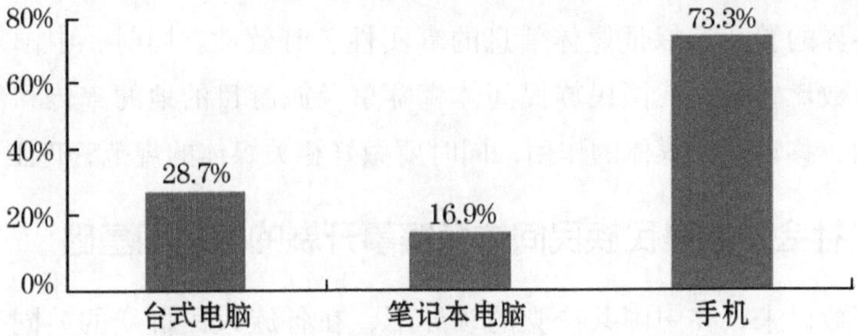


图 9－2　2013 年新增网民上网设备使用情况

（资料来源：CNNIC中国互联网络发展状况统计调查。）

截至 2013 年 12 月，我国手机网民规模达 5 亿人，网民中使用手机上网的人群占比由 2012 年底的 74.5% 提升至 81.0%，手机网民规模继续保持稳定增长①。（图 9－3）

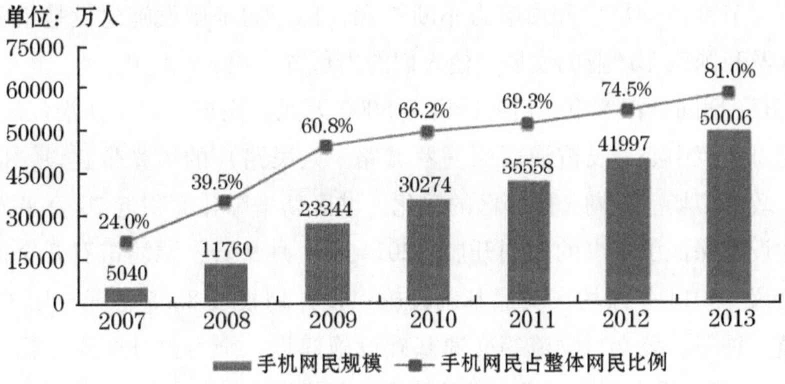


图 9－3　中国手机网民规模

（资料来源：CNNIC中国互联网络发展状况统计调查。）

媒体在社会发展过程中，起到重要的桥梁作用，它是联系民族民间体育赛事

① 中国互联网络发展状况统计报告［EB/OL］. http：//news. xinhuanet. com，［2014－01－16］.

与诸多相关者之间的桥梁和纽带。但是，现实社会中媒体的一些负面问题，需要引起社会各界的警示，保证媒体信息的真实性、时效性。同时，中国互联网和手机网民的基数比较大，我国民族民间体育赛事及旅游目的地的宣传和信息发布要发挥互联网、移动网络媒体的作用，同时要做好相关媒体的规范管理工作。

## （二）社会发展是民族民间体育赛事开展的前提和基础

改革开放以来，在中国共产党的领导下，在各族人民群众的共同努力下，我国经济社会快速、稳定发展，各族人民和谐相处，百姓安居乐业，生活水平普遍提高，这些都为我国民族民间体育赛事的开展奠定了基础。

### 1. 基础设施建设

基础设施建设是赛事顺利开展的物质基础，尤其是交通和通信设施，为赛事提供了诸多便利，增加了区域之间的联系和交流，加速了物流、资金流和信息流的传输。“要想富，先修路”，就是中国多年实践的例证。潍坊国际风筝会、泰山国际登山节等节事活动规模和影响力不断扩大，良好的基础设施建设是重要条件之一。高铁及我国汽车产业的发展，使人们的出行方便化、快捷化。

“十一五”期间，汨罗市先后筹措资金5000万元，完成了汨罗江沿江风光带、龙舟路、龙舟竞渡中心、友谊河西侧（罗城路—人民路）的风光带建设，以及燎家山广场、政府广场、西湖公园一区的绿化，城区新增绿化面积近20万平方米①。这些设施建设都保证了赛事的顺利开展。2014年4月9日，潍坊市召开全市交通运输工作会议，2014年潍坊市交通基础设施建设计划投资82.5亿元，用于公路、港航、民航、铁路、公交、物流等交通基础设施建设，全力提升交通运输保障能力；其中57.1亿元投向公路建设，港航建设计划投资12.5亿元，地方铁路建设计划投资5.5亿元，场站、城市公交及其他设施建设计划投资7.4亿元②。

但是，大量基础设施的建设也会带来负面影响。我国西北地区，草原文化区

① 汨罗市城市建设及基础设施发展（2011—2015）［EB/OL］. http：//www.miluo.gov.cn/zongheguihua/5540.htm［2014-05-05］.

② 潍坊市交通基础设施建设计划投资82.5亿元［EB/OL］. http：//www.sd.xinhuanet.com/wf/2014-04/10/c_1110176342.htm［2014-04-10］.

等民族民间体育赛事举办地，因为特殊的自然地理环境，会造成部分基础设施资源的闲置、浪费。以甘肃玛曲县、青海玉树地区、内蒙古锡林郭勒地区为例，赛马节或那达慕大会举办时间在7～8月份，此时是这些地区旅游的最佳季节，其他时间旅游人数骤减。因此，这些地区不适宜大量的基础设施建设，当地政府需要不断提升城市的软环境，同时大力宣传、引导当地民众参与赛事的组织管理工作，体验不同民族的民俗文化，包括建筑民俗（藏包、蒙古包等）。

### 2. 旅游目的地形象

旅游目的地形象是公众对旅游地总体的、抽象的、概括的认识和评价，是对区域内在和外在精神价值进行提升的无形价值，是旅游地现实的一种理性再现。良好的旅游目的地形象，使越来越多的利益相关者关注和参与民族民间体育赛事，这有利于民族民间体育赛事的可持续发展，易形成品牌民族民间体育赛事，其规模和影响力将不断提升。赛事举办地的当地政府及相关组织机构要关注赛事后期效益影响，尤其是大量旅游群体、摄影爱好者、投资商等利益相关者。因此，对于旅游目的地来讲，当地政府最重要的是如何完善和提升城市形象，需要不断完善城市的内涵，不断丰富城市目标吸引物，不断提升城市服务质量等。

### 3. 民众的综合素质

我国民族民间体育赛事具有长久的生命力，其与民众的生活息息相关，主要得益于广大民众的关注和参与，该活动已经融入人民群众的日常生活中，成为日常生活中的重要组成部分。民众综合素质的提升，可以进一步加深其对赛事和节事活动的深层理解，也有利于民族民间体育赛事的传承与发展。民众综合素质的提升，具体体现为国家或地区的包容力。中国玛曲格萨尔赛马大会发展到今天，从最初的藏族单一民族发展到回族、汉族、蒙古族、哈萨克族等多民族共同参与，当地民众综合素质是其中不可忽视的一个重要环节，也是民族团结、和谐社会的重要体现。潍坊国际风筝会万人放飞现场、中国汨罗国际龙舟节汨罗江两岸3万余人翘首观望、中国玛曲格萨尔赛马大会期间10万人之巨涌入玛曲县、2016甘肃张掖甘州区古城村斗羊民俗迎元宵节活动万人驻足围观等，充分体现了民众的关注度和参与度。

4. **媒体的关注度**

我国民族民间体育赛事独特的社会吸引力、政治号召力、经济竞争力、文化感召力，成为时下媒体追逐的焦点，同时也在尽可能大的空间上宣传了民族民间体育赛事、民族传统习俗、民俗文化等，充分体现赛事与媒体之间互相影响、互相促进的关系。媒体的质量、数量等，都是民族民间体育赛事品牌影响力的重要体现。同发达国家相比，我国体育产业发展仅有20多年的历史，尚处于起步发展阶段。媒体需要担当更多的责任和义务，需要发挥自身的优势，引导和培育体育竞赛市场，多听听基层民众的意愿。对于体育赛事而言，最大的受益群体是当地政府（赛事举办地）、媒体、观众（包括当地居民等）。如首次在美国境外（加拿大多伦多市）举办的2016年NBA全明星周末受到了中国球迷的广泛关注，分别在电视转播、网络转播、社交媒体传播及授权商品销售方面创下新高：①全明星周末在电脑和移动端共吸引了1320万人次的收看，相比2015年增加了223%；②全明星名人赛吸引了220万人在线观看，知名演员和歌手吴亦凡成为了首位以球员身份参加了NBA全明星名人赛的华人明星；③中央电视台体育频道对NBA全明星赛正赛的现场直播吸引了3860万人收看，比2015年提高了12%；④全明星周六夜和新秀挑战赛的收视人数也比2015年分别提高了48%和55%；⑤“2016NBA全明星周末”的话题在新浪微博产生了共计10.5亿的阅读量；⑥全明星周末期间，NBA授权商品在天猫、京东旗舰店的销售额均创下新高，比2015年增长134%[①]。

综合上述分析，我们可以看出我国民族民间体育赛事与旅游目的地社会之间关联度极强，互相促进、互相影响，表现为互惠共生关系。①体育需要城市，城市同样需要体育。民族民间体育赛事是旅游目的地重要的目标吸引物，可丰富旅游目的地的内涵，并提升其形象。②旅游目的地需要在产品深度和服务质量上不断跟进，民族民间体育赛事旅游目的地的建设，需要用营销城市的理念来营销赛事，走品牌化强强联合发展之路。③民众是体育发展之源，民族民间体育赛事更需要民众的支持和参与，尤其在民族地区，更要重视民生工程。④赛事的发展需要媒体，要强化媒体的引导和培育作用。⑤赛事的举办也会对旅游目的地社会造

---

① 全明星周末数据亮点：总得分创史 关注度暴增［EB/OL］. http：//sports. dzwww. com/basketball/nba/201602/t20160223_ 10626898. htm［2016－02－23］.

成负面影响，如交通拥堵、人身安全、社会安全、城市卫生等。体育赛事不仅仅是一种媒介或者营销手段，更重要的它是一种文化，是协调各利益相关者之间的纽带，更是一种资源和遗产。

## 三、我国民族民间体育赛事与旅游目的地的经济的互动影响

我国民族民间体育赛事不仅和经济有着密切的关系，在一定程度上也反映了旅游目的地经济发展的基本概况。一般来说，体育的发展依赖于经济的发展，受经济的制约，体育运动的规模和水平反映了经济发展的概况和水平；体育对经济的发展又起着促进和推动作用。分析我国民族民间体育赛事对旅游目的地的经济影响机理，需要正确认识体育赛事与旅游目的地经济之间互相联系、相互制约、相互促进的关系。它们之间是一种高契合度、高密切度、高关联度的互惠共生关系。

### （一）我国民族民间体育赛事与旅游目的地经济的互动影响机理

#### 1. 旅游目的地经济是我国民族民间体育赛事发展的基础

旅游目的地经济主要包括旅游目的地的生产力、生产关系在内的社会物质生产方式的再生产。体育是伴随着社会生产实践活动而来的，体育领域也存在着经济活动和经济过程，即经济在运动过程中存在着与体育实践活动相互渗透、相互影响等环节，二者之间具有一定的互动性和统一性；经济基础决定上层建筑，一个国家的经济现状和经济发展水平直接决定着这个国家的体育发展状况①。所以，经济是当代体育发展的基础，体育的发展依赖于经济的发展，并受经济发展状况的制约②。

（1）经济决定社会对体育的需求。体育是人的创造性需要，是人有目的的自觉活动。它是人的个体需要与社会需要的统一，受一定的社会经济条件的限制。

---

① 李娜．当代体育与经济的辩证关系研究［J］．中共乐山市委党校学报，2010，12（3）：90－92.
② 钟天朗．体育经济学概论［M］．上海：复旦大学出版社，2007：30－37.

社会对体育需要的程度和实现的程度，归根结底是由生产力发展水平决定的。在当代社会化大生产条件下，体育已初步形成一个完整的体系，成为目前国民经济中执行特殊职能的、独立的产业部门，体育在国民经济与社会发展中的作用和地位日益突出。

当代体育是社会主义精神文明的重要组成部分，是物质文明和精神文明共同发展的产物。体育发展需要大量物质资源和人力资源的注入，体育产品的生产和投入，体育场馆设施的建设及完善，大量体育专业技术人才的培养等，这些都需要大量资金的投入。随着社会的进步与经济发展，人们的物质生活水平不断提高，对精神文化的需求意识也越来越高，体育的社会化程度越来越高；体育属于社会文化的范畴，因此可以说，体育的发展同时也是精神文明发展的产物。在当代社会，物质文明和精神文明是相辅相成、共同发展的，并且物质文明在二者的相互关系中起决定性的作用。体育运动产生于生产劳动，并随着生产力的发展而发展，在社会主义市场经济体制下，经济的发展为体育提供必要的物质保障，是体育发展的基础。

（2）经济制约体育运动的规模和水平。随着社会主义市场经济体制的建立及体育朝着产业化的方向发展，体育与经济相互促进、共同发展的关系也日趋明显。体育的发展离不开经济的支持，体育的发展速度和水平受国民经济发展的规模、速度和水平制约，归根结底，还是由社会生产力发展水平所决定。

（3）经济为体育发展提供资金和物质条件。体育的发展依赖于经济的发展，这是已被中外体育发展史所证明了的规律。经济发展为体育赛事的举办提供了场地设施、运作资金、赛事服务等。如 2012 年第 6 届中国玛曲格萨尔赛马大会各项经费投入 1000 万元，其中首届藏獒评比推选出“十大名獒”“十大河曲名獒”，奖金近 100 万元；2012 年中国汨罗江国际龙舟节期间该项赛事经费支出共计 400 多万元，主要是用于 12 支参赛队伍的邀请费（每条龙舟在 7000～8000 元、交通住宿费用等）、开幕式文艺团体的出场费、赛会邀请官员及名人的接待费等。

（4）经济制约人们用于体育活动的自由时间。社会生产力的发展，不断改变人们的生产方式；同时市场经济体制的不断深入，我国的产业结构也在不断调整。这一切使参加体育活动的人数和时间越来越多，活动内容越来越丰富。节日经济、假日体育越来越得到重视，我国许多民族民间体育赛事都与节事活动、庆典活动、农闲季节民俗活动等融合在一起，参与度和关注度大大提升。如端午节期间的中国汨罗江国际龙舟节、陕西陕南安康龙舟节等；我国北方广大地区春节和元宵节期间庙会中的社火、高跷、龙灯、纸扎、蜡塑、锣鼓、仪仗、民间舞蹈等民间艺术活动；陕北绥德农历正月初三到正月十五的秧歌表演；我国西北地区每年7~9月份开展的民族民间体育节事活动（中国玛曲格萨尔赛马大会、青海玉树赛马节、新疆蒙古族的那达慕大会、当周草原文化艺术节等）。

（5）经济发展制约体育运动发展的规模和水平。我国民族民间体育赛事的发展，是一个国家或地区政治、经济、文化、民族传统等综合素质的体现。改革开放以来，我国经济快速、稳定地发展，人们生活水平不断提升，我国社会进入了一个全新的历史时期；国家或地区对体育的重视度越来越高，这些都为民族民间体育赛事的可持续发展提供了契机。

（6）经济发展水平制约赛事的承办能力。现在运动竞赛或节事活动的主要经济特点就是规模大、耗资多。主要表现为场馆设施建设及配套服务、赛事相关配套工程建设、体育赛事组织管理及公关等，这些都是赛事举办地政府综合能力的体现。北京2008年奥运会、南京青奥会、广州亚运会、北京2022年冬奥会等，都是城市发展中综合组织管理能力的彰显。我国民族民间体育赛事从区域到全国，从国内到国际，赛事规模的不断扩大，从侧面反映了赛事的承办能力，这一切都以巨大的经济实力为后盾。

**2. 我国民族民间体育赛事带动旅游目的地经济的繁荣**

不少学者对我国民族民间体育赛事带动旅游目的地经济的繁荣提出了自己的观点，如经济影响的三效应说①（经济增长效应、城市品牌效应和产业结构效应）、乘数效应②、拉动效应、联动效应、波及效应等③。可以说，赛事对经济产生积极影响的本质是经济的增长。

（1）城市投资的增加拉动经济增长。投资是拉动经济增长的三驾马车之一①，而体育赛事的举办通常都伴随着一定数量和质量的体育场馆设施及配套基础设施

---

① 余守文．体育赛事产业对城市竞争力的影响［D］．上海：复旦大学，2007：32，45-63.

② 董杰．奥运会对举办城市经济的影响［D］．北京：北京体育大学，2002：56-64.

③ 黄海燕，张林．体育赛事综合影响框架体系研究［J］．体育科学，2011（1）：75-84.

投资。体育场馆设施是举办大型体育赛事所必需的条件，同时为保证体育场馆设施的充分利用，还需要投入一定数量的配套基础设施。从经济学的角度看，体育场馆设施的投资属于赛事的必要和直接投资，因举办大型体育赛事城市所进行的城市基础设施投资，如交通系统、供水和排水系统、通信系统和环保投资等被称作赛事间接投资①。体育赛事的间接投资通常是以体育赛事为契机来达到改善城市基础设施和环境的效果的，这种现象被称作“催化剂综合效应”或“催化剂综合征”②。一旦赛事的直接投资与间接投资达到一定的规模，即所谓的大推进的方式，就能实现经济持续增长的目标③。如北京获得2008年奥运会主办权之后的7年时间里，北京奥运会的影响每年为中国GDP增长贡献0.3%，为北京GDP增长贡献2%，北京市投资和消费市场的总需求超过30000亿元④；北京依托奥运会等大型赛事的推动，“十五”期间的建筑投资达8500亿元，为“九五”期间的1.5倍，直到2015年，北京的基础建设投资也能保持不低于5%的增长速度⑤；北京奥运会为北京带来244.2万人的就业，北京奥运会申办成功对于中国在世界的影响是一个强有力的催化剂⑥。

（2）体育赛事具有乘数效应，促进城市繁荣。主要是讲体育赛事对相关产业的带动作用，如体育场馆及配套设施的建设、会展业等。20世纪70、80年代，美国体育赛事与大型文化、商业中心一样，成为城市繁荣的重要工具，体育场馆建设营造城市中心，并被列入城市发展计划，翻修或者新建的体育场馆创造更多体育赛事机会，并吸引专业运动队落户城市；体育赛事推动城市基础设施的发展，地方政府为了争取美国4大体育职业联盟的赛事冠名权，争相建设豪华的体育场馆及其配套设施，以期获得城市繁荣⑦。20世纪90年代，美国30个大型体育场馆建

---

① 詹新寰．大型体育赛事的成本收益分析［J］．北京体育大学学报，2011，34（11）：44.

② 吐依K.，维尔A J. 真实的奥运会［M］．朱振欢，王荷英，译．北京：清华大学出版社，2004：125－147.

③ 洪银兴．发展经济学与中国经济发展［M］．北京：高等教育出版社，2001：75.

④ 易剑东．大型体育赛事对中国经济和社会发展的影响论纲［J］．山东体育学院学报，2005，21（6）：1－7.

⑤ 刘淇．北京奥运经济研究［M］．北京：北京出版社，2003：105.

⑥ 石冰，董胜利．体育赛事与社会软环境改善的双赢策略［J］．体育学刊，2006，13（6）：18－20.

⑦ 于永慧，王越平，程维峰．论体育赛事与城市发展［J］．体育学刊，2011，18（5）：25－30.

设计划，有1/3是职业体育的基础设施，总产值约超过9亿美元[①]；体育赛事依托体育场馆带动消费及相关产业的发展，55%源于公共投资，20世纪仅体育联盟的场馆经费已超20亿美元，15亿美元是地方政府的公共投资[②]；NFL、NBA、MLB、NHL和MLS联盟中，66%的运动队在这类场馆举行职业体育联赛[③]；地方政府不惜用公共资金建设体育设施，用以吸引更多的职业运动员和球队冠名权，促进城市的商业繁荣[④]；地方政府举办体育比赛、建设体育场馆、扩大社会参与，大型体育场馆是城市名片，规模越来越大，设计越来越豪华，城市之间乐此不疲地进行体育场馆建设的比拼[⑤]。体育赛事的产业链较长，是城市第三产业不可或缺的组成部分，它带动基础设施建设，促进劳动就业，为城市旅游、会展等产业发展提供新的发展机会。2008年北京奥运会全面带动了北京各类产业的发展："绿色奥运"促进了北京的环保产业，使绿色农业上一个新的台阶；"科技奥运"给高新技术产业提供了新的增长空间，2008年实现增加值近600亿元；"文化奥运"使北京的第三产业发展达到了新的水平，商业旅游、金融、保险和体育产业在原有的基础上巩固提高，会展业、新闻传媒业、物流业、信息服务业获得了空前的发展，到2008年共实现增加值3900亿元，占当年GDP的67.5%[⑥⑦]。

（3）体育赛事加速城市产业结构的优化。城市产业结构也被称作城市经济增长的转换器，作为以往经济增长的结果和未来经济增长的基础，产业结构是推动经济发展的主要因素[⑧]。由于大型体育赛事广泛的产业关联性，且相关联产业基本

---

① COATES D, HUMPHREYS B. The growth effects of sport franchises, stadia, and arenas [J]. Journal of Policy Analysis and Management, 1999, 14 (4): 601-624.

② KEATING R J. Sports pork: The costly relationship between major league sports and government [J]. Cato Policy Analysis, 1999: 339.

③ BERNSTEIN M F. Sports stadium boondoggle [J]. Public Interest, 1998 (132): 57.

④ THORNLEY A. Urban regeneration and sports stadia, European planning studies [J]. Cato Policy Analysis, 2002, 10 (7): 813-816.

⑤ WILBUR C R. The economics and politics of sports facilities [M]. New York: Greenwood Press, 2000: 5.

⑥ 孙久文，何朝梅．奥运会与首都经济圈［J］．城市管理，2003（4）：27-29.

⑦ 刘彦．大型体育赛事对城市经济和社会发展的推动作用［J］．南京体育学院学报，2008，22（3）：49-52.

⑧ 苏东水．产业经济学［M］．北京：高等教育出版社，2000：23.

处于比较高的产业结构能级，因而对城市产业结构的优化升级有一定的积极作用①：从产业结构的效应上看，大型体育赛事促进了农村城市化进程和非农就业人口比例的增加，拉动第二产业——特别是对科技含量高的现代制造业的发展，拓展了包括商业服务、金融保险、旅游会展和文化产业等现代服务业的第三产业范畴；从关联方式来考察，体育赛事通过前向、后向和横向关联与城市产业体系形成了广泛的关联。

此外，体育赛事对城市经济的发展，还表现在促进招商引资活动，创造更多的就业机会；提高体育人口的数量，全面提升国民素质；提高城市的知名度和提高城市环境等。如沅陵县通过龙舟赛搭台，经贸唱戏，受益多多：①2007 年 6 月举办的第 3 届全国传统龙舟大赛暨沅陵县第 6 届旅游招商会，招商引资达到了前所未有的 9.68 亿元，加上 2007 年 4 月 26 日在中国博览会上县政府与上海浦之威投资有限公司签订的 10 亿元旅游项目投资协议②，即 2007 年上半年沅陵县已完成招商引资近 20 亿元；②招商引资企业成为支撑地方经济发展的台柱，2002 年以来，招商引资企业解决了就业岗位 5000 余个，安置就业人员近 6000 人，年均完成生产总值 15 亿元以上，对全县生产总值贡献率达 30% 以上③；③龙舟赛在沅陵县已经成为最具吸引力、向心力、亲和力的大型群众体育活动；社会各阶层对龙舟赛持偏爱态度，几乎所有的被调查者在龙舟赛前后都会讨论龙舟赛；通过每年的龙舟赛，对市民热爱家乡、维护自尊、遵纪守法都有良好的影响；近半数的被调查者觉得“作为沅陵人很自豪”，认为龙舟大赛“为县域经济发展提供了平台”“提高了沅陵的知名度”“城市变漂亮了”的比率分别高达 75.05%、78.86%、71.46%④。

## （二）我国民族民间体育赛事与旅游目的地经济的互动影响具体体现

当今世界，随着科技的发展，产业与产业之间发生着越来越多的融合，形成

① 田静，徐成立．大型体育赛事对城市发展的影响机制［J］．北京体育大学学报，2012，35（12）：7-11.

② 李自成．抢抓机遇狠抓落实努力开创十一五发展新局面［N］．怀化日报，2006-5-22（3）.

③ 沅陵县人民政府．打造龙舟品牌推进社会和谐［Z］．内部资料，2006.

④ 尹小波，张慧春，张振华，等．大型民族体育赛事对区域经济和发展的影响：以举办中国传统龙舟赛对沅陵县区域经济和社会发展为例［J］．体育科学研究，2009，13（1）：29-32.

了产业融合的现象；产业融合呈现出了创新性、效率性、竞争性和合作性的特点①。近年来，大型体育赛事的举办越来越频繁，规模越来越大，而且也越来越有影响力，吸引了大量的国内游客前往观赛、欣赏美景、感受民俗文化、体验民族风情。2014 年 10 月 20 日，国务院发布《关于加快发展体育产业促进体育消费的若干意见》，将体育产业作为绿色产业、朝阳产业进行扶持，并形成有利于体育产业快速发展的政策体系，力争到 2025 年，体育产业总规模超过 5 万亿元，这是国家第一次将体育产业提升为群众体育和竞技体育并列的高度，并彰显巨大的发展空间和潜力。体育产业已成为我国国民经济新的增长点，并有成为支柱产业之势。体育竞赛表演业是一种"注意力经济"，具有规模效应，产业关联性极强，具有乘数效应。民族民间体育赛事作为我国体育竞赛表演市场的重要组成部分，因其独具特色的民族文化、民俗文化、地域文化、赛事文化等，加之目前国内外游客消费观念的变化，使民族民间体育赛事的关注度和参与度增高。我国民族民间体育赛事与旅游目的地经济的互动影响，从赛事本身来讲，主要通过以下三个指标来体现。

**1. 我国民族民间体育赛事的主体产业**

我国民族民间体育赛事的主体产业主要是指为保证赛事的顺利开展，所依赖的竞赛的产品、设施或设备的生产和销售的企业，以及民族民间体育的培训服务等。例如，中国汨罗江国际龙舟节：围绕龙舟赛衍生出诸多与龙舟相关联的产业，如龙舟制造厂、龙舟俱乐部、龙舟旅行社、龙舟产业园区等。目前，汨罗市拥有神王龙舟制造厂、九子龙屈原龙舟厂、飞龙龙舟厂、御龙龙舟厂、祥龙龙舟厂等知名造船企业。其中，神王龙舟制造厂还组建了神王龙舟俱乐部，拥有专业的教练进行执教，曾培训出多名龙舟队员参加比赛并取得优异的成绩。2012 年端午节期间，笔者作为上海体育学院体育赛事研究中心民族民间体育赛事团队主要负责人（博士后期间），同湖南师范大学体育学院研究生（汨罗籍）一起走访了全国最大的新型混合龙舟生产基地——九子龙屈原龙舟厂，该厂在东南亚地区也具有较高的声誉。潍坊国际风筝会：目前潍坊市风筝企业发展到 300 多家，设计生产的风

① 曹亚东，王素娟，田伟．产业融合视角下的大型体育赛事与城市旅游业发展研究［J］．中国市场，2009（36）：83－85.

筝规格品种达到上千种。笔者在实地调研 2013 年第 30 届潍坊国际风筝会过程中，据潍坊国际风筝会办公室负责人介绍：“20 多年前全市仅有 20 几家企业，年销售额也只有几十万元。潍坊国际风筝会的举办，给从事风筝生产的人提供了发展壮大的机会。”①

### 2. 我国民族民间体育赛事的相关产业

我国民族民间体育赛事的相关产业主要是指与民族民间体育赛事有关的其他产业的经营活动。主要包括餐饮业、住宿业、旅游业、经贸洽谈活动、会展业、博览会、特色产品零售业及畜牧业等。如中国汨罗江国际龙舟节，2012 年除赛龙舟外，还有县级城市汽车巡展活动、经贸洽谈招商引资（“十二五”期间，汨罗市京珠复线、玉池提水蓄能电站等一批国家重点工程建设，屈子祠核心景区、城市防洪工程、循环经济产业园、龙舟文化产业园、农业生态科技园、西湖公园等一批重点工程的投资建设等）、特色产品销售业（如粽子）。2013 年台湾美食嘉年华，与台湾湖南商会合作，大力推介海峡两岸旅游商品。中国玛曲格萨尔赛马大会，2012 年赛马会期间，同时举办经贸、餐饮、美食文化招商引资项目推介，藏獒、牦牛、欧拉羊展示评比等活动。赛事的举办，极大地促进了该地区畜牧业的发展。玛曲是甘肃省重要的畜牧业生产基地之一，辖区总面积 10109 平方千米，其中天然草场 1288 万亩（约为 85.87 万公顷），占总面积的 84.9%，被誉为“亚洲第一天然草场”和动植物“大观园”。盛产浑身是宝的“高原之舟”阿万仓牦牛、“东方神骑”河曲马、“藏羊之王”欧拉羊和四大名犬之一的“河曲藏獒”②。在玛曲，牦牛是牧民群众最主要的生产生活资料。河曲马场距县城 20 千米，于 1958 年建场后，成为河曲马的培育中心，经过马场职工的多年建设，形成了玛曲极富特色的风景区之一。玛曲是典型的草原湿地生态游览区，全场总面积为 466.01 平方千米。潍坊国际风筝会，2000 年 4 月 20 日开幕的第 17 届潍坊国际风筝会首次采取“政府主办、社会参与、市场运作”的办会方式，本着“隆重、热烈、创新、节俭”的原则，达到了“风筝牵线、文体搭台、经贸唱戏”的根本目的。风筝会

---

① 文化搭台经贸唱戏 潍坊靠风筝获商机年赚 10 多亿［EB/OL］. http://economy.enorth.com.cn/system/2013/10/30/011411649.shtml［2013-10-30］.

② 宁文芳. 玛曲史话［M］. 兰州：甘肃文化出版社，2009：12.

期间，全市先后举办了鲁台经贸洽谈会、游览大山会、工业产品交易会、旅游产品展销会、奇石展销会、寿光国际蔬菜博览会、花卉种子展示会、外商投资说明会和百货文化名优商品交易会9项经贸活动。全市共签订利用外资合同、协议项目75个，合同协议外资额1亿多美元。其中签订合同项目41个，合同外资额3516万美元；协议项目34个，协议外资额7251万美元。签订利用境内资金合同协议项目9个，合同协议额8520万元，其中合同项目6个，合同额7560万元；签订对外贸易合同24个，出口成交额5276万美元；签订对外承包劳务合同4个，合同额392.2万美元，合同外派劳务487人次①。

3. 旅游目的地的体育产业

我国民族民间体育赛事的举办，对于旅游目的地的体育产业发展有一定的促进作用。该处提到的体育产业是指旅游目的地向辖区社会提供的体育产品生产的企业、组织、部门和活动的集合，包括体育用品业、体育健身娱乐业、体育竞赛表演业、体育教育培训业、体育广告业、体育旅游业、体育场馆服务业、体育保险业、体育彩票业、体育中介业等。如2008年北京奥运场馆建设及基础设施投资约3000亿元，这些设施奥运会后都成为新的旅游资源，在比赛之后的第一个“十一黄金周”期间，鸟巢和水立方参观游客共计22万人次，实现收入395万元②。体育赛事已成为城市发展中争相竞逐的资源，源于其丰厚的商业价值。《福布斯》最新公布的数据，根据体育赛事从媒体、门票、赞助和授权商等方面平均每比赛日获得的收入比较，NFL超级碗估价4.7亿美元，稳坐最具商业价值的体育赛事宝座，其价值比奥运会（2.3亿美元）和世界杯足球赛（1.6亿美元）相加之和还要高。超级碗的广告售价，第50届超级碗独家直播商哥伦比亚广播公司（CBS）每30秒广告售价达到500万美元，比上一年增长11%，因为希望参与的广告主众多，CBS还不得不推掉了许多30秒广告，而主售60秒广告位③。

① 第十七届潍坊国际风筝会［EB/OL］. http://www.wfnews.com.cn/subject/2008-04/12/content_931920.htm［2008-04-12］.

② 曹亚东，王素娟，田伟．产业融合视角下的大型体育赛事与城市旅游业发展研究［J］．中国市场，2009（36）：83-85.

③ 美国春晚遇中国春节 学会这十招看懂“超级碗”［EB/OL］. http://www.xc35.com/sports/zhty/33316.html［2016-02-07］.

我国民族民间体育赛事与旅游目的地经济的契合，不仅仅是赛事举办过程中的经济效应，还有较长一段时间内的赛后经济效应，以及对旅游目的地产业结构的调整具有一定的推动作用。民族民间体育赛事是民俗文化传统地区、少数民族地区、多民族融合地区体育赛事发展的优先选择。

## （三）我国民族民间体育赛事与旅游目的地旅游业的互动发展机理

### 1. 我国民族民间体育赛事与旅游目的地旅游业互动发展的条件

西方发达国家的经验表明，我国民族民间体育赛事与旅游目的地旅游业的互动发展，应具有以下几个条件。

（1）优质的体育赛事资源：优质的体育赛事资源是一个地区或城市实现赛事与旅游业互动的前提。如表 9－1 为山东省体育节庆活动地区分布情况。从表中可以看出，潍坊市围绕风筝形成了许多风筝赛事活动。

**表 9－1　山东省体育节庆活动地市分布基本情况一览表（总计 37 种）**

| 地区 | 主要体育节庆活动（首届举办时间） | 数量 |
|---|---|---|
| 济南 | 济南国际武术节（1995 年 8 月）、济南国际泉水冬泳节（2012 年 12 月）、济南“泉水节”（2013 年 8 月）、济南滑雪文化节（2004 年 12 月） | 4 |
| 青岛 | 青岛国际热气球节（2002 年 10 月）、大泽山登山节（2002 年 4 月）、崂山登山节（2002 年 4 月）、中国秧歌节（2008 年 5 月胶州市为中国秧歌之乡）、青岛国际沙滩节（1992 年 10 月）、中国青岛钓鱼赛（2009 年 4 月）、青岛国际帆船周（2009 年 8 月）、中国青岛国际海洋节（1999 年 7 月） | 8 |
| 潍坊 | 潍坊国际风筝会（1984 年 4 月）、山东潍坊风筝大赛（1999 年 4 月）、潍坊滨海国际风筝冲浪赛（2009 年 9 月）、中国潍坊武术文化节（2012 年 10 月） | 4 |
| 烟台 | 螳螂拳武术节（2004 年 8 月）、中国沙滩秧歌节（2013 年 8 月）、全民健身踏青节（2008 年 3 月）、昆嵛山踏青节（1999 年 4 月） | 4 |
| 威海 | 中国威海国际钓鱼节（2000 年 10 月） | 1 |
| 淄博 | “奥运之星”体育节（2002 年 10 月）、淄博端午节（2008 年 6 月） | 2 |

续表

| 地区 | 主要体育节庆活动（首届举办时间） | 数量 |
|---|---|---|
| 泰安 | 泰山国际旅游文化登山节（1987 年 9 月）、中国（泰山）国际传统武术节（2013 年 4 月） | 2 |
| 菏泽 | 菏泽斗羊大赛（《中华百绝》之一）（1993 年 11 月） | 1 |
| 济宁 | 梁山国际水浒武术节（1993 年 9 月） | 1 |
| 枣庄 | 连青山登山节（2009 年 9 月） | 1 |
| 临沂 | 蒙山登山节（1994 年 4 月）、“沂蒙之春”秧歌节（2013 年 2 月）、沂水（国际）地下河漂流节（2010 年 7 月）、中国沂水文化体育旅游节（中国帆板大奖赛）（2012 年 6 月） | 4 |
| 东营 | 黄河口（东营）国际马拉松赛（2008 年 10 月） | 1 |
| 莱芜 | 中国国际航空体育节（2009 年 10 月） | 1 |
| 聊城 | 山东聊城水文化节（2012 年 6 月省属）、山东聊城“水城之秋”休闲周（2010 年 9 月） | 2 |
| 滨州 | 黄河三角洲山东滨州体育节（2009 年 3 月） | 1 |

（资料来源：山东省旅游局、体育局、山东社会科学院旅游研究中心、互联网；统计时间：2013 年 5 月。）

（2）良好的城市形象和丰富的城市旅游资源：民族民间体育赛事是旅游目的地旅游的重要吸引物，但旅游目的地形象和旅游资源则是影响潜在观众前来观赛，并延长外地观众逗留时间的重要因素。民族民间体育可与各民族传统的民族文化、古朴的风土人情、各具特色的衣食住行、节日庆典、服饰装束、工艺特产、风味佳肴、民族歌舞、娱乐、祭祀等共同构成具有鲜明民族特点的旅游资源①。我国是一个多民族的国家，各民族在长期的社会文化变迁中，形成了丰富多彩的民族民间体育项目、活动、赛事及多样化的民风民俗等，这是我国开展民族民间体育旅

① 王天军．少数民族体育与旅游经济优势互补研究［J］．新疆大学学报（自然科学版），2000，17（4）：89－92.

游得天独厚的优势条件。良好的、独具特色的旅游目的地形象及丰富、多样的旅游资源是旅游目的地旅游业发展的动力，它能形成一种强大的凝聚力、吸引力和带动力，使民族民间体育赛事作为旅游吸引物的功能充分发挥，不断扩大赛事旅游的效益。如潍坊市具有良好的城市形象，同时旅游资源比较丰富。①潍坊世界风筝博物馆。我国第一座大型风筝博物馆，建筑面积 8100 平方米，是目前世界上建筑面积最大的风筝专业博物馆，收藏了古今中外的风筝珍品及有关风筝的文物资料 2000 余件。建筑造型选取了潍坊龙头蜈蚣风筝的特点，屋脊是一条完整的组合陶瓷巨龙，屋顶用孔雀兰琉璃瓦铺成，似蛟龙遨游长空伏而又起，设计风格在国内独树一帜，是“世界风筝都”的标志性建筑。②世界风筝都纪念广场。整个广场通过吉祥大道、鸢标广场等十大景观，追颂历史，咏唱现在，展望未来，成为展示风筝文化与民俗文化、市民休闲娱乐、全民健身强体、商业购物消费及举办大型集会活动的综合性城市广场。③十笏园。中国北方园林袖珍式建筑，始建于明代，原是明朝嘉靖年间刑部郎中胡邦佐的故宅。后于清朝光绪十一年（1885 年）被潍县首富丁善宝以重金购得，被称作“丁家花园”。十笏园位于胡家牌坊街中段，坐北向南，青砖灰瓦，主体是砖木结构，总建筑面积约 2000 平方米。因占地较小，喻若十个板笏之大而得其名。1988 年被列为全国重点文物保护单位，有“鲁东明珠”之称。④潍坊富华游乐园。占地面积 20 多万平方米，拥有全长 888 米的双环过山车、46 米高的跳伞塔、56 米高的摩天轮、转转杯、华东地区首台风火轮、力与美结合的典范超级大摆锤、海盗船、自旋滑车、飓风飞椅等 30 多个游乐项目。2011 年，山东省首台超大型游乐项目太空飞梭、5D 高清 180°环幕影院先后落户富华游乐园。⑤杨家埠民间艺术大观园。位于潍坊市寒亭区西杨家埠村，是国家 4A 级旅游景区，先后被授予“全国农业旅游示范点”“全国 56 个最具民族特色的景区”“山东省旅游休闲场所十佳品牌”及“山东省文化产业示范基地”等称号。杨家埠木版年画、风筝被国务院确认为首批国家级非物质文化遗产。⑥白浪绿洲湿地公园。先后拥有“国家级水利风景区”“国家 4A 级旅游景区”“山东省十佳水利风景区”等殊荣。此外，潍坊地区还有昌乐中国宝石城、沂山国家森林公园、石门坊、诸城恐龙博物馆、寿光林海生态博览园、仰天山国家森林公园、泰和山景区等旅游景点。

（3）旅游目的地旅游业的转型与升级。根据世界旅游组织预测，中国未来将成为世界上第一大旅游接待国、第四大旅游客源国和世界上最大的国内旅游市场；据国家旅游局发布的相关数据显示，中国已成为全球第四大入境旅游接待国，同时也是亚洲最大的客源国；根据世界旅游组织统计数据，到2015年中国入境过夜旅游者达到1亿人次，国内旅游达到28亿人次①。中国旅游业的良好发展趋势迫切需要对当下的旅游业进行转型和升级，尤其是民族地区。

国内学者普遍认为旅游业是关联度高、市场扩张能力强、能够带动产业结构调整和升级的朝阳产业，利用民族地区丰富的旅游资源优先发展旅游业，将对民族地区经济的可持续发展产生巨大的推动作用。民族民间体育赛事旅游属于高端的旅游业态，具备了节事旅游、赛事旅游、遗产旅游等的诸多共同特点，使其具有独特的社会吸引力、政治号召力、经济竞争力和文化感召力，更能体现文化认同、民族认同、区域认同和社会认同。因此，传统的旅游产业发展方式难以满足民族民间体育赛事与旅游目的地旅游业互动发展的要求，这就需要旅游目的地旅游业的转型升级，由粗放型、低水平的旅游业经营模式向现代的、高端的旅游业发展模式转变。

（4）完备的基础设施和旅游设施。对于民族民间体育赛事来说，其旅游功能作用的发挥需要配套较为现代和完备的基础设施和旅游设施，没有这些硬件的强力保证，赛事与旅游产业的互动效果将大打折扣。因在赛事举办过程中，大量旅游群体的涌入，基础设施和旅游设施将显得尤为重要，如酒店、宾馆、商场、交通、通信、医院、保险等。如贵州黎平县旅游局于2013年6月起草的“中国侗族摔跤之乡”——双江镇四寨村乡村旅游建设项目建议书，提出斥资600万元兴建或改造四寨村发展旅游的基本设施，其中包括新建旅游步道、旅游标志牌、旅游服务中心、旅游文化长廊、旅游驿站、生态停车场、旅游厕所及对侗族民居进行维修等申报建议②。近几年，随着四寨村这些旅游服务设施兴建和改造的完成，四寨村乡村旅游业的发展取得了很好的经济和社会效益，地方政府越来越重视和完善发展旅游业的举措和措施。

---

① 赵波．四川民族地区乡村旅游发展的战略转型与升级［J］．四川理工学院学报（社会科学版），2011，26（4）：78－82.

② 李景繁，王亚琼，向其英．贵州少数民族传统体育与旅游业互动发展研究：以黔东南四寨村侗族摔跤节为个案［J］．黔南民族师范学院学报，2014，34（1）：26－28，50.

### 2. 民族民间体育赛事与旅游目的地旅游业互动的关系

(1) 民族民间体育赛事对旅游目的地旅游业发展的影响。正面影响：①提升旅游形象。良好的旅游形象是旅游目的地发展旅游业的重要保证，也是现代城市竞争中一项重要的内容。我国民族民间体育赛事的举办会在短时间内吸引大量的境内外游客、媒体和业内人士的到来；赛事赛前和赛时声势浩大的推广活动和众多媒体大规模、长时间的报道能够大大地提升赛事举办地的知名度，而知名度的提升则会显著提高赛事举办地作为人们旅游目的地的概率，不仅在赛事举办期间给举办地带来大量的客源，而且对于举办地旅游业的可持续发展也会产生重大的影响。2012 年中国玛曲第 6 届格萨尔赛马大会，赛会期间共接待游客 20 万人次；大量旅游群体的涌入充分彰显了城市的旅游形象。②更新旅游目的地旅游空间。大型体育赛事对城市旅游空间发展的影响表现在：为城市旅游空间增添新的城市旅游节点，改善旅游节点的基础设施条件，催生大量体育旅游者，影响城市旅游空间的布局，提升城市旅游空间影响力五个方面[①]。民族民间体育赛事是推动旅游目的地旅游空间演进的外部力量之一，它可以在短时间内对旅游目的地旅游空间的演进产生一种突发性驱动力。这种驱动力体现在旅游目的地基础设施建设的完善、旅游收入的增加、旅游目的地形象的改善、旅游目的地发展规划及管理水平提高等各个方面。潍坊国际风筝会的举办，使得潍坊国际风筝博物馆、杨家埠民俗大观园的关注度剧增，旅游人数不断攀升。③拉动旅游目的地的旅游经济。美国经济学家曾经依据著名经济学家瓦西里·里昂惕夫（Wassily Leontief，1973）的部门关联数学模型（里昂惕夫矩阵）定量计算国民经济各部门的产业关联度，推算出了体育行业与其他部门的产业关联度，指出体育与旅游业的关联度为 0.21，与服装业关联度为 0.13，与交通通信关联度为 0.12，与建材业关联度为 0.11，与食品业关联度为 0.014，与机械业关联度为 0.008[②③]。奥运会等大型体育旅游活动产生的巨大经济效应一直被学术界关注。美国盐湖城自 2002 年举办冬季奥运会以

---

① 马洁. 大型体育赛事的举办对城市旅游空间影响的研究——以 F1 大奖赛中国站为例［D］. 上海：上海体育学院，2013：12－14.

② COLLINS，M. The economics of sport and sports in the economy：Some international comparisons［M］. London：Belhaven Press，1997.

③ 井玲. 国外体育旅游研究评述［J］. 武汉体育学院学报，2010，44（7）：48－54.

来，不断吸引国内外的滑雪者及参加会议的人前往，饭店的入住率不断上升，使饭店的客房比申办冬奥会之前增加了64%；西班牙巴塞罗那1992年成功举办了奥运会后，到1997年度假游客超过了商务游客，占全部游客的42.3%，举办效果持续10余年之久，产生了巨大黄金效应，使巴塞罗那成为当今欧洲第三大旅游度假城市[①②]。民族民间体育赛事的举办，势必吸引大量外埠和境外观众、媒体和运动员等相关主体前往赛事举办地，从而引起赛事举办地相关产业需求的变化，这样带来的一个最直接的影响就是举办地资金的正向流动，尤其是流入吃、住、行、游、购、娱等旅游领域，进而拉动赛事举办地的旅游经济发展。除此之外，体育赛事对城市旅游经济的拉动还表现为政府的旅游业税收收入的增加和对旅游业就业的拉动。

负面影响：①客源市场的挤出效应。一方面是旅游成本升高对旅游客源市场的挤出。大型赛事的举办会使举办城市的投资（包括固定资产投资与非固定资产投资）持续增长，从而有可能导致举办城市出现不同程度的通货膨胀，直接表现就是物价的上涨。例如，2004年雅典奥运会期间房租平均增幅高达50%～100%，少数酒店为了获得更大利润，甚至将房价上涨了7～8倍[③④]。另一方面是旅游容量超负荷对客源市场的挤出。大型赛事期间，大量客流在有限的时空范围内高度聚集，势必会给举办地的经济与社会环境带来很大压力。赛事期间旅游环境的恶化及其容量的下降不仅会挤出入境旅游者，同时，有相当一部分举办地居民因为生活环境恶化（如交通拥挤、噪声污染、安全隐患增多、物价上涨等）而选择了逃避，去别国或国内其他地区度假，也成为被“挤出”的一族。如调查显示，2002年在韩国和日本举行的第17届世界杯足球赛期间，有28.9%的外国游客认为韩国交通拥挤[⑤]。据2008年3月2日发布的“广州道路交通状况公众评价调查”显示，

---

① WEED，M E. Sports tourism research 2000－2004：a systematic review of knowledge and ameta evaluation of method［J］. Journal of Sport&Tourism，2006，11（1）：5－30.

② HUDSON S. Sport and adventure tourism［M］. NY：Haworth. Hospitality Press，2003.

③ 龚立仁．奥运会难以带动希腊旅游业［N］．中国旅游报，2004－7－23（9）．

④ 陶卫宁．大型体育赛事的负面旅游效应［J］．体育学刊，2006，13（6）：13－17.

⑤ 陈祥李，张垒．大型体育赛事对城市旅游的负效应及其控制［J］．体育成人教育学刊，2008，24（6）：17－19.

35.9%的市民不满广州市的交通，认为塞车是最大的交通问题①。对举办国来说，到国内其他地区旅游度假的游客使这些地区的旅游业获得了举办地的“转换效应”或者“溢出效应”，整个国家的旅游收入实际上并没有受损，甚至会在一定意义上平衡了不同地区的旅游发展，优化了旅游产业的空间布局，具有积极意义。②后赛事阶段旅游经济的“低谷效应”。从历年大型赛事的经验来看，为发挥大型赛事的旅游功能而在短期内进行的大量投资，在赛后随着需求的下降会出现不同程度的经济衰退和区域整体旅游经济恶化的“低谷效应”。主要体现为：国内居民支付能力下降与国内旅游的萎缩；赛后旅游供需比例失调。如1992年巴塞罗那旅馆业在奥运会后的两年间几乎下降了60%；就连被世人誉为典范的悉尼奥运会，会后主体育场所在的奥林匹克公园也难逃“门前冷落车马稀”的命运②。因此，大型体育赛事场馆的后期开发利用显得尤为重要，是赛事举办城市、地区或国家在申办过程中要重点考虑和规划的现实问题。③旅游业发展的“马太效应”。“马太效应”就是通常所说的“富者更富，穷者更穷”的两极分化现象。一般来说，能够成功申办大型赛事的都是国家或地区的经济、文化和政治中心。这些城市的旅游基础设施及上层设施等的建设在国家或地区中均处于中心或领先地位，同时，受交通中心位置的影响，旅游业的发展也在各国家或地区中相对较为发达。一个国家或地区在一定时间内的财政预算毕竟是有限的，政府对举办城市的投资增加，也就意味着对其他地区建设投资的减少，使财政困难地区有限发展甚至不发展旅游业，从而导致旅游经济发展差距加大，“马太效应”显现③，也有学者将这种负面效应称为“虹吸效应”④。④其他负面效应。大型赛事的确能够在短时间内吸引大量的旅游客流，但是它又不同于一般的事件旅游，主要体现在赛事本身具有诸多不确定性和不可知因素，其中门票的销售、比赛精彩程度、比赛结果等会直接影响到

---

① 瞿华，彭美清．广州体育赛事对旅游业的影响及对策［J］．武汉体育学院学报，2009，43（11）：41－45.

② 阎为民．奥运会对北京经济的挤出效应［J］．郑州航空工业管理学院学报，2004，22（1）：27－29.

③ 李纪．中国奥运会旅游效应的冷思考［J］．辽宁经济职业技术学院学报，2005（3）：17.

④ 梁留科，孙淑英，刘英．2008北京奥运会效应及其旅游影响分析［J］．西北农林科技大学学报，2005，5（2）：82－86.

旅游者的入境积极性、入境人数、在举办地的逗留时间、消费额、消费构成等①。如门票销售情况与旅游客源，赛事进程与旅游客源等。

（2）旅游目的地旅游业对民族民间体育赛事发展的影响。①促进民族民间体育赛事产业健康发展。观众是赛事不可或缺的主体，是赛事的主要利益相关者。对于旅游目的地来说，大量赛事观众的涌入会在很大程度上促进赛事的影响力，增强民众对赛事的理解和参与，从而在一定程度上促进旅游目的地的体育竞赛表演市场和赛事产业进一步繁荣发展。②为赛事举办提供设施保障。基础设施是旅游业发展的基础，也是赛事发展的必要条件。体育赛事具有集聚效应，对举办地在短时间内应对大客流的旅游接待提出了极高的要求，如旅游交通、旅游住宿、旅游餐饮、旅游购物、旅游信息等诸多方面。赛事举办地旅游业的发展水平，可为赛事举办提供必要的设施保障。③提高赛事运作水平。旅游目的地发展水平越高，对赛事的运作要求就越高。如潍坊国际风筝会就成立了专门的"潍坊国际风筝会"办公室，由一开始的科级单位、副县级单位，到 1990 年之后成为一个正县级规格的单位。它的职责、任务主要就是围绕着办好每一年的风筝会，提前进行谋划、策划、筹备、承办、指导、协调、监督、执行，代表市委、市政府对每一届风筝会负责，把各项活动办好，落到实处，这是潍坊国际风筝会办公室的一个重要职责。自 2006 年以来潍坊国际风筝会办公室职能不断扩大，有了一些新的职能。如 2006 年 3 月经过市政府批准，在"风筝办"这个牌子基础上又挂了"潍坊市风筝产业发展办公室"，把指导规划、协调潍坊风筝产业发展的责任落在风筝办，由风筝办来举办牵头、促进。

此外，旅游目的地居民的意愿和态度对赛事具有一定的影响。居民关于体育赛事对城市旅游业影响的感知对居民的体育赛事态度有正面的影响，居民的体育赛事态度又进一步对居民支持体育赛事的意愿产生积极影响②。

---

① 陶卫宁．大型体育赛事的负面旅游效应［J］．体育学刊，2006，13（6）：13－17.

② 黄海燕．体育赛事对城市旅游业的影响：一个居民视角的结构方程模型［J］．武汉体育学院学报，2015，49（1）：36－43.

(3) 民族民间体育赛事与旅游目的地旅游业互动发展模式。民族民间体育赛事与旅游目的地旅游业的互动发展分为萌芽阶段、初级阶段、发展阶段和成熟阶段，每个阶段对应不同的模式（表9-2）。

**表9-2 民族民间体育赛事与旅游目的地旅游业互动阶段的模式一览表**

| 互动发展阶段 | 主导者 | 组织形式 | 需求 | 具体体现 |
|---|---|---|---|---|
| 萌芽阶段 | 自发形成的个体或团体 | 个体行为 | 个体需求为主 | 民族民间体育赛事主要体现为单一的事件 |
| 初级阶段 | 体育部门和旅游部门共同推进，少数旅游企业参与 | 政府模式 | 个体需求与企业需求共存 | 民族民间体育赛事平台作用得到部分发挥 |
| 发展阶段 | 政府主导，旅游企业集团和体育赛事公司共同开发经营 | 政府+市场模式 | 多元化需求 | 赛事资源与旅游资源有效配置 |
| 成熟阶段 | 政府监管，企业完全按照市场规律开展经营 | 市场模式 | 各主体的需求得到有效满足 | 赛事资源和旅游资源高度融合 |

总体而言，目前我国民族民间体育赛事与旅游目的地旅游业互动的阶段模式已经从萌芽阶段过渡到初级阶段。部分赛事与旅游目的地旅游业互动的阶段模式进入了发展阶段，如潍坊国际风筝会、泰山国际登山节等；部分赛事与旅游目的地旅游业互动的阶段模式进入了成熟阶段，如中华龙舟大赛、河南登封国际少林武术节、全国脚斗士精英赛等。对于全国来讲，民族民间体育赛事与旅游目的地旅游业互动发展亟待由当前的初级阶段向发展阶段迈进，最终步入成熟阶段。

(4) 民族民间体育赛事与旅游目的地旅游业互动的开发模式。民族民间体育赛事与旅游目的地旅游业互动的开发模式主要有“内容互动”模式、“空间互动”模式和“形象互动”模式三种（图9-4）。

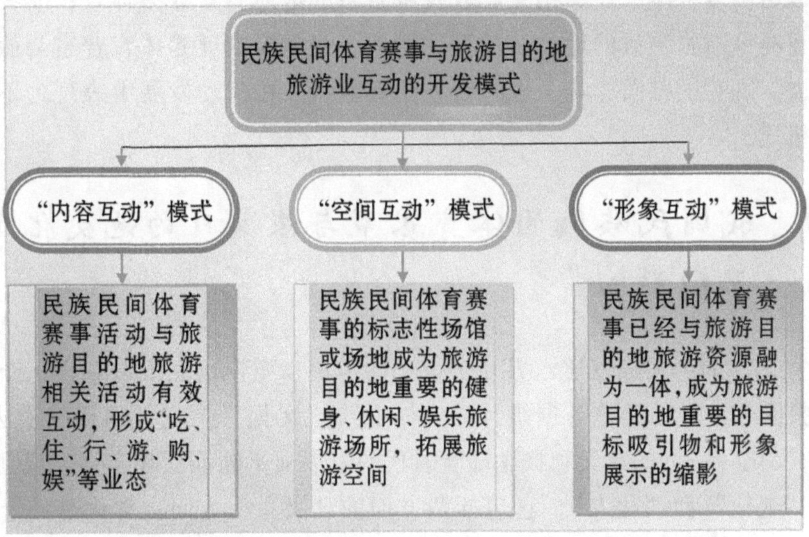


**图 9－4　民族民间体育赛事与旅游目的地旅游业互动开发模式**

目前，我国民族民间体育赛事发展参差不齐，但是三种模式均有涉及。内蒙古锡林郭勒盟那达慕大会，蒙古族民众身着节日盛装，进行赛马、射箭、摔跤等活动，是民族民间体育赛事与旅游目的地“形象互动”模式的典范；以风筝、木版年画等为主题的杨家埠民俗文化大观园是民族民间体育赛事与城市旅游业“空间互动”模式的实践探索；中国玛曲格萨尔赛马大会是民族民间体育赛事与玛曲县旅游“内容互动”模式的有效尝试。但总体而言，我国民族民间体育赛事与旅游目的地旅游业的互动开发方面还处于零散的、自发的、浅层次的探索阶段，急需政府进行科学统筹、系统规划和积极引导。同时需要更多的学者进入该领域进行科学、规范研究，如我国民族民间体育赛事旅游目的地游客期望值、游客满意度的相关研究，这也将是笔者后续进行的系列研究范围。

综上所述，我国民族民间体育赛事与旅游目的地经济之间相互影响、相互促进，表现为互惠共生关系。①经济决定社会对体育的需求，经济制约体育运动的规模和水平；②体育赛事加速城市产业结构的优化，具有乘数效应、拉动效应和波及效应，促进城市繁荣；③我国民族民间体育赛事与旅游目的地经济的互动影响，可以由赛事主体产业、相关产业及旅游目的地体育产业来体现；④我国民族民间体育赛事与旅游目的地经济的互动影响，最重要的就是体育赛事与旅游业的互动发展，既有正方面影响，也有负方面影响，并在互动发展中表现为不同的互动开发模式。

## 四、我国民族民间体育赛事与旅游目的地文化的互动影响

“文化”的定义经过学术界几个世纪的争论，至今仍然没有获得一个能够为大家都接受和认可的结论。据统计，世界上给“文化”下定义的权威说法有 200 多种。“文化”一词的意义和概念随着时代的发展而不断演变和丰富。说到底，文化就是“人化”和“化人”，它包括两方面的含义：一方面，文化是一个最体现“以人为本”的概念；另一方面，文化就是“人的生活样式”，文化是“体”与“魂”的统一[①]。文化是我国民族民间体育赛事的精髓，文化赋予其生命和活力，使其经久不衰。文化与人类共生。在人与自然和谐相处的 21 世纪，一些公认的世界城市及国际组织越来越重视文化在促进城市发展方面的特殊作用，纷纷提出一系列增强城市文化竞争力的新要求、新目标。体育是人类文化的重要组成部分，体育赛事是文化传承和传播的重要形式，体育赛事的举办，可促进多民族的交流与合作、多种文化的融合，赛事文化是对城市文化的重要补充，可增强民族认同、文化认同、社会认同和区域认同。

### （一）我国民族民间体育赛事与旅游目的地文化互动影响的机理

体育的魅力源于其与文化的融合。作为一种人类文化现象将体育置入广阔的历史文化背景中深入研究，对于培养民族艰苦奋斗、自强不息、团结进取的精神，塑造一代体魄强健、人格高尚、全面发展的新人，加强公平、公正、公开的竞争意识等都具有重要意义。体育归根结底是人类文明的产物，它的发展受到诸多文化因素的制约，与各种社会文化现象有着千丝万缕的联系，社会文明程度越高，

① 李德顺．什么是文化［N］．光明日报，2012－03－26（5）．

这种联系的紧密程度越深。各民族通过长期和广泛的经济文化交流，最终将具有共性价值的文化因素积淀于体育活动中，形成全人类所共同接受的、具有统一规则的体育运动。体育以文化为手段和途径，力图提高人类生命的质量，完善身心的发展，并将这一自然的意志转化为人类自觉的社会意志。通过这种文化的力量，体育起到了促进物质和精神文明的交流、缩减不同地域与种族之间的文化差异、加强人与自然的协调发展等重要作用。概言之，体育与文化是相互依存、相互渗透、相互影响、相互促进的关系。

**1. 文化是民族民间体育赛事的血脉与灵魂**

中国共产党十七届六中全会通过的《中共中央关于深化文化体制改革、推动社会主义文化大发展大繁荣若干重大问题的决定》提出：文化是民族的血脉，是人民的精神家园；在我国五千多年文明发展历程中，各族人民紧密团结、自强不息，共同创造出源远流长、博大精深的中华文化，为中华民族发展壮大提供了强大精神力量，为人类文明进步做出了不可磨灭的重大贡献①。何谓文化？文化是一个民族历史凝结成的生存方式，作为一种生存方式，它也必然是一个民族历史之所以能够绵延不息的血脉和内在机理；中华文化凝聚着中华民族对自身历史、对世界的认知和感受，是中华民族的精神摇篮，它孕育、滋养了中华民族共同的情感和价值、共同的理想和共同的奋斗精神，是中华民族共同的精神家园②。

（1）文化奠定民族民间体育的发展方向。文化强调民族性，恩格斯曾谈到："动物所能做到的最多是收集，而人则从事生产……生产很快就造成这样的局面：所谓生存斗争不再单纯围绕着生存资料进行，而是围绕着享受资料和发展资料进行"，这一观念直指民族文化的创造力③。民族民间体育及赛事正是基于人类文明几千年的文明史，传承至今，在当下文化大发展大繁荣的时代背景下，民族民间体育呈现出百家争鸣的局面，充分体现出文化为我国民族民间体育的发展指明了

---

① 中共中央关于深化文化体制改革推动社会主义文化大发展大繁荣若干重大问题的决定［EB/OL］. http：//theory. people. com. cn/GB/16018030. html［2011－10－18］.

② 文化是民族的血脉是人民的精神家园［EB/OL］. http：//theory. people. com. cn/GB/16371903. html［2017－01－26］.

③ 中共中央马克思恩格斯列宁斯大林著作编译局. 马克思恩格斯选集（第四卷）［M］. 北京：人民出版社，1995：372.

方向。文化让民族民间体育赛事生生不息，迸发出强大的生命力和活力。

（2）文化是民族民间体育发展的基础和保障。文化可以重塑民族民间体育的文化价值。民族民间体育的价值既不是简单的体质教育，也不是通过思想品德课所传达的公民道德，而是中华民族传统核心价值观的教育。民族民间体育项目如若离开了民族核心的价值观，如“自信、自强、厚德”等文化思想价值，将没有了根基，如同海市蜃楼。民族民间体育的传承与发展，也是当下民族核心价值观的重要体现。

（3）文化推动了民族民间体育政策法规的制定及实施。只有不断创新的文化才有发展的可能，才能不断提升民族民间体育的内涵，让其价值不断增值，并成为旅游目的地重要的目标吸引物，并不断丰富旅游内涵。民族民间体育政策法规的制定及实施是导向，它有助于文化的传播、创新和丰富。同时，文化引导民族民间体育向“多元化发展”，这需要各民族创造性地吸收、消化传统风俗习惯，逐步净化和规范民族民间体育项目、活动及赛事数据库，收集、整理、挖掘、传承、保护、发展民族民间体育。

**2. 民族民间体育丰富文化发展内涵**

中国少数民族传统体育活动之丰富多彩，超越了一般人的想象，甚至不为多数体育工作者了解；中国少数民族传统体育与中国汉民族传统体育的“和而不同”，中华民族传统体育作为中国当代体育重要组成部分的“和而不同”，独具中华人文特色的体育文化与全球体育文化的“和而不同”，这是文化生态链的层层递进，体现当代体育的文化多样性价值；面对中华民族传统体育历来以汉族为中心的主体部分的日渐萎缩，尤其是多年来武术的发展已陷入“不土不洋”的窘境，少数民族传统体育可以使中华传统体育重新焕发多样化生机，为世界体育的文化多元化做贡献①。

（1）民族民间体育为文化的提升搭建平台。“体育搭台，文化唱戏”，文化之间存在竞争，同时更存在交流。“多元化”是文化发展的一大特点，民族民间体育赛事为各种文化交流提供了很大的空间。首先，民族民间体育赛事的举办，可以

① 胡小明．中国少数民族传统体育的文化多元价值［J］．体育学刊，2007，14（8）：5－9.

使国人了解不同民族的体育项目及活动，进而了解不同民族的文化内涵。其次，时下的民族民间体育赛事大都与节事、旅游融合开展，这也给民族之间的交流起到了推动作用。文化的相互了解，正是文化竞争力提升的根本，民族民间体育赛事的举办为旅游目的地软实力和竞争力的提升奠定了良好的基础。

（2）民族民间体育是丰富文化软实力的重要形式。为发展中国与世界各国的友好关系，增进世界各国人民对中国文化的理解，从2004年至2014年，全球已建立400所孔子学院和535个孔子课堂，分布在108个国家（地区）[①]。这些孔子学院不仅进行常规的汉语教学，而且开展民族传统体育方面的讲座和课程，在很大程度上推动了民族传统体育的发展和文化的传播。对一个国家或地区民族风俗习惯的保护，既是尊重自身文化的主体性，也是保护世界文化多样性的举措，切实落实了文化的精神内涵。

（3）民族民间体育增强旅游目的地文化竞争力。民族民间体育为文化软实力竞争提供平台。民族民间体育比赛规则较为灵活，这对于文化发展既是发展的优势，又是发展的瓶颈，要突破这一瓶颈，就需要做到既具有民俗风味又不失科学规范。民族民间体育赛事作为多文化的综合体，成为旅游目的地文化软实力竞争的重要载体。未来社会发展，是综合实力的竞争，更是文化软实力的竞争，这也为民族民间体育的发展提供了契机。体育需要城市，城市也需要体育。南非前总统曼德拉说过，“体育具有改变世界的力量”。

总之，文化是国家的根、民族的魂，文化自觉的程度，决定了一个国家、一个民族的命运与发展前途。中国体育的文化自觉与崛起，必须以体育人文精神和体育思想的建设为先导。我们应深刻认识当今体育的发展现状，把握体育的发展规律及未来发展趋势，以推动体育文化自觉为切入点和抓手促进我国体育事业持续健康发展[②]。“文化自觉”是我国著名学者费孝通先生提出的。费孝通先生说[③]：“文化自觉是指生活在一定社会中的人对其文化有自知之明，明白它的来历、形成过程、所具有的特色和它发展的趋向，不带任何文化回归的意思，不是要复归，

---

① 国家汉办．关于孔子学院/课堂［EB/OL］．http：//www. hanban. edu. cn/confuciousinstitutes/node_10961. htm［2012－12－30］．

② 陈立春，卢秉旭．中国体育与文化自觉［J］．河北体育学院学报，2013，27（1）：43－46.

③ 费孝通．论文化与文化自觉［M］．北京：群言出版社，2005：256.

同时，也不主张全盘西化或全盘他化；自知之明是为了加强文化转型的自主能力。”③

## （二）我国民族民间体育赛事与旅游目的地文化互动影响的具体体现

我国民族民间体育赛事是多文化的综合体，是对传统文化的继承与发扬。我国民族民间体育赛事与旅游目的地文化的互动影响，主要体现在以下几个方面。

### 1. 旅游目的地文化设施

文化设施的广义概念：具有特定文化功能和文化附加值的建筑或建筑群。文化设施的狭义概念分两类：一是公益文化设施，即我们常说的文化设施，主要是指文化馆、群艺馆、图书馆、美术馆、博物馆、纪念馆、剧场、音乐厅、文化活动中心（含少年宫、老年活动中心）、艺术排练场所等具有特定文化功能的建筑设施；二是效益文化设施，即市场化经营能够产生效益，并能使投资保值增值的文化设施，包括影院、展览馆、各种娱乐场所等。① 文化设施一般是由政府部门出资修建的，为广大市民提供一个学习、交流的空间，让更多的文化爱好者参与进来。在本研究中，旅游目的地文化设施是一个空间概念，是文化传承和交流的区域，如文化广场、文化活动中心、文化产业园、博物馆等。民族民间体育赛事可以促进文化设施的建设及利用，反过来文化设施又为民族民间体育赛事提供了传承和发展的空间。

以潍坊国际风筝会为例，潍坊国际风筝会的举办，极大地促进了潍坊文化设施的建设。潍坊市文化设施资源极为丰富，主要包括：①鲁台国际会展中心，是齐鲁台湾城的重要组成部分之一，包括展览中心和会议中心两部分，总建筑面积11.9万平方米，总投资11.6亿元。②杨家埠民间艺术大观园（原杨家埠风筝厂），建于1986年5月，是目前国内最大的风筝厂，是集风筝生产、年画印刷与民俗旅游于一体的民间艺术大观园。③浮烟山国际风筝放飞场，1991年建成，占地12公顷，草坪面积9万平方米，停车场16万平方米，可同时停放3万辆汽车。主席台1320平方米，观礼台1800平方米，大型会议厅可容纳5000人。有高16米，跨度

① 张二虎．试论文化设施的建设管理和行业管理［J］．建筑，2004（9）：60－63，4.

30 米的山门牌坊 1 座。每年 4 月 20 日，潍坊国际风筝会放飞表演在这里举行，数十万中外游客云集于此，它已成为潍坊人民向世界展示潍坊两个文明建设风貌的重要窗口。④潍坊世界风筝博物馆，建于 1987 年，系全国第一座风筝专业性博物馆。占地 1.2 万平方米，建筑面积 8100 平方米，馆内有大小展厅 12 个，展现了从公元前 5 世纪“鲁班风筝”至今的中外各式风筝。⑤潍坊艺术文化中心，总投资 28 亿元建设的市民文化艺术中心，包括城市规划艺术馆、青少年宫、文化宫、图书馆、科技馆、大剧院、音乐厅等，是目前潍坊市最大的城市公共文化建筑。北部市民休闲广场于 2003 年 4 月建成开放，深得市民的欢迎与喜爱，已成为市民休闲娱乐、健身强体和举办大型集会活动的综合性城市广场。⑥潍坊富华国际展览中心，主体建筑面积为 36500 平方米，室内展览总面积达到 27000 平方米，可容纳 1200 个国际标准展位，室外展览面积近 19000 平方米，有 7000 平方米的室外中央广场和 1760 平方米的序厅。目前已经建立了广泛的展览关系网，已经加入中国展览馆协会和全国城市工业品贸易中心联合会，并成为中国会展杂志的中国展览杂志社理事单位。⑦潍坊国宝艺术馆，占地面积 185 亩（约为 12.33 公顷），总投资 4.5 亿元，是山东省最大的民营文化项目，该项目对于普及文博知识产生了积极的作用。该项目由国宝艺术馆、服务中心、学术交流、教学、工作室、文化创意生活体验区等组成。⑧潍坊滨海——中国国际风筝冲浪基地，2010 年 8 月 20 日由国家体育总局命名、中国美术家协会主席刘大为在泰山石上题字，山东滨海海域辽阔，海滩平坦无暗礁，风能资源丰厚且风向稳定，适合风筝冲浪等水上运动项目的开展，把这里确定为中国国际风筝冲浪基地非常合适。但是，潍坊国际风筝会各场地之间比较分散，没有形成集聚效应，对市民参与该项活动造成了一定影响。为此，潍坊市计划投资 12 亿元的潍坊滨海风筝文化产业园项目签约落户，项目包括国际风联大厦、草坪风筝放飞场、综合性风筝放飞看台、国际马术俱乐部及酒店、国际标准马术表演场、跑马场、国家大马戏剧院、商贸配套服务区等。⑨世界风筝都纪念广场，是以“风筝文化、民俗文化、人文文化”为主题规划设计的，2006 年 4 月 15 日竣工开放，是潍坊城市建设的新亮点、展现风筝都形象的标志性景观。整个广场通过吉祥大道、鸢标广场、咏筝栈桥、芙蓉树阵、民俗长廊、儿童乐园、森林公园、风博广场、滨河景区、露天剧场十大景观，追颂历史，咏颂现在，展颂未来，成为展示风筝文化与民俗文化、市民休闲娱乐、全民健身强体、商业购物消费及举办大型集会活动的综合性城市广场。

**2. 旅游目的地文化遗产**

文化遗产，又可称文化资产、文化财产，是指具有历史、艺术、科学等文化保存价值，并经政府机构或国际组织指定或登录之物品，分为“有形文化遗产”和“无形文化遗产”。本部分内容主要阐述有形文化遗产，包括古迹、历史街区、纪念性建筑物、寺庙、教堂等。无形文化遗产主要通过文化服务、文化产品和文化团体来体现。我国民族民间体育赛事的传承与发展，原本就是人类重要的文化遗产，该项活动的举办，可以使人类加强对文化遗产的认识和保护，而文化遗产又是人类文明进步的重要佐证，历史的见证。

以潍坊国际风筝会为例，下述文化设施目前大都成了潍坊市的标志性建筑物。①富华国际展览中心外观设计采用潍坊传统“沙燕”风筝为造型，整体造型优美、气势恢宏，是潍坊城市建设标志性建筑之一。②潍坊文化艺术中心采用舒展的总体布局，采取南北轴线对称的方式，融合潍坊世界风筝都的含义，采用展翅飞翔的风筝形态的构图手法，既有民族传统韵味，又有现代风格的建筑形态与景观空间，塑造出象征城市飞跃发展的标志性建筑。③鲁台会展中心整个建筑造型的设计灵感源自海边岩石，展厅和会议部分为两座建筑犹如一大一小两块巍然矗立的巨石，两块巨石隔海相守相望，立意为海峡两岸政治、经济、文化交流的综合平台，取名“驻石守望”。④潍坊世界风筝博物馆建筑造型选取了潍坊龙头蜈蚣风筝的特点，屋脊是一条完整的组合陶瓷巨龙，屋顶用孔雀兰琉璃瓦铺成，似蛟龙遨游长空伏而又起，设计风格在国内独树一帜。

**3. 旅游目的地文化产品**

随着《文化产业振兴规划》的颁布，我国的文化产业得到了快速发展，文化产品作为该产业的基本元素，需要我们细心研究其特点，挖掘其价值。在借鉴国内外理论界对文化产品已有的认识与研究成果基础上，结合文化产品具有的特征和属性，可以把文化产品定义为：是由文化产业相关人士或者部门创作的，以文化或艺术为主要内容，能够满足人类精神需求，反映社会意识形态，满足大众娱乐的文化载体①。民族民间体育赛事的举办，极大地促进了旅游目的地文化产品的丰富度，部分产品也是对民族民间体育的传承和保护。①图书资料：详细记载了旅游目的地所在区域的发展历程，包括赛事的起源及发展，涉及政治、经济、文化、军事等诸多领域。如《格萨尔王传》是藏族人民集体创作的一部伟大的英雄史诗，历史悠久，结构宏伟，卷帙浩繁，内容丰富，气势磅礴，流传广泛。同时它是世界上唯一的活史诗，代表着古代藏族文化的最高成就，至今仍有上百位民间艺人在西藏、四川、内蒙古、青海等地区传唱着英雄格萨尔王的丰功伟绩，为我们提供了宝贵的原始社会形态的资料。②旅游目的地宣传片：将旅游目的地详细地展示给民众，让更多的人了解、关注该地域，民族民间体育赛事也是一项重要的活态宣传作品。如中央电视台第九频道录制播放的《最近的雪域高原》。③民俗艺术品：是民俗文化的重要展示。如潍坊的风筝、剪纸、年画等。④邮票、纪念章等：是对民俗文化的传承与保护。国家邮政局于 2005 年 2 月 1 日发行的《杨家埠木版年画》特种邮票 1 套 4 枚，另发行小全张 1 枚。杨家埠木版年画因起源于山东淮坊市的淮县杨家埠，亦称“潍县年画”或“杨家埠年画”，主要采用木版水印套色印制，色彩以红、绿、黄、紫为主，既有北方年画的质朴明快，又具有南方年画的柔丽雅致。⑤民族民间体育及赛事活动相关影像作品：是对民族民间体育的传承和保护。如在杨家埠民俗大观园内拍摄的《大掌柜》，形象地介绍了潍坊风筝、木板年画等的传承与发展的历史。此外，目前新闻媒介业发展迅猛，大量视频资料的录制与制作，也是重要的文化产品。

#### 4. 旅游目的地文化服务

胡锦涛同志在党的十七大报告中指出：“要坚持社会主义先进文化前进方向，兴起社会主义文化建设新高潮，激发全民族文化创造活力，提高国家文化软实力，使人民基本文化权益得到更好保障，使社会文化生活更加丰富多彩，使人民精神风貌更加昂扬向上。”中共十七届五中全会公报提出“基本建成公共文化服务体系”，再次重申和强调了加强公共文化服务体系建设的重要性。开展公共文化服务体系建设研究，既是对党和国家高度重视的公共文化服务体系建设的一项学术探

① 臧秀清，游涛．文化产品：特征与属性的再认识［J］．探索，2011（5）：120－123.

索，也是一种现实关怀。文化服务是由政府、社会团体等，向民众提供文化产品及服务活动的总称。文化服务是民族民间体育赛事活动内容的重要组成部分，赛事为其提供了展示、交流的平台。主要包括：①民俗表演：是民族文化的重要表现形式，是人民生产、生活的重要体现。如中国汨罗江国际龙舟节开幕式上表演的“长乐抬阁”故事、“走高跷”等民间习俗节目。潍坊杨家埠民俗文化大观园内设有民俗文化传习所，它既是中外青少年感受、体验民俗文化艺术的场所，又是传承民俗文化艺术（风筝、剪纸、木板年画）的场所，有严格的传习制度。②宗教祭祀活动：我国历史悠久，宗教祭祀活动的形式比较丰富，庙会就是宗教祭祀活动的重要形式。如中国玛曲格萨尔赛马大会比赛开始前赛马手围绕煨桑台转一周，以祈求取得好成绩。③庆典活动：民族民间体育赛事是一项重要的节事活动，其举办过程中必然包含大型的庆典活动，如赛会的开幕式、晚会等，这是各族民众交流的重要平台。格萨尔赛马大会期间除有开幕式文艺表演外，还包括格萨尔说唱、牛角琴演奏、百人龙头琴弹唱、藏民歌独唱等在内的一系列国家和省州级非物质文化遗产展示，以及在格萨尔文化中心举办篝火晚会。2014 年第 31 届潍坊国际风筝会因不设开幕式文艺表演，而失去了一次与世界许多国家和地区交流的机会，节俭？值得思考！人类艺术的精华在民间。④文化研讨会等：传统文化是中华民族生生不息的灵魂和基因，是推动社会主义文化大发展大繁荣的深厚根基。研究赛事文化、区域文化、民族文化等，都是对文化的传承与发展，其意义重大。如中国汨罗江国际龙舟节系列活动中的“屈原与汨罗”高峰文化论坛，第 6 届中国玛曲格萨尔赛马大会系列活动中的玛曲首届河曲藏獒展示评比暨文化论坛、秦俑与河曲马研究主题论坛。

联合国教科文组织对非物质文化遗产的定义如下：“非物质文化遗产指被各群体、团体、有时为个人，视为其文化遗产的各种实践、表演、表现形式、知识和技能，以及有关的工具、实物、工艺品和文化场所（文化空间）。非物质文化遗产包括以下方面：①口头传播和表达，包括作为非物质文化遗产媒介的语言；②表演艺术；③社会民俗、礼仪、节庆；④有关自然界和宇宙的知识和实践。值得关注的是文化服务中的民俗表演、庆典活动等其中包括大量人类非物质文化遗产。世界各国都非常重视人类非物质文化遗产的保护，申遗是一种重要的保护形式，最重要的是要重视其传承与创新，尤其是要关注目前的修习者和传习者，将国家的相关政策要落实到这部分人身上。我国目前的民族民间体育赛事作为人类重要的文化遗产，其传承和保护方式多样，但是政府作为第一保护人，应承担必要的责任和义务。非物质文化遗产名录是保护非物质文化遗产的一种方式。联合国有《保护非物质遗产公约》和《保护世界文化和自然遗产公约》，前者管“非物质”，后者管“物质”。联合国教科文组织分别于2001年、2003年和2005年命名了3批世界非物质遗产，共90项，其中中国4项，即昆曲、古琴、新疆的木卡姆民族歌舞和中国与蒙古国联合申报的长调民歌。中国目前是世界上拥有世界非物质遗产数量最多的国家。按照国家文化部规划建立的“国家—省—市—县”共4级保护体系，我国各省、直辖市、自治区也都建立了自己的非物质文化遗产保护名录。2006年5月20日，国务院批准文化部确定并公布了第一批国家级非物质文化遗产名录，其中包括格萨尔、唢呐艺术、新疆维吾尔木卡姆艺术、西安鼓乐、秧歌、高跷、安塞腰鼓、锅庄舞、秦腔、皮影戏、龙舟说唱、维吾尔族达瓦孜、杨家埠木版年画、剪纸、热贡六月会、那达慕、民间社火等共518项；2008年6月16日，国务院公布了第二批国家级非物质文化遗产名录共计510项（包括陕北民歌、蒙古族象棋、红拳、马球、叼羊、赛马会、土族轮子秋等）和第一批国家级非物质文化遗产扩展项目名录共计147项（包括蒙古族长调民歌、花儿、太极拳等），2011年6月9日，国务院公布了第三批国家级非物质文化遗产名录共计191项（包括浙江嘉兴的掼牛、湖南沅陵赛龙舟等）和国家级非物质文化遗产名录扩展项目名录共计164项。

**5. 旅游目的地文化团体**

文化团体是广大人民群众参与文化建设、共享文化成果的一个重要载体，同时也是开展基层文化工作，引导群众过上健康文明生活的重要依靠力量。文化团体的数量及活跃程度是衡量一个城市文化竞争力的重要指标。民间文化团体既是文化团体的重要一翼，也是民间社会力量的重要组成部分，积极引导和扶持民间文化团体并使之发展壮大，是深化文化体制改革的需要。在我国文化大发展大繁荣的时代背景下，国家和地方对文化的重视度不断提升，这有利于民间文化社团的生存和发展。我国民族民间体育赛事作为一项重要的节事活动，其举办对民间文化社团的发展也有一定的促进作用，有利于民俗文化的传承与发扬。例如从

1994 年—2012 年，陕西举办了 10 届红拳交流赛，并举办了 4 届红拳学术研讨会，4 次登上中央电视台“武林大会”，荣获“最佳拳种”“最佳技法”奖。红拳是陕西众多拳种中唯一列入国家非物质文化遗产项目的拳种。目前陕西省共有红拳传习所 71 家，如西安赵长军武术院、周至樊尚民红拳传习所等。达瓦孜是新疆最惊险的民间杂技表演，是维吾尔族具有悠久历史、浓厚民族特色的传统体育项目之一，但目前这一古老杂技艺术日益陷入濒危局面。2006 年 5 月 20 日，达瓦孜经国务院批准列入第一批国家级非物质文化遗产名录。

## 五、我国民族民间体育赛事与旅游目的地环境的互动影响

环境既是原始的，又是再造的；环境既是自然的，又是人文的；环境既是物质的，又是精神的。环境是一个哲学概念，是空间与历史的交融，是自然界与社会文化的结合，是有形与有灵的统一。环境是指周围所存在的条件，总是相对于某一中心事物而言的。我们通常所称的环境就是指人类的环境。自然环境就是指生物生存和发展所依赖的各种自然条件的总和①。生态环境是指影响人类生存与发展的水资源、土地资源、生物资源及气候资源数量与质量的总称，是关系到社会和经济持续发展的复合生态系统②。生态环境与自然环境在含义上十分相近，有时人们将其混用，但严格说来，生态环境并不等同于自然环境。自然环境的外延比较广，各种天然因素都可以说是自然环境，但只有具有一定生态关系构成的系统整体才能称为生态环境。仅有非生物因素组成的整体，虽然可以称为自然环境，但是并不能叫作生态环境。根据《中华人民共和国环境保护法》给出有关环境的确切定义：“所谓环境，是指影响人类生存和发展的各种天然的和经过人工改造的自然因素的总体，包括大气、水、海洋、土地、矿藏、森林、草原、湿地、野生生物、自然遗迹、人文遗迹、自然保护区、风景名胜区、城市和乡村等。”我国在不断的历史发展过程中，自然环境在不断恶化，近些年已经引起了国家的高度重

① 自然环境［EB/OL］. http：//baike. so. com/doc/5377717 - 5613859. html［2013 - 05 - 11］.

② 生态环境［EB/OL］. http：//baike. so. com/doc/3127948 - 3296799. html［2013 - 05 - 21］.

视，关注环境，尤其是生态环境。生态环境的破坏，最终会导致人类生活环境的恶化，要保护和改善生活环境，就必须保护和改善生态环境。因此，本研究中我国民族民间体育赛事与旅游目的地的环境之间的相互影响，主要是指赛事在传承和发展中面临的生态环境和旅游目的地基础环境的管理、建设和治理等。

### （一）我国民族民间体育赛事与旅游目的地环境互动影响的机理

环境是围绕在我们周围的和我们能够影响的一切东西。在很长一段时间内，体育与环境的关系不算是一个问题，而今天，它已成为一个很棘手的问题，原因是越来越多的人参加体育运动，参与的体育运动项目越是多样化，公民的环境意识越强。体育运动需要空间、场地，参加体育运动的人越多，所需要的空间就越多。然而，空间是有限的，这已成为各种比赛所面临的主要问题之一。这使体育与环境之间的相互依赖性越来越强烈。人们试图指出体育与环境的相互作用，并为改善这种状况作出努力。① 一方面是环境对体育运动的影响，另一方面是体育运动对环境的作用。

民族民间体育赛事对旅游目的地（举办城市）环境影响是一把双刃剑。一方面，旅游目的地（举办城市）以举办体育赛事为契机，通过对旅游目的地（举办城市）环境进行综合治理、对居民进行环保知识宣传等手段，提升旅游目的地（举办城市）环保理念，达到改善旅游目的地（举办城市）环境的目的，将其归纳为“环境改善”正效应②。另一方面，一些前期场馆建设和规划及赛事带来的大量人流、物流，决定了大型体育赛事必然从筹备、举办甚至到结束都会不断与旅游目的地（举办城市）环境发生激烈的交互作用，是急性生态破坏、短时集中环境污染、资源大量消耗等的多发诱因③。因此，体育赛事筹备期间生态破坏、场馆与基础设施等建设和规划项目的环境影响，赛事举办期间的环境污染与破坏、资源消耗等都是旅游目的地（举办城市）应该考虑的问题，对旅游目的地（举办城市）

---

① 勒特·海因茨，孙延林. 体育与环境［J］. 天津体育学院学报，1991（1）：18－21.

② 安俊英，黄海燕，陶倩. 体育赛事对举办城市环境影响评估研究［J］. 成都体育学院学报，2013，39（2）：31－35.

③ 马娜. 以北京奥运会为例浅析大型活动对城市环境的影响及对策［J］. “绿色奥运 清洁发展”主题论坛，2007：347－352.

环境质量提高与生态环境的持续发展都起到了负面影响，将其归纳为“环境风险”负效应。

## （二）我国民族民间体赛事与旅游目的地环境互动影响的具体体现

### 1. 我国民族民间体育赛事对旅游目的地环境的作用

从某种意义上讲，民族民间体育赛事能够积极地影响环境并帮助保护环境，但它也会给环境增加负担。我国民族民间体育赛事对环境具有较强的依赖性，这些可以唤醒民众对环境保护的兴趣和意识。

我国民族民间体育赛事对旅游目的地基础环境的作用。在本研究中，我国民族民间体育赛事对旅游目的地基础环境的影响，主要指对旅游目的地（赛事举办地）城市内部环境的影响，大都与环保有关。主要包括以下几个方面。

（1）基础环境的管理。主要是指环境保护部门及机构的设置、职能划分。以潍坊市为例，根据中共山东省委、山东省人民政府批准的《潍坊市人民政府机构改革方案》（鲁厅字〔2009〕44 号）和中共潍坊市委、潍坊市人民政府印发的《潍坊市人民政府机构改革实施意见》（潍发〔2010〕3 号），设立潍坊市环境保护局，为市政府工作部门。主要有加强环境政策、规划、重大问题和运行机制的统筹协调职责；加强环境治理和对生态保护的指导、协调、监督的职责；加强落实污染减排目标、环境监管的职责。①

（2）基础环境的建设。主要是指城市绿化、人文景观、基础设施等的建设，目的是提升城市外部形象。如悉尼奥运会的所有设施都融入了新的环保精神，对奥林匹克公园所在地霍姆布什湾进行了澳大利亚有史以来最大的整治工程，建成了世界上第一座太阳能室内运动场——“绿色体育馆”；2008 年北京奥运会主要从选址规划、科学施工、空气质量改善、清洁交通、整治城市水系、废弃物管理、清洁能源使用、城市绿化等多方面入手，对北京城市环境进行综合治理，兑现了 2000 年申办奥运时“绿色奥运”的承诺，此次奥运会使北京乃至整个中国都受益

① 潍坊市人民政府办公室［EB/OL］. http://baike.so.com/doc/5034260-5260732.html［2013-06-10］.

匪浅[①]。以中国汨罗江国际龙舟节举办地汨罗市为例，在“十一五”期间，组委会先后筹措资金5000万元，完成了汨罗江沿江风光带、龙舟路、龙舟竞渡中心、友谊河西侧（罗城路—人民路）的风光带建设，以及燎家山广场、政府广场、西湖公园一区的绿化，城区新增绿化面积近20万平方米；人民医院、自来水公司等单位企业加快院落的绿化改造，整个城区绿化形成了“点、线、面”相结合，为汨罗进入省级园林绿化城市奠定了坚实的基础[②]。

（3）环境污染的治理。主要是指城市污染物的治理，包括污水、大气污染、城市垃圾、赛场垃圾的处理等。以汨罗市为例，在“十一五”期间，新建城市污水处理厂1座，日处理规模2.5吨，建设完成污水收集管网35千米，改变城市污水未经处理直排外河、污染环境的状况；城区环卫基础设施进一步配套完善，城区共新建了5处风格独特、导向性较强的公厕及垃圾收集站，改造翻新了原有28处公厕、高台垃圾站，新增环卫车辆5台，特别是多功能垃圾压缩车的投入使用，改变以往垃圾清运途中存在抛散的现象，城区垃圾做到日产日清；投资近800万元完成垃圾无害化处理场一期工程建设并投入使用，垃圾处理由卫生填埋向无害化处理转变[③]。中国是世界上垃圾处理包袱最沉重的国家之一，城市垃圾问题是急需解决的发展性问题。在大型赛事举办过程中赛事垃圾的产生给城市环保部门带来极大的负担，在体育赛事期间产生的固体废弃物主要来源包括观众席、运动员及裁判员、服务员等产生的生活垃圾，主要成分是废纸、塑料袋、清扫垃圾、废包装物等和场馆内的各餐厅产生的餐饮垃圾。据法国环境及能源管理署统计，2007年世界杯橄榄球赛举办过程中，250万观众留在赛场的垃圾将达780吨[④]。

（4）当地居民城市环境保护意识。历届奥运会、全运会等大型体育赛事举办国都有效地利用赛事展开了环保宣传活动，成功地激发了公众对环境治理的热情，并鼓励居民积极参与到环保工作中来，公众参与环境保护的程度直接体现着一个

---

① 安俊英，黄海燕，陶倩．体育赛事对举办城市环境影响评估研究［J］．成都体育学院学报，2013，39（2）：31－35.

② 汨罗市城市建设及基础设施发展（2011—2015）［EB/OL］．http：//www.miluo.gov.cn/zongheguihua/5540.htm［2014－05－05］．

③ 汨罗市城市建设及基础设施发展（2011—2015）［EB/OL］．http：//www.miluo.gov.cn/zongheguihua/5540.htm［2014－05－05］．

④ 张林，黄海燕．体育赛事事前评估［M］．北京：人民体育出版社，2011：191.

城市人们的环境意识、社会文明程度。如悉尼将奥运会的环境保护教育写进了小学读本，加强对青少年的环境教育，向人们广泛传播“环保人人有责”和“回收利用是第二资源”两个观念①。北京奥运会申办成功后，奥组委通过各种教育及宣传渠道向市民普及生态学知识和奥运会可能会给城市带来的生态环境问题，及其解决方法和措施，激发公众的支持和参与，并在全社会倡导有利于环境的“绿色”消费习惯，推广健康的生活方式，这对促进城市生态环境的可持续发展产生了深远的影响②。2005 年北京奥组委成立了由社会各界专家组成的“绿色奥运，绿色行动”宣讲团，开展 180 多场宣讲，直接受众 7 万多人；同时，举办了其他形式多样的环境保护宣传教育活动，如“珍惜爱护水资源”系列比赛活动及“小手拉大手，实行垃圾分类，捡回一个绿色希望”环保系列宣讲等③。

**2. 我国民族民间体育赛事对旅游目的地生态环境的作用**

我国民族民间体育赛事对生态环境的依赖性比较高，其对旅游目的地生态环境的作用大都具有“负效应”，主要包括以下几个方面。

（1）水资源。水是自然资源的重要组成部分，是所有生物的结构组成和生命活动的主要物质基础。我国目前面临的问题是资源性缺水及水污染严重。体育赛事期间用水主要包括运动员、教练员、本地观众、外地观众、服务员及餐厅等的一般生活用水需求。水资源消耗量 = 运动员每人每天用水量 × 运动员人数 + 本地观众每人每天用水量 × 本地观众人数 + 外地观众每人每天用水量 × 外地观众人数 + 场馆服务人员每人每天用水量 × 比赛天数 + 就餐时每人每次用水量 × 每天每人餐饮数 × 餐厅座位数④。我国民族民间体育赛事好多还要涉及畜牧业中牲畜的用水，如赛马、斗牛、赛牦牛、赛骆驼、斗羊等。我国各地区、各民族开展的龙舟竞渡都与水息息相关，因此对水资源的保护极为重要。抚今追昔，古今中外，历朝历代，人与水结下了不解之缘。我们不仅要崇敬水、赞美水、理解水，还应珍惜水、呵护水、公平配水。2012 年端午节笔者亲临汨罗江畔观摩中国汨罗江国际

---

① 任海．奥运会对举办城市和国家的形响［J］．体育与科学，2006（158）：5 –7.

② 联合国与北京奥组委环境教育计划正式在京启动［N］．新京报，2007 –01 –28.

③ 孟纹波．2008 年奥运会对北京城市环境的影响［D］．北京：北京体育大学，2007：7.

④ 安俊英，黄海燕，陶倩．体育赛事对举办城市环境影响评估研究［J］．成都体育学院学报，2013，39（2）：31 –35.

龙舟节，开幕式人声鼎沸，但龙舟竞渡两岸观众寥寥数人，原因何在？汨罗江水资源环境恶化，有一股浓浓的恶臭味。在对水资源的重视程度上我比较认同藏族同胞的行为，如青海湖被藏族同胞称之为圣湖，湖水称之为圣水，周边藏民对水极度尊重。

（2）土地资源。土地资源是在目前的社会经济技术条件下可以被人类利用的土地，是一个由地形、气候、土壤、植被、岩石和水文等因素组成的自然综合体，也是人类过去和现在生产劳动的产物。为配合体育赛事的举办而进行大面积的城市重新规划、体育场馆修建及基础设施的建设，或多或少会对城市生态环境系统造成一定影响，如绿化面积的减少、地质地貌污染与破坏、生物多样性的减少等。如悉尼奥运会在红宝树湾奥林匹克场馆建筑过程中也侵占了部分农田和林地。我国民族民间体育赛事的举办，同样需要一定的比赛场地，需要占用一定的土地资源。如潍坊国际风筝会万人风筝放飞场、格萨尔赛马大会的玛曲赛马中心、青海玉树赛马节赛马场等。

（3）生物资源。指在生物圈中，对人类具有一定价值的动物、植物、微生物及它们所组成的生物群落。如内蒙古锡林郭勒盟那达慕大会，一般于每年7—8月举行，因为这段时间草绿花红、羊肥马壮，环境优美。我国西北地区的赛马会、叼羊、那达慕大会等活动选择在这段时间举办也是如此，该段时间又是旅游旺季，可吸引大量的游客到此驻足观赛、休闲、观光旅游及体验民族风情、品尝美食等。当然大量人群的涌入，会破坏生物资源，如草场、动物栖息地等。如2010年温哥华冬奥会计划修建的北欧滑雪赛场就对当地灰熊的生存环境产生了较大影响；修建滑雪场地会破坏当地的原生植被，施工不当还会破坏该地区传统文化人文景观 。

（4）空气资源。在体育赛事举办期间，大量人群的涌入会影响空气质量；大量人群形成的噪声，会干扰和影响旅游目的地居民的生活环境。随着我国居民生活水平的提升，自驾游成为一种时尚的旅游活动，大量汽车尾气的排放，也在很大程度上影响空气质量。里卡德（Rickard）认为，对于在城市中举办的体育赛事而言，二氧化碳的排放是对主办城市自然环境影响较大的一个因素，比赛期间聚集的大量观众及他们的交通工具等都会给主办城市带来大量二氧化碳的排放[①]。

此外，我国民族民间体育赛事的举办，会造成旅游目的地（赛事举办地）大量能源的消耗。当前能源消耗已经成为经济社会可持续发展的主要瓶颈，长时间照明用电是主要的能源消耗方式之一。据法国环境及能源管理署统计，2007 年世界杯橄榄球赛，12 个赛场的照明用电超过了 470 万千瓦时；澳大利亚能源机构估计有将近 3850 万千瓦时能量在悉尼奥运会的举办过程中被消耗掉[②]。为此，赛事的举办地政府都在采取积极措施，减少或抑制能源的消耗。如 2008 年北京“绿色奥运”采用太阳能、地热能等可再生能源或清洁能源供应采暖及洗浴，各场馆及附属设施的制冷均采用水源热泵系统，该系统比普通电制冷系统节电一倍以上，奥运村全部采用风力发电系统的清洁电能，减少天然气用量，同时也减少大气污染物二氧化硫（$SO_2$）、氮氧化物（$NO_X$）、一氧化碳（CO）的排放量[③]。

## （三）旅游目的地环境对我国民族民间体育赛事的影响

我国民族民间体育赛事与旅游目的地环境之间是相互影响、相互促进的。

### 1. 旅游目的地良好的基础环境

旅游目的地良好的绿化、人文景观，可以吸引更多的人到此驻足参赛、观赛、旅游等，可以提升民众对赛事的参与度和关注度。相关环保法律法规、政策制定及落实，以及环保知识的教育普及，可以塑造良好的城市环境和赛场环境。

### 2. 良好的生态环境

旅游目的地良好的生态环境，是赛事顺利进行的基础，也是吸引大量消费群体的重要因素。远离城市，走进原生态。自驾游、生态游、低碳旅游等，这些旅游形式有利于赛事的可持续发展，更有利于人类社会的可持续发展。如玛曲县制定了《关于开展草场承包、草场建设的决定》，于 1990 年全面建设实施，“十一

---

① RICKARD A. Furthering the application of the ecological foot - print: assessing the environmental flows of professional events [M]. Melbourne: University of Melbourne, 2004.

② 张林，黄海燕．体育赛事事前评估［M］．北京：人民体育出版社，2011：191.

③ 北京奥组委．北京奥运行动规划：生态环境保护专项规划（要点）［J］．领导决策信息，2002(8)：15 - 16.

五”期间玛曲县累计投资1.18亿元，实施完成了2003—2006年退耕还草项目，总规模755万亩（约为50.33万公顷），总投资1.79亿元，完成草场围栏建设面积175万亩（约为11.67万公顷），修建标准化暖棚1225座，人工种草面积达15万亩（约为1万公顷），发展种草示范户100户①。旅游目的地较差的生态环境会导致赛事的萎缩，甚至消失。此外，我国旅游目的地的气候条件会对赛事造成影响，如潍坊国际风筝会举办期间的风力条件等。

综上所述，我国民族民间体育赛事与旅游目的地环境有着密切的关系，旅游目的地环境制约、影响着体育运动的良性运行和协调发展；我国民族民间体育赛事又在不断地改变着旅游目的地环境，二者相辅相成，互为作用。我们既要充分利用各种环境发展体育运动，又要自觉保护环境以实现环境与体育的“双赢”；既要强调环境对体育的规定性，又要强化体育对环境的能动性；既要保持体育的本质属性和社会功能，又要保持体育与人居环境的一致性②。因此，环境保护是全人类的事情。在旅游目的地环境保护方面，我们要转变观念，构建起人与自然和谐共生的理念。在赛事选择上要量力而行，切忌盲目跟从。民族民间体育赛事所具有的地域优势、文化特色、民族特色，需要积极引导、传承、挖掘和发展。

## 第三节　旅游目的地（赛事举办地）对民族民间体育赛事的影响研究

任何事物之间的相互影响都具有两面性，前文我们深刻剖析了我国民族民间体育赛事对旅游目的地的影响机理，反之，旅游目的地（赛事举办地）也会对民族民间体育赛事的发展产生一定的影响（本部分研究是笔者后续研究的重点内容，在此不作大篇幅的阐述，仅阐述部分观点）。

---

① 宁文芳．玛曲史话［M］．兰州：甘肃文化出版社，2009：135－136.

② 张琴英，卫海燕．体育与环境的关系［J］．四川体育科学，2006（3）：12－18.

## 一、赛事基本概况

赛事基本概况包括：①赛事的定位。能否举办区域赛事、省级赛事、国家级赛事和国际级赛事，是旅游目的地综合实力的一种体现及对未来的一种预期，赛事的发展也有其生命周期和自身的发展规律，都要经历从小到大的过程。②赛事举办的目的意义。这与旅游目的地社会经济文化等领域的发展息息相关，反映了旅游目的地政府、当地民众的诉求，也与国家的特定或部分政策、法规、举措和文件高度一致。③赛事举办时间、举办地点。这些因素与旅游目的地的自然地理环境和社会文化领域有密切的关系，如赛事的性质、赛事举办周期等。④赛事的主办方、承办方、协办方。这一点是旅游目的地政治的重要体现，也是市场经济发展的体现。

## 二、赛事的组织管理

赛事的组织与管理是赛事举办和发展的核心部分，它包括赛事的前期、中期和后期。①组委会的设立（临时、永久）。组委会是赛事组织与管理的职能部门，是由赛事的影响力及旅游目的地政府的重视和关注程度决定的。②赛事的组织运作形式（政府办、民间自发组织、市场化运作）。这是综合因素的一种体现，反映了项目的规模、社会关注度、民众参与度、区域及国内外影响力，以及当地市场的活跃程度、政府的执行力等。③赛事项目设置（单一项目—综合项目）。这是由赛事的定位和目的意义决定的。④赛事规模（区域—全国—国际）。在正常情况下这由赛事的定位决定，但受特殊事件及环境的制约。⑤赛事相关活动策划（经贸洽谈活动、文化研讨会、展览会、展销会等）。这与旅游目的地政府及相关职能部门密切相关，如旅游局、文体局、经贸委等。⑥赛事包装（开幕式、闭幕式、晚会等）。这是赛事与文化等高度融合的一种体现，也是旅游目的地影响力及形象的一种彰显。⑦赛事筹资方式（政府、企业赞助、民间自筹）。它反映了赛事的规模、赛事的影响力、旅游目的地经济社会的发展概况、民众的关注度和参与度、旅游目的地体育市场的活跃度等。⑧赛事风险管理、财务控制及人力资源管理。这体现了赛事的规模、影响力及赛事举办的内外环境等。此外，还要涉及媒体、赛事综合效益、参赛团队、赞助商及供应商等的选择、场馆的建设及后续利用等。

# 第十章 我国民族民间体育赛事对旅游目的地影响指标体系的构建

民族民间体育赛事作为我国一些重要旅游目的地发展中最具活力和影响力的事件，逐渐受到国家和地方政府的关注和重视，近些年发展空间不断扩大。然而机遇与风险并存，由于缺乏民族民间体育赛事与旅游目的地之间发展关系的深层次认识，地方政府及相关组织机构对举办民族民间体育赛事活动的理解仍停留在“体育搭台，经贸唱戏”的误区，举办民族民间体育赛事更像是旅游目的地的一种投机行为，在很大程度上抑制了民族民间体育赛事及旅游目的地的可持续发展。因此，如何正确评价我国民族民间体育赛事对旅游目的地的影响，利用民族民间体育赛事实现旅游目的地可持续发展的目标就成为亟待解决的现实问题。为此，笔者在全面剖析我国民族民间体育赛事与旅游目的地互动影响机理的基础上，从理论上构建我国民族民间体育赛事对旅游目的地影响的指标体系，为后续的实证研究奠定基础，同时也为各级政府及相关部门的决策提供依据。为保证指标选取的有效性、科学性、实用性和针对性，在指标体系的构建过程中，笔者严格遵循相关指导思想、基本原则、程序及研究方法等。

# 第一节 指导思想与基本原则

## 一、构建我国民族民间体育赛事对旅游目的地影响指标体系的指导思想

以《中华人民共和国统计法》《中华人民共和国体育法》和体育改革实践为依据，结合新时期我国民族民间体育赛事的可持续发展理念，对民族民间体育赛事与旅游目的地之间的影响信息进行有机整合，力求建立精简高效、运转协调、动态开放的民族民间体育赛事对旅游目的地影响的指标体系，较为全面、真实地反映民族民间体育赛事在旅游目的地可持续发展中的作用和价值，为各级政府及相关部门的决策提供适时、准确的服务信息。

除此之外，笔者还充分考虑到在当前我国文化大发展大繁荣的时代背景下，国家的相关政策、法规制度及相关会议精神。如2010年3月24日，国务院办公厅发布《关于加快发展体育产业的指导意见》（国办发〔2010〕22号）[①]：加强对民族民间传统体育项目的市场开发、推广，努力打造有影响、有特色的赛事品牌。2012年3月5日，十一届全国人大五次会议温家宝总理政府工作报告[②]：要促进文化大发展大繁荣，推动文化产业成为国民经济支柱性产业；加强文化遗产保护，繁荣发展少数民族文化事业；广泛开展全民健身活动，增强人民体质，促进体育事业和体育产业协调发展。2013年11月9—12日，中共十八届三中全会会议[③]：

---

① 国务院办公厅关于加快发展体育产业的指导意见［EB/OL］. http：//www. gov. cn/zwgk/2010 - 03/24/content_ 1563447. htm［2010 - 03 - 24］.

② 政府工作报告［EB/OL］. http：//opinion. people. com. cn/GB/155936/155938/240138/240178/［2012 - 03 - 05］.

③ 中共十八届三中全会［EB/OL］. http：//baike. haosou. com/doc/6957231. html［2013 - 11 - 09］.

全面贯彻党的十八大和党的十八届一中、二中全会精神，提出全面推进社会主义经济建设、政治建设、文化建设、社会建设、生态文明建设。2014 年 10 月 20 日，国务院发布《关于加快发展体育产业促进体育消费的若干意见》（国发〔2014〕46 号）①：鼓励地方根据当地自然、人文资源发展特色体育产业，大力推广武术、龙舟、舞龙舞狮等传统体育项目，扶持少数民族传统体育项目发展，打造一批有吸引力的国际性、区域性品牌赛事，促进产业融合发展。2015 年 11 月 22 日，国务院办公厅发布《关于加快发展生活性服务业促进消费结构升级的指导意见》（国办发〔2015〕85 号）②：大力推动体育服务发展，推动体育旅游、体育传媒、体育会展等相关业态融合发展。最终形成较为合理的、全面的、科学的、系统的指标体系，从而使民族民间体育赛事在区域经济社会发展中发挥其独特的作用和功能。

## 二、构建我国民族民间体育赛事对旅游目的地影响指标体系的基本原则

我国民族民间体育赛事对旅游目的地影响指标体系的建立是一项复杂的系统工程，也是一个动态变化的过程，随着实践研究的进一步深入，需要不断完善，但不可能经常重复性地进行。因此，它所收录的指标必须适用于当前和未来一段时间，立足于现在、着眼于未来，具有相对稳定的适用期。科学的统计指标体系能较为全面、准确地衡量民族民间体育赛事对旅游目的地的影响。建立科学的统计指标体系应遵循以下原则。

### （一）科学性原则

相关概念、原理、定义和论证等内容叙述清楚、确切；相关指标的设计符合客观实际，能反映出事物的本质和内在规律。测算方式标准，统计计算方法规范，保证统计结果的真实性和准确性。

---

① 国务院关于加快发展体育产业促进体育消费的若干意见［EB/OL］. http：//www. gov. cn/zhengce/content/2014 – 10/20/content_ 9152. htm［2014 – 10 – 20］.

② 国务院办公厅关于加快发展生活性服务业促进消费结构升级的指导意见［EB/OL］. http：//www. mof. gov. cn/zhengwuxinxi/zhengcefabu/201511/t20151123_ 1576938. htm［2015 – 11 – 23］.

## （二）全面性原则

设计的指标体系能较为全面、准确地反映我国民族民间体育赛事对旅游目的地的政治、经济、文化、社会、环境等方面影响的实际情况，为后续全面分析和综合评价奠定基础。

## （三）系统性原则

指标体系作为一个有机整体，应该从不同角度反映被评价系统的主要特征和状况，建立一个完备的指标群。在确定每一个指标时，不能孤立地就指标本身来考虑问题，而要把这个指标放在研究对象的总体中去考量，从整体的角度考虑这个指标与其他指标的关系，既要各有侧重、相互分工，又要相互配合、相互补充，且具有较强的代表性和系统性。

## （四）可行性原则

我国民族民间体育赛事对旅游目的地影响指标体系的构建要讲求可行性原则。在设计指标时要考虑到指标数据的取得与处理的难易程度和可靠性。设计的指标既要能满足赛事对旅游目的地的影响，又要易于获取，便于进行定性和定量分析。应该厘清指标的主次关系，选取具有代表性的综合指标和主要指标，切实反映现实问题。

## （五）集团决策原则

我国民族民间体育赛事对旅游目的地影响指标体系的构建，不能仅凭主观臆造，它需要建立在对大量文献资料进行收集整理的基础上，结合实地考察和专家访谈获得大量信息资料，最后通过专家、学者团队进行集体决策。为此本研究中采用特尔菲法，前后三轮专家对指标进行打分评价，最终将采用层次分析法对这些指标进行系统分析和优化。

## 第二节　我国民族民间体育赛事对旅游目的地影响指标体系的初步构建

为保证指标选取的有效性、科学性、实用性和针对性，笔者及课题组成员在指标体系的初步构建过程中，严格按照相关程序确定、选取相关指标。①收集、整理国内外有关事件、赛事、节事、大型活动等对城市或举办地影响的相关文献资料，总结和归纳相关影响指标。②2012 年 5 月，自国家社科基金项目“我国民族民间体育赛事对旅游目的地的影响研究”立项至 2015 年 11 月期间，笔者先后多次实地调研，通过观察、深入访谈等形式，获取相关信息资料，修订、完善相关指标体系。③通过实地走访、参加学术会议（体育产业年会、民族民间体育赛事研讨会、体育社会学年会、体育管理学年会、体育史学年会等）、电话、邮件等形式，与管理学、社会学、史学、经济学、民俗学等领域专家和学者座谈与交流，听取相关意见和建议，对指标体系进行进一步的修订与完善。④第九章我国民族民间体育赛事对旅游目的地的影响机理研究，为我国民族民间体育赛事对旅游目的地影响指标体系的构建提供了重要的理论支撑，其中包括对党的十八大报告和党的十八届三中全会会议精神的解读。⑤初步构建的我国民族民间体育赛事对旅游目的地影响指标体系共包括 5 个一级指标、17 个二级指标、65 个三级指标，详见表 10－1。

**表 10－1 我国民族民间体育赛事对旅游目的地影响指标体系的构建一览表（第一轮）**

| 一级指标 | 二级指标 | 三级指标 | 打分标准（重要程度） | | | | |
|---|---|---|---|---|---|---|---|
| | | | 非常重要 | 比较重要 | 一般 | 比较不重要 | 非常不重要 |
| 政治指标（A1） | 国家及地方相关政策、法规、制度等（B1） | 国家宏观政策、法规、制度等（C1） | | | | | |
| | | 地方政府政策、法规、制度等（C2） | | | | | |
| | 重大事件（民族民间体育赛事）组织与管理（B2） | 地方政府组织机构设置（C3） | | | | | |
| | | 地方政府部门分工及职能划分（C4） | | | | | |
| | | 地方政府赛事管理制度（C5） | | | | | |
| | 重大事件（民族民间体育赛事）风险规避与应变（B3） | 风险预测（C6） | | | | | |
| | | 安保设置（C7） | | | | | |
| | | 部门协调（C8） | | | | | |
| 经济指标（A2） | 民族民间体育赛事主体产业（B4） | 民族民间体育赛事产品的生产（C9） | | | | | |
| | | 民族民间体育赛事产品的销售（C10） | | | | | |
| | | 民族民间体育赛事培训业（C11） | | | | | |
| | | 其他（如畜牧业）（C12） | | | | | |
| | 民族民间体育赛事相关产业（B5） | 餐饮业（C13） | | | | | |
| | | 住宿业（C14） | | | | | |
| | | 旅游业（C15） | | | | | |
| | | 经贸洽谈活动（C16） | | | | | |
| | | 会展业务（C17） | | | | | |
| | | 特色产品零售业（C18） | | | | | |
| | 旅游目的地体育产业（民族民间体育赛事产业除外）（B6） | 体育用品业（C19） | | | | | |
| | | 体育健身娱乐业（C20） | | | | | |
| | | 体育竞赛表演业（C21） | | | | | |
| | | 体育教育培训业（C22） | | | | | |

续表

| 一级指标 | 二级指标 | 三级指标 | 打分标准（重要程度） | | | | |
|---|---|---|---|---|---|---|---|
| | | | 非常重要 | 比较重要 | 一般 | 比较不重要 | 非常不重要 |
| 经济指标（A2） | 旅游目的地体育产业（民族民间体育赛事产业除外）（B6） | 体育传媒业（C23） | | | | | |
| | | 体育旅游业（C24） | | | | | |
| | | 体育场馆服务业（C25） | | | | | |
| | | 体育广告业（C26） | | | | | |
| 社会指标（A3） | 基础设施建设（B7） | 交通运输（市内交通和区域交通）（C27） | | | | | |
| | | 通信设施（C28） | | | | | |
| | | 供水、供气、供电设施（C29） | | | | | |
| | | 科教文卫等部门（C30） | | | | | |
| | 旅游目的地形象（B8） | 服务形象（服务水平、人员形象、管理水平、精神形象等）（C31） | | | | | |
| | | 实力形象（资源条件、社区环境、客源条件、旅游设施等）（C32） | | | | | |
| | | 外观形象（知名度和美誉度）（C33） | | | | | |
| | 当地居民综合素质（B9） | 文化素质（C34） | | | | | |
| | | 道德素质（C35） | | | | | |
| | | 民族认同、赛事认同等（C36） | | | | | |
| | | 赛事的关注度和参与度（C37） | | | | | |
| | | 体育健身认知（C38） | | | | | |
| | | 区域和谐、稳定（C39） | | | | | |
| | 媒体的关注度（B10） | 媒体的种类及数量（C40） | | | | | |

续表

| 一级指标 | 二级指标 | 三级指标 | 打分标准（重要程度） | | | | |
|---|---|---|---|---|---|---|---|
| | | | 非常重要 | 比较重要 | 一般 | 比较不重要 | 非常不重要 |
| 文化指标（A4） | 文化设施（B11） | 文化广场（C41） | | | | | |
| | | 文化活动中心（C42） | | | | | |
| | | 文化产业园（C43） | | | | | |
| | | 博物馆（C44） | | | | | |
| | 文化遗产（B12） | 古迹（C45） | | | | | |
| | | 历史街区（C46） | | | | | |
| | | 纪念性建筑物（C47） | | | | | |
| | | 寺庙、教堂等（C48） | | | | | |
| | 文化产品（B13） | 图书资料（C49） | | | | | |
| | | 旅游目的地宣传片（C50） | | | | | |
| | | 民俗艺术品（C51） | | | | | |
| | | 邮票、纪念章等（C52） | | | | | |
| | 文化服务（B14） | 民俗表演（C53） | | | | | |
| | | 宗教、祭祀活动（C54） | | | | | |
| | | 庆典活动（C55） | | | | | |
| | | 文化研讨会等（C56） | | | | | |
| | 文化团体（B15） | 各类社会、民间、群众文化社团等（C57） | | | | | |
| 环境指标（A5） | 基础环境（B16） | 基础环境管理（环保部门及设施等）（C58） | | | | | |
| | | 基础环境建设（人文景观、城市绿化等）（C59） | | | | | |
| | | 环境污染治理（城市垃圾等）（C60） | | | | | |

续表

| 一级指标 | 二级指标 | 三级指标 | 打分标准（重要程度） | | | | |
|---|---|---|---|---|---|---|---|
| | | | 非常重要 | 比较重要 | 一般 | 比较不重要 | 非常不重要 |
| 环境指标（A5） | 生态环境（B17） | 水资源（C61） | | | | | |
| | | 土地资源（C62） | | | | | |
| | | 气候资源（C63） | | | | | |
| | | 生物资源（C64） | | | | | |
| | | 空气资源（C65） | | | | | |

# 第三节　我国民族民间体育赛事对旅游目的地影响指标体系的修订

科学的指标体系是获得正确的统计分析结论的前提条件。因此，对初定的指标体系必须进行科学性测验，本文对初选指标的修订首先采用特尔菲法，先后进行了三轮专家打分。各指标按照“非常重要”“比较重要”“一般”“比较不重要”“非常不重要”分别给予9、7、5、3、1分的分值，请专家按重要程度对各指标打分。初步设计的我国民族民间体育赛事对旅游目的地影响指标体系，建立在文献资料收集、整理、分析与实地考察和专家访谈的基础上，与党的十八大报告提出的“五位一体”相一致，与我国民族民间体育赛事的特点及功能相契合。

## 一、我国民族民间体育赛事对旅游目的地影响指标体系第一轮修订

笔者及课题组通过电话、邮件等形式，本着尽可能多听取专家的意见和建议，有利于指标修订和完善的原则，联系相关专家50位，问卷返回32份。研究领域涉及体育经济学、体育社会学、体育管理学、体育哲学、文化学、历史学、体育教育训练学等领域，笔者对返回问卷中的专家意见进行了归纳和总结。主要观点有：①民族民间体育赛事及旅游目的地的界定需要进一步修改与完善；②一级指标里的政治指标，有专家建议修改为组织指标，有专家建议删除该项指标，笔者认为该指标是有必要的，由于民族民间体育赛事本身具有特殊性，因此其活动的开展更能突显政治问题；③二级指标中的重大事件（民族民间体育赛事）风险规避与应变（B3）应修改为突发事件（民族民间体育赛事）风险规避与应急预案及启动，同时在三级指标中添加突发事件的处置指标；④其他（如畜牧业）（C12）建议民族民间体育赛事主体产业（B4）调整到民族民间体育赛事相关产业（B5）；⑤基础设施建设（B7）中的科教文卫体等部门（C30）与C27～C29不在一个层级；⑥媒体的种类及数量（C40）建议调整为媒体的数量、媒体的种类、媒体的知名度和影响力3个三级指标；⑦各类社会、民间、群众文化社团等（C57）建议修改为数量、类别和影响力3个指标；⑧外观形象（知名度和美誉度）（C33），建议修改为品牌形象；⑨旅游目的地体育产业的三级指标建议参考国家体育总局目前使用的体育产业的划分标准来设置；⑩气候资源指标建议删除，在赛事与旅游目的地的正向影响方面气候资源的影响并不大，但是反向影响很大，如潍坊国际风筝会期间的气候资源就是一个需要考虑的重要指标，风力大小对风筝的影响是比较大的，尤其是对于传统风筝的影响。

## 二、我国民族民间体育赛事对旅游目的地影响指标体系第二轮修订

笔者及课题组按照专家、学者的意见及建议，将我国民族民间体育赛事对旅

游目的地影响指标体系进行了修改和完善，共包括 5 个一级指标、17 个二级指标、72 个三级指标（表 10 - 2）。同时将修改后的文件通过邮件再统一发给第一轮返回问卷的 32 位专家，回收问卷 30 份。笔者对返回问卷中的专家意见进行了归纳和总结，主要观点有：①解释文化设施与基础设施的区别与联系；②建议参考国家民政部的相关条文及政策法规，对“社会、民间、群众文化社团”的提法进一步规范；③基础设施建设（B7）中的科教文卫体等部门不属于基础设施建设的范畴；④处理好“相关影像作品”与“旅游目的地宣传片”的关系，“相关影像作品”是否可以更具体一点，而不用“相关”；⑤旅游目的地体育产业中体育保险业、体育彩票业、体育中介业指标专家问卷反馈打分较低，为了保证后续利用层次分析法对指标体系的分析优化，建议删除这几项指标。

**表 10 - 2　我国民族民间体育赛事对旅游目的地影响指标体系的构建一览表（第二轮）**

| 一级指标 | 二级指标 | 三级指标 | 打分标准（重要程度） | | | | |
|---|---|---|---|---|---|---|---|
| | | | 非常重要 | 比较重要 | 一般 | 比较不重要 | 非常不重要 |
| 政治指标（A1） | 国家及地方相关政策、法规、制度等（B1） | 国家宏观政策、法规、制度等（C1） | | | | | |
| | | 地方政府政策、法规、制度等（C2） | | | | | |
| | 重大事件（民族民间体育赛事）组织与管理（B2） | 地方政府组织机构设置（C3） | | | | | |
| | | 地方政府部门分工及职能划分（C4） | | | | | |
| | | 地方政府赛事管理制度（C5） | | | | | |
| | 突发事件（民族民间体育赛事）风险规避与应急预案及启动（B3） | 风险预测（C6） | | | | | |
| | | 安保设置（C7） | | | | | |
| | | 部门协调（C8） | | | | | |
| | | 突发事件的处置（C9） | | | | | |

续表

| 一级指标 | 二级指标 | 三级指标 | 打分标准（重要程度） | | | | |
|---|---|---|---|---|---|---|---|
| | | | 非常重要 | 比较重要 | 一般 | 比较不重要 | 非常不重要 |
| 经济指标（A2） | 民族民间体育赛事主体产业（B4） | 民族民间体育赛事产品的生产（C10） | | | | | |
| | | 民族民间体育赛事产品的销售（C11） | | | | | |
| | | 民族民间体育赛事培训业（C12） | | | | | |
| | 民族民间体育赛事相关产业（B5） | 餐饮业（C13） | | | | | |
| | | 住宿业（C14） | | | | | |
| | | 旅游业（C15） | | | | | |
| | | 经贸洽谈活动（C16） | | | | | |
| | | 会展业务（包括博览会等）（C17） | | | | | |
| | | 特色产品零售业（C18） | | | | | |
| | | 其他（如畜牧业）（C19） | | | | | |
| | 旅游目的地体育产业（民族民间体育赛事产业除外）（B6） | 体育用品业（C20） | | | | | |
| | | 体育健身娱乐业（C21） | | | | | |
| | | 体育竞赛表演业（C22） | | | | | |
| | | 体育教育培训业（C23） | | | | | |
| | | 体育广告业（C24） | | | | | |
| | | 体育旅游业（C25） | | | | | |
| | | 体育场馆服务业（C26） | | | | | |
| | | 体育保险业（C27） | | | | | |
| | | 体育彩票业（C28） | | | | | |
| | | 体育中介业（C29） | | | | | |

续表

| 一级指标 | 二级指标 | 三级指标 | 打分标准（重要程度） | | | | |
|---|---|---|---|---|---|---|---|
| | | | 非常重要 | 比较重要 | 一般 | 比较不重要 | 非常不重要 |
| 社会指标（A3） | 基础设施建设（B7） | 交通运输（市内交通和区域交通）（C30） | | | | | |
| | | 通信设施（C31） | | | | | |
| | | 供水、供气、供电设施（C32） | | | | | |
| | | 科教文卫体等部门（C33） | | | | | |
| | 旅游目的地形象（B8） | 服务形象（服务水平、人员形象、管理水平、精神形象等）（C34） | | | | | |
| | | 实力形象（资源条件、社区环境、客源条件、旅游设施等）（C35） | | | | | |
| | | 品牌形象（知名度和美誉度）（C36） | | | | | |
| | 当地居民综合素质（B9） | 文化素质（C37） | | | | | |
| | | 道德素质（C38） | | | | | |
| | | 民族认同、赛事认同等（C39） | | | | | |
| | | 赛事的关注度和参与度（C40） | | | | | |
| | | 体育健身认知（C41） | | | | | |
| | | 区域和谐、稳定（C42） | | | | | |
| | 媒体的关注度（B10） | 媒体的种类（C43） | | | | | |
| | | 媒体的数量（C44） | | | | | |
| | | 媒体的知名度、影响力（C45） | | | | | |
| 文化指标（A4） | 文化设施（B11） | 文化广场（C46） | | | | | |
| | | 文化活动中心（C47） | | | | | |
| | | 文化产业园（C48） | | | | | |
| | | 博物馆（C49） | | | | | |

续表

| 一级指标 | 二级指标 | 三级指标 | 打分标准（重要程度） | | | | |
|---|---|---|---|---|---|---|---|
| | | | 非常重要 | 比较重要 | 一般 | 比较不重要 | 非常不重要 |
| 文化指标（A4） | 文化遗产（B12） | 古迹（C50） | | | | | |
| | | 历史街区（C51） | | | | | |
| | | 纪念性建筑物（C52） | | | | | |
| | | 寺庙、教堂等（C53） | | | | | |
| | 文化产品（B13） | 图书资料（C54） | | | | | |
| | | 旅游目的地宣传片（C55） | | | | | |
| | | 民俗艺术品（C56） | | | | | |
| | | 邮票、纪念章等（C57） | | | | | |
| | | 相关影像作品（C58） | | | | | |
| | 文化服务（B14） | 民俗表演（C59） | | | | | |
| | | 宗教、祭祀活动（C60） | | | | | |
| | | 庆典活动（C61） | | | | | |
| | | 文化研讨会等（C62） | | | | | |
| | 文化团体（B15） | 社会、民间、群众文化社团的种类（C63） | | | | | |
| | | 社会、民间、群众文化社团的数量（C64） | | | | | |
| | | 社会、民间、群众文化社团的影响力（C65） | | | | | |
| 环境指标（A5） | 基础环境（B16） | 基础环境管理（环保部门等）（C66） | | | | | |
| | | 基础环境建设（人文景观、城市绿化等）（C67） | | | | | |
| | | 环境污染治理（城市垃圾等）（C68） | | | | | |
| | 生态环境（B17） | 水资源（C69） | | | | | |
| | | 土地资源（C70） | | | | | |
| | | 生物资源（C71） | | | | | |
| | | 空气资源（C72） | | | | | |

## 三、我国民族民间体育赛事对旅游目的地影响指标体系第三轮修订

按照专家的意见及建议，笔者及课题组将我国民族民间体育赛事对旅游目的地影响指标体系进行了修改和完善，共包括5个一级指标、17个二级指标、68个三级指标，详见表10-3。同时将修改文件通过邮件发给第二轮返回问卷的30位专家，回收问卷30份。

**表10-3 我国民族民间体育赛事对旅游目的地影响指标体系的构建一览表（第三轮）**

| 一级指标 | 二级指标 | 三级指标 | 打分标准（重要程度） | | | | |
|---|---|---|---|---|---|---|---|
| | | | 非常重要 | 比较重要 | 一般 | 比较不重要 | 非常不重要 |
| 政治指标（A1） | 国家及地方相关政策、法规、制度等（B1） | 国家宏观政策、法规、制度等（C1） | | | | | |
| | | 地方政府政策、法规、制度等（C2） | | | | | |
| | 重大事件（民族民间体育赛事）组织与管理（B2） | 地方政府组织机构设置（C3） | | | | | |
| | | 地方政府部门分工及职能划分（C4） | | | | | |
| | | 地方政府赛事管理制度（C5） | | | | | |
| | 突发事件（民族民间体育赛事）风险规避与应急预案及启动（B3） | 风险预测（C6） | | | | | |
| | | 安保设置（C7） | | | | | |
| | | 部门协调（C8） | | | | | |
| | | 突发事件的处置（C9） | | | | | |
| 经济指标（A2） | 民族民间体育赛事主体产业（B4） | 民族民间体育赛事产品的生产（C10） | | | | | |
| | | 民族民间体育赛事产品的销售（C11） | | | | | |
| | | 民族民间体育赛事培训业（C12） | | | | | |
| | 民族民间体育赛事相关产业（B5） | 餐饮业（C13） | | | | | |
| | | 住宿业（C14） | | | | | |

续表

| 一级指标 | 二级指标 | 三级指标 | 打分标准（重要程度） | | | | |
|---|---|---|---|---|---|---|---|
| | | | 非常重要 | 比较重要 | 一般 | 比较不重要 | 非常不重要 |
| 经济指标（A2） | 民族民间体育赛事相关产业（B5） | 旅游业（C15） | | | | | |
| | | 经贸洽谈活动（C16） | | | | | |
| | | 会展业务（包括博览会等）（C17） | | | | | |
| | | 特色产品零售业（C18） | | | | | |
| | | 其他（如畜牧业）（C19） | | | | | |
| | 旅游目的地体育产业（民族民间体育赛事产业除外）（B6） | 体育用品业（C20） | | | | | |
| | | 体育健身娱乐业（C21） | | | | | |
| | | 体育竞赛表演业（C22） | | | | | |
| | | 体育教育培训业（C23） | | | | | |
| | | 体育广告业（C24） | | | | | |
| | | 体育旅游业（C25） | | | | | |
| | | 体育场馆服务业（C26） | | | | | |
| 社会指标（A3） | 基础设施建设（B7） | 交通运输（市内交通和区域交通）（C27） | | | | | |
| | | 通信设施（C28） | | | | | |
| | | 供水、供气、供电设施（C29） | | | | | |
| | 旅游目的地形象（B8） | 服务形象（服务水平、人员形象、管理水平、精神形象等）（C30） | | | | | |
| | | 实力形象（资源条件、社区环境、客源条件、旅游设施等）（C31） | | | | | |
| | | 品牌形象（知名度和美誉度）（C32） | | | | | |
| | 当地居民综合素质（B9） | 文化素质（C33） | | | | | |
| | | 道德素质（C34） | | | | | |
| | | 民族认同、赛事认同等（C35） | | | | | |

续表

| 一级指标 | 二级指标 | 三级指标 | 打分标准（重要程度） | | | | |
|---|---|---|---|---|---|---|---|
| | | | 非常重要 | 比较重要 | 一般 | 比较不重要 | 非常不重要 |
| 社会指标（A3） | 当地居民综合素质（B9） | 赛事的关注度和参与度（C36） | | | | | |
| | | 体育健身认知（C37） | | | | | |
| | | 区域和谐、稳定（C38） | | | | | |
| | 媒体的关注度（B10） | 媒体的种类（C39） | | | | | |
| | | 媒体的数量（C40） | | | | | |
| | | 媒体的知名度、影响力（C41） | | | | | |
| 文化指标（A4） | 文化设施（B11） | 文化广场（C42） | | | | | |
| | | 文化活动中心（C43） | | | | | |
| | | 文化产业园（C44） | | | | | |
| | | 博物馆（C45） | | | | | |
| | 文化遗产（B12） | 古迹（C46） | | | | | |
| | | 历史街区（C47） | | | | | |
| | | 纪念性建筑物（C48） | | | | | |
| | | 寺庙、教堂等（C49） | | | | | |
| | 文化产品（B13） | 图书资料（C50） | | | | | |
| | | 旅游目的地宣传片（C51） | | | | | |
| | | 民俗艺术品（C52） | | | | | |
| | | 邮票、纪念章等（C53） | | | | | |
| | | 民族民间体育及赛事相关影像作品（C54） | | | | | |
| | 文化服务（B14） | 民俗表演（C55） | | | | | |
| | | 宗教、祭祀活动（C56） | | | | | |
| | | 庆典活动（C57） | | | | | |
| | | 文化研讨会等（C58） | | | | | |

续表

| 一级指标 | 二级指标 | 三级指标 | 打分标准（重要程度） | | | | |
|---|---|---|---|---|---|---|---|
| | | | 非常重要 | 比较重要 | 一般 | 比较不重要 | 非常不重要 |
| 文化指标（A4） | 文化团体（B15） | 民间文化社团的种类（C59） | | | | | |
| | | 民间文化社团的数量（C60） | | | | | |
| | | 民间文化社团的影响力（C61） | | | | | |
| 环境指标（A5） | 基础环境（B16） | 基础环境管理（环保部门等）（C62） | | | | | |
| | | 基础环境建设（人文景观、城市绿化等）（C63） | | | | | |
| | | 环境污染治理（城市垃圾等）（C64） | | | | | |
| | 生态环境（B17） | 水资源（C65） | | | | | |
| | | 土地资源（C66） | | | | | |
| | | 生物资源（C67） | | | | | |
| | | 空气资源（C68） | | | | | |

# 第四节　基于层次分析法我国民族民间体育赛事对旅游目的地的影响研究

## 一、层次分析法理论模型概述

### （一）建立层次结构模型

将有关因素按照属性自上而下地分解成若干层次：同一层各因素从属于上一层因素，或对上层因素有影响，同时又支配下一层的因素或受到下层因素的影响。最上层为目标层（一般只有一个因素），最下层为方案层或对象层或决策层，中间可以有一个或几个层次，通常为准则层或指标层。当准则层元素过多（如多于9

个）时，应进一步分解出子准则层。[①]

### （二）构造成对比较阵

从层次结构模型的第 2 层开始，对于从属于（或影响）上一层每个因素的同一层诸因素，用成对比较法和 1 ~9 比较尺度构造成对比较阵，直到最下层。

### （三）计算权向量并做一致性检验

对于每一个成对比较阵计算最大特征根及对应特征向量，利用一致性指标、随机一致性指标和一致性比率做一致性检验。若检验通过，特征向量（归一化后）即为权向量；若不通过，需重新构造成对比较阵。

### （四）计算组合权向量并做组合一致性检验

计算最下层对目标的组合权向量，并根据公式做组合一致性检验，若检验通过，则可按照组合权向量表示的结果进行决策，否则需要重新考虑模型或重新构造那些一致性比率较大的成对比较阵。

## 二、基本步骤

本研究的基本步骤是依据我国民间传统体育赛事对旅游目的地影响评价指标体系，将其划分为政治因素、经济因素、文化因素、社会因素和环境因素 5 个子目标层，分别建立子层次模型，然后计算组合权向量并做组合一致性检验。以下我国民间传统体育赛事对旅游目的地影响层次模型的构建及分析，笔者运用一款层次分析法辅助软件（YAAHP），获取模型构造、计算和分析等方面的帮助。

### （一）我国民族民间体育赛事对旅游目的地影响总目标层层次模型构建及分析

通过图 10 -1 ~图 10 -4 和表 10 -4 综合分析，我国民族民间体育赛事对旅游

① 张炳江．层次分析法及其应用案例［M］．北京：电子工业出版社，2014.

目的地影响的 5 个一级指标一致性较高，具体影响从高到低排序为文化指标（A4）、社会指标（A3）、经济指标（A2）、环境指标（A5）和政治指标（A1）。这充分体现了文化在区域发展中的竞争力，文化是民族民间体育赛事的灵魂，也充分反映了时代发展的诉求——文化大发展大繁荣。

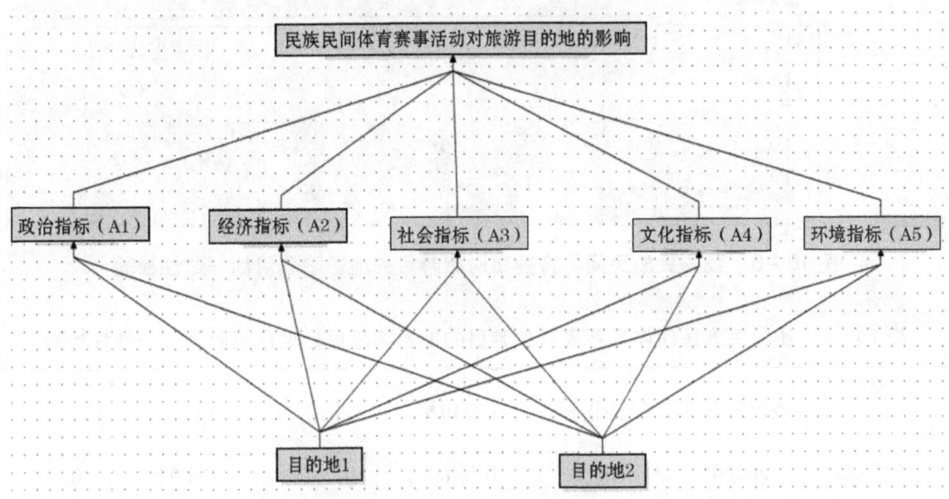


图 10－1　我国民族民间体育赛事对旅游目的地影响总目标层层次结构模型

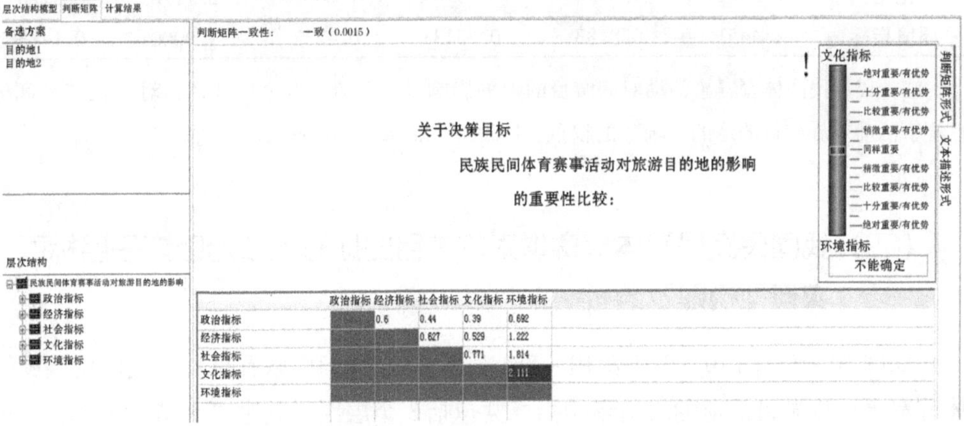


图 10－2　我国民族民间体育赛事对旅游目的地影响总目标判别矩阵

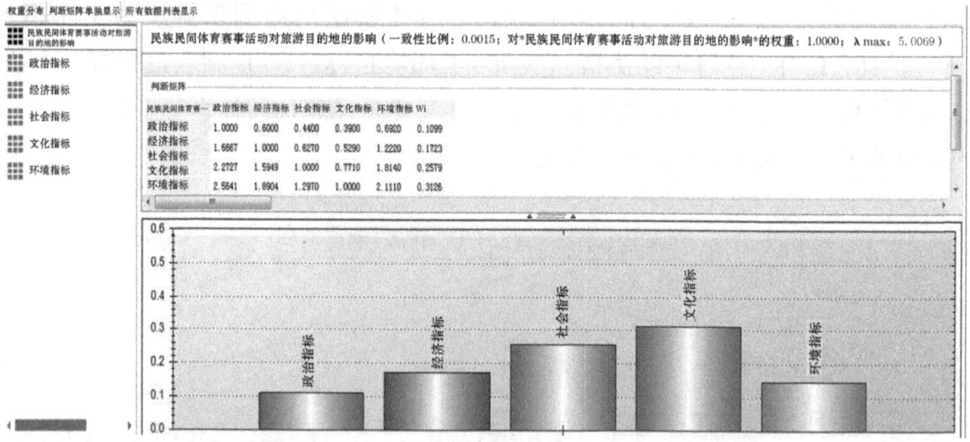


图 10 -3　我国民族民间体育赛事对旅游目的地影响总目标一致性检验

表 10 -4　我国民族民间体育赛事对旅游目的地影响总目标组合权向量及一致性检验

| 民族民间体育赛事 | 政治指标 | 经济指标 | 社会指标 | 文化指标 | 环境指标 | Wi |
|---|---|---|---|---|---|---|
| 政治指标 | 1.0000 | 0.6000 | 0.4400 | 0.3900 | 0.6920 | 0.1099 |
| 经济指标 | 1.6667 | 1.0000 | 0.6270 | 0.5290 | 1.2220 | 0.1723 |
| 社会指标 | 2.2727 | 1.5949 | 1.0000 | 0.7710 | 1.8140 | 0.2579 |
| 文化指标 | 2.5461 | 1.8904 | 1.2970 | 1.0000 | 2.1110 | 0.3126 |
| 环境指标 | 1.4451 | 0.8183 | 0.5513 | 0.4737 | 1.0000 | 0.1473 |

注：民族民间体育赛事活动对旅游目的地的影响（一致性比例：0.0015；对“民族民间体育赛事活动对旅游目的地的影响”的权重：1.0000；λmax：5.0069）。

## （二）我国民族民间体育赛事对旅游目的地影响政治因素子目标层次模型构建及分析

如图 10 -5 ~ 图 10 -7 和表 10 -5 ~ 表 10 -8，我们可以看出：①我国民族民间体育赛事对旅游目的地的政治影响指标共包括 3 个层次，其中二级指标 3 个，三级指标 9 个，一致性较高，符合层次分析法要求；②二级指标影响程度排序为重大事件（民族民间体育赛事）组织与管理（B2），突发事件（民族民间体育赛事）风险规避与应急预案及启动（B3），国家及地方相关政策、法规、制度等（B1）；③在国家及地方相关政策、法规、制度等（B1）方面，我国民族民间体育赛事的举办对地方政府的政策、法规、制度等（C2）的影响较大；④在突发事件（民族民间体育赛事）风险规避与应急预案及启动（B3）方面，我国民族民间体育赛事的举办过程中突发事件的处置（C9）对政治的影响较大；⑤重大事件（民族民间体育赛事）组织与管理（B2）方面，我国民族民间体育赛事的举办对地方政府赛事的管理制度（C5）影响较大。

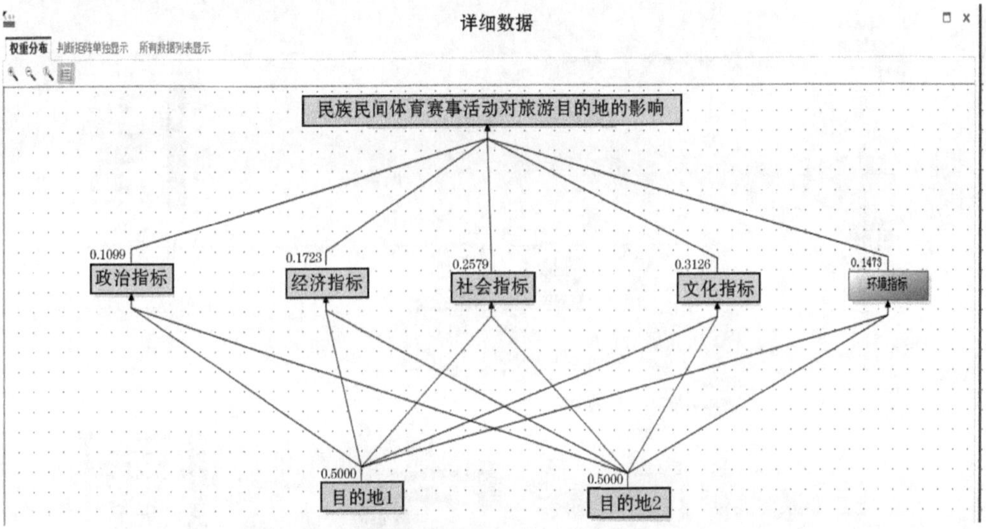


图 10－4　我国民族民间体育赛事对旅游目的地影响总目标权重分布

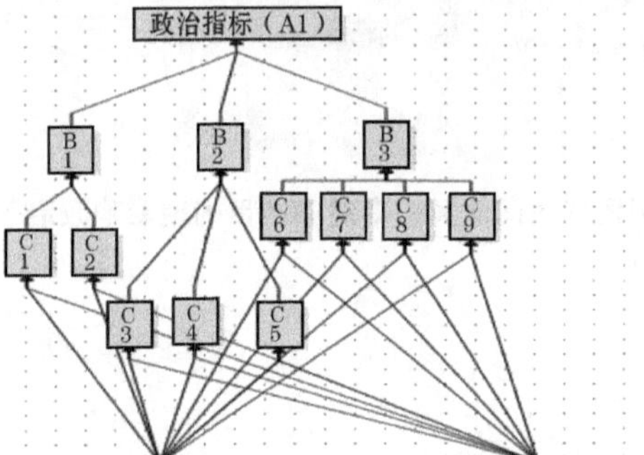


图 10－5　我国民族民间体育赛事对旅游目的地影响政治子目标层次模型

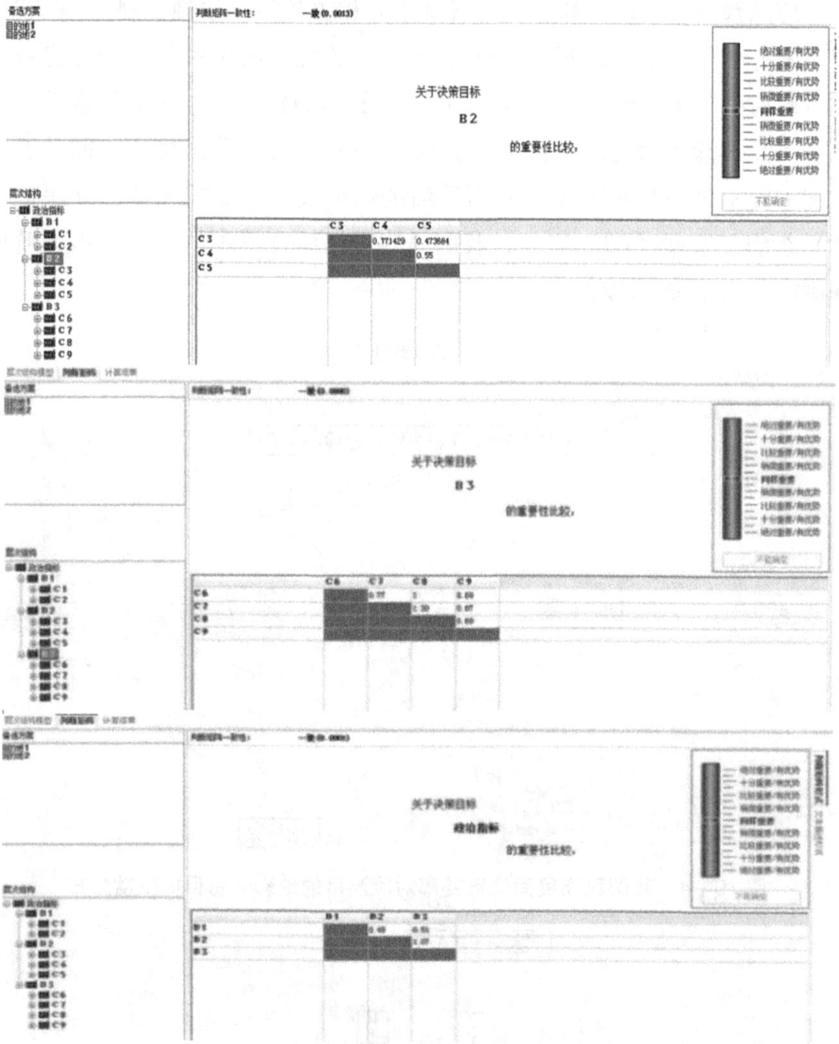

图 10－6　我国民族民间体育赛事对旅游目的地影响政治子目标判别矩阵

B2（一致性比例：0.0013；对*政治指标*的权重：0.4117；λmax：3.0013）

判断矩阵

| B2 | C3 | C4 | C5 | Wi |
|---|---|---|---|---|
| C3 | 1.0000 | 0.7714 | 0.4737 | 0.2252 |
| C4 | 1.2963 | 1.0000 | 0.5500 | 0.2815 |
| C5 | 2.1111 | 1.8182 | 1.0000 | 0.4933 |

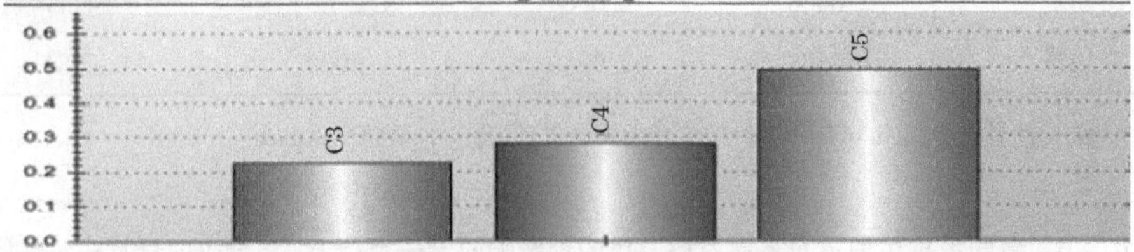


B1（一致性比例：0.0000；对*政治指标*的权重：0.1999；λmax：2.0000）

判断矩阵

| B1 | C1 | C2 | Wi |
|---|---|---|---|
| C1 | 1.0000 | 0.4600 | 0.3151 |
| C2 | 2.1739 | 1.0000 | 0.6849 |

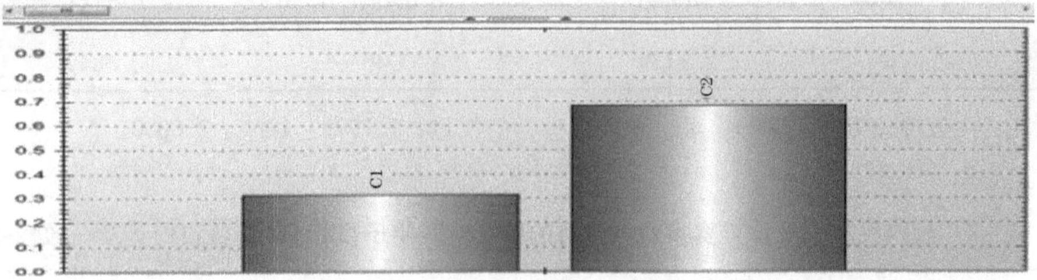


B3（一致性比例：0.0000；对*政治指标*的权重：0.3884；λmax：4.0001）

判断矩阵

| B3 | C6 | C7 | C8 | C9 | Wi |
|---|---|---|---|---|---|
| C6 | 1.0000 | 0.7700 | 1.0000 | 0.6900 | 0.2106 |
| C7 | 1.2987 | 1.0000 | 1.3000 | 0.6700 | 0.2715 |
| C8 | 1.0000 | 0.7692 | 1.0000 | 0.6900 | 0.2105 |
| C9 | 1.4493 | 1.1494 | 1.4493 | 1.0000 | 0.3074 |

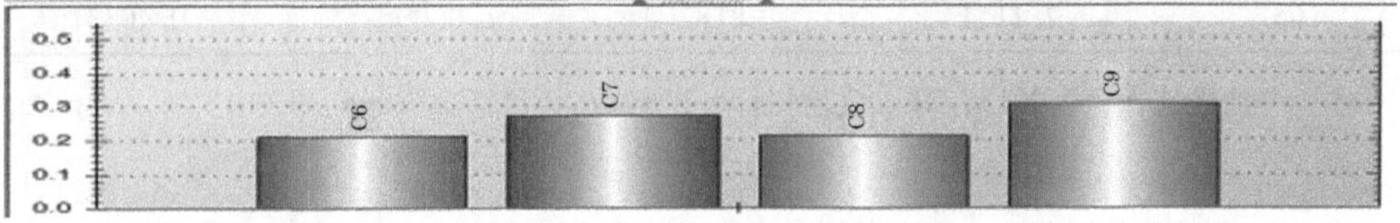


政治指标（一致性比例：0.0001；对*政治指标*的权重：1.0000；λmax：3.0001）

判断矩阵

| 政治指标 | B1 | B2 | B3 | Wi |
|---|---|---|---|---|
| B1 | 1.0000 | 0.4900 | 0.5100 | 0.1999 |
| B2 | 2.0408 | 1.0000 | 1.0700 | 0.4117 |
| B3 | 1.9608 | 0.9346 | 1.0000 | 0.3884 |

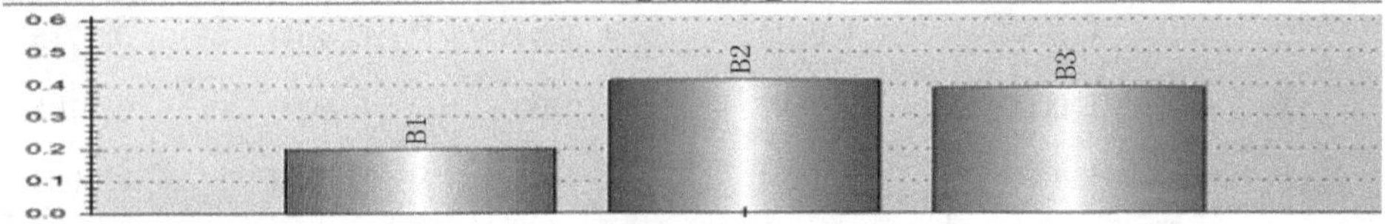


图 10－7　我国民族民间体育赛事对旅游目的地影响政治子目标一致性检验

表 10－5　我国民族民间体育赛事对旅游目的地影响政治子目标组合权向量及一致性检验

| 政治指标 | B1 | B2 | B3 | Wi |
|---|---|---|---|---|
| B1 | 1. 0000 | 0. 4900 | 0. 5100 | 0. 1999 |
| B2 | 2. 0408 | 1. 0000 | 1. 0700 | 0. 4117 |
| B3 | 1. 9608 | 0. 9346 | 1. 0000 | 0. 3884 |

注：一致性比例：0. 0001；对“政治指标”的权重：1. 0000；λmax：3. 0001。

表 10－6　我国民族民间体育赛事对旅游目的地影响政治子目标 B1 组合权向量及一致性检验

| B1 | C1 | C2 | Wi |
|---|---|---|---|
| C1 | 1. 0000 | 0. 4600 | 0. 3151 |
| C2 | 2. 1739 | 1. 0000 | 0. 6849 |

注：一致性比例：0. 0000；对“政治指标”的权重：1. 1999；λmax：2. 0000。

表 10－7　我国民族民间体育赛事对旅游目的地影响政治子目标 B2 组合权向量及一致性检验

| B2 | C3 | C4 | C5 | Wi |
|---|---|---|---|---|
| C3 | 1. 0000 | 0. 7714 | 0. 4737 | 0. 2252 |
| C4 | 1. 2963 | 1. 0000 | 0. 5500 | 0. 2815 |
| C5 | 2. 1111 | 1. 8182 | 1. 0000 | 0. 4933 |

注：一致性比例：0. 0013；对“政治指标”的权重：0. 4117；λmax：3. 0013。

表 10－8　我国民族民间体育赛事对旅游目的地影响政治子目标 B3 组合权向量及一致性检验

| B3 | C6 | C7 | C8 | C9 | Wi |
|---|---|---|---|---|---|
| C6 | 1. 0000 | 0. 7700 | 1. 0000 | 0. 6900 | 0. 2106 |
| C7 | 1. 2987 | 1. 0000 | 1. 3000 | 0. 8700 | 0. 2715 |
| C8 | 1. 0000 | 0. 7692 | 1. 0000 | 0. 6900 | 0. 2105 |
| C9 | 1. 4493 | 1. 1494 | 1. 4493 | 1. 0000 | 0. 3074 |

注：一致性比例：0. 0000；对“政治指标”的权重：0. 3884；λmax：4. 0001。

### （三）我国民族民间体育赛事对旅游目的地影响经济因素子目标层次模型构建及分析

如图 10－8～图 10－11 和表 10－9～表 10－13，经综合分析可以得到以下结果：①我国民族民间体育赛事对旅游目的地的经济影响指标一共包括 3 个层次，其中二级指标 3 个，三级指标 17 个，符合层次分析法要求。②二级指标一致性较高，其影响程度排序为民族民间体育赛事主体产业（B4）、民族民间体育赛事相关产业（B5）、旅游目的地体育产业（B6）。③在民族民间体育赛事主体产业（B4）方面，我国民族民间体育赛事对民族民间体育赛事产品的生产（C10）影响较大。④在民族民间体育赛事相关产业（B5）方面，我国民族民间体育赛事的举办对旅游业（C15）的影响较大。⑤在旅游目的地体育产业（B6）方面，我国民族民间体育赛事的举办对体育旅游业影响最大，其次是体育竞赛表演业。⑥民族民间体育赛事相关产业（B5）三级指标中经贸洽谈活动（C16）、会展业务（包括博览会等）（C17）、其他（如畜牧业）（C19）的权重较低，但是笔者在实地考察过程中，经贸洽谈活动是赛事活动过程中的重要内容（“体育搭台，经贸唱戏”）；会展业务（包括博览会等）是当前大型活动举办中的重要内容，是场馆合理利用的一种重要形式；我国好多民族民间体育赛事依托自然地理环境，尤其是草原文化区，畜牧业的发展在一定程度上保证了那达慕大会、赛马节、叼羊、赛牦牛、赛骆驼等赛事的顺利举办，故笔者建议保留这三项指标。⑦旅游目的地体育产业（B6）指标按照国家体育总局对体育产业的划分标准，共包括 10 项指标，不符合层次分析法指标设置要求，为此对这些指标进行权重测算，详见表 10－6。为了保证层次分析法的顺利进行，将体育保险业（C27）、体育彩票业（C28）、体育中介业（C29）三项权重较小的指标进行了删减，最终指标确认将进一步删除体育教育培训业（C23）。

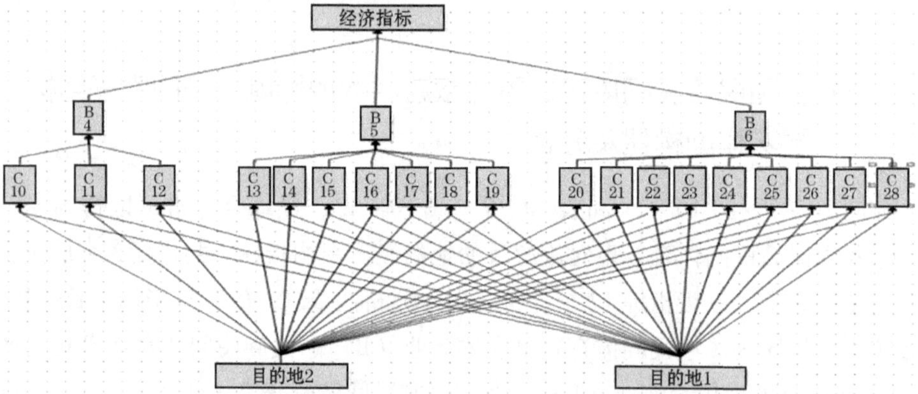


图 10－8　我国民族民间体育赛事对旅游目的地影响经济子目标层次模型

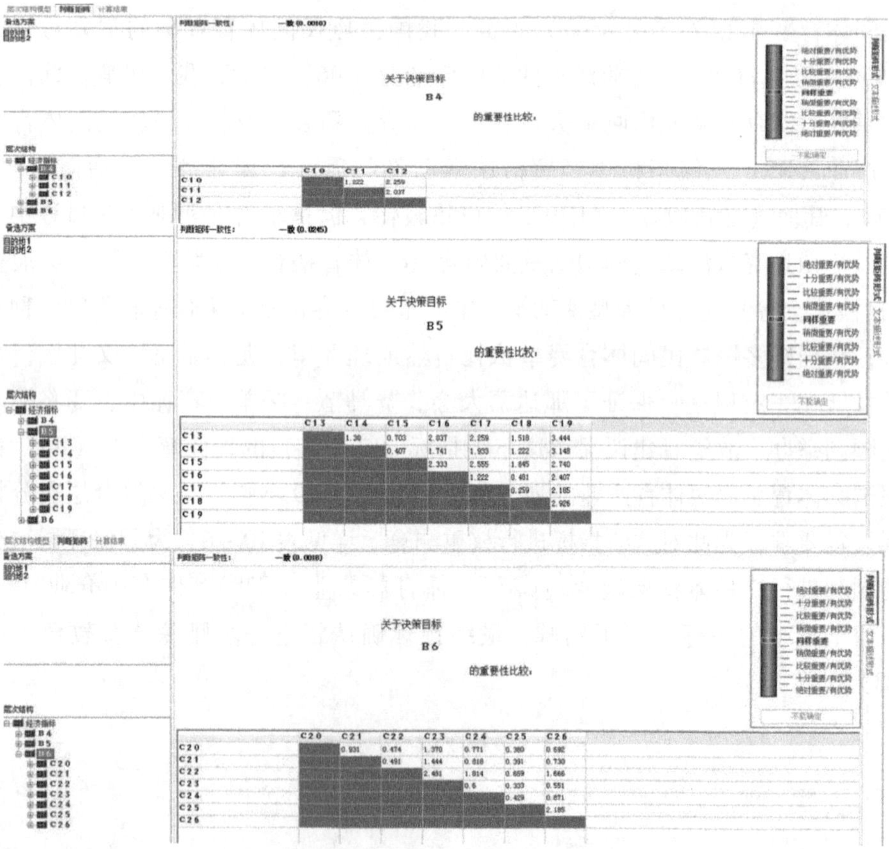


图 10－9　我国民族民间体育赛事对旅游目的地影响经济子目标判别矩阵

B4（一致性比例：0.0010；对*经济指标*的权重：0.4280；λmax：3.0010）

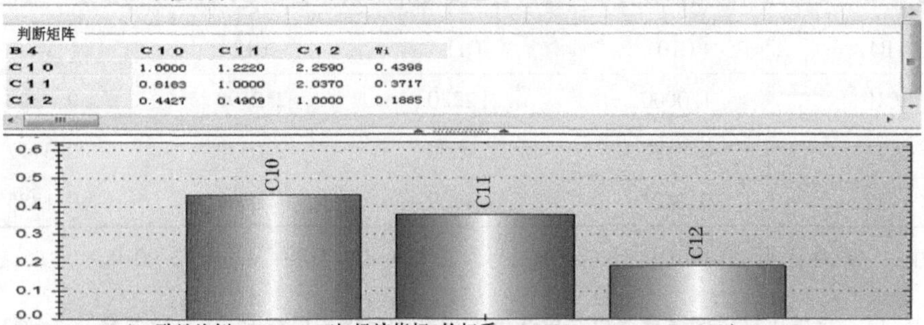

判断矩阵

| B4 | C10 | C11 | C12 | Wi |
|---|---|---|---|---|
| C10 | 1.0000 | 1.2220 | 2.2590 | 0.4398 |
| C11 | 0.8183 | 1.0000 | 2.0370 | 0.3717 |
| C12 | 0.4427 | 0.4909 | 1.0000 | 0.1885 |



B5（一致性比例：0.0245；对*经济指标*的权重：0.3598；λmax：7.1998）

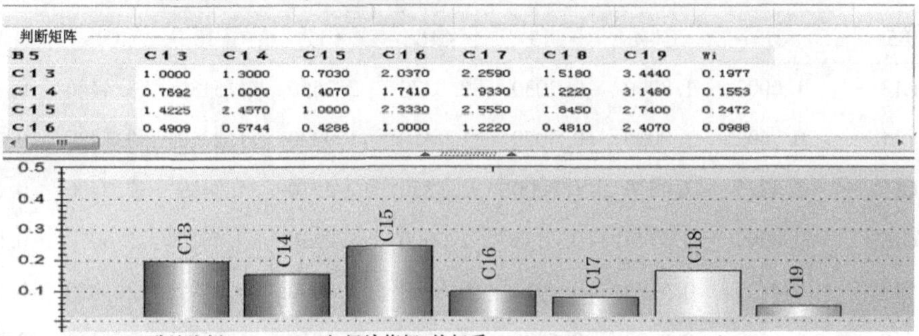

判断矩阵

| B5 | C13 | C14 | C15 | C16 | C17 | C18 | C19 | Wi |
|---|---|---|---|---|---|---|---|---|
| C13 | 1.0000 | 1.3000 | 0.7030 | 2.0370 | 2.2590 | 1.5180 | 3.4440 | 0.1977 |
| C14 | 0.7692 | 1.0000 | 0.4070 | 1.7410 | 1.9330 | 1.2220 | 3.1480 | 0.1553 |
| C15 | 1.4225 | 2.4570 | 1.0000 | 2.3330 | 2.5550 | 1.8450 | 2.7400 | 0.2472 |
| C16 | 0.4909 | 0.5744 | 0.4286 | 1.0000 | 1.2220 | 0.4810 | 2.4070 | 0.0988 |



B6（一致性比例：0.0018；对*经济指标*的权重：0.2123；λmax：7.0143）

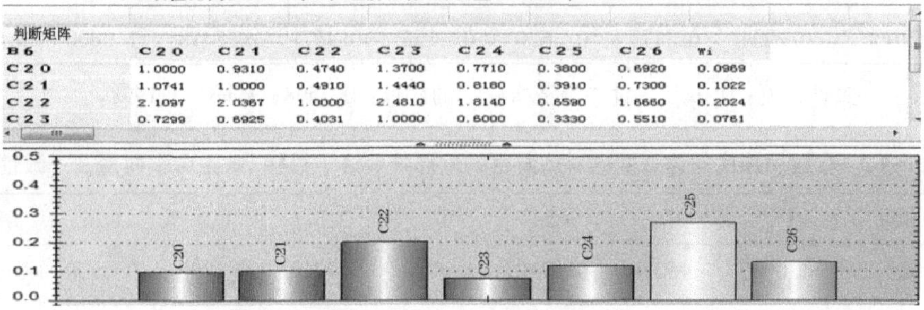

判断矩阵

| B6 | C20 | C21 | C22 | C23 | C24 | C25 | C26 | Wi |
|---|---|---|---|---|---|---|---|---|
| C20 | 1.0000 | 0.9310 | 0.4740 | 1.3700 | 0.7710 | 0.3800 | 0.6920 | 0.0969 |
| C21 | 1.0741 | 1.0000 | 0.4910 | 1.4440 | 0.8180 | 0.3910 | 0.7300 | 0.1022 |
| C22 | 2.1097 | 2.0367 | 1.0000 | 2.4810 | 1.8140 | 0.6590 | 1.6660 | 0.2024 |
| C23 | 0.7299 | 0.6925 | 0.4031 | 1.0000 | 0.6000 | 0.3330 | 0.5510 | 0.0761 |



图 10－10　我国民族民间体育赛事对旅游目的地影响经济子目标一致性检验

表 10－9　我国民族民间体育赛事对旅游目的地影响经济子目标组合权向量及一致性检验

| 经济指标 | B4 | B5 | B6 | Wi |
|---|---|---|---|---|
| B4 | 1.0000 | 1.2220 | 1.9630 | 0.4280 |
| B5 | 0.8183 | 1.0000 | 1.7410 | 0.3598 |
| B6 | 0.5094 | 0.5744 | 1.0000 | 0.2123 |

注：一致性比例：0.0001；对“政治指标”的权重：1.0000；λmax：3.0001。

表 10－10　我国民族民间体育赛事对旅游目的地影响经济子目标 B4 组合权向量及一致性检验

| B4 | C10 | C11 | C12 | Wi |
|---|---|---|---|---|
| C10 | 1.0000 | 1.2220 | 2.2590 | 0.4398 |
| C11 | 0.8183 | 1.0000 | 2.0370 | 0.3717 |
| C12 | 0.4427 | 0.4909 | 1.0000 | 0.1885 |

注：一致性比例：0.0010；对“经济指标”的权重：0.4280；λmax：3.0010。

表 10－11　我国民族民间体育赛事对旅游目的地影响经济子目标 B5 组合权向量及一致性检验

| B5 | C13 | C14 | C15 | C16 | C17 | C18 | C19 | Wi |
|---|---|---|---|---|---|---|---|---|
| C13 | 1.0000 | 1.3000 | 0.7030 | 2.0370 | 2.2590 | 1.5180 | 3.4440 | 0.1977 |
| C14 | 0.7692 | 1.0000 | 0.4070 | 1.7410 | 1.9330 | 1.2220 | 3.1480 | 0.1553 |
| C15 | 1.4225 | 2.4570 | 1.0000 | 2.3330 | 2.5550 | 1.8450 | 2.7400 | 0.2472 |
| C16 | 0.4909 | 0.5744 | 0.4286 | 1.0000 | 1.2220 | 0.4810 | 2.4070 | 0.0988 |
| C17 | 0.4427 | 0.5173 | 0.3914 | 0.8183 | 1.0000 | 0.2590 | 2.1850 | 0.0807 |
| C18 | 0.6588 | 0.8183 | 0.5420 | 2.0790 | 3.9610 | 1.0000 | 2.9260 | 0.1674 |
| C19 | 0.2904 | 0.3177 | 0.3650 | 0.4155 | 0.4577 | 0.3418 | 1.0000 | 0.0530 |

注：一致性比例：0.0245；对“经济指标”的权重：0.3598；λmax：7.1998。

表 10－12　我国民族民间体育赛事对旅游目的地影响经济子目标 B6 组合权向量及一致性检验

| B6 | C20 | C21 | C22 | C23 | C24 | C25 | C26 | Wi |
|---|---|---|---|---|---|---|---|---|
| C20 | 1.0000 | 0.9310 | 0.4740 | 1.3700 | 0.7710 | 0.3800 | 0.6920 | 0.0969 |
| C21 | 1.0741 | 1.0000 | 0.4910 | 1.4440 | 0.8180 | 0.3910 | 0.7300 | 0.1022 |
| C22 | 2.1097 | 2.0367 | 1.0000 | 2.4810 | 1.8140 | 0.6590 | 1.6660 | 0.2024 |
| C23 | 0.7299 | 0.6925 | 0.4031 | 1.0000 | 0.6000 | 0.3330 | 0.5510 | 0.0761 |
| C24 | 1.2970 | 1.2225 | 0.5513 | 1.6667 | 1.0000 | 0.4290 | 0.8710 | 0.1199 |
| C25 | 2.6316 | 2.5575 | 1.5175 | 3.0030 | 2.3310 | 1.0000 | 2.1850 | 0.2692 |
| C26 | 1.4451 | 1.3699 | 0.6002 | 1.8149 | 1.1481 | 0.4577 | 1.0000 | 0.1332 |

注：一致性比例：0.0018；对“经济指标”的权重：0.2123；λmax：7.0143。

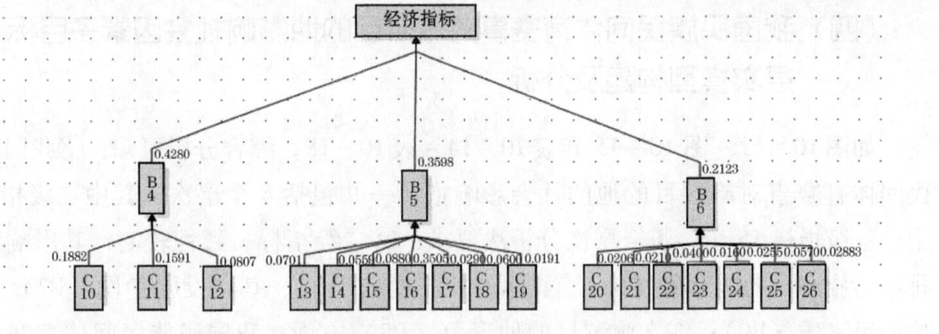


图 10－11　我国民族民间体育赛事对旅游目的地影响经济子目标权重分布

表 10－13　我国民族民间体育赛事旅游目的地体育产业（B6）三级指标权重一览表

| | C20 | C21 | C22 | C23 | C24 | C25 | C26 | C27 | C28 | C29 |
|---|---|---|---|---|---|---|---|---|---|---|
| C20 | 0. 082365 | 0. 080379 | 0. 077187 | 0. 090242 | 0. 076727 | 0. 083145 | 0. 075651 | 0. 092247 | 0. 092247 | 0. 092593 |
| C21 | 0. 088466 | 0. 086333 | 0. 079994 | 0. 09512 | 0. 081377 | 0. 085555 | 0. 07974 | 0. 096538 | 0. 096538 | 0. 096708 |
| C22 | 0. 173881 | 0. 175864 | 0. 16295 | 0. 16341 | 0. 180504 | 0. 143983 | 0. 182122 | 0. 156606 | 0. 156606 | 0. 154321 |
| C23 | 0. 060104 | 0. 059769 | 0. 065667 | 0. 065852 | 0. 059677 | 0. 07288 | 0. 060212 | 0. 070794 | 0. 070794 | 0. 072016 |
| C24 | 0. 106769 | 0. 105519 | 0. 089789 | 0. 109753 | 0. 099461 | 0. 093703 | 0. 095173 | 0. 10941 | 0. 10941 | 0. 109053 |
| C25 | 0. 216589 | 0. 22063 | 0. 247443 | 0. 197556 | 0. 232076 | 0. 218641 | 0. 238782 | 0. 18664 | 0. 18664 | 0. 183128 |
| C26 | 0. 118971 | 0. 118309 | 0. 09777 | 0. 119509 | 0. 114196 | 0. 100056 | 0. 109273 | 0. 117991 | 0. 117991 | 0. 117284 |
| C27 | 0. 051717 | 0. 0518 | 0. 060269 | 0. 053879 | 0. 052656 | 0. 067854 | 0. 053643 | 0. 057923 | 0. 057923 | 0. 059671 |
| C28 | 0. 051717 | 0. 0518 | 0. 060269 | 0. 053879 | 0. 052656 | 0. 067854 | 0. 053643 | 0. 057923 | 0. 057923 | 0. 059671 |
| C29 | 0. 049419 | 0. 049596 | 0. 058662 | 0. 0508 | 0. 050669 | 0. 066329 | 0. 051761 | 0. 053928 | 0. 053928 | 0. 055556 |

## （四）我国民族民间体育赛事对旅游目的地影响社会因素子目标层次模型构建及分析

如图 10－12～图 10－15 和表 10－14～表 10－18，综合分析可知：①我国民族民间体育赛事对旅游目的地的社会影响指标一共包括 3 个层次，其中二级指标 4 个，三级指标 15 个，符合层次分析法要求；②二级指标一致性较高，其影响程度排序为旅游目的地形象（B8）、媒体的关注度（B10）、基础设施建设（B7）和当地居民素质（B9）；③在旅游目的地形象（B8）方面，我国民族民间体育赛事对旅游目的地的品牌形象（知名度和美誉度）（C35）影响较大；④在媒体的关注度（B10）方面，媒体的知名度、影响力（C44）对旅游目的地的影响较大；⑤在基础设施建设（B7）方面，我国民族民间体育赛事的举办对交通运输（市内交通和区域交通）（C30）影响较大；⑥在当地居民素质（B9）方面，民族认同、赛事认同等（C38）的影响最大，其次是赛事的关注度和参与度（C39）；⑦在当地居民素质（B9）三级指标中，体育健身认知（C40）权重较低，在最终指标确认中予以删除。

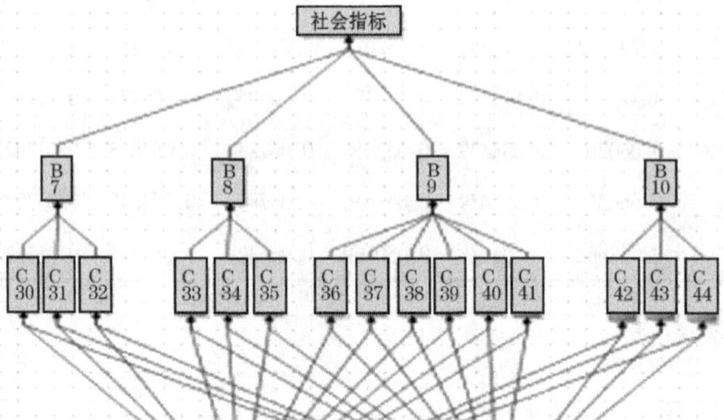


图 10－12　我国民族民间体育赛事对旅游目的地影响社会子目标层次模型

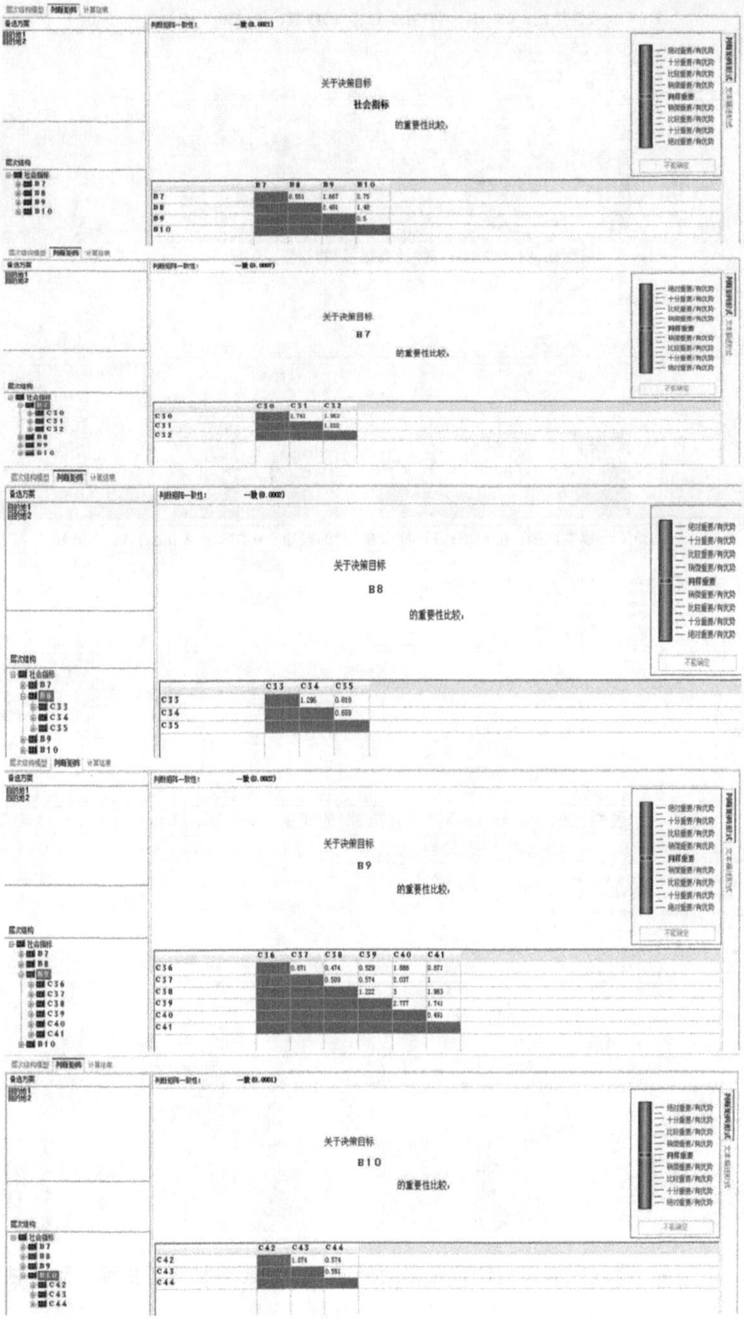


图 10－13　我国民族民间体育赛事对旅游目的地影响社会子目标判别矩阵

B7（一致性比例：0.0007；对*社会指标*的权重：0.2136；λmax：3.0007）

判断矩阵

| B7 | C30 | C31 | C32 | Wi |
|---|---|---|---|---|
| C30 | 1.0000 | 1.7410 | 1.9630 | 0.4794 |
| C31 | 0.5744 | 1.0000 | 1.2220 | 0.2828 |
| C32 | 0.5094 | 0.8183 | 1.0000 | 0.2378 |

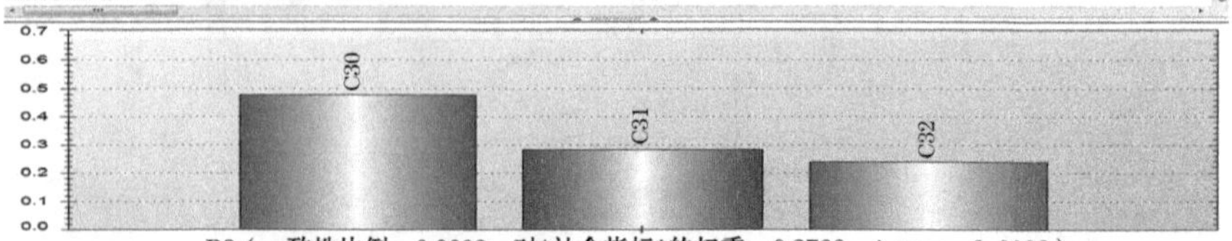


B8（一致性比例：0.0002；对*社会指标*的权重：0.3766；λmax：3.0002）

判断矩阵

| B8 | C33 | C34 | C35 | Wi |
|---|---|---|---|---|
| C33 | 1.0000 | 1.2960 | 0.8180 | 0.3347 |
| C34 | 0.7716 | 1.0000 | 0.6590 | 0.2620 |
| C35 | 1.2225 | 1.5175 | 1.0000 | 0.4033 |

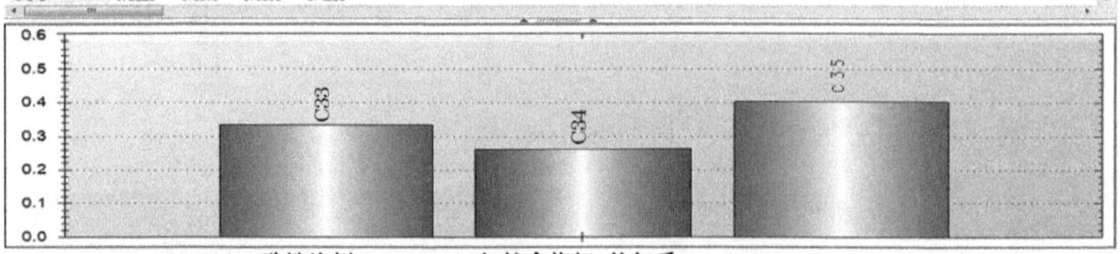


B9（一致性比例：0.0022；对*社会指标*的权重：0.1382；λmax：6.0136）

判断矩阵

| B9 | C36 | C37 | C38 | C39 | C40 | C41 | Wi |
|---|---|---|---|---|---|---|---|
| C36 | 1.0000 | 0.8710 | 0.4740 | 0.5290 | 1.8680 | 0.8710 | 0.1294 |
| C37 | 1.1481 | 1.0000 | 0.5090 | 0.5740 | 2.0370 | 1.0000 | 0.1441 |
| C38 | 2.1097 | 1.9646 | 1.0000 | 1.2220 | 3.0000 | 1.9630 | 0.2704 |
| C39 | 1.8904 | 1.7422 | 0.8183 | 1.0000 | 2.7770 | 1.7410 | 0.2355 |

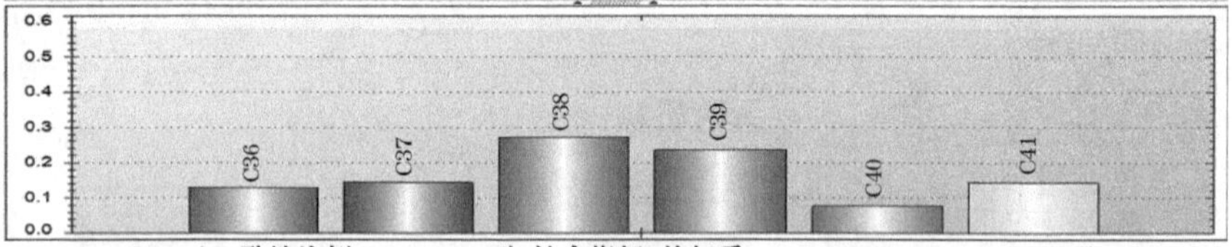


B10（一致性比例：0.0001；对*社会指标*的权重：0.2716；λmax：3.0001）

判断矩阵

| B10 | C42 | C43 | C44 | Wi |
|---|---|---|---|---|
| C42 | 1.0000 | 1.0740 | 0.5740 | 0.2728 |
| C43 | 0.9311 | 1.0000 | 0.5510 | 0.2566 |
| C44 | 1.7422 | 1.8149 | 1.0000 | 0.4705 |

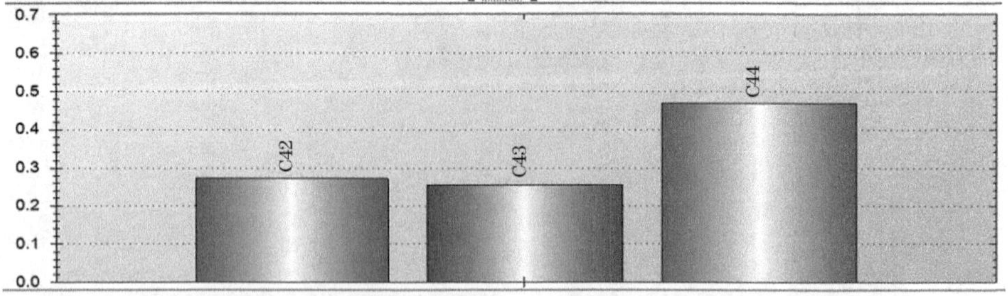


图 10－14　我国民族民间体育赛事对旅游目的地影响社会子目标一致性检验

社会指标（一致性比例：0.0021；对*社会指标*的权重：1.0000；λmax：4.0055）

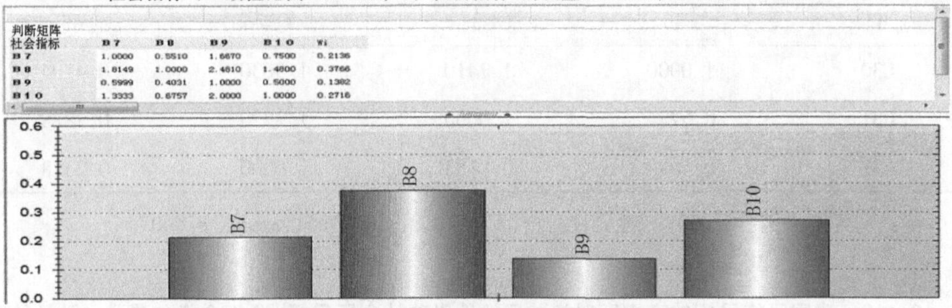


图 10－14　我国民族民间体育赛事对旅游目的地影响社会子目标一致性检验（续）

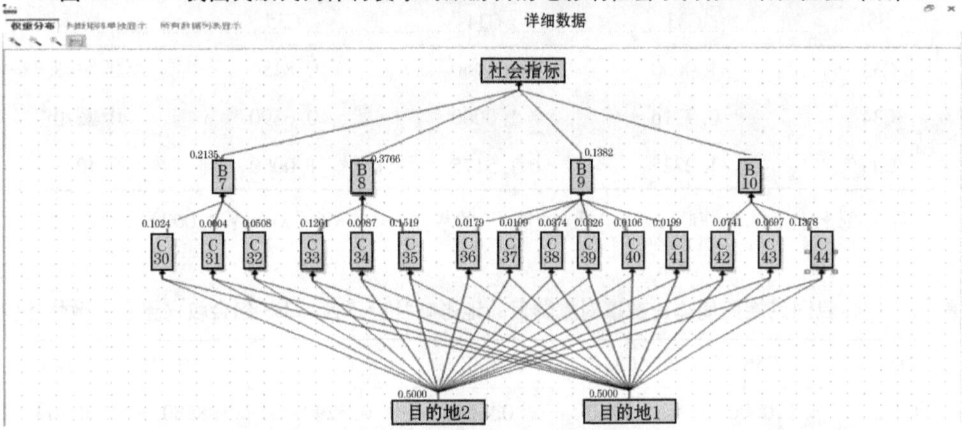


图 10－15　我国民族民间体育赛事对旅游目的地影响社会子目标权重分布

表 10－14　我国民族民间体育赛事对旅游目的地影响社会子目标组合权向量及一致性检验

| 社会指标 | B7 | B8 | B9 | B10 | Wi |
|---|---|---|---|---|---|
| B7 | 1.0000 | 0.5510 | 1.6670 | 0.7500 | 0.2136 |
| B8 | 1.8149 | 1.0000 | 2.4810 | 1.4800 | 0.3766 |
| B9 | 0.5999 | 0.4031 | 1.0000 | 0.5000 | 0.1382 |
| B10 | 1.3333 | 0.6757 | 2.0000 | 1.0000 | 0.2716 |

注：一致性比例：0.0021；对“社会指标”的权重：1.0000；λmax：4.0055。

**表 10－15　我国民族民间体育赛事对旅游目的地影响社会子目标 B7 组合权向量及一致性检验**

| B7 | C30 | C31 | C32 | Wi |
|---|---|---|---|---|
| C30 | 1.0000 | 1.7410 | 1.9630 | 0.4794 |
| C31 | 0.5744 | 1.0000 | 1.2220 | 0.2828 |
| C32 | 0.5094 | 0.8183 | 1.0000 | 0.2378 |

注：一致性比例：0.0007；对“社会指标”的权重：0.2136；λmax：3.0007。

**表 10－16　我国民族民间体育赛事对旅游目的地影响社会子目标 B8 组合权向量及一致性检验**

| B8 | C33 | C34 | C35 | Wi |
|---|---|---|---|---|
| C33 | 1.0000 | 1.2960 | 0.8180 | 0.3347 |
| C34 | 0.7716 | 1.0000 | 0.6590 | 0.2620 |
| C35 | 1.2225 | 1.5175 | 1.0000 | 0.4033 |

注：一致性比例：0.0002；对“社会指标”的权重：0.3766；λmax：3.0002。

**表 10－17　我国民族民间体育赛事对旅游目的地影响社会子目标 B9 组合权向量及一致性检验**

| B9 | C36 | C37 | C38 | C39 | C40 | C41 |
|---|---|---|---|---|---|---|
| C36 | 1.0000 | 0.8710 | 0.4740 | 0.5290 | 1.8880 | 0.8710 |
| C37 | 1.1481 | 1.0000 | 0.5090 | 0.5740 | 2.0370 | 1.0000 |
| C38 | 2.1097 | 1.9646 | 1.0000 | 1.2220 | 3.0000 | 1.9630 |
| C39 | 1.8904 | 1.7422 | 0.8183 | 1.0000 | 2.7770 | 1.7410 |
| C40 | 0.5297 | 0.4909 | 0.3333 | 0.3601 | 1.0000 | 0.4910 |
| C41 | 1.1481 | 1.0000 | 0.5094 | 0.5744 | 2.0367 | 1.0000 |

注：一致性比例：0.0022；对“社会指标”的权重：0.1382；λmax：6.0136。

表 10－18 我国民族民间体育赛事对旅游目的地影响社会子目标 B10 组合权向量及一致性检验

| B10 | C42 | C43 | C44 | Wi |
|---|---|---|---|---|
| C42 | 1.0000 | 1.0740 | 0.5740 | 0.2728 |
| C43 | 0.9311 | 1.0000 | 0.5510 | 0.2566 |
| C44 | 1.7422 | 1.8149 | 1.0000 | 0.4705 |

注：一致性比例：0.0001；对“社会指标”的权重：0.2716；λmax：3.0001。

## （五）我国民族民间体育赛事对旅游目的地影响文化因素子目标层次模型构建及分析

如图 10－16～图 10－19 和表 10－19～表 10－24，综合分析可知：①我国民族民间体育赛事对旅游目的地的文化影响指标一共包括 3 个层次，其中二级指标 4 个，三级指标 20 个，符合层次分析法要求；②二级指标一致性较高，其影响程度排序为文化遗产（B12）、文化服务（B14）、文化产品（B13）、文化设施（B11）和文化团体（B15），前两项是物质文化遗产和非物质文化遗产的重要体现；③在文化遗产（B12）方面，古迹（C49）的影响较大；④在文化服务（B14）方面，民俗表演（C58）的影响较大；⑤在文化产品（B13）方面，旅游目的地宣传片

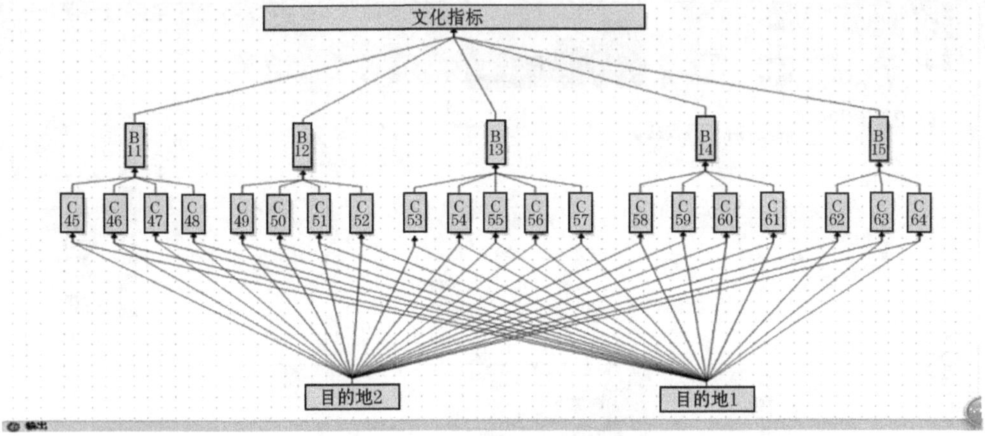


图 10－16 我国民族民间体育赛事对旅游目的地影响文化子目标层次模型

（C54）的影响较大；⑥在文化设施（B11）方面，文化广场（C45）的影响最大；⑦在文化团体（B15）方面，民间文化社团的影响力的影响较大；⑧在文化产品（B13）中图书资料（C53）的权重较低，但是在现实中，图书资料也是对旅游目的地进行宣传及全面了解的一种重要媒介，建议保留。

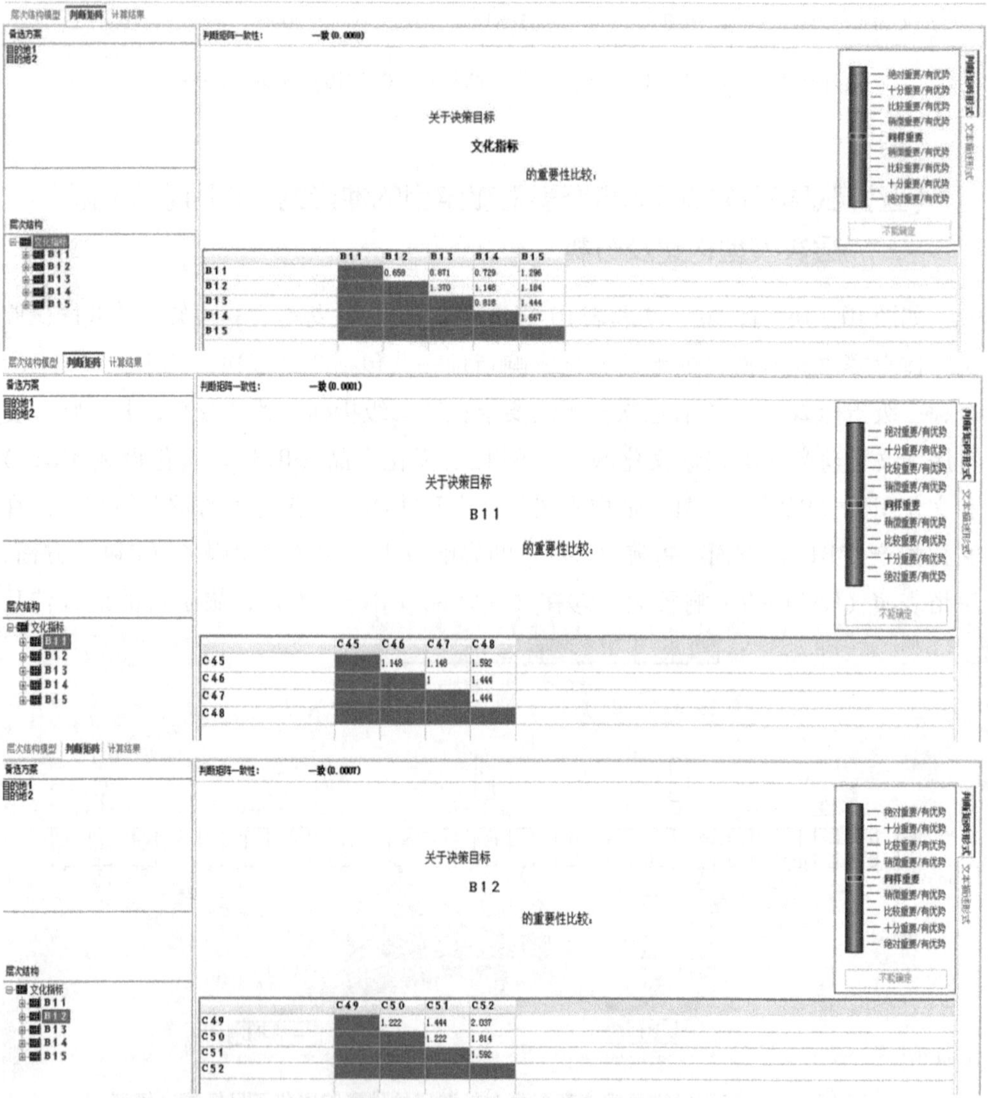


图 10－17　我国民族民间体育赛事对旅游目的地影响文化子目标判别矩阵

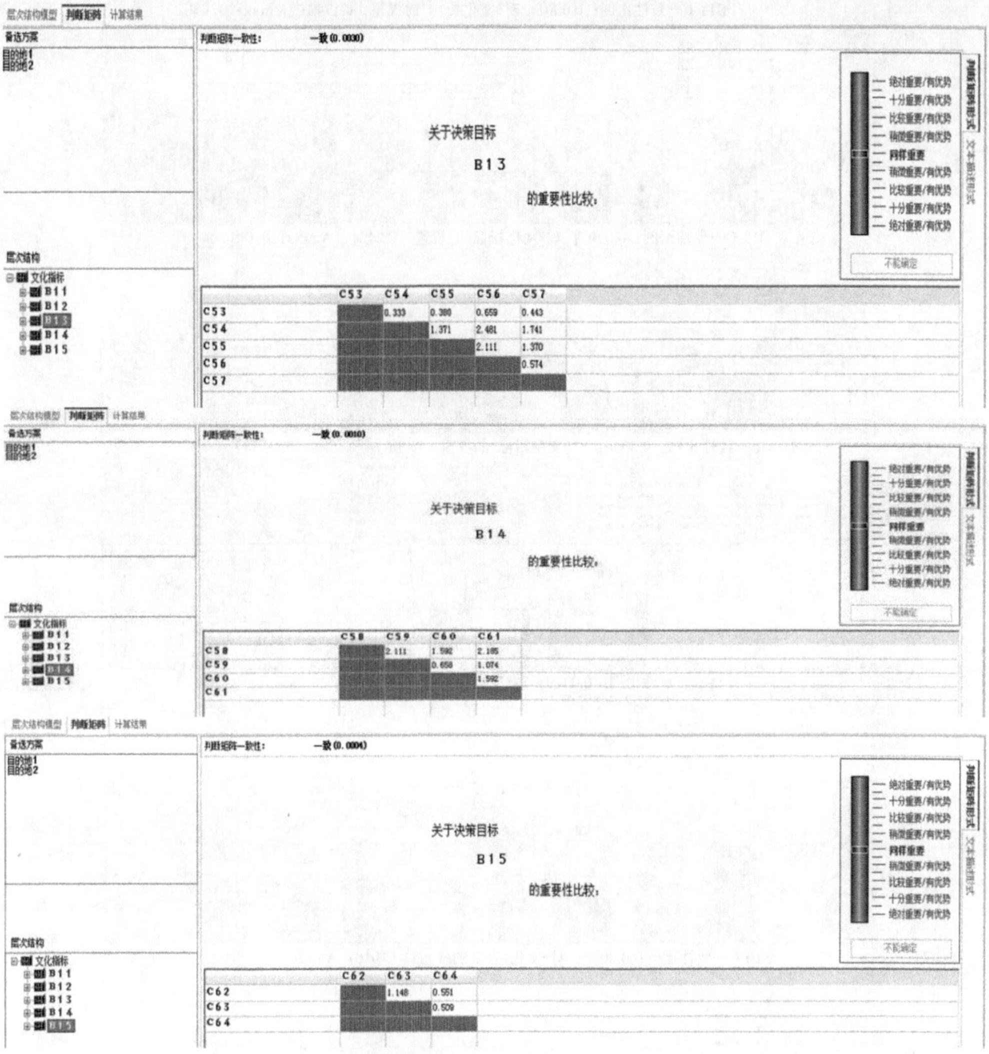


图 10－17　我国民族民间体育赛事对旅游目的地影响文化子目标判别矩阵（续）

B11（一致性比例：0.0001；对*文化指标*的权重：0.1742；λmax：4.0002）

判断矩阵

| B11 | C45 | C46 | C47 | C48 | Wi |
|---|---|---|---|---|---|
| C45 | 1.0000 | 1.1480 | 1.1480 | 1.5920 | 0.2963 |
| C46 | 0.8711 | 1.0000 | 1.0000 | 1.4440 | 0.2607 |
| C47 | 0.8711 | 1.0000 | 1.0000 | 1.4440 | 0.2607 |
| C48 | 0.6281 | 0.6925 | 0.6925 | 1.0000 | 0.1824 |

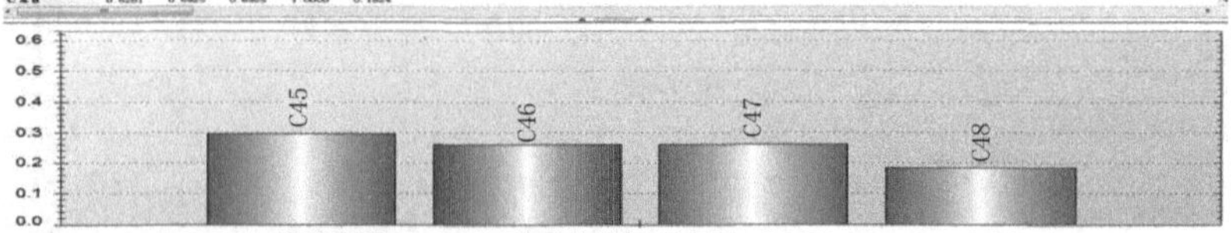


B12（一致性比例：0.0007；对*文化指标*的权重：0.2424；λmax：4.0017）

判断矩阵

| B12 | C49 | C50 | C51 | C52 | Wi |
|---|---|---|---|---|---|
| C49 | 1.0000 | 1.2220 | 1.4440 | 2.0370 | 0.3315 |
| C50 | 0.8183 | 1.0000 | 1.2220 | 1.8140 | 0.2794 |
| C51 | 0.6925 | 0.8183 | 1.0000 | 1.5920 | 0.2346 |
| C52 | 0.4909 | 0.5513 | 0.6281 | 1.0000 | 0.1546 |

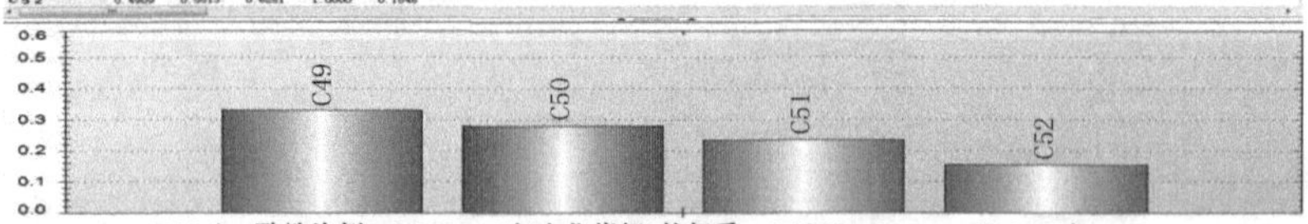


B13（一致性比例：0.0030；对*文化指标*的权重：0.1965；λmax：5.0133）

判断矩阵

| B13 | C53 | C54 | C55 | C56 | C57 | Wi |
|---|---|---|---|---|---|---|
| C53 | 1.0000 | 0.3330 | 0.3800 | 0.6590 | 0.4430 | 0.0939 |
| C54 | 3.0030 | 1.0000 | 1.3710 | 2.4810 | 1.7410 | 0.3229 |
| C55 | 2.6316 | 0.7294 | 1.0000 | 2.1110 | 1.3700 | 0.2558 |
| C56 | 1.5175 | 0.4031 | 0.4737 | 1.0000 | 0.5740 | 0.1268 |

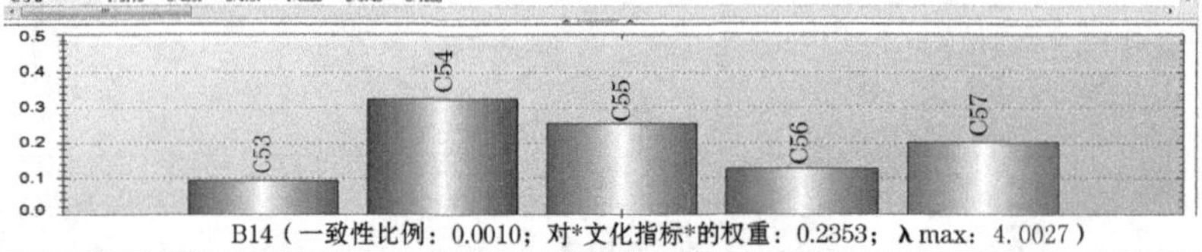


B14（一致性比例：0.0010；对*文化指标*的权重：0.2353；λmax：4.0027）

判断矩阵

| B14 | C58 | C59 | C60 | C61 | Wi |
|---|---|---|---|---|---|
| C58 | 1.0000 | 2.1110 | 1.5920 | 2.1850 | 0.3886 |
| C59 | 0.4737 | 1.0000 | 0.6580 | 1.0740 | 0.1796 |
| C60 | 0.6281 | 1.5198 | 1.0000 | 1.5920 | 0.2621 |
| C61 | 0.4577 | 0.9311 | 0.6281 | 1.0000 | 0.1698 |

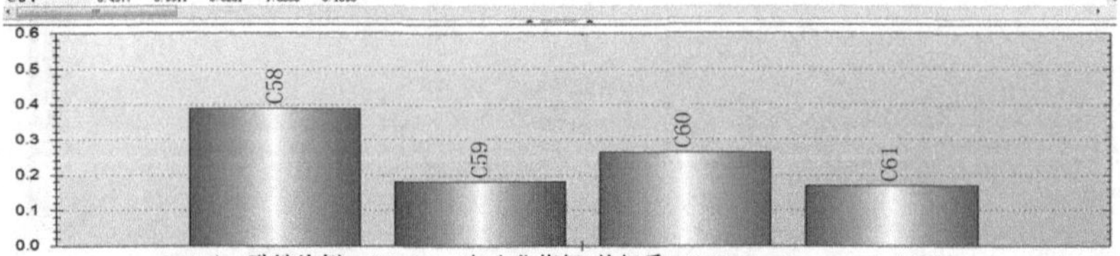


B15（一致性比例：0.0004；对*文化指标*的权重：0.1516；λmax：3.0004）

判断矩阵

| B15 | C62 | C63 | C64 | Wi |
|---|---|---|---|---|
| C62 | 1.0000 | 1.1480 | 0.5510 | 0.2726 |
| C63 | 0.8711 | 1.0000 | 0.5090 | 0.2422 |
| C64 | 1.8149 | 1.9646 | 1.0000 | 0.4852 |

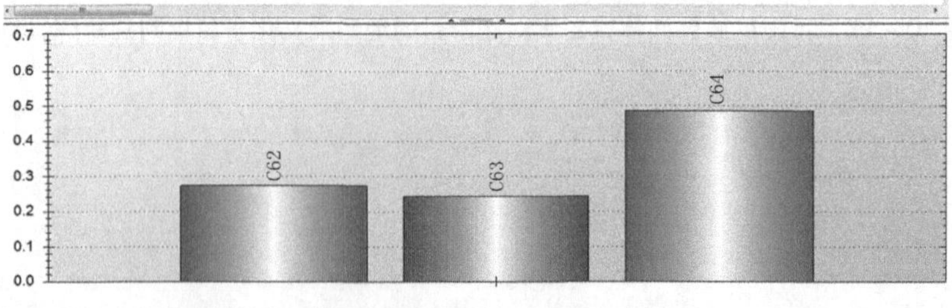


图 10－18　我国民族民间体育赛事对旅游目的地影响文化子目标一致性检验

文化指标（一致性比例：0.0069；对*文化指标*的权重：1.0000；λmax：5.0307）

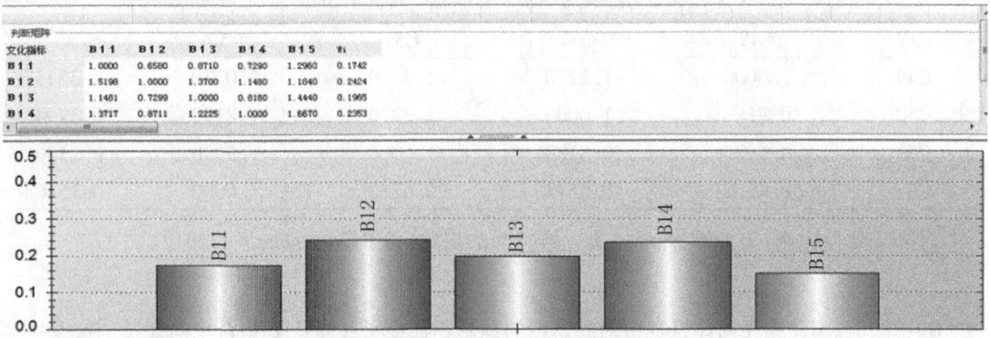


**图 10－18　我国民族民间体育赛事对旅游目的地影响文化子目标一致性检验（续）**

**表 10－19　我国民族民间体育赛事对旅游目的地影响文化子目标组合权向量及一致性检验**

| 文化指标 | B11 | B12 | B13 | B14 | B15 | Wi |
|---|---|---|---|---|---|---|
| B11 | 1.0000 | 0.6580 | 0.8710 | 0.7290 | 1.2960 | 0.1742 |
| B12 | 1.5198 | 1.0000 | 1.3700 | 1.1480 | 1.1840 | 0.2424 |
| B13 | 1.1481 | 0.7299 | 1.0000 | 0.8180 | 1.4440 | 0.1965 |
| B14 | 1.3717 | 0.8711 | 1.2225 | 1.0000 | 1.6670 | 0.2353 |
| B15 | 0.7716 | 0.8446 | 0.6925 | 0.5999 | 1.0000 | 0.1516 |

注：一致性比例：0.0021；对“文化指标”的权重：1.0000；λmax：4.0055。

**表 10－20　我国民族民间体育赛事对旅游目的地影响文化子目标 B11 组合权向量及一致性检验**

| B11 | C45 | C46 | C47 | C48 | Wi |
|---|---|---|---|---|---|
| C45 | 1.0000 | 1.1480 | 1.1480 | 1.5920 | 0.2963 |
| C46 | 0.8711 | 1.0000 | 1.0000 | 1.4440 | 0.2607 |
| C47 | 0.8711 | 1.0000 | 1.0000 | 1.4440 | 0.2607 |
| C48 | 0.6281 | 0.6925 | 0.6925 | 1.0000 | 0.1824 |

注：一致性比例：0.0001；对“文化指标”的权重：0.1742；λmax：4.0002。

**表 10－21　我国民族民间体育赛事对旅游目的地影响文化子目标 B12 组合权向量及一致性检验**

| B12 | C49 | C50 | C51 | C52 | Wi |
|---|---|---|---|---|---|
| C49 | 1. 0000 | 1. 2220 | 1. 4440 | 2. 0370 | 0. 3315 |
| C50 | 0. 8183 | 1. 0000 | 1. 2220 | 1. 8140 | 0. 2794 |
| C51 | 0. 6925 | 0. 8183 | 1. 0000 | 1. 5920 | 0. 2346 |
| C52 | 0. 4909 | 0. 5513 | 0. 6281 | 1. 0000 | 0. 1546 |

注：一致性比例：0. 0007；对“文化指标”的权重：0. 2424；λmax：4. 0017。

**表 10－22　我国民族民间体育赛事对旅游目的地影响社会子目标 B13 组合权向量及一致性检验**

| B13 | C53 | C54 | C55 | C56 | C57 | Wi |
|---|---|---|---|---|---|---|
| C53 | 1. 0000 | 0. 3330 | 0. 3800 | 0. 6590 | 0. 4430 | 0. 0939 |
| C54 | 3. 0030 | 1. 0000 | 1. 3710 | 2. 4810 | 1. 7410 | 0. 3229 |
| C55 | 2. 6316 | 0. 7294 | 1. 0000 | 2. 1110 | 1. 3700 | 0. 2558 |
| C56 | 1. 5175 | 0. 4031 | 0. 4737 | 1. 0000 | 0. 5740 | 0. 1268 |
| C57 | 2. 2573 | 0. 5744 | 0. 7299 | 1. 7422 | 1. 0000 | 0. 2007 |

注：一致性比例：0. 0030；对“文化指标”的权重：0. 1965；λmax：5. 0133。

**表 10－23　我国民族民间体育赛事对旅游目的地影响文化子目标 B14 组合权向量及一致性检验**

| B14 | C58 | C59 | C60 | C61 | Wi |
|---|---|---|---|---|---|
| C58 | 1. 0000 | 2. 1110 | 1. 5920 | 2. 1850 | 0. 3886 |
| C59 | 0. 4737 | 1. 0000 | 0. 6580 | 1. 0740 | 0. 1796 |
| C60 | 0. 6281 | 1. 5198 | 1. 0000 | 1. 5920 | 0. 2621 |
| C61 | 0. 4577 | 0. 9311 | 0. 6281 | 1. 0000 | 0. 1698 |

注：一致性比例：0. 0010；对“文化指标”的权重：0. 2353；λmax：4. 0027。

**表 10－24　我国民族民间体育赛事对旅游目的地影响文化子目标 B15 组合权向量及一致性检验 B**

| B15 | C62 | C63 | C64 | Wi |
|---|---|---|---|---|
| C62 | 1. 0000 | 1. 1480 | 0. 5510 | 0. 2726 |
| C63 | 0. 8711 | 1. 0000 | 0. 5090 | 0. 2422 |
| C64 | 1. 8149 | 1. 9646 | 1. 0000 | 0. 4852 |

注：一致性比例：0. 0004；对“文化指标”的权重：0. 1516；λmax：3. 0004。

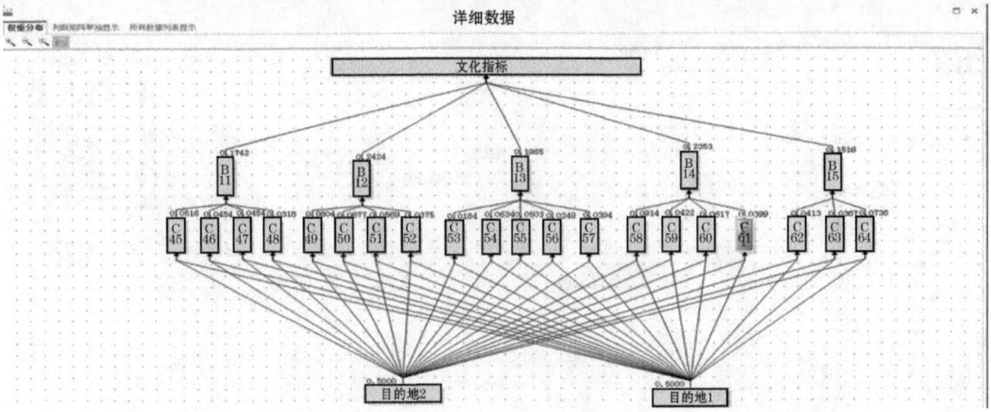


图 10－19　我国民族民间体育赛事对旅游目的地影响文化子目标权重分布

## （六）我国民族民间体育赛事对旅游目的地影响环境因素子目标层次模型构建及分析

如图 10－20 ~ 图 10－23 和表 10－25 ~ 表 10－27，综合分析可知：①我国民族民间体育赛事对旅游目的地的环境影响指标一共包括 3 个层次，其中二级指标 2 个，三级指标 7 个，符合层次分析法要求；②二级指标一致性较高，其影响程度排序为基础环境（B16）、生态环境（B17）；③在基础环境（B16）方面，影响较大的是基础环境建设（人文景观、城市绿化等）（C66）；④在生态环境（B17）方面，影响最大的是水资源（C68），无可争议，水是生命之源。

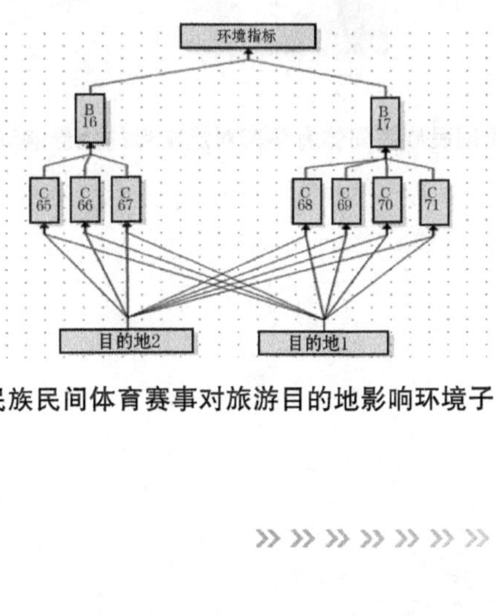


图 10－20　我国民族民间体育赛事对旅游目的地影响环境子目标层次模型

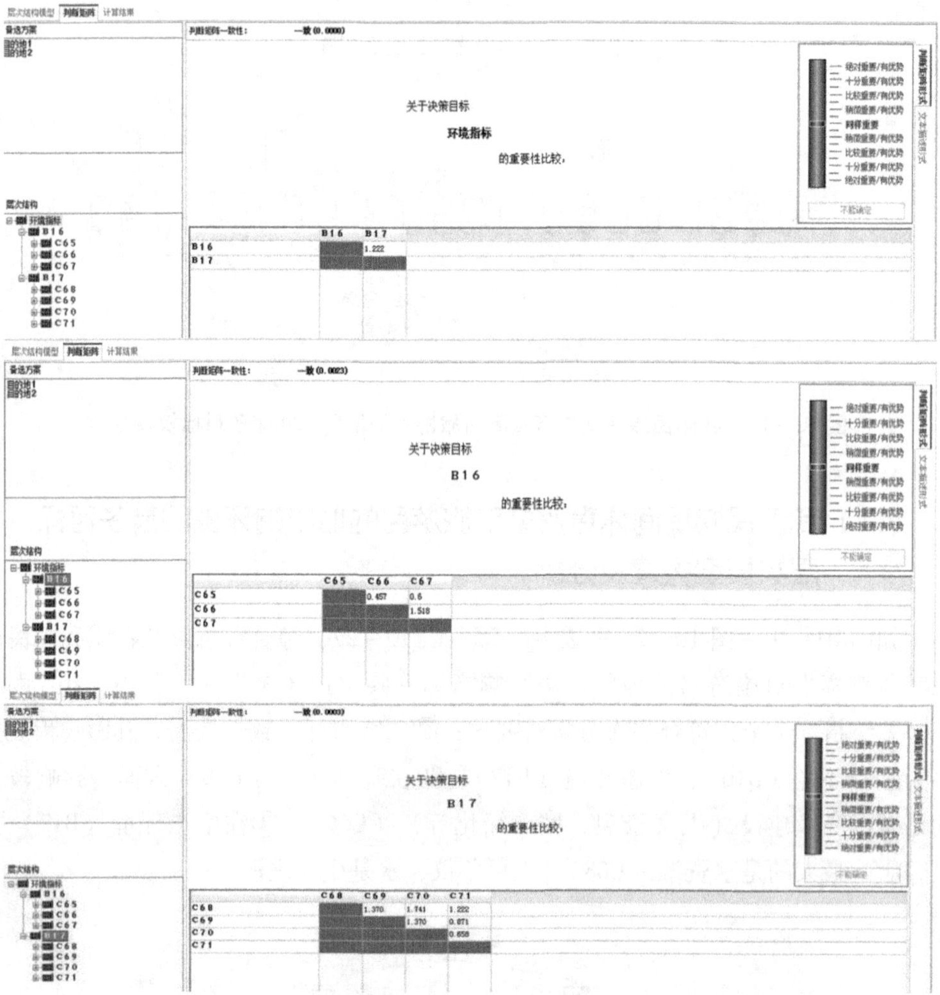

图 10－21　我国民族民间体育赛事对旅游目的地影响环境子目标判别矩阵

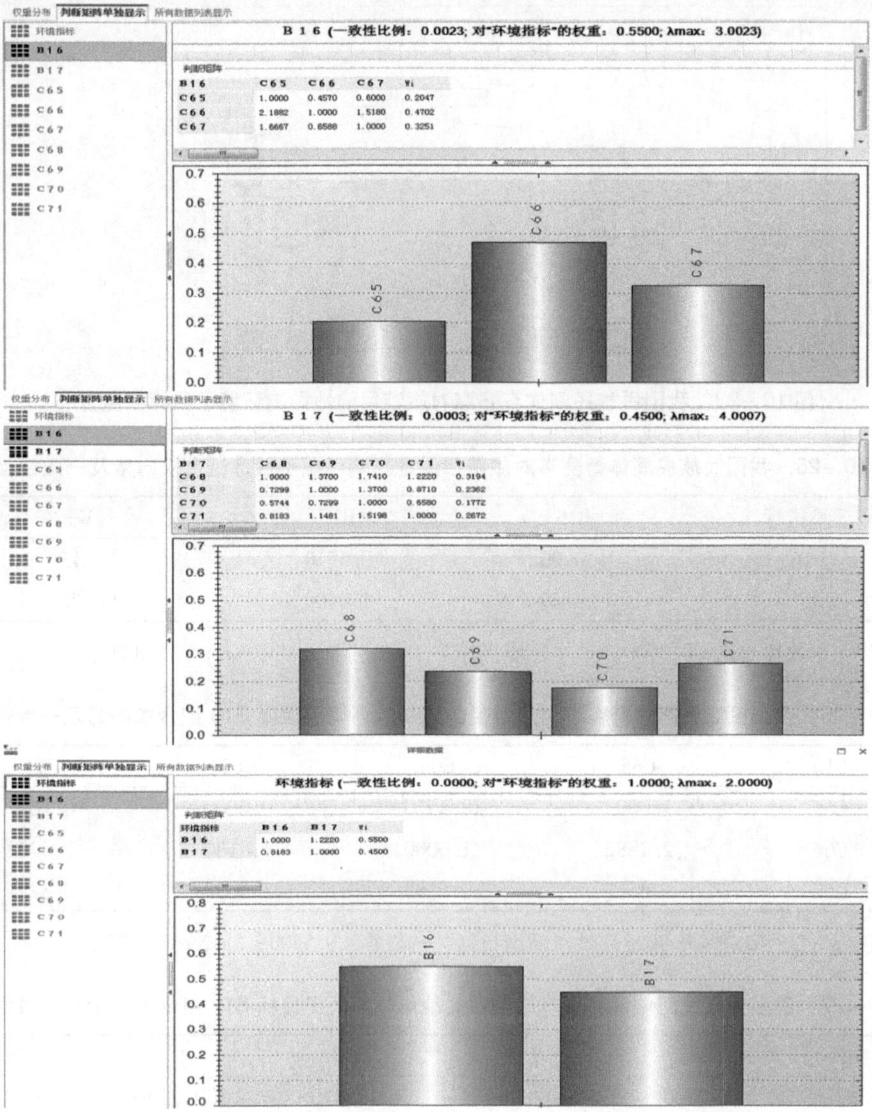


图 10－22　我国民族民间体育赛事对旅游目的地影响环境子目标一致性检验

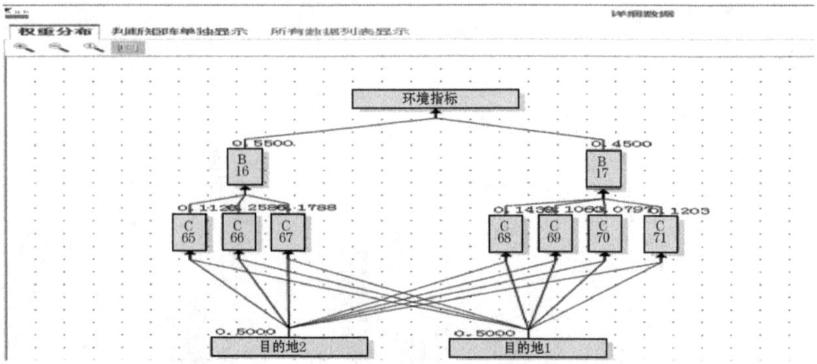


图 10－23　我国民族民间体育赛事对旅游目的地影响环境子目标权重分布

表 10－25　我国民族民间体育赛事对旅游目的地影响环境子目标组合权向量及一致性检验

| 环境指标 | B16 | B17 | Wi |
|---|---|---|---|
| B16 | 1.0000 | 0.5510 | 0.2136 |
| B17 | 1.8149 | 1.0000 | 0.3766 |

注：一致性比例：0.0000；对“环境指标”的权重：1.0000；λmax：2.0000。

表 10－26　我国民族民间体育赛事对旅游目的地影响环境子目标 B16 组合权向量及一致性检验

| B16 | C65 | C66 | C67 | Wi |
|---|---|---|---|---|
| C65 | 1.0000 | 0.4570 | 0.6000 | 0.2047 |
| C66 | 2.1882 | 1.0000 | 1.5180 | 0.4702 |
| C67 | 1.6667 | 0.6588 | 1.0000 | 0.3251 |

注：一致性比例：0.0023；对“环境指标”的权重：0.5500；λmax：3.0023。

表 10－27　我国民族民间体育赛事对旅游目的地影响环境子目标 B17 组合权向量及一致性检验

| B17 | C68 | C69 | C70 | C71 | Wi |
|---|---|---|---|---|---|
| C68 | 1.0000 | 1.3700 | 1.7410 | 1.2220 | 0.3194 |
| C69 | 0.7299 | 1.0000 | 1.3700 | 0.8710 | 0.2362 |
| C70 | 0.5744 | 0.7299 | 1.0000 | 0.6580 | 0.1772 |
| C71 | 0.8183 | 1.1481 | 1.5198 | 1.0000 | 0.2672 |

注：一致性比例：0.0003；对“环境指标”的权重：0.4500；λmax：4.0007。

# 第五节　我国民族民间体育赛事对旅游目的地影响指标体系的确定

本研究运用层次分析法，通过对我国民族民间体育赛事对旅游目的地影响指标体系进行系统分析，笔者结合实地考察的深切感悟，对部分权重较低的指标进行了诠释，部分指标予以删除，并按照层次分析法对研究过程中指标权重所反映的影响重要程度进行了从高到低的排序，最终确定我国民族民间体育赛事对旅游目的地影响指标体系，其中一级指标 5 项，二级指标 17 项，三级指标 66 项，详见表 10－28。

**表 10－28　我国民族民间体育赛事对旅游目的地影响指标体系及权重一览表**

| 一级指标 | 二级指标 | 三级指标 |
|---|---|---|
| 文化指标（A1）0. 3126 | 文化遗产（B1）0. 2424 | 古迹（C1）0. 3315 |
| | | 历史街区（C2）0. 2794 |
| | | 纪念性建筑物（C3）0. 2346 |
| | | 寺庙、教堂等（C4）0. 1546 |
| | 文化服务（B2）0. 2353 | 民俗表演（C5）0. 3886 |
| | | 庆典活动（C6）0. 2621 |
| | | 宗教、祭祀活动（C7）0. 1796 |
| | | 文化研讨会等（C8）0. 1698 |
| | 文化产品（B3）0. 1965 | 旅游目的地宣传片（C9）0. 3229 |
| | | 民俗艺术品（C10）0. 2558 |
| | | 民族民间体育及赛事相关影像作品（C11）0. 2007 |
| | | 邮票、纪念章等（C12）0. 1268 |
| | | 图书资料（C13）0. 0939 |

续表

| 一级指标 | 二级指标 | 三级指标 |
| --- | --- | --- |
| 文化指标（A1）0.3126 | 文化设施（B4）0.1742 | 文化广场（C14）0.2963 |
| | | 文化活动中心（C15）0.2607 |
| | | 文化产业园（C16）0.2607 |
| | | 博物馆（C17）0.1824 |
| | 文化团体（B5）0.1516 | 民间文化社团的影响力（C18）0.4852 |
| | | 民间文化社团的种类（C19）0.2726 |
| | | 民间文化社团的数量（C20）0.2422 |
| 社会指标（A2）0.2579 | 旅游目的地形象（B6）0.3766 | 品牌形象（知名度和美誉度）（C21）0.4033 |
| | | 服务形象（服务水平、人员形象、管理水平、精神形象等）（C22）0.3347 |
| | | 实力形象（资源条件、社区环境、客源条件、旅游设施等）（C23）0.2620 |
| | 媒体的关注度（B7）0.2716 | 媒体的知名度、影响力（C24）0.4705 |
| | | 媒体的种类（C25）0.2728 |
| | | 媒体的数量（C26）0.2566 |
| | 基础设施建设（B8）0.2136 | 交通运输（市内交通和区域交通）（C27）0.4794 |
| | | 通信设施（C28）0.2828 |
| | | 供水、供气、供电设施（C29）0.2378 |
| | 当地居民综合素质（B9）0.1382 | 民族认同、赛事认同等（C30）0.2704 |
| | | 赛事的关注度和参与度（C31）0.2355 |
| | | 区域和谐、稳定（C32）0.1441 |
| | | 道德素质（C33）0.1441 |
| | | 文化素质（C34）0.1294 |

续表

| 一级指标 | 二级指标 | 三级指标 |
| --- | --- | --- |
| 经济指标（A3）0. 1723 | 民族民间体育赛事主体产业（B10）0. 4280 | 民族民间体育赛事产品的生产（C35）0. 4398 |
| | | 民族民间体育赛事产品的销售（C36）0. 3717 |
| | | 民族民间体育赛事培训业（C37）0. 1005 |
| 经济指标（A3）0. 1723 | 民族民间体育赛事相关产业（B11）0. 3590 | 旅游业（C38）0. 2472 |
| | | 餐饮业（C39）0. 1977 |
| | | 特色产品零售业（C40）0. 1674 |
| | | 住宿业（C41）0. 1553 |
| | | 经贸洽谈活动（C42）0. 0900 |
| | | 会展业务（包括博览会等）（C43）0. 0807 |
| | | 其他（如畜牧业）（C44）0. 0530 |
| | 旅游目的地体育产业（民族民间体育赛事产业除外）（B12）0. 2123 | 体育旅游业（C45）0. 2692 |
| | | 体育竞赛表演业（C46）0. 2024 |
| | | 体育场馆服务业（C47）0. 1332 |
| | | 体育广告业（C48）0. 1199 |
| | | 体育健身娱乐业（C49）0. 1022 |
| | | 体育用品业（C50）0. 0969 |
| 环境指标（A4）0. 1473 | 基础环境（B13）0. 5500 | 基础环境建设（人文景观、城市绿化等）（C51）0. 4702 |
| | | 环境污染治理（城市垃圾等）（C52）0. 3251 |
| | | 基础环境管理（环保部门等）（C53）0. 2047 |
| | 生态环境（B14）0. 4500 | 水资源（C54）0. 3194 |
| | | 空气资源（C55）0. 2672 |
| | | 土地资源（C56）0. 2362 |
| | | 生物资源（C57）0. 1772 |

续表

| 一级指标 | 二级指标 | 三级指标 |
|---|---|---|
| 政治指标（A5）0.1099 | 重大事件（民族民间体育赛事）组织与管理（B15）0.4117 | 地方政府赛事管理制度（C58）0.4933 |
| | | 地方政府部门分工及职能划分（C59）0.2815 |
| | | 地方政府组织机构设置（C60）0.2252 |
| | 突发事件（民族民间体育赛事）风险规避与应急预案及启动（B16）0.3884 | 突发事件的处置（C61）0.3074 |
| | | 安保设置（C62）0.2715 |
| | | 风险预测（C63）0.2106 |
| | | 部门协调（C64）0.2105 |
| | 国家及地方相关政策、法规、制度等（B17）0.1999 | 地方政府政策、法规、制度等（C65）0.6849 |
| | | 国家宏观政策、法规、制度等（C66）0.3151 |

构建我国民族民间体育赛事对旅游目的地影响指标体系应遵循科学性原则、全面性原则、系统性原则、可行性原则和集团决策的原则。我国民族民间体育赛事对旅游目的地影响指标体系初步构建共包括 5 个一级指标、17 个二级指标、65 个三级指标；第二轮修改完善后共包括 5 个一级指标、17 个二级指标、72 个三级指标；第三轮修改完善后共包括 5 个一级指标、17 个二级指标、68 个三级指标。通过层次分析法进行系统分析，我国民族民间体育赛事对旅游目的地影响指标体系包括一级指标 5 项，二级指标 17 项，三级指标 66 项。各级指标的一致性较高，我国民族民间体育赛事对旅游目的地文化领域的影响最大，其次是社会领域，再次是经济领域、环境领域和政治领域。该指标体系的建立，为后续我国民族民间体育赛事对旅游目的地影响的综合评价实证研究奠定了基础。我国民族民间体育赛事与旅游目的地互动影响是双向的，其指标体系也应该是两方面的，本项目中笔者主要侧重我国民族民间体育赛事对旅游目的地影响指标体系的理论构建，后期将进一步跟踪研究构建旅游目的地对民族民间体育赛事影响的指标体系，在此基础上，笔者将积极开展我国民族民间体育赛事与旅游目的地互动影响指标体系的实证研究和综合评价研究。

# 第十一章　潍坊国际风筝会对潍坊市影响的实证研究

风筝发源于自然现象和人类生活实践经验对人的启发，而人类原始的游戏娱乐的本能需要、“御风而行”的心理需要和宗教信仰的精神需要，是风筝发源的直接动力或“催化剂”[①]。风筝又称纸鸢，被视为一种文化艺术，是集扎、糊、绘、放于一体的一种综合艺术，寓意深厚，价值卓绝，是民俗文化传承的重要见证。它将传统民俗、自然界生态群、人类神话传说及历史小说人物、新生活的祝福等呈现在世人面前，是节庆民俗、未来生活向往、儿时追忆等的重要物证。潍坊风筝有着悠久的历史，自清代以来一直长盛不衰，近年来更是受到国内外风筝爱好者的好评。潍坊风筝被认为是民间风筝的代表，其突出特点是纯厚质朴、清新活泼，具有浓厚的生活气息，并在长期发展、借鉴、融合的过程中逐渐形成一定的规模，并以其浓郁的地方色彩和民间气息而扬名海内外[②]。得益于深厚的文化积淀、优良的文化传统，以及改革开放以来我国经济、社会的稳定、健康、快速发展，潍坊国际风筝会应势而生，传承发展成为山东省乃至全国、全世界重要的节事产业，对区域经济、社会、文化、环境等领域影响深远。节庆产业是城市文明发展的标志，是城市地位的象征，是现代文化产业的集中表现，在国民经济中扮

① 张基振，虞重干．风筝起源：文化人类学视角［J］．体育文化导刊，2006（6）：83－84.

② 丁媛媛，秦岁明．民间艺术的瑰宝：潍坊风筝［J］．艺术与设计（理论），2007（1）：122－124.

演着越来越重要的角色[①]。潍坊国际风筝会是集风筝、文化、旅游、招商四大版块于一体的综合性、国际性盛会。基于此，笔者组织团队，利用文献资料法、访谈法、实地考察法等研究方法，深入、系统地研究潍坊国际风筝会对潍坊市的影响，具有重要的理论和现实意义。

# 第一节　潍坊国际风筝会的诞生及变革

## 一、潍坊风筝的诞生、历史发展及衰退

### （一）潍坊风筝的诞生

任何事物的诞生都有其产生的环境和土壤。作为民间体育文化典范的潍坊风筝，其起源和发展自然也脱离不了中国风筝产生和发展的时代背景，与不同历史时期的经济社会生活息息相关。真正意义上的中国风筝兴起于隋唐，隋唐是中国历史上社会经济的大发展时期，这使风筝的产生具备一定的经济、生活条件，尤其是随着造纸业的发展，促进了风筝的诞生。到了宋朝，中国风筝已盛行于民间，甚至有了相对意义上的风筝比赛。宋人周密在《武林旧事》中提到，少年郎们竞相放纸鸢，相互牵引、拉扯纸鸢，如果纸鸢线断了就输了[②③]。可见宋朝就有了一定意义上的风筝比赛，宋朝风筝的发展由此可见一斑。真正意义上潍坊风筝的产生依托于中国风筝的产生和发展背景，得益于稳定的社会环境和经济生活水平的逐步发展；潍坊国际风筝会的诞生又得益于潍坊风筝的起源和长期的发展壮大。

---

① 柯华林，戚淑慧，管志成．西方节庆产业发展对我国的启示［J］．城市观察，2009（3）：79－86.

② 郑玉超，刘兵．潍坊国际风筝会的起源与发展［J］．体育文化导刊，2013（3）：33－36.

③ 周密．武林旧事·卷三·西湖游幸［M］．北京：中国商业出版社，1982：44.

## （二）潍坊风筝的历史发展

潍坊风筝兴起于宋朝，普及于明朝，繁荣于清朝。到了清朝乾隆嘉庆年间，关于潍坊风筝的记载和描述已见于正史和诗词，从这些史志和诗词中可以领略到潍坊风筝的繁荣与发展。清朝著名诗人兼书画家郑板桥任职潍县县令七年，曾写过这样的诗来怀念潍县："纸花如雪满天飞，娇女秋千打四围。五色罗裙风摆动，好将蝴蝶斗春归。"将潍县的风筝特点和放风筝的风俗描写得淋漓尽致①。清朝道光年间，诗人郭麟则在其所著的《潍县竹枝词》中这样写道："一百四日小寒食，冶游争上白浪河，纸鸢儿子秋千女，乱草新来春燕多。"诗中描述了人们春日游玩放风筝、荡秋千的欢快场景；同时从这首诗中可以看出放风筝已经完全成为民间的日常娱乐活动，给人们带来了很多乐趣。

到了清朝末期，潍坊风筝经过长期发展，不论在描绘还是扎制技术上，都独具特色，成为中国风筝史上的重要流派。潍坊风筝同中国许多民间艺术形式一样，产生于人们的娱乐活动，是寄托着人们的理想和愿望，与人们的生活有密切联系的娱乐品。风筝造型所模仿的自然事物、社会生活及神话传说中的形象，都寄托着"吉祥"和"吉庆"，兴趣和理想，充分体现了人们对美好生活的向往。伴随着风筝的兴盛，潍坊风筝成为当地人们经济生活中的家庭成员，以商品的形式进入流通，糊制风筝成为一种职业，一种重要生计。据史料记载，早在清朝，潍县城里的风筝作坊和店铺就有30余家，清明时节在集市上摊的有数十户，外地客商在这里络绎不绝，生意十分兴隆；清代诗人裴星川有竹枝词为证："风筝市在东城墙，购选游人来去忙，花样翻新招主顾，双双蝴蝶鸢成行。"这首词描写了白浪河边的风筝集市的贸易盛况，反映了该时期潍坊风筝的商业化发展已经具备相当规模②。

综上所述，清明节期间放风筝，自古已有之。从史志和诗词中可以见到许多清明节期间春游放风筝的场景描写；通过这些记载和描述我们可以领略到风筝文化早已深入民间，风筝文化已在潍坊根深蒂固。到了近代，1933、1935 和 1937 年

① 潍坊风筝［EB/OL］. http：//baike. baidu. com/［2014 - 06 - 10］.

② 郑玉超，刘兵. 潍坊国际风筝会的起源与发展［J］. 体育文化导刊，2013（3）：33 - 36.

清明节时，潍县举办了3届风筝赛会，这时期的风筝赛会已有了现代风筝赛会的雏形。

### （三）潍坊风筝的衰退

从中华民国到中华人民共和国成立（1912—1949年），从中华人民共和国成立到改革开放（1949—1978年）这两段特殊的历史时期，潍坊风筝的发展随着社会大环境的恶化而逐渐衰退，进入低谷衰退期。任何一个文化事物的发展过程都是要受社会生活大环境制约的，而且这种制约是不随人的意志改变的①。1912—1949年期间，军阀割据、抗日战争、解放战争，加之“三年困难时期”，民不聊生，风筝创作及娱乐活动无法开展。1949—1978年，从中华人民共和国成立到改革开放，中国社会经历了“大跃进”“三年困难时期”“文化大革命”社会经历了一场浩劫，社会各领域全面倒退；风筝、龙舟等民间传统文化遭到了严重破坏，民俗文化在民间的发展进入谷底期。

## 二、潍坊国际风筝会的形成及发展

### （一）潍坊国际风筝会的诞生及兴起

潍坊国际风筝会的诞生及兴起得益于我国民俗民间传统文化的强大底蕴，虽然经历了沉痛的衰退和没落，但是依托改革开放创造的稳定、开放、经济快速增长的大环境，潍坊风筝又开始焕发生机，不仅在国内实现跨越式发展，而且还走出国门，向世界展示潍坊风筝的风采。如1980年潍坊与北京风筝一同代表中国参加了加拿大蒙特利尔举行的“人与世界博览会”；1981年参加了法国巴黎福尔耐图书馆举办的“中国传统艺术品展览会”；1982年参加了法国法中友好协会举办的“中国风筝博览会”，并进行放飞表演；1983年参加了联邦德国莱比锡博览会，龙

---

① 张基振．文化视野中民间体育的保护、传承与发展［D］．上海：上海体育学院，2007：85.

头蜈蚣风筝得到很高评价①②。最为重要的是，1983 年潍坊风筝代表山东参加了由上海市旅游公司、上海市工艺美术协会组织的上海淀山湖国际风筝交流活动。也恰恰是这次活动启发了潍坊人，由此酝酿形成了 1984 年 4 月的第 1 届潍坊国际风筝会。

### （二）潍坊国际风筝会的发展与变革

潍坊国际风筝会是我国最早冠以“国际”，并有众多海外人士参与的综合性、国际性重大地方节会。其创立的“风筝牵线、文体搭台、经贸唱戏”的模式，被全国各地广为借鉴。潍坊国际风筝会让世界了解了潍坊，让潍坊走向世界。为了探索在市场经济体制下“打好节会牌、唱好节会戏”的新路子，从第 16 届开始，组委会尝试市场化运作的办会模式，使风筝会越办越好，吸引了众多国内外游客。风筝会期间除举办风筝主体活动外，还举办旅游、经贸、文化及分项配套活动，目的在于整合潍坊地区的相关资源，全面促进潍坊地区经济社会发展。

# 第二节　潍坊国际风筝会对潍坊市的影响及表现

基于我国民族民间体育赛事对旅游目的地的影响机理研究，潍坊国际风筝会对潍坊市的影响主要体现在以下五个方面。

## 一、潍坊国际风筝会对潍坊市的影响——政治保障及号召力

潍坊国际风筝会自诞生至今已经经历了 30 余年的风雨历程，其举办、传承与

---

① 郑玉超，刘兵．潍坊国际风筝会的起源与发展［J］．体育文化导刊，2013（3）：33－36.

② 张基振．民间体育文化资源开发与地方社会经济发展：潍坊国际风筝会经济效益分析［J］．山东体育学院学报，2009，25（2）：13－15，53.

发展得益于国家和地方各级政府及相关部门的重视和大力支持（相关政策、法规的制定及实施；赛事组织管理专门机构的设立；政府公共资本的介入，如公安、消防、卫生、武警等）。

## （一）国家及地方相关政策、法规、制度等

改革开放以来，为满足人们群众日益增长的体育健身需求，国家及地方各级相关职能部门陆续出台了一系列的政策、法规及制度等，以保证我国体育事业的发展。①国家层面：如《中华人民共和国体育法》《国务院办公厅关于加快发展体育产业的指导意见》（国办发〔2010〕22 号）、《国务院关于加快发展体育产业促进体育消费的若干意见》（国发〔2014〕46 号）、《国务院办公厅关于加快发展生活性服务业促进消费结构升级的指导意见》（国办发（2015）85 号）等；②部委层面：《全民健身计划纲要》《全民健身条例》《山东省关于加快发展体育产业促进体育消费的实施意见》等；③地方层面：《潍坊市体育市场管理办法》《浮烟山风景区安全保卫、森林防火和环境卫生整治方案》等。此外，旅游局、文化局、环保局、交通部等也根据各自领域的发展情况，出台相关政策法规，指导和保障行业发展。如《交通运输部办公厅关于进一步规范庆典、研讨会、展会、论坛活动的意见》等。

潍坊国际风筝会的开幕时间根据实际情况，创办之初时为 4 月 1 日开幕，从 1992 年第 9 届潍坊国际风筝会起改为 4 月 20 日开幕，适应了形势发展的需要和市民广泛参与的需求；再到后来潍坊市第十五届人民代表大会常务委员会第二十次会议，听取了潍坊国际风筝会办公室主任张崇高受市政府委托所作的《关于调整潍坊国际风筝会开幕时间的汇报》，经审议决定，从 2012 年起，每年 4 月第三周的周六为潍坊国际风筝会的开幕日。同时，在潍坊国际风筝会举办期间，潍坊市政府将动用公共资源，加大安保力度及特定时间内的交通管制工作等，保证活动的顺利举行。

## （二）潍坊国际风筝会办公室

潍坊国际风筝会是一项享誉国内外的、一年一度的重要节事活动，是山东省的知名品牌民俗节庆活动。组委会成立潍坊国际风筝会办公室，全面行使潍坊国际风筝会的组织、管理、招商引资等职能是尤为必要的，专人专管，分工明确，责任到人，保证了赛事活动的顺利开展。潍坊国际风筝会办公室是伴随潍坊国际风筝会应运而生

的、独具潍坊特色的专门机构，成立于1985年，现为市政府直属的正县级事业单位，内设5个科（综合科、风筝业务科、广告招商科、大型活动科、会展科），同时挂潍坊市会展办公室、潍坊市风筝产业发展办公室、国际风筝联合会秘书处牌子，具体见表11－1、表11－2。对于风筝产业化发展，政府相关部门的作用格外重要。潍坊风筝产业的发展是2006年提上日程的，潍坊国际风筝办公室共分为4个部分，分别为国际风筝联合会、重大节庆活动办公室、风筝产业发展办公室及秘书处风筝会办公室等，人员编制20多人①。随着现在市场化运作，高水平、高质量赛事运营团队及公司的出现解决了一些难题之余，也必然会增加赛事的整体投入。

**表11－1　潍坊国际风筝会办公室领导岗位设置及分工**

| 岗位 | 职责与分工 |
| --- | --- |
| 主任、党组书记 | 负责主持机关全面工作，抓好一岗双责落实；侧重分管机关综合性文字、财务等工作 |
| 副主任、党组成员 | 协助主任工作，抓好一岗双责落实；遇有主任出差等情况，受主任委托主持机关工作。分管国际风筝联合会秘书处、风筝业务科、广告招商科。①负责风筝会风筝扎制创新和放飞比赛的组织、协调、指导和实施；②负责风筝会赛事活动的研讨、创新，各项赛事实施方案和比赛规则、规程的制定，风筝业务交流及裁判员培训；③负责风筝会国内外风筝团队的邀请；④负责国际风联秘书处的日常工作，协助业务主管部门做好国际风筝联合会年审、换届、会员代表大会组织实施等工作；⑤负责协同滨海经济技术开发区搞好国际风筝冲浪比赛和国际风联总部、风筝文化产业园区的规划建设；⑥负责风筝会赛事活动的冠名广告等节会招商工作；⑦负责联系国家体育总局社体中心，山东省体育总会，市委、市政府“两办”，市人大、政协“两办”，滨海经济技术开发区，市总工会，市体育局，潍坊恒润置业有限公司等；⑧负责以上工作所涉及的党风廉政、调查研究、招商引资、来信来访和新闻宣传、文字材料、经费预算、差旅审核、公务接待，以及所分管科工作人员思想政治工作；⑨负责在特殊情况下，与其他副主任之间临时进行工作补位；⑩负责主任交办的相关工作 |

① 宋清．潍坊风筝研究［J］．体育文化导刊，2015（4）：87－90.

续表

| 岗位 | 职责与分工 |
| --- | --- |
| 副主任、党组成员 | 协助主任工作，抓好一岗双责落实；分管会展科、大型活动科，潍坊市风筝产业协会。①负责会展业和风筝产业工作，抓好调研、策划、组织、协调、培育、管理和指导等工作；②负责市里下达给市风筝办机关的招商引资和招会引展工作；③负责风筝会方案的意见征集和论证起草，以及风筝会开幕式、展会、论坛等大型活动方案的策划、承办；④负责组织对风筝会各项重点活动的调度、情况汇总、绩效评估；⑤负责风筝会表彰工作的筹备和组织实施；⑥负责风筝会有关平面设计，北海路与浮烟山各国旗帜悬挂管护等工作；⑦负责联系市委、市政府“两办”，市委组织部、市委宣传部、市委接待处、市委台办、市人社局、市财政局、市公安局、市商务局、市民政局、市“三区”办、市贸促会、潍坊供电公司、鲁台会展中心、富华国际会展中心、金宝会展中心等；⑧负责以上工作所涉及的党风廉政、调查研究、来信来访和新闻宣传、文字材料、经费预算、差旅审核、公务接待，以及所分管科工作人员思想政治工作等；⑨负责在特殊情况下，与其他副主任之间临时进行工作补位；⑩负责主任交办的相关工作 |
| 副主任、党组成员 | 协助主任工作，抓好一岗双责落实；分管综合科，机关党支部。①负责机关日常文字工作，起草机关年度工作计划、情况报告、简报、总结及相关材料，主任办公会（扩大会）、党组会议、全体人员会议的组织及记录、纪要，会议议决事项的督查；②负责机关日常管理和作风建设，抓好考勤、值班、公务用车、文秘、文书档案、信息、通信、保密、公章、学习、培训、考核、安全、信访、计生、老干部、包村联户、后勤保障等工作；③负责机关党务、政工、人事管理工作；④负责机关厉行节约等各项管理办法的落实，协助主任做好财务管理工作；⑤负责机关党支部和精神文明创建工作；⑥负责风筝会贵宾、国内外风筝团队、友好节庆代表及其他因公来市风筝办机关客人等的接待服务；⑦负责联系市委、市政府“两办”，市委、市政府督查室，市委组织部、市委宣传部、 |

续表

| 岗位 | 职责与分工 |
| --- | --- |
| 副主任、党组成员 | 市人社局、市财政局、机关党工委，潍坊海关、市级机关事务管理局、市绩效考核办、市纪委派驻第五纪检组；⑧负责以上工作所涉及的党风廉政、调查研究、招商引资、来信来访和新闻宣传、文字材料、经费预算、差旅审核、公务接待，以及所分管科及机关干部的思想政治工作；⑨负责在特殊情况下，与其他副主任之间临时进行工作补位；⑩负责主任交办的相关工作 |

**表 11-2　潍坊国际风筝会办公室科室设置及分工**

| 潍坊国际风筝会办公室 | | |
| --- | --- | --- |
| 序号 | 科室 | 职能 |
| 1 | 综合科 | ①综合、协调、处理市风筝办（市会展办）机关日常工作，督促各科完成上级部门和办公室领导交办的各项工作；②负责机关的政治业务学习、党群、考勤、老干部、信访、纪检、计生、干部调整、党风廉政、医疗保健等工作，配合会展科做好人事档案管理、劳资工作；③负责机关的保密、安全保卫和值班工作，负责筹备、布置机关召开的重要会议，负责会议文件、会议记录和整理会议纪要；④负责草拟机关年度（阶段）工作计划、工作总结、工作报告、文电、信息、简报、信函，来文的收发、经办、传阅、催办等工作，做好机关网站内容更新及管理工作，做好纪检台账填报工作；⑤负责机关文书档案的收集、整理、保管和检索使用工作；⑥负责管理和使用潍坊国际风筝会办公室党组、潍坊国际风筝会办公室、潍坊国际风筝会筹委会、潍坊市会展办公室、潍坊市风筝产业发展办公室、国际风筝联合会、国际风筝联合会秘书处的印章；⑦负责风筝会期间友好节庆组织的邀请接待和风筝会演职员、放飞队员等的接待工作，负责机关日常外来人员的接洽工作；⑧负责机关后勤工作，做好机关办公设备、电器、物资设备及有关固定资产的管理维护工作；⑨负责机关所聘临时工人员管理，车辆安全、维修保养、加油、保险和年审等工作；⑩负责领导交办的其他工作 |

续表

| 序号 | 科室 | 职能 |
|---|---|---|
| 2 | 大型活动科 | ①负责策划和起草潍坊国际风筝会方案，风筝会新闻发布会、开幕式和风筝赛事开赛仪式的方案和实施细则，记录上述活动的有关领导讲话，并负责现场组织、协调、筹备、排练和指挥等工作；②负责招会引展和整理提报国内外重要展会工作；③负责策划和起草机关承办的其他有关大型活动方案和实施细则，并负责组织、协调、筹备工作；④在大型活动场地，配合广告招商科安排广告宣传工作；⑤负责提报潍坊国际风筝会先进单位、先进个人名单与表彰决定草案；⑥负责与国内外重大节会组织与活动的联谊工作；⑦负责浮烟山和北海路会员国、地区旗帜的悬挂；⑧负责风筝会有关重大活动及机关日常活动的摄影工作；⑨负责领导交办的其他工作 |
| 3 | 广告招商科 | ①负责起草潍坊国际风筝会的广告、招商工作方案，并组织实施；②负责起草潍坊国际风筝会宣传工作方案，并协调有关媒体、记者落实；③负责协调落实潍坊国际风筝会及有关活动的广告实施；④负责机关日常招商及风筝会期间广告招商工作；⑤负责潍坊日报《风筝与风筝会》专刊和《潍坊国际风筝会信息报》的组稿编辑；⑥负责市里下达给机关的招商引资任务的联络、督促、协调；⑦负责涉及风筝会等方面的情况总结、年鉴、史志资料的收集、整理和提供；⑧负责领导交办的其他工作 |
| 4 | 业务科 | ①负责起草世界风筝锦标赛及有关风筝比赛的申请、方案、竞赛细则，负责风筝竞赛的组织协调、管理监督、现场指挥工作，负责风筝放飞比赛成绩的汇总、审核公布工作；②负责风筝扎制和创新工作，负责风筝赛事先进单位、先进个人、优秀风筝作品的评选工作；③负责与国内外风筝组织、风筝爱好者的技术交流、友好往来及邀请对方参加风筝会；④负责风筝赛事裁判员的业务培训，不断扩大裁判员队伍；⑤负责国际风筝联合会秘书处日常工作，负责国际风筝联合会换届、年检、业务开展及国际风筝联合会网站的更新和维护工作；⑥负责对潍坊风筝协会、潍坊运动风筝代表队进行业务指导与管理工作；⑦在风筝放飞场地，配合广告招商科做好招商广告实施工作；⑧负责领导交办的其他工作 |

续表

| 序号 | 科室 | 职能 |
|---|---|---|
| 5 | 会展科 | ①承担市会展办公室、市风筝产业发展办公室有关工作，做好相关协调、联系、组织、规范、统计等工作，指导管理潍坊市风筝产业协会；②负责起草会展工作规划、意见、办法、工作要点、工作简报和总结报告；③负责培育壮大会展企业、风筝企业；④负责风筝会和相关会展的知识产权保护和无形资产开发；⑤负责组织承办市政府主办的有关会展活动，负责组织潍坊市参加国内外有关的会展活动；⑥负责潍坊国际风筝会票务、证件、纪念品设计制作，协助市财政做好会务财务工作；⑦负责办公室人事档案管理、劳资和福利待遇工作；⑧负责领导交办的其他工作 |

2016 年 3 月 17 日上午，第 33 届潍坊国际风筝会筹委会办公室在滨海区欢乐海召开调度会议，专题研究调度本届风筝会开幕式暨万人风筝放飞表演活动，各责任部门、单位负责人参加会议；会议印发了本届风筝会开幕式暨万人风筝放飞表演实施细则，明确了各有关责任部门、单位的职责分工，并围绕开幕式现场舞台搭建、交通疏导、安检、停车场扩建、餐饮供应、电力保障、放飞活动安全管理等进行了深入研究，形成了共识；据悉，本届风筝会开幕式于 4 月 16 日上午 10：00 在滨海区欢乐海举行，各项重大风筝赛事和表演于 4 月 16—18 日在滨海区沙滩举办①。

## 二、潍坊国际风筝会对潍坊市的影响——社会条件及吸引力

西方发达国家的经验告诉我们，体育赛事已成为旧城改造和新城建设的催化剂，是城市功能整合、规划布局调整的重要契机，在社会文化和经济发展两个方

① 风筝会开幕式暨万人风筝放飞表演筹备工作调度会召开［EB/OL］. http：//hzb. weifang. gov. cn/GZDT/GZDT/201603/t20160323_ 839766. html［2016 - 03 - 23］.

面为城市的可持续发展提供了内在动力①。社会条件是开展赛事、节事活动依托的重要条件，社会基础条件越好，越能吸引优质的赛事或节事资源驻足、扎根、生长；也越能够保证传统节事的繁衍生息。

## （一）基础设施建设

潍坊市基础设施建设以“风筝”为主题，加强品牌视觉标识，注重风筝文化资源开发，努力营造城市文化氛围，打造城市名片。①以“风筝”为主题建造一批大型建筑。如潍坊国际风筝博物馆以潍坊龙头蜈蚣风筝为原形，收藏、陈列了古今中外的风筝珍品及有关风筝的文物资料；世界风筝都纪念广场以“风筝文化、民俗文化、人文文化”为主题，展示了潍坊悠久的风筝文化和民俗文化；潍坊其他标志性建筑，如火车站、富华游乐场等的设计也以“风筝”为主题。②城市建设注重运用“风筝”标志。潍坊的建设者将城市标志巧妙地运用到各处公共基础设施的建设上，在公共设施上对城市标志的大范围巧妙运用，让市民和友人时刻能感悟风筝文化，感受“世界风筝之都”的独特魅力。② 笔者实地考察获悉，潍坊市道路及辅助设施建设中路灯风筝造型（北海路和四平路两侧蝴蝶风筝造型、海燕风筝造型的路灯），公交车停靠点民众等待区域设施上粘贴的年画艺术，潍坊人民广场、潍坊国际风筝博物馆区域广场等地点地砖、座椅上的风筝造型艺术等，潍坊城市重要标志“鸢都”也是风筝的造型，杨家埠民俗大观园与市区之间的公交车外观风筝彩绘、内部风筝龙或蜈蚣的真品挂饰等，这些都将赛事产品与城市基础设施建设融合在一起，使潍坊市的风筝内涵和特色更加浓郁，被人们称为“长着翅膀的城市”。“风筝会在不断地促进潍坊城市基础设施的提升和改造，像纪念广场、潍坊火车站、富华国际展览中心等地标性建筑都与风筝有关。”潍坊国际风筝会办公室负责人说，以节会的方式，潍坊风筝会在营销着潍坊③。如今，一说到风筝，人们就会想到潍坊；一说到潍坊，人们就会想到风筝。

---

① 黄海燕．体育赛事与城市发展［J］．体育科研，2010，31（1）：15－17.

② 夏莹，高泽华，刘梦雅．论城市文化资源的保护与利用：以潍坊风筝资源为例［J］．潍坊学院学报，2013，13（5）：27－29.

③ 文化搭台经贸唱戏 潍坊靠风筝获商机年赚10多亿［EB/OL］．http：//ms. jwb. com. cn/art/2013/10/30/art_ 1445_ 3707164. html［2013－10－30］.

城市基础设施状况是城市发展水平和文明程度的重要支撑，是城市经济和社会协调发展的物质条件。近年来，潍坊市城市基础设施功能日益增加，承载能力、系统性和效率都有了显著的进步，推动了城市经济的发展和居民生活条件的改善。2014 年 4 月 9 日，潍坊市召开全市交通运输工作会议，潍坊市交通基础设施建设计划投资 82.5 亿元，用于公路、港航、民航、铁路、公交、物流等交通基础设施建设，全力提升交通运输保障能力，其中 57.1 亿元投向公路建设，港航建设计划投资 12.5 亿元，地方铁路建设计划投资 5.5 亿元，场站、城市公交及其他设施建设计划投资 7.4 亿元[①]。

## （二）潍坊城市形象

体育需要城市，城市同样需要体育。节事活动在地方品牌化中具有作为促进城市发展的动力，强化地方意识；作为城市形象的塑造者，提升城市声誉；作为城市旅游吸引物，构成旅游产品体系的有机组成部分；作为提升旅游吸引物和城市目的地地位的催化剂，拉动地方基础建设的作用[②]。

潍坊国际风筝会是改革开放以来在全国举办最早、坚持时间最长、社会经济效益最好、得到党和国家领导人表扬最多、获得重大荣誉最多的极少数国际性节会之一，并在全国率先创造了“风筝牵线，文体搭台，经贸唱戏”的办会宗旨，一种形式（风筝会）四种结合（文化、体育、旅游、经济），以及“政府主办，市场运作，社会参与”的办会方式，内容越来越丰富，形式越来越新颖，市场化运作程度和市民的参与性越来越高，成为潍坊最有价值、最有代表性、最有影响力的城市品牌，成为潍坊对外开放的窗口、合作发展的平台。许多党和国家领导人莅临潍坊，出席风筝盛会、并给予了高度评价。1990 年 11 月 2 日，时任中共中央总书记江泽民同志在全国外宣工作会议上讲：“近几年来，各地利用经济贸易与文化结合开展对外宣传，如潍坊的国际风筝会，四川自贡的恐龙灯会等，也是成功的。”1993 年 4 月，时任国务院总理李鹏同志为潍坊国际风筝会题词：“弘扬风筝

① 潍坊市交通基础设施建设计划投资 82.5 亿元［EB/OL］. http：//www.sd.xinhuanet.com/wf/2014-04/10/c_1110176342.htm［2014-04-10］.

② 余青，吴必虎，殷平，等．中国城市节事活动的开发与管理［J］．地理研究，2004，23（6）：845-855.

文化，发展潍坊经济”①。

潍坊国际风筝会的成功举办，获得了诸多殊荣。2004 年，潍坊国际风筝会被国家体育总局授予“风筝运动特殊贡献奖”；2005 年，潍坊国际风筝会被联合国教科文民间艺术组织列入非物质文化遗产及民间艺术保护工程，并被国际节庆组织授予“中国最具国际影响力的十大节庆”称号；2008 年，《人民日报》、人民网，评出了“改革开放 30 年 30 个最受关注的节庆”，潍坊国际风筝会名列前茅；2011 年 4 月，潍坊国际风筝会被中国城市经济学会授予“城市品牌创新成就奖”；2011 年 5 月，潍坊国际风筝会又被《人民日报》、人民网评为“2011 中国十大品牌节庆”；2012 年 9 月，被国家民委、国际节庆协会等评为“中国最具魅力节庆城市”奖；2012 年 11 月，被中国节庆产业年会评为“2012 年度中国节庆产业金手指奖”；2015 年 11 月，潍坊国际风筝会办公室代表潍坊市成功申报“2015 中国‘十佳’会展品牌城市”，潍坊国际风筝会办公室被中国会展经济研究会授予“2015 全国会展创新发展先进单位”，被中国风筝协会授予“全国风筝比赛优秀组织奖”；2015 年 12 月，潍坊国际风筝会办公室被授予“山东省省级文明单位”荣誉称号②③。

## （三）潍坊市民综合素质

2014 年 4 月 19 日，第 31 届潍坊国际风筝会笔者实地调研来参会的外国友人，一致评价：潍坊人热情好客，潍坊好，我们喜欢潍坊！这是对潍坊的真实认同。齐鲁文化，孔孟思想，源远流长，时下国人对山东人的形象概括为“山东人好，山东人实诚”；山东人回馈世人“好客山东欢迎您”。

潍坊市民认为潍坊最具特色的文化资源是风筝，风筝在民众心中不仅是一种娱乐，更是一种精神的寄托。家住潍坊帝景苑小区的杨林海告诉笔者，风筝在潍坊市民心目中的地位是不可取代的。“每年的风筝会用万人空巷来形容一点也不为

① 风筝会简介［EB/OL］. http：//hzb. weifang. gov. cn/［2014 - 01 - 03］.

② 风筝会简介［EB/OL］. http：//hzb. weifang. gov. cn/WFGJFZH/FZHJJ/201401/t20140103_ 670749. html［2014 - 01 - 03］.

③ 潍坊国际风筝会办公室 2015 年创新发展回顾暨工作前瞻［EB/OL］. http：//www. wfnews. com. cn/news/2016 - 03/10/content_ 1648510. htm［2016 - 03 - 10］.

过。”杨林海说，“没有群众参与的节会肯定不是一个好节会，也肯定不会有长久的生命力。潍坊国际风筝会能连续成功举办30届，市民的积极参与起到了很大的助推作用。”潍坊国际风筝会办公室负责人说，每年的风筝会都会邀请专业的节会策划团队丰富风筝会的内容，先后推出了龙舟大赛、巡游狂欢、大型焰火公益燃放、大型艺术灯展、风筝产品展销会等活动项目，为市民参与和企业宣传品牌形象提供了良机，也让老百姓热热闹闹、实实在在地感受到风筝会浓郁的节庆气氛[①]。潍坊国际风筝会办公室曾经做过一次调查，95%以上的市民认为风筝是潍坊向世界展示自己的一个平台，应该继续传承下去。2015年第32届潍坊国际风筝会举办期间，市人大、市政协分别组织市人大代表、市政协委员进行了专项视察，对筹备工作给予了充分肯定；根据对300名市民随机抽样问卷数据，对2015年风筝会的满意率达到99%以上[②]。笔者实地调研深深感悟到，我国民族民间体育赛事及节事活动的举办，首先是要考虑当地人的参与，只有当地人参与了，赛事及节事活动才能真正成为当地老百姓自己的节日，才有生命力和竞争力。旅游目的地当地居民是民族民间体育赛事最大的受众群体，对周边居民和游客也具有一定的影响。

### （四）新闻媒体

潍坊国际风筝会是一场集文化、旅游、表演、竞技、休闲等于一体的节日盛会，各种商机随之出现，会产生集聚效应、轰动效应和注意力经济，大量媒体的介入，反映了国家和地方政府的重视度、社会的关注度、赛事的影响力等，对潍坊市的宣传效果颇佳。通过表11－3我们可以看出，随着节事活动的不断成熟与壮大，媒体的参与数量不断增加，关注的视角越来越丰富。

---

① 安蔚．文化搭台经贸唱戏：潍坊靠风筝获商机年赚10多亿［N］．渤海早报，2013－10－30.

② 第32届潍坊国际风筝会情况［EB/OL］．http：//hzb. weifang. gov. cn/WFGJFZH/LJFZH/201506/t20150617_ 804440. html［2015－06－17］.

表 11－3　潍坊国际风筝会部分届次新闻媒体参与一览表

| 年份（届） | 新闻媒体 |
| --- | --- |
| 1984（1届） | 参加风筝会的有美国、日本、英国、加拿大、澳大利亚、法国等国家，以及中国香港地区的近百家新闻机构和国内45家新闻单位 |
| 1985（2届） | 有20个国家的新闻记者和北京、上海、济南及全国各地77家新闻单位的138名记者参加 |
| 2013（30届） | 第8届潍坊旅游节，“百名新闻媒体记者潍坊行”，邀请到包括《中国旅游报》《香港文汇报》、新华网、南京电视台等在内的各大媒体记者60余人“千家中外旅行社潍坊行”，邀请了韩国、中国台湾及内地百强旅行社包括山东省内16个城市旅行社总经理240人来潍坊，与百名新闻媒体记者采风团同步进行潍坊旅游精品线路踏线考察 |
| 2014（31届） | 2014年4月2日，第31届潍坊国际风筝会新闻发布会在北京举行，新华社、《人民日报》、中央电视台等驻京50余家媒体记者出席发布会。会后各媒体相继刊发相关报道100多篇。各类网络媒体累计登载、转载风筝会相关报道2000余篇次 |
| 2015（32届） | 2015年4月3日，第32届潍坊国际风筝会新闻发布会在北京举行，新华社、《人民日报》、中央电视台等驻京60余家媒体记者出席发布会。会后各媒体相继刊发相关报道100多篇，大众日报作了风筝会专版介绍。各类网络媒体累计登载、转载风筝会相关报道3000余篇次 |

## 三、潍坊国际风筝会对潍坊市的影响——经济根本及竞争力

经济是当代体育发展的基础，体育的发展依赖于经济的发展，并受经济发展状况的制约[①]。节庆产业是城市文明发展的标志，是城市地位的象征，是现代文化

① 钟天朗．体育经济学概论［M］．上海：复旦大学出版社，2007：30－33.

产业的集中表现，在国民经济中扮演着越来越重要的角色；节庆产业已成为一门大产业，一门黏合性极强、吸引人们眼球的“超级产业”①。据不完全统计，全球知名的8万个节庆中，95%起源于发达国家，发展中国家占的比例很少；节庆产业蕴含着无限商机，犹如聚宝盆，节庆经济效益明显，投入产出比例在1∶100左右②。如美国玫瑰节是新年庆典，节庆活动中轰动全美的大学生橄榄球锦标赛，通过广播电视卫星每年向60多个国家和地区转播，全球有4.5亿观众收看，同时还为加利福尼亚州帕市的商业、旅馆业及其他行业带来1.5亿美元的经济效益；美国格莱美音乐节，全球175个国家、约200个城市电视转播，20亿观众收看，仅电视转播收入就高达32亿美元；西班牙潘普罗那市政府每年为奔牛节投入3.26亿比塞塔（约合人民币2014.68万元），但奔牛节为该市带来了77亿比塞塔（约合人民币4.76亿元）的丰厚收入②。潍坊国际风筝会作为一项节事活动，既属于传统民俗节庆产业，又属于体育型节事活动，具有规模效应，产业关联性极强，具有乘数效应，可以促进经济的增长。“好风凭借力，送我上青云”，潍坊国际风筝会已真正成为推动地方经济发展的助推器。潍坊国际风筝会对潍坊市经济的影响主要体现在以下几个方面。

## （一）潍坊风筝产业

潍坊市的风筝产业呈现出块状集聚发展态势，主要集中于奎文、潍城、寒亭、坊子四区；坊子区王家庄子村和寒亭区杨家埠村已形成主要的生产加工基地，潍城区火车站“地一大道”和寒亭区杨家埠大观园成为主要的风筝旅游展示销售地，奎文、潍城两区除聚集了70多家风筝厂外，还拥有风筝实体经销零售店300余家，其他市、区、县分布甚少②。涌现出了如潍坊天成、潍坊凯旋、杨家埠、飞人风筝厂等一些年销售收入300万元以上规模较大的企业，潍坊市具有自主出口权的企业有7家。2013年举办第30届潍坊国际风筝会时，笔者在实地调研过程中得知，20多年前全市仅有20余家企业，年销售额也只有几十万元。但潍坊国际风筝会的举

① 柯华林，戚淑慧，管志成．西方节庆产业发展对我国的启示［J］．城市观察，2009（3）：79－86.

② 风筝产业概况［EB/OL］．http：//hzb.weifang.gov.cn/FZCY/DYBG/201408/t20140806_709496.html［2014－08－06］．

办，给从事风筝生产的人提供了发展壮大的机会。有商业头脑的风筝厂老板纷纷借风筝会这个平台认识客商发展业务，很多风筝厂越做越大，也有更多的风筝艺人自己办厂创业，从业人员超过2万人，风筝及延伸产品年销售额已达10多亿元，市场占有率约占全国的75%，占世界的60%；产品除在潍坊当地销售外，北京、上海、义乌等地是其主要的营销集散地；产品已远销欧美、东南亚等区域的40多个国家和地区①。

2005年，潍坊市财政局的调查结果表明，潍坊市风筝产业集聚区之一坊子区王家庄子村，2004年风筝销售收入户均5万元以上，较大规模的风筝专业户有30余户，户均销售收入超过80万元，整个地区风筝年销售收入近4000万元，利润近400万元；潍坊中心城区有风筝生产企业60多家，年产风筝2000万只以上，销售收入超过5000万元，利润近1000万元②。

## （二）招商引资

当今城市经济发展，资金起着举足轻重的作用。潍坊国际风筝会经过多年的发展探索，已逐渐发展成为集各种交易会、展销会及多种文化活动的大型节会，已成为广泛吸纳外资的平台，招商引资成为风筝会经贸活动的重头戏，每年风筝会期间的经贸洽谈活动都会签订一批招商引资项目。通过吸引客商来潍坊投资兴业，为潍坊经济的快速发展起到了积极有效的推动作用。凭借风筝会，潍坊已先后与60多个国家和地区建立了文化交流关系，与110多个国家和地区建立了经贸合作关系，累计签订合同、协议2309个，利用市外资金2352亿元；“十二五”期间，每届风筝会签约合同资金都在100亿元以上③，详见表11－4。

---

① 文化搭台经贸唱戏 潍坊靠风筝获商机年赚10多亿［EB/OL］. http：//economy. enorth. com. cn/system/2013/10/30/011411649. shtml［2013－10－30］.

② 张基振. 民间体育文化资源开发与地方社会经济发展：潍坊国际风筝会经济效益分析［J］. 山东体育学院学报，2009，25（2）：13－15，53.

③ 夏莹，高泽华，刘梦雅. 论城市文化资源的保护与利用：以潍坊风筝资源为例［J］. 潍坊学院学报，2013，13（5）：27－29.

表 11－4　2011—2015 年潍坊国际风筝会招商情况一览表

| 年份（届） | 经济效益 |
|---|---|
| 2011（28 届） | 签约招商引资重点项目 33 个，合同利用市外资金 257.5 亿元；首届中国画节和第四届文展会，实现总交易额 5.6 亿元 |
| 2012（29 届） | 29 个大项目进行了集中签约，合同利用市外资金 227.1 亿元；历时 4 天的中国画节和文展会实现交易额 6.2 亿元 |
| 2013（30 届） | 潍坊蓝黄“两区”建设重点项目推介会期间，初步达成投资意向项目 32 个，合同和协议利用市外资金 196.25 亿元；首届中国软件工程标准高峰论坛期间，洽谈重点项目 34 个，计划总投资 116.2 亿元，其中合同项目 18 个，合同投资额 41.9 亿元 |
| 2014（31 届） | 潍坊蓝黄“两区”建设重点项目推介会期间，签约合同项目 19 个，合同利用市外资金 92.8 亿元，协议项目 13 个，协议利用市外资金 79.6 亿元，主要涉及现代海洋、高效生态、新能源、新材料、节能环保、生物医药等产业 |
| 2015（32 届） | 潍坊国际纳米谷、中美高科技产业园、年产 20 万吨生物基新材料、中央新影集团红高粱影视基地、渤海水产市场等 22 个招商项目进行了集中签约，涉及总投资 177 亿元 |

## （三）旅游产业

根据世界旅游组织的数据，中国未来将成为世界上第一大旅游接待国、第四大旅游客源国和世界上最大的国内旅游市场。据国家旅游局发布的相关数据，目前中国已成为全球第四大入境旅游接待国，同时也是亚洲最大的客源国。根据世界旅游组织的数据，到 2015 年中国入境过夜旅游者达 1 亿人次，国内旅游达 28 亿人次①。中国旅游业的良好发展趋势迫切需要对当下的旅游业进行转型和升级，潍坊市依托潍坊国际风筝会，利用自身条件和民俗文化，大力发展文化旅游产业

① 赵波．四川民族地区乡村旅游发展的战略转型与升级［J］．四川理工学院学报（社会科学版），2011，26（4）：78－82.

——民俗文化旅游业，效益显著。据专家介绍，节会经济具有巨大的关联效应，产业带动系数达到了1:9；风筝会带动了潍坊市住宿、餐饮、旅游、商业、交通、文化等产业的发展[①]。1987 年，潍坊地区的“千里民俗旅游”全线开通，全程1400 千米，途经潍坊 7 个县区，有 24 个景点，3 个民俗村，4 个博物馆；2004 年到潍坊观光的国内游客达 771 万人，境外及港澳台的游客达 3.1 万人[②③]。不断升温的旅游业又带动了旅游服务行业，如宾馆餐饮业、交通业等的发展，提高了现代服务业水平。1987 年，潍坊被国务院正式列为旅游开放城市。从 1987 年第一家三星级宾馆——鸢飞大酒店（潍坊与澳门合资）开业，到 2012 年，潍坊市的星级酒店已发展到了 61 家（其中五星级 4 家、四星级 22 家、三星级 35 家）。

此外，潍坊国际风筝会严格按照“风筝牵线，文体搭台，经贸唱戏”的办会宗旨，一种形式（风筝会）四种结合（文化、体育、旅游、经济），以及“政府主办，市场运作，社会参与”的办会方式，在门票、广告赞助、无形资产开发等领域也获得了不菲的回报。潍坊国际风筝会对潍坊城市经济发展的影响和推动既有直接的；又有间接的，既有即时的，也有延时的，是全方位、整体性的，具有明显的“联动效应”。

## 四、潍坊国际风筝会对潍坊市的影响——文化灵魂及感召力

城市节事活动作为一种重要的城市社会经济和文化活动形式，在我国城市的发展中正扮演着越来越重要的角色；这些节事活动，既张扬了城市的个性，繁荣了城市经济、文化生活，也发挥着“依节造势、因节发展、以节兴市”的作用，往往成为一个城市最具亲和力和感召力的事物[④]。节庆产业是城市文明发展的标

---

① 潍坊遍地节会助燃经济［EB/OL］. http：//cif. mofcom. gov. cn/site/html/［2015 - 08 - 10］.

② 虞重干，张基振. 中国现代风筝运动及其对民间体育发展的启示［J］. 体育科学，2006，26（1）：13 - 17.

③ 张基振. 民间体育文化资源开发与地方社会经济发展：潍坊国际风筝会经济效益分析［J］. 山东体育学院学报，2009，25（2）：13 - 15；53.

④ 余青，吴必虎，殷平，等. 中国城市节事活动的开发与管理［J］. 地理研究，2004，23（6）：845 - 854.

志，是城市地位的象征，是现代文化产业的集中表现，在国民经济中扮演着越来越重要的角色；节庆产业是民族文化、民俗文化和商业文化的综合体现[①]。特色是节庆产业的灵魂，是节庆产业的民族性和地域性的集中体现，但是特色必须与本土文化相结合，离开当地文化，特色就失去了意义。

潍坊风筝是一项文化艺术，艺术表现愈有地方性才愈有民族性，愈有民族性才愈有世界性；潍坊风筝之所以能在国内外享有盛名，正因为其重视继承传统，注重发挥民间艺术特色[②]。潍坊风筝经历了上千年的历史和文化的积淀，早已不是一个简单的物件，而是承载着人们理想和愿望的具有地域性的文化符号。潍坊国际风筝会并不是一项简单的节事活动，或者一项节事产业；它承载着对风筝文化、民俗文化的传承与发展，承载着儿时记忆和对美好生活的向往；其素材包括信仰民俗、动物崇拜、文玩器物、龙头蜈蚣等。潍坊国际风筝会对潍坊市文化的影响可以从以下几个方面来体现。

### （一）文化设施

潍坊国际风筝会的成功举办，使风筝文化已经融入这座城市和人们的日常生活中。借助潍坊国际风筝会，潍坊市规划建设了一批以风筝文化为主体的基础设施和标志性建筑。例如，①杨家埠民间艺术大观园（原杨家埠风筝厂），建于 1986 年 5 月，是目前国内最大的风筝厂，是集风筝生产、年画印刷与民俗旅游于一体的民间艺术大观园。②浮烟山国际风筝放飞场，1991 年建成，占地 12 公顷，草坪面积 9 万平方米，停车场 16 万平方米，可同时停放 3 万辆汽车。主席台 1320 平方米，观礼台 1800 平方米，大型会议厅可容纳 5000 人。有高 16 米，跨度 30 米的山门牌坊 1 座。每年 4 月 20 日，潍坊国际风筝会放飞表演在这里举行，数十万中外游客云集于此，它已成为潍坊人民向世界展示潍坊两个文明建设风貌的重要窗口。③潍坊世界风筝博物馆，建于 1987 年，系全国第一座风筝专业性博物馆。占地 1.2 万平方米，建筑面积 8100 平方米，馆内有大小展厅 12 个，展现了从公元前 5 世纪“鲁班风筝”至今的中外各式风筝。④潍坊艺术文化中心，总投资 28 亿元建

---

① 柯华林，戚淑慧，管志成．西方节庆产业发展对我国的启示［J］．城市观察，2009（3）：79－86.

② 丁媛媛，秦岁明．民间艺术的瑰宝：潍坊风筝［J］．艺术与设计（理论），2007（1）：122－124.

设的市民文化艺术中心，包括城市规划艺术馆、青少年宫、文化宫、图书馆、科技馆、大剧院、音乐厅等，是目前潍坊市最大的城市公共文化建筑。北部市民休闲广场于2003年4月建成开放，深得市民的欢迎与喜爱，已成为市民休闲娱乐、健身强体和举办大型集会活动的综合性城市广场。⑤潍坊滨海——中国国际风筝冲浪基地，2010年8月20日由国家体育总局命名，中国美术家协会主席刘大为在泰山石上题字，计划投资12亿元的潍坊滨海风筝文化产业园项目签约落户，项目包括国际风联大厦、草坪风筝放飞场、综合性风筝放飞看台、国际马术俱乐部及酒店、国际标准马术表演场、跑马场、国家大马戏剧院、商贸配套服务区等。⑥世界风筝都纪念广场，是以"风筝文化、民俗文化、人文文化"为主题规划设计的，2006年4月15日竣工开放，是潍坊城市建设史上的新亮点，展现风筝都形象的标志性景观。现已成为展示风筝文化与民俗文化、市民休闲娱乐、全民健身强体、商业购物消费及举办大型集会活动的综合性城市广场。

## （二）文化遗产

潍坊国际风筝会的成功举办，给人类社会留下了一笔丰厚的文化遗产，下述文化设施目前大都成为了潍坊市的标志性建筑物。①富华国际展览中心。外观设计采用潍坊传统"沙燕"风筝造型，整体造型优美、气势恢宏，是潍坊城市建设标志性建筑之一。②潍坊文化艺术中心。采用舒展的总体布局，采取南北轴线对称的方式，融合潍坊世界风筝都的含义，采用展翅飞翔的风筝形态的构图手法，既有民族传统韵味，又有现代风格的建筑形态与景观空间，塑造出象征城市飞跃发展的标志性建筑。③鲁台会展中心。整个建筑造型的设计灵感源自海边岩石，展厅和会议部分为两座建筑犹如一大一小两块巍然矗立的巨石，两块巨石隔海相守相望，立意为海峡两岸政治、经济、文化交流的综合平台，取名"驻石守望"。④潍坊世界风筝博物馆。建筑造型选取了潍坊龙头蜈蚣风筝的特点，屋脊是一条完整的组合陶瓷巨龙，屋顶用孔雀兰琉璃瓦铺成，似蛟龙遨游长空伏而又起，设计风格在国内独树一帜，展现了"世界风筝都"的风采。

## （三）文化产品

潍坊国际风筝会的举办，极大地促进了潍坊市文化产品的丰富度。部分产品也是对潍坊风筝的传承和保护：①图书资料。潍坊风筝博物馆和杨家埠民俗文化园的建成开放，都在挖掘、整理、传播潍坊风筝文化，使其文献资料非常翔实。在早期，潍坊市政府就组织编写了《潍坊风筝》《风筝与潍坊国际风筝会》《乡土瑰宝》《风筝的学问》等多部著作，对潍坊风筝文化进行了较全面的研究[①]。②城市宣传片。媒体介入，大量报道铺天盖地，尤其是各种网络媒体，通过网络平台传输的潍坊国际风筝会的视频，是城市宣传中一项重要的活态宣传作品。如大型城市形象宣传片《新潍坊》，在第 9 届中国金鹰电视艺术节上喜获中国金鹰奖。③民俗艺术品。杨家埠民俗艺术大观园，是风筝、木板年画、剪纸等民俗文化集中展示的场所。杨家埠是潍坊风筝的发祥地，历史源远流长，风筝先人把年画与风筝融为一体，就产生了“放到天上是风筝，挂在墙上是年画”之说。为风筝会制作的长 350 米的龙头蜈蚣，被誉为“世界之最”。④邮票、纪念章等。国家邮政局于 2005 年 2 月 1 日发行的《杨家埠木版年画》特种邮票 1 套 4 枚，另发行小全张 1 枚。杨家埠木版年画因起源于山东淮坊市的淮县杨家埠，亦称“潍县年画”或“杨家埠年画”，主要采用木版水印套色印制，色彩以红、绿、黄、紫为主，既有北方年画的质朴明快，又具有南方年画的柔丽雅致。⑤潍坊风筝及国际风筝会相关影像作品。在杨家埠民俗大观园内拍摄的《大掌柜》，形象地介绍了潍坊风筝、木板年画等的传承与发展的历史。

### （四）文化服务

文化服务是由政府、社会团体等提供的，向民众提供文化产品及服务活动的总称。文化服务是潍坊国际风筝会活动内容的重要组成部分，赛事为其提供了展示和交流的平台。主要包括：①民俗表演。潍坊国际风筝会举办期间的开幕式、晚会等，是各种民俗文化展示的舞台，具有地方特色。如第 30 届潍坊国际风筝会开幕式文艺演出参演人员 2600 人，以大型团体操形式展演，分五个部分，包括序幕《龙飞凤舞迎盛会》、第一场《盛世强音奏新章》、第二场《缤纷四季叙乡情》、第三场《群英荟萃展雄风》、第四场《放飞梦想铸辉煌》。第 31 届潍坊国际风筝会

---

① 程雪霞，赵敬．潍坊风筝文化与城市品牌建设研究回顾与建议［J］．现代商贸工业，2015（7）：38－39.

开幕式创新转型，突出风筝文化：一是请莫言先生为风筝盛会题写了祝福语“高飞远翔，鸢都潍坊”；二是“无线风筝”横空问世。②修习所。潍坊杨家埠民俗文化大观园内设有民俗文化传习所，它既是中外青少年感受、体验民俗文化艺术的场所，又是传承民俗文化艺术（风筝、剪纸、木板年画）的场所，并有严格的传习制度。

值得关注的是文化服务中的民俗表演、庆典活动等当中包括大量人类非物质文化遗产：①口头传播和表达，包括作为非物质文化遗产媒介的语言；②表演艺术；③社会民俗、礼仪、节庆；④有关自然界和宇宙的知识和实践。2006 年 5 月 20 日，国务院批准文化部确定并公布了第一批国家级非物质文化遗产名录，其中包括杨家埠木版年画、剪纸等共计 518 项。

## （五）文化团体

潍坊是国际风筝联合会的总部所在地，并有潍坊风筝协会、潍坊风筝产业协会等多个协会组织。除此之外，还有天成飞鸢风筝有限公司、凯旋风筝有限公司、杨家埠风筝厂等一批风筝企业。在风筝资源的保护与开发中，这些民间组织起着举足轻重的作用：一方面，充分利用专家优势加强对风筝文化内涵及历史渊源的研究，为潍坊城市文化资源的开发提供意见和建议，并营造了良好的文化环境；另一方面，主动承担起文化交流与文化传播的责任，积极开展一系列的风筝展览及放飞比赛，在国内外展示“世界风筝都”的城市名片，如 2012 年长沙举办的橘子洲风筝节就是由天成飞鸢风筝有限公司与长沙市政府联合主办的①。潍坊国际风筝会，已经形成以风筝办公室、风筝协会、风筝企业、风筝艺人等为主导，从机关到学校，从工厂到农村，自上而下层层发动，各行各业共同参与的立体化发展格局。

---

① 夏莹，高泽华，刘梦雅．论城市文化资源的保护与利用：以潍坊风筝资源为例［J］．潍坊学院学报，2013，13（5）：27－29.

## 五、潍坊国际风筝会对潍坊市的影响——环境基础及推动力

世界在关注环境、低碳经济；中国在关注环境、生态平衡。环境是一个哲学概念，是空间与历史的交融，是自然界与社会文化的结合，是有形与有灵的统一。关注潍坊国际风筝会，就要关注潍坊市的基础环境和生态环境。

### （一）潍坊市基础环境

城市基础环境建设，是评价城市形象的一个重要指标，与城市绿化、人文景观建设、城市环保、城市基础设施改造、环境污染治理、城市居民环保意识等息息相关。主要包括：①基础环境的管理。根据中共山东省委、山东省人民政府批准的《潍坊市人民政府机构改革方案》（鲁厅字〔2009〕44 号）和中共潍坊市委、潍坊市人民政府印发的《潍坊市人民政府机构改革实施意见》（潍发〔2010〕3 号），设立潍坊市环境保护局，为市政府工作部门。职责主要有加强环境政策、规划、重大问题和运行机制的统筹协调；加强环境治理和对生态保护的指导、协调、监督；加强落实污染减排目标、环境监管。②基础环境的建设。主要是指城市绿化、人文景观、基础设施等的建设，目的是提升城市外部形象。如 2008 年北京奥运会主要从选址规划、科学施工、空气质量改善、清洁交通、整治城市水系、废弃物管理、清洁能源使用、城市绿化等多方面入手，对北京环境进行综合治理，兑现了 2000 年申办奥运时“绿色奥运”的承诺，此次奥运会使北京乃至整个中国都受益匪浅[①]。潍坊市为了保证潍坊国际风筝会的成功举办，不断改善赛场环境，兴建了浮烟山放飞场；为解决赛场和资源过度分散的现实窘境，招商引资兴建了潍坊滨海——中国国际风筝冲浪基地。潍坊市自 1998 年开始创建国家园林城市，按照“园在城中、城在绿中、三季有花、四季常青”的要求规划建设；1998—2014 年，累计绿化投资超过 50 亿元，城市绿化成效显著，城市绿量连续三年保持

① 安俊英，黄海燕，陶倩．体育赛事对举办城市环境影响评估研究［J］．成都体育学院学报，2013，39（2）：31－35.

1.5 倍的速度递增，人均占有公共绿地面积 10.2 平方米，城市绿化各项指标均已达到或超过国家园林城市的标准[①]。自 2003 年起，潍坊全面启动了生态市建设，深入开展了“十大工程百个项目”绿化建设，着力实施了“黄土不露天”“三拆一绿”“三河综合整治”工程、增绿增色、绿色家园绿色潍坊建设等绿化工程[②]。③环境污染的治理。主要是城市污染物的治理，包括污水、大气污染、城市垃圾、赛场垃圾的处理等。潍坊市于 2002 年 9 月 30 日正式开始建设的生活垃圾处理厂是山东省内一流的垃圾处理厂，总投资 1.6 亿元，占地面积 1111 亩（约为 74.07 公顷），日处理垃圾 700 吨，服务年限 20 年，总容量为 800 万立方米，于 2007 年 8 月 1 日建成投入使用，平均日处理生活垃圾达 550 吨[③]。2011 年潍坊正式成为全国首批餐厨废弃物资源化利用和无害化处理试点城市；2012 年潍坊启动建设餐厨废弃物资源化利用和无害化处理项目，该项目设计处理规模为 200 吨/日[④]。④潍坊市居民环境保护意识。潍坊市积极响应国家政策，开展一系列活动，着力加强城市居民的环保意识。如“潍坊十大环保人物”评选、“爱绿、护绿、共建绿色家园”植树节活动、发放环保购物袋及宣传手册等。

## （二）潍坊市生态环境

潍坊国际风筝会对生态环境的依赖性比较高，其对潍坊市生态环境的作用大都具有“负效应”。

### 1. 水资源

我国目前面临的水资源问题是资源性缺水及水污染严重。潍坊国际风筝会期间的用水主要包括参赛团队及组织、本地观众、外地观众、宾馆及餐厅等的一般生活用水。防治水污染是保护生态环境的重点任务，2008 年潍坊市共投入 4.91 亿

---

① 潍坊城市绿化指标均已达到或超过国家园林城市标准［EB/OL］. http://wfshuma.blog.163.com/blog/static/179801182007661049484 86/［2014-07-21］.

② 潍坊将用三年时间申建成为国家生态园林城市［EB/OL］. http://news.wf.fang.com/2012-03-11/7230184_all.html［2012-03-11］.

③ 潍坊市最大生活垃圾处理厂完工［EB/OL］. http://www.sd.xinhuanet.com/wq/2007-07/27/content_10693694.htm［2007-07-27］.

④ 潍坊餐厨垃圾无害化处理［EB/OL］. http://news.sina.com.cn/o/2014-10-17/120931004628.shtml［2014-10-17］.

元，完成了141个治污减排工程项目建设，先后拒批了140余个不符合产业政策或低水平重复建设项目，重点流域水污染治理步伐明显加快并取得了阶段性成果①。

2. 土地资源

为配合潍坊国际风筝会的举办而进行大面积的城市规划、场地修建及基础设施的建设，或多或少会对城市生态环境系统造成一定影响，包括绿化面积的减少、地质地貌污染与破坏、生物多样性的减少等。如潍坊国际风筝会万人风筝放飞的场地——浮烟山放飞场，占用了大量的土地。

3. 生物资源

潍坊国际风筝会举办期间，大量人群的涌入，势必会破坏生物资源，破坏自然界动物的栖息地等。

4. 空气资源

节事举办期间，大量人群的涌入会影响空气质量，同时大量人群形成的噪声，会干扰和影响当地居民生活环境。随着我国居民生活水平的提升，自驾游成为一种时尚旅游活动，大量汽车尾气的排放，也在很大程度上影响着空气质量。Rickard认为，对于在城市中举办的体育赛事而言，二氧化碳的排放是对主办城市自然环境影响较大的一个因素，比赛期间聚集的大量观众及他们的交通工具等都会给主办城市带来大量二氧化碳的排放②。

综上研究我们可以看出，潍坊国际风筝会对潍坊市的影响，与党的十八大提出的国家“五位一体”发展战略高度一致。潍坊国际风筝会与潍坊市的共生度和关联度极高，它们之间是一种互惠共生模式。

---

① 潍坊水污染防治工作取得阶段成果［EB/OL］. http：//www. sd. xinhuanet. com/wq/2009 - 02/13/content_ 15685639. htm［2009 - 02 - 13］.

② RICKARD A. Furthering the application of the ecological foot - print：assessing the environmental flows of professional events［M］. Nelbourne：University of Melbourne，2004.

# 第三节 潍坊国际风筝会的可持续发展

潍坊国际风筝会已成为潍坊市社会经济文化发展的强力助推器，但笔者通过文献梳理及实地考察发现，尚有诸多问题制约和阻碍了其可持续发展，亟待解决。近几年全国许多城市都十分重视打造各自的城市品牌，纷纷争办不同层次的风筝会，给潍坊国际风筝会打造城市品牌带来了不小的冲击和压力。创新发展是节会的灵魂和生命，在新常态下，潍坊国际风筝会只有与时俱进，不断创新，实现科学发展和可持续发展，才能进一步提升其品牌的市场竞争力和影响力。品牌价值的提升是一个系统工程，也是一个不断积累的过程。

## 一、潍坊国际风筝会文化的传承与创新

①政府相关机构、科研所、高校、民间组织等多方科研力量对潍坊国际风筝会文化特质的剖析和文化资源进行深层次梳理及挖掘；②建立传习所，传授风筝、木板年画、剪纸等传统民俗的制作技艺；③积极组织评选各个层次的非物质文化遗产传承人，拨付相关资金，保证并改善其生活及工作环境；④积极开展传承人的培养工作，如举办“非遗”传承人拜师收徒等活动；⑤完善相关的政策法规，从政策上对风筝、木板年画等资源进行保护，如减免税费等；⑥组织不同风筝流派之间的定期、不定期交流学习活动，不断创新风筝产品；⑦合并、优化、整合风筝产品市场，将传统与现代工艺融合发展，推陈出新，不断开拓国际市场。

## 二、潍坊市城市文化的挖掘与塑造

①政府相关机构、科研所、高校、民间组织等多方科研力量对潍坊市城市文化和文化资源进行梳理、挖掘、整理；②政府对城市文化的塑造提供政策上的支

持，如税金、融资渠道、土地等方面；③科研机构、高校、企业应开发高新技术对当地特色文化资源进行保护，保持文化资源的本真性；④加大宣传力度，提升当地特色文化资源在当地居民中的认同度，提高社会各界对本城市特色文化资源的了解程度，在传承保护的基础上合理利用；⑤寻求城市文化与赛事文化之间的融合，使二者互为依托、互相促进、互为补充。

## 三、增强潍坊国际风筝会的权威性和吸引力

①争取国家体育总局、国际风筝联合会的支持，继续重点办好“世界风筝锦标赛”和“潍坊风筝大赛”，按国际赛事规则，科学、严密组织，完善规则、规程，严格、公正裁判；②加大对参赛选手、团队的奖励力度；③加强对传统风筝、现代风筝扎制技术、工艺的研发，争取多出代表潍坊水平的精品力作；④降低潍坊国际风筝会的门票价格，吸引更多的民众参与。

## 四、创新、丰富潍坊国际风筝会的内涵

①不断创新风筝会的开幕式，突出风筝文化和全民参与的理念，集中展演以风筝为代表的地方文化和潍坊地区的民俗文化，尤其是非物质文化遗产的展示和巡演，让世界了解潍坊，让潍坊走向世界；②梳理、配置、整合重点配套活动，举办风筝盛会、文化盛会、经贸盛会、旅游盛会，包括风筝系列活动、文化系列活动、招商引资系列活动、休闲旅游系列活动等；③以潍坊国际风筝会为平台，积极在潍坊地区的区县开展特色分项活动，如中国（寿光）国际蔬菜科技博览会、中国诸城恐龙文化节、中国安丘民俗文化旅游节等；④不断拓展潍坊风筝的巡展区域、展示种类、巡展方式等，通过举办风筝展、风筝大师现场技艺展示、风筝放飞表演等形式，推介潍坊风筝文化，普及风筝运动，促进风筝产业发展；⑤将潍坊国际风筝会与文化、旅游、经济、环境、教育、艺术等领域合理配置、有机整合，将民族、国际、时尚紧密结合，真正形成“节会效应”，吸引更多的企业、组织和民众关注节事、投资节事、经营节事、管理节事、服务节事。

## 五、大力发展会展经济，打造国际会展名城

认真落实已有的财政扶持奖补政策，把《潍坊市人民政府办公室关于进一步促进全市会展业发展的意见》落到实处。①最大限度地利用鲁台会展中心、金宝国际会展中心、富华国际展览中心等，发展会展业，助力潍坊国际风筝会；②将会展经济向各市、区、县延伸，形成节会连动、时间衔接、借势借力、资源共享、优势互补、合作共赢的局面；③未来潍坊会展要注重展与会的结合，会展内容要趋于专业化、品牌化，将信息技术与实物展览相结合；④潍坊会展业，要在法制建设、品牌意识、现代化场馆建设、人才培养等方面加大力度，政府扶持是前提、完善设施是基础、健全法律是保障、人才建设是关键、严格监管是要责、周到服务是条件；⑤借鉴和学习国外发达国家的成功经验，打造会展业服务平台，包括综合效益平台、品牌展示平台、信息交流平台和产业升级平台；努力做到经营市场化、管理行业化、推介品牌化、运作国际化、功能多元化。

# 第十二章 我国民族民间体育赛事及旅游目的地可持续发展研究

我国民族民间体育赛事及旅游目的地的可持续发展，是整个文化、社会、经济、环境和政治诸方面都得到发展，可以概括为文化发展、社会发展、经济发展、生态发展和政治发展五个方面。因此，可持续发展不是指单纯的经济发展，而是五种可持续性相互联系、相互适应、相互制约、相互作用，共同组成一个可持续发展的系统整体。这个统一体中，经济建设是根本，政治建设是保障，文化建设是灵魂，社会建设是条件，生态文明建设是基础，是五个方面可持续性的高度统一与协调发展。在可持续发展系统整体中，对于旅游目的地而言，可持续经济发展处于主导地位，这种主导地位是建立在它与生态可持续性和社会可持续性相互适应与协调发展的基础上的①。我国民族民间体育赛事及旅游目的地可持续发展的根本目的和最佳模式是物质、人力、生态和文化四种资本的共同增值，最终实现区域经济社会的全面发展，这必然要求我国民族民间体育赛事及旅游目的地要不断进行制度创新、技术创新、生态创新和文化创新。

① 刘思明．对可持续发展经济的理论思考［J］．经济研究，1997（3）：46－54.

# 第一节　我国民族民间体育赛事及旅游目的地可持续发展路径

笔者结合我国民族民间体育赛事及旅游目的地发展现状，将文化、社会、经济、环境、政治五个子系统作为一个整体，力求从宏观、中观、微观层面系统阐述我国民族民间体育赛事及旅游目的地可持续发展的对策及建议。但是不同的民族民间体育赛事及旅游目的地在其自身的可持续发展过程中，需要坚持各自的发展原则和理念，如从点到面、梯级推进、循序渐进、共同推进、量力而行等，这些发展原则和理念受到我国民族民间体育赛事及旅游目的地的特点、区域经济、社会发展概况、政府和民众诉求等一些现实状况及影响因素的制约。为此，笔者及课题组结合我国民族民间体育赛事与旅游目的地互动影响的机理来进行归纳和总结，以期为政府及相关职能部门的决策提供依据。

## 一、我国民族民间体育赛事及旅游目的地可持续发展之文化路径

文化是民族的血脉和精神家园，对于我国民族民间体育赛事及旅游目的地而言，其可持续发展的根本在于文化的重塑、内涵的丰富和软实力的提升。我国民族民间体育文化和西方体育文化一样，都处于不断丰富更新和发展的过程中。世界现代体育文化的发展，迫切需要我国民族民间体育文化进行反思和重构，形成具有中国特色和区域特色的新的民族民间体育文化。这是一个需要不断挖掘、整理、传承、吸收、融合、发展的过程，未来我国民族民间体育赛事的发展，需要“大文化观”“大包容观”和创新理念，以民族和区域文化为根基，借鉴和吸收外来文化，不断丰富我国民族民间体育赛事的文化内涵，提升旅游目的地的文化软实力，着力关注文化、价值观、影响力、道德准则、文化感召力等无形的“软实

力”。只有民族的，才是世界的，我们要掌握民族文化的灵魂和核心要素，立足本国、本民族的文化，保持本国民族特色，才可能借助独特的民族文化使世界认识自己，从而走向世界。因此，我国民族民间体育赛事及旅游目的地目前的首要任务是重塑和挖掘，其次是保持、丰富、传承，形成具有自身特色的赛事文化和旅游目的地文化，最后是创新与发展。主要举措有以下几个方面。

## （一）我国民族民间体育赛事数据库的建立与维护更新工程

该项工程有助于赛事资源的收集、整理、挖掘、配置和整合；有助于维护民族民间体育赛事信息资源的整体性与共享性，保证信息的真实性与可读性；有助于民族民间体育赛事信息的传播与发展，保护民族民间体育赛事文化遗产；有助于旅游目的地资源的丰富和升级，加快产业融合和共同发展，最终形成民族民间体育赛事的域内联动、省际联动、域外联动的发展格局。①我国民族民间体育及赛事是人类重要的文化遗产，各省、自治区、直辖市政府科研机构、高校科研所（中心）和科研团队、民间社团联合组成科研团队，要做好民族民间体育项目、活动及赛事的收集、挖掘和整理工作；②建立我国民族民间体育赛事及旅游目的地信息资料数据库，并不断进行数据库信息资料的维护和更新；③挖掘、丰富我国民族民间体育赛事及旅游目的地文化内涵，利用赛事举办期开展赛事文化研讨会、座谈会和辩论会；④利用政府和媒体的导向作用，加大对赛事及旅游目的地的宣传力度，将赛事与文化、旅游、教育、环境等有机结合，不断提升赛事的影响力和市场竞争力。

## （二）我国民族民间体育赛事传承与发展的长效工程

我国民族民间体育赛事的传承与发展，政府是第一责任人，要发挥地方政府的职能，带动社会参与和全民响应，建立我国民族民间体育赛事传承与发展的长效机制。①将民族民间体育赛事作为一项品牌，尤其注重其文化传承与文化保护是我国民族民间体育赛事的主线，在组织和举办赛事的过程中主线要清晰、明确，切实做到文化再现，如中国汨罗江国际龙舟节龙舟竞渡的一系列文化及宗教礼仪流程；②注重民族民间体育传习者的保护，包括民间社会团体的保护和发展，切实做好国际、国家、省级、地市级等民族民间体育非物质文化遗产传承与保护政策的落实工作：一是资金支持，二是政策扶持，三是提供传习空间；③充分发挥中小学及高校的作用，将民族民间体育赛事带入校园，既可丰富校园文化，又可拓宽传承发展的空间；④加大我国民族民间体育赛事各方面人才的培养力度，建立人才储备库，包括教练员、裁判员、运动员、传习者和修习者、组织管理人员、赛事策划人员、赛事评估人员等。

### （三）我国民族民间体育赛事文化服务空间拓展及文化产品创新工程

将民族民间体育赛事文化传承发展纳入旅游目的地文化建设的重要内容，着力拓展我国民族民间体育赛事文化服务的空间和文化产品创新工作。①维修、维护、宣传和保护旅游目的地的著名物质文化遗产，如寺庙、宗祠、古建筑、文化遗址等；②加强旅游目的地文化中心、文化广场的维护和建设力度，使其成为文化服务开展的重要场所；③将赛事文化的传承发展融入旅游目的地产业生态园区建设中，将赛事与文化、环境等有机融合，如龙舟文化产业园、风筝文化产业园等；④成立赛事项目及文化和民俗文化及服务研究、表演团队，设计、开发赛事产品和服务、民俗文化产品及服务，深入挖掘赛事文化、民俗文化、民族民间体育项目和活动等，不定期组织和开展民俗文化及服务竞赛，包括各种民俗文化、民族民间体育活动展示及巡演活动。

### （四）我国民族民间体育赛事的传播和交流工程

我国民族民间体育赛事的传承与发展，要有“大文化观”“大市场观”“大体育观”“大民族观”，它是中国的，更是世界的。我国民族民间体育赛事的组织形式应该多样化，投资主体应该多元化，参与主体应该国际化，传播方式应该多渠道化，波及范围应该全球化。让更多的人感受中国文化、地域文化、赛事文化，最终实现民族认同、文化认同、赛事认同、区域认同。①经济先行，文化推进，牢牢把握当前我国积极倡导“丝绸之路”的契机，推动我国民族民间体育赛事的传播与交流；②学校是民族民间体育传播和交流的主要战场，如利用孔子学院，加强民族民间体育赛事的传播和交流；③动员社会各界及基层民众行动起来，搭建赛事传播和交流平台，组织和举办各种形式、各种层级的民族民间体育赛事，形成政府、社会各界和基层民众广泛参与的局面；④采用“走出去”和“引进来”

的策略，加大赛事的传播和交流，如赛马项目，实现多民族融合、多民族联合举办和开展的赛马大会；龙舟项目，举办东南亚地区龙舟邀请赛或对抗赛，加强区域、国家间的交流。

## 二、我国民族民间体育赛事及旅游目的地可持续发展之社会路径

社会建设是我国民族民间体育赛事可持续发展的前提条件。随着我国小康社会建设进程的不断推进、和谐社会理念的不断深入，社会各界人士安居乐业，多民族和谐相处。我国民族民间体育赛事及旅游目的地可持续发展主要有如下举措。

### （一）民众综合素质提升工程

民众综合素质水平是旅游目的地形象的重要指标，包括社会公民道德规范、礼仪；社会公民的爱心、包容心；社会公民的文明礼貌；社会建设的公民参与度、关注度和支持度等。①政府、社会团体、企事业单位、学校不定期组织开展公民道德规范、礼仪、文明礼貌竞赛活动；②政府积极引导公民参与社会建设，献计献策，聆听民声、关注民生、顺应民意、体现民权，切实保障我国公民的各项权益；③加强社会各界基层民众的文化素质教育，开展各种社会文明讲座，从自身做起，传递社会正能量；④积极开展“我爱我家”“我爱社区”“爱国爱家爱业”等系列活动，鼓励全民参与。

### （二）基础设施建设配套服务工程

我国民族民间体育赛事与基础设施建设之间是互为影响、互相促进的关系。基础设施建设必须符合各地的实际情况，要讲求量力而行、因地制宜、节俭实用等原则，杜绝盲目效仿、跟风建设的现象。①基础设施建设要与旅游目的地的整体布局和规划、旅游目的地中长期发展战略相一致，将基础设施建设与旅游目的地的经济、文化、旅游、环境等的发展通盘考虑进行，做到融合发展、利益共享。如潍坊北海休闲旅游度假区的基础设施建设，突显餐饮、住宿、休闲、购物、风筝文化体验等功能。②基础设施配套服务要考虑旅游目的地的实际概况，加大民

生工程的建设力度。如中国玛曲格萨尔赛马大会的配套服务由政府出面，统一对住宿（藏包）、餐饮（藏餐）进行规范管理，采用整体销售、收益均分的模式，调动当地居民、周边居民的参与度。③基础设施建设要体现赛事文化、旅游目的地地域文化、民族文化、建筑艺术等，着力打造旅游目的地地标性建筑和目标吸引物，如潍坊风筝博物馆、格萨尔文化广场等。④基础设施配套服务是旅游目的地软实力的体现，如交通、通信、医疗、教育、卫生、安保等，不断提升配套服务质量和服务意识。

## （三）青少年体质发展工程

2016 年两会提出“十三五”期间一百项大项目建设工程，第 98 项为青年体质达标率达到 95% 以上。①体育回归本质。要注重青少年体育的参与度、关注度和喜好度，要关注其实质、形式、过程及结果，莫让其成为一种负担、一句空话、一个口号。②体育项目和活动的丰富度、执行度、贯彻度。提出“五个一工程”：上好一堂体育课、开展好一个体育项目或者活动、组织好一场体育竞赛或表演；落实好每一项评价指标、掌握好一到两项民族民间体育项目或活动（尤其民族地区）。③青少年体质检测标准切忌大一统标准，要考虑民族地区的特殊性，注重民族民间体育项目及活动的开展。④不定期开展民族民间体育项目或活动表演、巡演和竞赛，促进青少年之间的交流，增强青少年的国家荣誉感；通过参与体育，塑造青少年健全的人格魅力和价值观。

## （四）我国民族民间体育赛事及旅游目的地星级评选工程

建立我国民族民间体育赛事及旅游目的地星级评审委员会，全面开展、落实星级评审工程。①组织成立科研团队，设计和构建综合、系统、科学、实用、高效的评估、评价机制和等级考核机制，对赛事及旅游目的地进行星级评审。②结合我国民族民间体育赛事发展的实际，构建赛事综合评价指标体系，设立专门的评价标准，对所有赛事进行量化、打分，定期考核，制定奖惩制度。③综合评价指标要反映赛事的影响力、市场竞争力、市场贡献力及综合效益评价，尤其是生态文化指标的贡献。④国家体育总局应设立专门的民族民间体育赛事贡献基金，培育和扶持民族民间体育竞赛市场。

## （五）民族、民俗传统村落的自我救赎工程

“2000 年全国有 360 万个古村落，2010 年是 270 万个，十年就消失了 90 万个，2015 年的自然村只有 200 万个左右。”① 当今社会，随着城镇化进程的不断推进，我国大量古村落面临着“消失”或“即将消失”的窘境，“现代化”危机、“空心化”趋势、“同质化”倾向是其重要原因。传统古村落是人类社会历史文化遗产的重要存在形式，是地方历史文化的集中展示，也是乡村社会更迭和绵延的重要文脉。乡村民俗文化旅游的兴起，将城市与自然、乡村等有机联系在一起，在很大程度上可解决乡村大量劳动力“留下来”和外来人口“走进来”的现实问题，前者主要讲大批青壮年劳动力的留下和回归，对“空巢家庭”和“留守家庭”的深刻影响，促进社会和谐；后者是乡村旅游经济的发展，吸引更多的人、企业走进乡村，共谋发展大业。①国家应成立传统民俗村落的保护和救助工程，在政策和资金方面给予大力支持，当地旅游局、文化局、教育局、体育局等成立互帮互助队伍，积极参与传统民俗、民族传统村落的建设和保护。②各村落应积极利用自然地理资源、传统文化资源、历史人文资源优势，大力发展乡村民俗旅游、乡村生态旅游、乡村民俗体验游、乡村民俗体育游、民族传统体育文化交流体验等模式。③鼓励外出务工人员回乡创业，着力打造民俗、体育、文化、生态领域的良性互动发展态势。④“引进来”专业性的营销策划团队，指导、策划、引导传统古村落的转型升级，凸显绿色、生态、环保的理念，讲求人与自然的和谐统一。如陕西关中地区的袁家村、江西婺源古村、重庆合川涞滩古镇、浙江乌镇、云南和顺古镇、山西皇城相府、福建培田古村、安徽宏村、青海互助土族自治县小庄村、新疆阿勒泰白哈巴村等。

---

① 冯骥才呼吁保护古村落：十年消失 90 万个古村落［EB/OL］. http：//culture. people. com. cn/n/2015/0311/c22219 - 26672389. html［2015 - 03 - 11］.

## 三、我国民族民间体育赛事及旅游目的地可持续发展之经济路径

经济可持续性就是从经济学角度来看可持续发展，是指发展不以伤害后代人的利益为前提来满足当代人的需求，保障人类发展的长期利益或后代人的持续收入。可持续发展经济可以定义为：“当发展能够保证当代人的福利增加时，也不会使后代人的福利减少。”① 经济可持续性的一个重要方面，就是人们生产经营活动的经济增长和可获利性，它要求国民经济系统保持产出水平等于或大于历史平均值的能力，是个产出没有负增长趋势的系统，而且经济增长既重视数量增加，又重视质量改善，还要降低消耗，节约资源，减少废物，提高效率，增进效益，力求经济增长和经济收益的变异性较低或最低，从而保证国民经济持续、稳定、协调发展②。现实实际情况下，我国民族民间体育赛事的可持续发展，作用和依靠于旅游目的地经济的可持续，具体落实在体制、技术和生态的创新。主要举措如下。

### （一）我国民族民间体育赛事及旅游目的地市场经济体制的深入工程

自 1992 年邓小平同志南方谈话，社会主义市场经济体制确立以来，我国经济社会发生了翻天覆地的变化，社会生活极大丰富，经济结构不断优化完善，体育市场活性和贡献不断提升。①我国民族民间体育赛事的可持续发展，需要更多的社会经济体准入、投资、共享，即所谓投资主体多元化、组织形式多样化、民族民间体育赛事产品丰富化，以满足人们日益增长的多元文化需求；②切实关注民族民间体育赛事基础设施及配套服务的建设、后期利用等现实问题，提升设施的利用率；③我国的体育竞赛表演市场要逐渐确立体育的主导地位，“文化搭台，体育唱戏”，发挥体育的教育、健身、娱乐、文化等重要功能，让更多的民众参与体育、关注体育、发展体育；④市场体制不断深入的前提条件是要保证民族民间体

① 戴维·皮尔斯，杰瑞米·沃福德．世界无末日：经济学、环境与可持续发展［M］．张世秋，等，译．北京：中国财政经济出版社，1996：59.

② 刘思明．对可持续发展经济的理论思考［J］．经济研究，1997（3）：46－54.

育赛事及旅游目的地文化的传承与发展，发扬中华民族的优秀传统文化，不断引入优秀的外来文化，丰富、创新我国民族民间体育的赛事文化。

## （二）我国民族民间体育赛事及旅游目的地的绿色、生态、循环工程

我国民族民间体育赛事旅游目的地经济可持续发展，要体现生态、绿色、文明、循环利用，要发挥区位优势。①我国东部一些经济发达地区的市场经济发展已经进入一个“瓶颈”阶段，但是服务业的发展前景广阔、潜力巨大，产业改革势在必行，第二产业应该“反哺”第一产业和第三产业，还民众绿色、蓝天；②中西部地区，应最大限度地利用自身的自然地理、历史文化优势，发展生态经济和循环经济，避免资源的过度使用和浪费；③少数民族地区，尤其是草原文化区，政府要着力加强民众观念的转变，加强文化素质教育、生态文明教育，保护民族传统（体育）文化、草原文化；④国家相关职能部门要严格控制、杜绝重污染项目及企业的落户，取缔不配备环保设施的中小型企业，继续加大力度进行新能源的研发和利用。

## （三）我国民族民间体育赛事及相关产业的协同发展工程

国务院办公厅46号文件明确提出了产业融合发展，对于民族民间体育赛事和旅游目的地而言，两者将在多个领域实现融合、协同发展。①赛事主体产业产品的创新及丰富，体现传统工艺与现代科技的融合。②发挥资源的整合效力和集聚效应，实现我国民族民间体育赛事资源与旅游、文化、健身、保险等产业的融合和良性互动发展，将民族民间体育赛事打造成为重要的品牌节事活动，使之成为旅游目的地重要的目标吸引物。③建立赛事及相关产业共享服务平台，提供相关消费信息及配套服务，形成观赛、参赛、品赛、休闲、旅游、健身、购物、文化体验等一体化的态势，提升赛事及区域的影响力。④“跳出赛事看民族民间体育赛事”，意思是民族民间体育赛事不仅仅是单纯的赛事问题，而且还是个社会问题、文化问题和生态问题。民族民间体育赛事不仅以赛事为基础，而且以社会、经济和文化为基础，民族民间体育赛事来源于生活和实际的需要，它最大的魅力就是可以实现其与文化、社会、经济、环境、政治的互惠共生。民族民间体育赛事的终极目标就是人与自然的和谐统一，要重视其原生态回归。

## 四、我国民族民间体育赛事及旅游目的地可持续发展之环境路径

习近平总书记提出“生态兴则文明兴，生态衰则文明衰”的科学论述，深刻揭示了人类文明兴衰与生态环境的关系①。党的十八大报告明确指出：建设生态文明，实质上就是要建设以资源环境承载力为基础、以自然规律为准则、以可持续发展为目标的资源节约型、环境友好型社会。将生态文明建设提高到一个前所未有的高度。“生态”一词源于古希腊文字，意思是指家或者我们的环境。简单地说，生态就是指一切生物的生存状态，以及它们之间和它与环境之间环环相扣的关系。②③“文明”是指人类所创造的财富的总和，特指精神财富。文明是人类在认识世界和改造世界的过程中所逐步形成的思想观念，以及不断进化的人类本性的具体体现。《光明日报》在2004年4月30日刊登的《论生态文明》一文中指出：“生态文明包含三个重要特征：较高的环保意识，可持续的经济发展模式，更加公正合理的社会制度。”生态文明是人类面临生态危机后对人与自然关系进行反思而提出的，生态文明建设是一个持续不断的过程。生态文明的基本内涵可以从三个方面去理解：一是人与自然的关系；二是生态文明与现代文明的关系；三是生态文明建设与时代发展的关系。生态文明是人类遵循人、自然、社会和谐发展这一客观规律而取得的物质与精神成果的总和；生态文明是以人与自然、人与人、人与社会和谐共生、良性循环、全面发展、持续繁荣为基本宗旨的社会形态。我国民族众多，民族民间体育赛事有着深厚的土壤和广泛的参与群体，民族认同、文化认同、原生态和区域认同，其与自然资源、民风民俗等紧密联系、互为依托、契合共生。

### （一）旅游目的地基础环境改善、建设工程

旅游目的地基础环境的改善及建设工程，既包括旅游目的地内部基础环境的

---

① 骆方金．习近平生态文明观探析［J］．长沙理工大学学报（社会科学版），2015，30（2）：64－67.

② 宋林飞．生态文明理论与实践［J］．南京社会科学，2007（12）：3－9.

③ 是丽娜，王国聘．生态文明理论研究述评［J］．社会主义研究，2008（1）：11－13.

改善及建设工程，又包括赛场内外环境的改善及建设工程。旅游目的地基础环境的改善和建设，对于改善人居环境、增强城市综合承载能力、提高城市运行效率、稳步推进新型城镇化及确保2020年全面建成小康社会具有重要作用。①成立专门的基础环境改善和建设的管理机构，具有制定环境政策、法规，指导、治理、协调、监督这些政策、法规的实施等职能；②加强旅游目的地绿化、人文景观、基础设施的建设，提倡绿色出行；③加大旅游目的地环境污染的治理，出台相关政策、法规，切实做好环境污染治理，如垃圾回收和再利用工程等；④政府机关团体、学校、企事业单位等要不定期进行环境保护学习，提升环保意识，并动员全社会行动起来，互相监督。

### （二）旅游目的地生态环境改善、建设工程

旅游目的地生态环境的改善和建设，对推动民族民间体育赛事的发展具有重要意义。①水是生命之源，从自身做起，积极开展惜水、爱水、保护水、节约用水等一系列活动；②合理利用和保护土地资源，民族民间体育赛事场地的建设，要体现综合利用的效率和效益，发挥其在场地服务、全民健身、文化活动开展等方面的积极作用；③民族民间体育赛事的举办，势必造成生物资源的破坏，旅游目的地政府要结合其现实情况，准确定位赛事的规模，注重生物资源的保护和再造；④提倡绿色观赛、参赛、旅游、购物、休闲等活动，保护旅游目的地空气质量，政府部门要及时报告和干预旅游目的地的空气质量。

当然，旅游目的地环境的可持续发展与其社会、经济发展息息相关，它们是一个互相影响、互相制约的整体，需要全社会的关注、参与，是一个系统工程。尤其是我国东、中、西部不同区域经济社会的发展极不均衡，这给国家宏观决策造成了一定的影响。因此，我们必须响应和落实生态文明建设的国家战略，将生态文明建设同社会物质文明建设置于同等重要的地位，尤其是少数民族地区、多民族融和地区，我国民族民间体育赛事发展与环境具有较高的依赖性，生态文明建设更是至关重要。

## 五、我国民族民间体育赛事及旅游目的地可持续发展之政治路径

政治是一个国家的上层建筑，政局的稳定性是民族民间体育赛事及旅游目的地可持续发展的重要条件，具体表现在政府相关机构的设置、职能的划分；国家相关政策、法规的制定和实施等。

### （一）稳定、常态、专业化民族民间体育赛事组织运营机构的建设工程

目前我国大部分民族民间体育赛事没有专门的组织运营机构，大都是由地方政府临时抽调相关人员组成，专业化水平不高，使赛事的组织运营效率较低，未发挥赛事的最大效力。因此，建立稳定、常态、专业化的民族民间体育赛事组织运营机构势在必行。①处于初创、培育期的民族民间体育赛事，旅游目的地（赛事举办地）政府将行使绝对的控制权，组织体育局、文化局、旅游局、教育局、交通、公安、卫生等相关职能部门，形成专门的体育赛事组织运营机构；②处于成长、发展期的民族民间体育赛事，旅游目的地（赛事举办地）政府应实行政府主导、社会各界参与的模式，成立政府相关部门牵头、市场参与的体育赛事组织运营机构；③处于成熟期的民族民间体育赛事，旅游目的地（赛事举办地）政府应实行市场化的组织运营模式，成立市场主导、政府参与的体育赛事组织运营机构；④体育赛事组织运营机构的首要任务是保证赛事的顺利举行；其次是追求最大效益，尤其是社会效益；最后是保证赛事的长远、可持续发展。

### （二）国家和地方政府政策、法规的制定及实施工程

在当前文化大发展大繁荣及构建节俭型社会的时代背景下，我国民族民间体育赛事的举办，对当今社会民众价值观的塑造极其重要。①加大我国民族民间体育赛事的宣传力度，积极发挥网络媒介的作用，让更多的人、组织、企业关注该领域。②重视我国民族民间体育赛事举办期间的文艺表演，其中开幕式必不可少。它是旅游目的地民俗文化、非物质遗产、地域文化等的真实体现，也是各民族民众交流的舞台，具有较高的民众支持度和社会关注度。③国家和地方政府要结合

我国民族民间体育赛事发展的实际，制定相关政策及中长期发展规划，挖掘、整理、保护、传承和发展民族民间体育赛事。④我国民族民间体育赛事要重视基层民众的参与度，要建设成重要的民生工程，而不是政绩工程。

总之，我国民族民间体育赛事及旅游目的地的可持续发展是一个长期的系统工程，需要政府、社会各界的广泛关注和扶持，是“五位一体”的充分体现。目前体育市场随着全球化、国家化、市场化、社会化、大众化的不断推进和深入，生态文明建设成为一个全球化的热点问题，民族民间体育赛事的绿色、生态、环保、可持续发展是时代诉求。

## 第二节 我国民族民间体育赛事对旅游目的地影响的结论

通过系统研究我国民族民间体育赛事对旅游目的地的影响，相关结论如下。

（1）我国民族民间体育赛事按照不同的分类标准，可以分为固定型与临时型民族民间体育赛事；综合型和单项民族民间体育赛事；民众自发组织型、政府主导型、市场运作型民族民间体育赛事；萌芽型、发展型、成熟型民族民间体育赛事；竞技类、游戏娱乐类、健身类民族民间体育赛事；区域型、国际型民族民间体育赛事；团队型和个体型民族民间体育赛事，以及大型、中型、小型民族民间体育赛事等。

（2）在遗产学视阈下，我国民族民间体育赛事既具有综合性特征、集体性特征、传承性与传播性特征、民族性与地域性特征、变异性特征、象征性特征，又具有历史学价值、社会学价值、艺术学价值、旅游学价值、民俗学价值、教育学价值等。

（3）我国民族民间体育赛事旅游目的地具有复杂性特征、稀缺性特征、鲜明的民族和区域特征、文化多元化特征、功能多样化特征、互惠共生特征及生命周期特征。我国民族民间体育赛事与旅游目的地之间的共生度和关联度极高，使我国民族民间体育赛事供应链产业关联性较强。

（4）我国民族民间体育赛事利益相关者系统是一个由利益相关者主体、利益相关者客体及其所处的环境组成的统一体，其功能系统分为民族民间体育赛事服务系统、吸引物系统、信息指导系统、参与者系统。

（5）目前我国民族民间体育赛事发展组织形式多样化，投资主体多元化，外在表现形式丰富化，并呈现规范化、制度化、国际化、大众化和市场化特征，其影响力和竞争力不断增强。

（6）基于共生理论和可持续发展理论，我国民族民间体育赛事与旅游目的地的政治、经济、文化、社会、环境领域之间的共生度和关联度极高，它们之间是一种互惠共生关系，其共生界面主要是政府和市场。

（7）我国民族民间体育赛事对旅游目的地的影响指标体系，包括一级指标 5 项，二级指标 17 项，三级指标 66 项。通过层次分析法系统分析，各级指标的一致性较高，我国民族民间体育赛事对旅游目的地文化领域的影响最大，其次是社会领域，最后是经济领域、环境领域和政治领域。该指标体系的建立，为后续我国民族民间体育赛事对旅游目的地影响的综合评价研究奠定基础。

（8）我国民族民间体育赛事的可持续发展是一项系统工程，是“五位一体”的重要体现，它们是互相影响、互相制约、相互促进、相互融合、互为补充、互为共享的关系统一体，需要政府及社会各界要做的事情还很多，可谓任重道远。具体包括：我国民族民间体育赛事数据库的建立与维护更新工程，我国民族民间体育赛事传承与发展的长效工程，我国民族民间体育赛事文化服务空间拓展及文化产品创新工程，我国民族民间体育赛事的传播和交流工程；民众综合素质提升工程，基础设施建设配套服务工程，青少年体质发展工程，我国民族民间体育赛事及旅游目的地星级评选工程，民族、民俗传统村落的自我救赎工程；我国民族民间体育赛事及旅游目的地市场经济体制的深入工程，我国民族民间体育赛事及旅游目的地的绿色、生态、循环工程，我国民族民间体育赛事及相关产业的协同发展工程；旅游目的地基础环境改善及建设工程，旅游目的地生态环境改善及建设工程；稳定、常态、专业化民族民间体育赛事组织运营机构的建设工程，国家和地方政府政策、法规的制定及实施工程。

# 参考文献

[1]斯蒂芬·P. 罗宾斯,玛丽·库尔特. 管理学[M]. 11版. 李原,孙健敏,黄小勇,译. 北京:清华大学出版社,2012.

[2]黄海燕. 体育赛事与城市旅游业互动发展研究[M]. 北京:社会科学文献出版社,2018.

[3]吴珏,曾兵. 体育赛事与地方旅游:海南"环岛赛"实践视角[M]. 北京:中国书籍出版社,2017.

[4]张春萍. 体育赛事管理教程[M]. 北京:经济管理出版社,2016.

[5]张文健. 职业赛事的现状和改进对策研究[M]. 北京:北京体育大学出版社,2015.

[6]杨涛,王芳. 体育消费者行为学[M]. 西安:陕西师范大学出版总社有限公司,2018.

[7]张蕾. 体育消费行为研究[M]. 武汉:武汉大学出版社,2017.

[8]张林,黄海燕. 体育赛事事前评估[M]. 北京:人民体育出版社,2011.

[9]李刚. 城镇居民体育旅游风险知觉消费行为研究[M]. 北京:经济科学出版社,2017.

[10]高雪峰,刘青. 体育管理学[M]. 北京:人民体育出版社,2009.

[11]阮伟,钟秉枢. 中国体育产业发展报告(2016—2017)[M]. 北京:社会科学文献出版社,2017.

[12]布雷特·哈金斯,大卫·罗维. 新媒体与体育传播[M]. 张宏伟,译. 北京:中国传媒大学出版总社有限公司,2016.

[13]张伟,刘媛媛. 网络体育新闻传播概论[M]. 广州:暨南大学出版社,2017.

[14]郑杭生. 社会学概论新编[M]. 4版. 北京:中国人民大学出版社,2013.

[15]托尼·柯林斯. 体育简史[M]. 王雪莉,译. 北京:清华大学出版社,2017.

[16]安东尼·吉登斯,萨顿. 社会学[M]. 7版. 赵旭东,等译. 北京:北京大学出版社,2015.

[17]吴健安. 市场营销学[M]. 4版. 北京:高等教育出版社,2011.

[18]丹尼尔·J. 布鲁顿. 体育营销:行业专家的观点[M]. 史丹丹,译. 北京:清华大学出版社,2017.

[19]黄海燕,张林. 体育旅游[M]. 北京:高等教育出版社,2016.

[20]杨涛. 我国西北地区民族民间体育及节事活动概述[M]. 西安:西安地图出版社,2014.

[21]刘清早.体育赛事市场开发[M].上海:复旦大学出版社,2013.

[22]徐琳.体育营销学[M].上海:复旦大学出版社,2013.

[23]王世金,齐翠姗,周蓝月,等.达古冰川旅游目的地客源时空结构特征、问题透视及其结构优化[J].云南师范大学学报(哲学社会科学版),2019,51(2):58-67.

[24]刘鑫,呼延文娟.浅析新媒体对95后旅游目的地选择的影响[J].度假旅游,2019(2):113-114.

[25]王丽娜,李华.入境旅游者对中国旅游目的地形象的负面感知研究[J].世界地理研究,2019(2):1-12.

[26]石军伟,皮君,蒋军成.国际旅游目的地形象标杆对比评价模型构建及其应用:以中国·长阳卓尔国际旅游度假区为例[J].经济问题,2019(2):122-128.

[27]蔡礼彬,田梦丽.近十年国外旅游目的地形象研究综述:基于Tourism Management和Annals of Tourism Research[J].青岛行政学院学报,2018(6):116-123.

[28]王君怡,吴晋峰,王阿敏.旅游目的地形象认知过程:基于扎根理论的探索性研究[J].人文地理,2018,33(6):152-160.

[29]肖洋,梁江川.新媒体对旅游目的地形象构建的三种力量:OTA、UGC、DMO[J].旅游研究,2018,10(5):5-8.

[30]侯晓敏,杨勇.云南特色城镇体育旅游者行为特征调查与分析[J].度假旅游,2018(10):125-129.

[31]岳辉.解析体育旅游目的地竞争力的提升路径[J].科技资讯,2018,16(9):219-221.

[32]陈艳妮.体验经济时代下抚仙湖体育旅游目的地的开发研究[D].成都:成都体育学院,2017.

[33]李燕,骆秉全.京津冀全域体育旅游产业布局及协同发展路径研究[J].中国体育科技,2017,53(6):47-53,70.

[34]余俊,吴湘军.基于CIS理论下大型体育赛事塑造旅游目的地形象的研究:以酉阳国际攀岩精英赛为例[J].湖北体育科技,2017,36(3):213-215.

[35]杨涛.基于旅游目的地视角我国民族民间体育赛事利益相关者系统解析[J].北京体育大学学报,2016,39(11):31-37.

[36]郭飙,杨涛.我国民族民间体育赛事对旅游目的地影响指标体系的建构[J].西安体育学院学报,2016,33(6):680-689,705.

[37]赵红娟,姜健,杨涛.体育赛事对旅游目的地影响及其理论探析[J].西安体育学院学报,2016,33(5):533-537.

[38]倪斌.上海市体育赛事旅游目的地形象研究[D].上海:上海体育学院,2016.

[39]赵承磊.大型体育赛事对旅游目的地的作用机理和功能提升策略[J].南京体育学院学报(社会科学版),2016,30(1):53-59.

[40]杨蕾.澳大利亚利用大型体育赛事开展旅游目的地营销的经验借鉴[J].体育科研,2014,35(3):11-14.

[41]张铁明,吴畏,谭延敏,等.游客感知视角下休闲体育旅游目的地竞争力的实证研究[J].西安体育学院学报,2013,30(1):26-30.

[42]盖文亮,杨涛.我国民族民间体育赛事与旅游目的地的互动影响机理[J].西安体育学院学报,2018,35(4):455-459.

[43]赵承磊.大型体育赛事旅游效能提升的路径研究:基于3届奥运会的实践比较[J].体育文化导刊,2014(9):116-119.

[44]耿松涛,李恒云.基于社会交换理论的体育赛事旅游者消费决策行为研究:一个概念研究框架[J].体育科学,2012,32(11):27-33.

[45]马兆明,徐文红."健康中国"战略背景下宁夏少数民族体育可持续发展研究[J].武汉体育学院学报,2017,51(6):29-31,37.

[46]杨涛.我国民族民间体育赛事的现状及发展路径研究[J].山东体育学院学报,2016,32(3):19-23.

[47]杨涛,羿翠霞.遗产学视阈下我国民族民间体育赛事的特征及价值[J].北京体育大学学报,2015,38(6):1-5.

[48]杨涛.遗产学视阈下的民族民间体育赛事[C]//体育文化遗产论文集.中国体育科学学会,2014:8.

[49]刘红利.我国民族民间体育赛事品牌培育路径的研究[D].济南:山东体育学院,2014.

[50]靳英华.体育经济学[M].北京:高等教育出版社,2011.